바보의 세계

한 권으로 읽는 인류의 오류사

바보의 세계

장프랑수아 마르미옹 엮음 | 박효은 옮김

월북

차례

그리하여 원숭이는 멍청이가 되었다

유대인의 영향력을 절대 과소평가해서는 안 된다. 언론계를 쥐락펴락하는 조종자이자 은행의 어스름한 불빛 아래 매복 중인 유대인은 우리를 쓰다듬는 척하다 이내 우리 멱살을 잡아채 목을 꺾어버리고 말 것이다.

우리가 문명이라는 빛을 전해준 야만인에게 지나친 호의를 베풀어서는 안 된다. 그렇지 않으면 야만인들은 우리 머리 꼭대기에 앉으려고 할 것이다. 그래서 신께서도 우리 딸들이 베르생제토릭스˙와 클로비스˙˙에게서 물려받은 혈통을 더럽힐 검둥이와 결혼하지 못하도록 막아주고 계시지 않은가.

책 읽는 여자는 위험하다. 그런 여자들은 과대망상으로 달뜬 얼굴을 하고는 이내 담배를 피우게 해달라, 바지를 입게 해달라는 둥의 요구를 할 것이고 회계장부를 꼬치꼬치 따지며 남편의 소소한 취미활동에 간섭하고 급기야는 과학계에서 경력을 쌓을 수 있게 해달라고 요구할 것이다! 여자와의 경쟁에서 밀려난 남자들은 실업자로 전락해 술독에 빠질 것이다. 스스로를 포기한 청년들은 나태에 사로잡혀 크나큰 고통을 받을 것이다.

˙ 갈리아의 강력한 지도자로 로마의 카이사르와 맞서 싸운 프랑스의 민족적 영웅. 이하 각주는 모두 옮긴이의 주다.
˙˙ 프랑크왕국의 초대 국왕이자 메로빙거 왕조의 창시자.

게이는 변태성욕을 치료받아야 하는 환자다. 안 그러면 얼마나 많은 아이가 잘못된 길로 빠지겠는가? 스스로를 레즈비언이라고 당당히 밝히는 정신 나간 여자에게는 건장한 남자와의 성관계가 치료제가 될 수 있다!

그리고 청년에게 필요한 것은 무엇보다도 정당한 전쟁이다.

대중의 지배적인 의견을 반영한 이런 언사가 횡행한 것은 그리 오래전이 아니다. 이런 말들이 완전히 사라진 것은 더더욱 아니다. 20세기 초반에 이 『바보의 세계』가 출간되었다면 그 책은 페미니스트, 평화주의자, 반식민주의자, 세계주의자, 세속주의자를 머저리 같고 경솔하며 분별없는 얼치기로, 그리하여 사회에서 소외되어 마땅한 아웃사이더로 규정했을 것이다. 그러니 오늘의 훌륭한 규범이 내일은 역사의 쓰레기통에 처박힐지 그 누가 알겠는가!

개인만 그러는 것이 아니다. 마을에서 국가에 이르기까지 한 시대의 집단은 선과 악, 귀함과 천함, 문명과 야만을 지나칠 만큼 단순하고 이분법적으로 구분한다. 알량한 선의를 품고 자신의 품성이 가장 훌륭하다고 우기며 온갖 트집을 잡아 남을 웃음거리로 만들면서도 반대 입장이 되면 사람들이 자신을 허수아비, 희생양, 만만한 표적으로 취급한다며 울상을 짓는다.

하나의 사회를 대상으로, 인간이 쌓아 올린 어리석음의 금자탑을 연구하겠다니 일견 무모해 보일 것이다. 하물며 거기에 다른 문화의 관점까지 덧붙인다면 더 혼란스러워질 수도 있다. 변화무쌍한 현상, 상대주의, 연대 착오, 데이터의 부재가 이 책을 완전히 쓸모없는 것으로 만들어버릴지도 모른다. 그러면 전장에 나서기도 전에 항복해야 할까? 기권을 선언해야 할까? 질 것을 뻔히 알면서 전투에 나서는 꼴일지라도, 어리석음에 관한 학문과 연구가 보잘것없는 최종 결론이나 한없는 오만에 이르기 위해서가 아니라 우리의 사유를 보다 풍부하게 하기 위해서 이루어진다면 아무짝에도 쓸모없는 시도라고는 할 수 없을 것이다.

가시덤불을 헤치며, 압도될 만큼 울창한 지대 속으로 탐험에 나서고자en quête 하는 의지를 한마디로 표현하자면 '조사enquête'일 것이다. 이 단어는 조사를 통해 얻은 지식이라는 의미의 고대 그리스어 'ἱστορία'에서 파생한 라틴어 'historia'와 정확하게 연결된다.

자, 그렇다면 어디서부터 시작해야 할까?

'어리석음이 있으라!' 하니 어리석음이 생겼다

'세계사'에서 어리석음은 언제 탄생한 걸까? 이 세계와 함께 나타났을까? 어쨌거나 신이 존재한다면 그토록 지존하신 분께서는 왜 그렇게 느닷없이 쓸모없는 것을 만드셨을까? 왜 그런 의지를, 바람을, 욕구를 가지셨을까? 그렇다면 신에게는 어떤 결함, 결핍이 있었던 것일까? 불완전하고 결점 있는 신이 할 일 없이 빈둥거리다 빅뱅을 일으킬 요량으로 손가락을 한번 '탁' 튕기신 것뿐이었을까? 그러나 역사의 손이 닿지 않는 이러한 질문 앞에서 우리는 겸손해야 한다. 우디 앨런Woody Allen도 말하지 않았던가. "어떻게 제게 신에 대해 이야기해달라는 거죠? 깡통따개 하나도 제대로 쓸 줄 모르는 사람한테 말이에요."

그럼에도 몇천 년 전부터 무모한 자들은 우주가, 하여튼 우리의 지구 자체가 하나의 멍청한 산물이 아닐지 자문해왔다. 예컨대 초기 기독교 시대에 경쟁적으로 활동한 일부 학파는 한없이 완벽한 창조자가 실제로 존재한다고 쳐도, 우주는 신의 모방꾼이자 아마추어이며 어리숙한 하급신인 데미우르고스(일각에서는 데미우르고스가 하나가 아니라 여럿이라고 설명하기도 한다)가 창조했다는 가설을 주장했다. 즉 이 세계는 자신이 신이라도 되는 것처럼 행동한 이 무례한 존재가 창조를 한답시고 대충 밑그림만 그려놓은 꼴이기 때문에 엉망일 수밖에 없다는 것이다. 이주장에 따르면, 우리는 데미우르고스가 만들어놓은 그릇되고 헛되며 덧없는 물질세계와 그 결과에 순응하고 있다. 그러니 우스꽝스러운 흉내에 가려진 걸작을 알아보고, 진짜 신을 만나기 위해 사기꾼의 정체를 밝히고, 덧칠로 수정된 현실에서 벗어나는 건 우리 몫이라는 것이다. 이들 학파는 그토록 염원하는 신과의 재회를 일컬어 '그노시스gnosis', 즉 깨달음이라 했다. 그중 일부는 그러한 깨달음에 도달하기 위해서라면 무슨 방법이든 상관없다고 여겨 종교, 음식, 성에 관한 금기를 철저히 무시하고 우리를 둘러싼 피상적 세계와 이를 진짜 세계와 헷갈리게 만드는 꼭두각시 방관자들을 완전히 배제해야 한다고 피력했다. 또한 악행을 일삼게 될지라도 그에 무감각해질 때까지 할 수 있는 모든 경험을 해보아야 한다고 권하기도 했다.

진화의 대가

데미우르고스가 신과 자신이 대등하다는 멍청한 믿음 때문에 타락했다는 그노시스적 관점에서 볼 때, 원죄는 인간이 아니라 우주에 있다. 아담과 이브는 창조자의 전유물인 지혜의 열매를 맛보면서 일찍이 다른 것을 찾으려 했던 것 아닐까? 이렇게 절제에서 벗어난 오만한 태도를 그리스인들은 '휴브리스hubris'라 정의했다. 또한 몽테뉴는 『수상록』에 덧붙이는 글 마지막에서 이렇게 요약했다. "세상의 가장 높은 왕좌에 앉았다 해도 우리는 그저 우리 엉덩이 위에 앉아 있을 뿐이다."

풍자 잡지 『아라키리Hara-Kiri』와 『샤를리 에브도』의 창립 멤버인 프랑수아 카바나François Cavana는 1970년대에 『…그리고 원숭이는 멍청이가 되었다』, 『멍청이는 한계를 넘어선다』, 『멍청이는 어디서 멈출 것인가?』로 이루어진 『인류의 여명L'Aurore de l'humanité』 3부작을 출간했다. 이 세 편의 제목은 멍청이의 여정을 처음부터 끝까지 보여준다. 물론 너무나 단선적인 이 연대기에 반론을 제기할 수도 있다. 원숭이는 우리의 조상이 아니라 사촌에 더 가깝기 때문이다.

원숭이와 인간은 영장류로 분류되며 지금은 그 흔적을 찾을 수 없는 '모든 생명의 공동 조상'Last Universal Common Ancestor, 약칭 LUCA에서 기원했을 것으로 추측된다. 이 공동 조상은 이미 엄청난 멍청이였을까? 영화 〈2001: 스페이스 오디세이〉 초반부에 등장하는 원숭이는 외계에서 온 신비한 비석 '모노리스'와 접촉한 뒤 지능을 얻고 뼈를 도구로 사용할 줄 알게 된다. 그러다 급기야는 슈트라우스의 교향시곡이 흘러나오는 가운데 그 뼈를 동족을 잔인하게 죽이는 무기로 사용한다. 이 원숭이가 우리의 공동 조상이라고 할 수 있을까? 무기가 탄생하고 인류가 번영하면서 그 마음속에는 어리석음과 '휴브리스'가 자리 잡았다. 예전에만 해도 신석기 시대는 '호모 사피엔스'가 특별한 종이 되는 데 필요한 조건들이 기적적으로 등장한 시기라고 평가했다. 그러나 오늘날은 신석기 시대를 그저 사유재산, 피라미드형 권력, 가부장제, 불평등, 불공정, 사회적 분노와 폭력이 탄생한 시기로 평가할 뿐이다. 지금 되돌아보면 우리가 자발적으로 열과 성을 바쳐 무엇인가에 복종하게 된 것은 다 신석기 시대 때문이 아닌가 싶다. 그 멍청한 짓이 부메랑처럼 돌아와 우리에게 어떤 불행을 안겨다 줄지 생각도 못 한 채 말이다.

인류의 허튼짓은 정말로 문명과 함께 탄생했을까? 이 문제는 당연히 신중하게 접근해야 한다. 그렇지만 파멸과 무분별로 점철된 죽음의 무도가 모든 대륙에서 휘몰아친 것은 부정할 수 없는 사실이다. 가히 히에로니무스 보스Hieronymus Bosch 의 그림에서 볼 법한 모든 희비극의 아수라장이 아니었던가. 우리의 운명을 그려내기 위해 우리가 상상해온 저 프레스코화의 수많은 덧칠과 녹아내린 흔적은 또 어떠한가! 지금은 정신의학에 이 용어를 빼앗기고 말았지만 에라스뮈스는 이미 오래전에 풍자문 「우신예찬」에서 '광기와 멍청함'을 실제 언급한 바 있다. 자신의 무지함을 변명조차 하지 않는 너무나 많은 멍청이가 존재하기에, 그는 멍청함이 지성이 아닌 지혜와 대척한다고 말했다.

그럼에도 그 유혹은 너무나 커서 우리는 인류의 모험에 흠집을 내가며 제법 많은 바보짓을 저질러나갈 것이다. 우리는 인류의 공적으로 과학과 기술, 민주주의와 국제 협력, 그리고 사라진 우리의 무수한 조상은 감히 꿈도 못 꾸었을 수많은 가치 있는 것을 내세운다. 우리는 직관적 인식에서 벗어나 객관적 거리를 유지할 수 있고 예전에는 없었던 것을 새로 발명할 수 있으며 더 이상 존재하지 않는 것들에 환상을 품거나 그것을 되새겨볼 수 있다. 또한 신앙과 사상이 실재한다고 믿으며 이를 만들어내기도, 이용하기도 하고 강화할 수도 있다. 이러한 우리의 능력은 개인적 또는 집단적 차원에서 우리를 최고로도 최악으로도 만들 수

---

* 15세기 네덜란드 출신 화가로 인간의 타락과 지옥의 장면을 소름 끼치게 표현해 '지옥의 화가', '악마의 화가'라 불렸다.

있다. 예컨대 최고라 하면 우리가 여전히 빚지고 있는 19세기와 20세기에 이루어낸 놀라운 과학의 발전을 꼽을 만하다. 최악인 부분은 진보라는 미명하에 공동의 문화적, 생물학적 유산을 위협하는 퇴화를 막겠다며 과학계에서조차 급진적인 우생학 운동이 일어났던 것이다. 세상 모든 것에는 이면이 있다. 번영과 부도덕, 비천함과 영광, 얽히고설켜 시대의 바람과 소용돌이에 휘말리는 것들 말이다. 〈2001: 스페이스 오디세이〉에서 리하르트 슈트라우스의 교향시 〈차라투스트라는 이렇게 말했다〉를 배경으로 폭력을 휘두른 머저리 원숭이가 없었다면 우리는 요한 슈트라우스의 왈츠곡 〈아름답고 푸른 도나우강〉을 들으며 우주선이 우아하게 유영하는 장면을 감상할 수 없었을 것이다. 오늘날 우리는 지구를 혹사하고 그토록 소중한 인류를 위해 지구가 해줄 수 있는 것보다 더 많은 것을 요구하면서 우리가 앉아 있는 진화라는 나무의 가지에 더해 다른 가지들까지 모두 잘라내고 있다. 몸통은 아직 남아 있으니 다행이라 해야 할까? 불행 중 다행으로 인류는 이런 상황을 인식시키는 과학적 도구를, 단시간에 사람들을 결집시키는 디지털 도구를, 행동하게 하는 정치적 도구를 만들어냈다. 어리석음과 지혜는 쌍둥이처럼 붙어

있고 동전의 앞뒷면과 같으며 몇 번이고 되풀이된다. 환경 재앙의 암흑에 둘러싸인 한계 상황에서 우리가 진화의 오수관을 피해 갈 만큼 충분히 지혜로운지 되돌아봐야 한다. 이야기의 결말이 나쁘게 끝나면 자신이 주인공인 이야기라 해도 회피해버릴 우리가 아니던가.

어리석음, 이야기의 소재가 되다

역사Histoire는 이야기histoire를 쓸 수 있게 해준다.* 역사는 우연에 의해 흩어진 엄청나게 많은 아주 작은 사건들에서 규범과 교훈을 이끌어낸다. 역사는 우리가 광란의 질주에, 엉뚱한 소용돌이에 휘말린 것이 아니라 시대에 따라 우회로를 이용해 A라는 곳에서 B로 향하고 있음을 믿게 해준다. 우리가 시련에서 살아남을 수 있기를. 그 시련을 통해 많은 것을 깨닫고 앞으로 나아갈 수 있기를. 일어나는 사건들에 어떤 의미가 있기를. 사건들이 사회를 변화시키는 동시에 의미를 남기기를. 그렇지만 그런 이야기들을 어떻게 풀어가야 할까? 어떤 사실을 선택해야 할까? 전쟁과 '위인'들? 문화 교류와 무역? 사고방식? 일상생활? 무엇을 보여주어야 할까? 누구를 대상으로 해야 하나? 역사의 어떤 이야기가 정확할까, 아니 유익할까? 그 둘을 같은 것으로 볼 수는 없을까?

역사는 결국 어떤 어리석음 이상도 이하도 아닐까? 우리가 역사를 그저 확실한 사실만을 생산하는 기계처럼 취급하는 한, 오늘날의 올림

---

* 프랑스어 'histoire'는 역사를 의미하기도 하고 이야기를 의미하기도 한다. 단, 역사학은 주로 대문자를 써서 'Histoire'로 표기한다.

포스산 꼭대기에 앉아 지나간 시간을 평가하는 역사가들이 도를 넘은 '휴브리스'에 사로잡혀 있는 한, 대답은 '그렇다'이다. 그러나 역사가들은 대개 이러한 암초를 피해 갈 줄 안다. '조사'란 탐구하고 밝혀내고 이해하고 싶어 하는 갈증, 호기심의 산물이다. 우리가 무엇을 발견하게 될지, 우리가 무엇을 찾아낸 것인지 알지 못할 수 있다는 사실을 인정한다. 또 스스로 이론에 정통하다고 자부하거나 가르침을 주겠다고 섣불리 나서서도 안 될 것이다. 그런 조건하에서라면, 왜 어리석음이라고 해서 그 다양한 외피에 따라 흥미로운 주제가 되지 못하겠는가? 인류의 잿더미에서 끊임없이 다시 살아나 불길을 일으키는 이 창조자의 초상을 그리지 못할 이유가 무엇이란 말인가?

이제 각설하고, 멍청이들을 분석해보자! 현명하게 처신하며 멍청이들을 만나러 가보자. 그리고 그곳에서 여러분은 나를 만나게 될지도 모른다!

장프랑수아 마르미옹

심리학자 스티븐 핑커와의 대담

멍청이,
자연선택 앞에 서다

La sélection naturelle
des connards

진화론자의 관점에서 볼 때, 인류 역사에서 멍청이는 어떻게 이렇게 번성
할 수 있었을까요?

핑커 일단 제 생각에, 어떤 사실에 대해 타인이나 자신에게 미칠
영향을 고려하기에 앞서 객관적 태도를 가질 수 있다는 건 계몽주
의가 가능케 한 선물일 거예요. 합리성을 지향한다는 건 다른 사람
이 나와 반대되는 논지를 펼칠 수 있음을 인정하는 것이죠. 또 공동
체에는 유리한 일이 나에게는 불리할 수 있음을 수용하는 것이기도
합니다. 그러나 사회적 경쟁의 맥락에서는 대다수의 사람이 자기 지
위, 권력, 명성에 우선순위를 두죠. 만일 어떤 사실로 인해 자신이 추
구하는 지식, 지혜, 능력, 윤리가 문제시될 경우 자신이나 소속 집단
에 반하는 사실을 인정하기보다 차라리 그 논리를 부정해버리는 쪽
을 선택하고요.

　왜냐하면, 지식은 저절로 쌓이는 게 아니라 노력해서 얻는 것이
잖아요. 과학, 저널리즘, 대학, 백과사전, 사실 확인 절차 같은 것이
그렇죠. 심지어 인간의 문화도 진화의 관점에서 보면 발생한 지가
그리 오래되지 않았어요. 인간의 직관, 그러니까 인간의 상식은 이

것이 믿을 만한 근거에서 나온 사실인지 여부에 별 관심을 두지 않아요. 인류 역사 내내 그렇게 하는 데 익숙해진 거죠. 현재도 여전히 사실을 독점한 이는 없어요. 과학자도 오류를 범한다는 것을 우리는 잘 알잖아요. 기자를 포함한 모든 분야의 전문가들도 마찬가지고요. 그렇게 본다면 신뢰할 만한 온갖 이유를 댈 수 있는 근거마저 우리가 대체로 신뢰하지 않는다는 것은 놀라운 일도 아니죠. 우리의 직관에도, 본성에도 걸맞지 않으니까요.

사회적 집단에게 멍청이가 있는 건 진화적으로 유리한 조건일까요?

핑커 진화는 집단이 아닌 유전자를 위해 이루어져요. 그러니 사회적 집단에 멍청이가 있는 게 유리한 조건인지를 묻기보단 멍청이를 위해 멍청이가 되는 것이 더 유리한지를 묻는 편이 더 적절하겠죠! 어느 선까지는 '충분히 그렇다'고 봐요. 어쨌든 멍청이가 되면 단점만큼 장점도 취할 수 있으니까요. 자신감을 얻을 수 있고 권력을 잡을 수도 있고 다른 사람의 능력을 이용할 수도 있고요. 멍청이들은 대체로 인기가 많아요. 섹스 파트너도 쉽게 찾죠…. 반면 많은 사람을 괴롭힌다는 것이 단점이겠죠. 그렇게 되면 괴롭힘을 당한 사람들은 힘을 결집해 멍청이를 파면하거나 권위를 빼앗아버려요. 증명되지는 않았지만, 어떤 멍청이들은 쉽게 세력을 키울 수 있어요. 다만 한계가 있죠. 너무 많은 사람에게 반감을 사기 시작하면 결국 반란이 일어나게 마련이니까요. 또 멍청이가 너무 많아지면 서로에게 해를 끼치게 되면서 협력과 조화로운 관계에서 발생하는 장점은 파괴되고 말아요. 일종의 역학관계라고 볼 수 있어요. 사회는 어느 정도의 멍청이를 용인해주고, 멍청이들은 친히 멍청이들을 이용하고요.
그렇지만 어느 순간 분명 한계에 부딪히고 말죠!

사람들이 멍청이에게 투표하는 것은 어떻게 봐야 할까요?

핑커 프랭클린 루스벨트 대통령이 니카라과의 독재자 아나스타시
오 소모사 가르시아에 대해 한 말이 있어요. "소모사가 개새끼일 수
도 있지. 하지만 그 개새끼는 우리 개새끼라네!" 멍청이에게 투표하
는 사람은 '자기 멍청이'에게 투표하는 거예요. 멍청이는 대단한 카
리스마를 내뿜으며 자신감에 가득 찬 우월한 이미지를 내세우죠. 그
멍청이가 조금이라도 우리 편이라면 그는 우리를 대신해 적들에 맞
서 싸워주거나 앞장서서 이익을 대변해줄 거라고요.

그럼 멍청이가 통치하는 것이 훨씬 나을 수도 있겠네요?

핑커 물론이죠. 어쨌거나 멍청이 자신에게는 말이에요! 그의 편에
서 있는 사람들에게도 그렇고요. 그렇지만 국가 전체를 놓고 보면
이야기가 달라지죠. 현실에서 그런 경우는 극히 드무니까요….

어리석음은 남성과 여성에게 대체로 동일하게 나타나나요?

핑커 차이가 있죠. 제가 전문가는 아니지만 동일한 유전자가 남성
과 여성에게서 다르게 발현될 수 있다고 하더군요. 남성에게서는 자
기애적 성격장애와 사이코패스 성향이 많이 나타나는 반면 여성에

게서는 경계성 인격장애나 연극성 인격장애가 더 많이 나타난다고 해요. 그런데 가장 지독한 어리석음의 표현은 남성과 여성을 가리지 않죠. 영어로 멍청한 남자를 표현할 때는 '애스홀asshole'을, 멍청한 여자를 표현할 때는 '비치bitch'라는 단어를 사용해요. 이유는 모르겠지만 여성을 '애스홀'로 부르는 경우는 거의 없어요. 그런데 이건 정치적으로 민감한 문제이기도 해요. 여성혐오에 관한 문제로 비화될 수도 있으니까요.

교수님께서는 최근 펴내신 책들에서 '우리가 이토록 교육을 잘 받은 적도, 이토록 지적이었던 적도 없다'는 견해를 피력하셨어요. 그럼에도 인터넷 덕분에 '최악의 멍청이들이 이토록 눈에 잘 띈 적도 없다'고 하셨는데요. 그렇다면 현시대가 어리석음이 번성하기에 가장 유리한 시대가 아닐까요?

핑커 멍청이와 어리석음은 늘 존재해왔어요. 파시스트 지도자, 독재자, 무능한 왕들만 봐도 그렇잖아요. 역사적으로 멍청이들이 더 큰 명성을 얻는다는 데는 반론의 여지가 없어요. 우리가 아무리 전에 없이 지적이고 이성적이어도, 사람들의 결집 가능성을 무시해버리는 사람들에게 더 많은 기회가 주어지니까요. 여기에는 두 가지 현상이 작용하고 있어요. 나르시시즘에 빠진 사이코패스의 부상이나 '허튼소리Bullshit', 즉 정보왜곡이죠. 때때로 이 두 가지가 함께 작용하기도 하고요!

어리석음은 오로지 인간만의 특성인가요? 동물의 세계에도 멍청이가 존재하나요?

핑커 당연하죠. 인간의 기준에 따르면 대부분의 동물이 멍청하겠죠! 동물은 인간처럼 관대함이나 공공선을 생각하지 않잖아요. 암컷을 유혹하려고 수컷끼리 경쟁하고요. 그때 수컷들은 때로 자기 자손을 죽이기도 해요. 인간과 무척 닮은 침팬지가 그렇잖아요. 그런데 전문가들은 이 문제에 대해 언급하는 것을 꺼려요. 동물에 대한 인식이 개선되기를 바라기 때문이죠. 특히 착취당하거나 멸종 위기에 있는 동물이라면 더욱 그렇죠. 그렇기 때문에 이 문제는 단정적으로 말하기가 어려워요. 하지만 인간의 기준에서 보면 많은 동물이 고약한 멍청이일 수 있죠!

인터뷰 정리 장프랑수아 마르미옹

고고학자
샹폴 드물

어리석음의
기원을 찾아서

La préhistoire
de la connerie

시작부터 모든 것이 크게 잘못되었다. 그도 그럴 것이 우리는 '멍청이'를 가리키는 프랑스어 'con'이 어디서 왔는지도 모른다. 물론 라틴어 'cunnus'에서 파생된 단어라는 의견이 지배적이지만, 더 깊이 들여다보면 어떨까? 토끼 또는 작은 지하 통로를 뜻하는 라틴어 'cuniculus'와 'cunnus'를 연관 짓기도 하는데, 이 단어 역시 유래가 분명치 않고 그저 이베리아어에서 파생되었을 것이라고 추측할 뿐이다. 여성성을 작은 토끼에 비유하는 것은 암고양이에도 비유하는 원리와 비슷한데 두 경우 모두 부드러운 털을 암시하기 때문이다. 그러나 이렇게 추측에 기댄 어원 연구의 결과는 '통속어원'이라는 평가를 피하기가 어렵고 결국 의심의 눈초리를 받는다.

신석기 시대에 유럽 어딘가에서 사용되었을 것이라 추정되는 최초의 인도유럽어설에 기원을 둔다고 해도, 자칭 전문가라는 언어학자들은 라틴어 'cunnus'가 '숨기다cacher'를 뜻하는 'skeu'에서 파생되었는지, 창자나 방광을 뜻하는 'kust'에서 파생되었는지, 아니면 '자르다couper'를 뜻하는 'skere'에서 파생되었는지 명확히 말을 못 한다. 또한 'cunnus'는 영어의 'cunt', 네덜란드어의 'kut'와도 유사성이 있는데, 이 두 단어는 각각의 국가에서 여성의 성기를 속되게 이를 때 사용되며 원시 게르만어 'kunton'에서 유래했을 것이라 한다. 그러나 이 'kunton'이라는 단어 조차 최초의 인도유럽어계에서 '여성'을 뜻하는 'guneh'(프랑스어로 여성 의 거처를 뜻하는 'gynécée'의 유래가 된 고대 그리스어 'gunê'와 유사하다)에서 파생되었는지, 혹은 '태어나다naître'를 뜻하는 'genh'('혈통généalogie'의 유 래가 된 고대 그리스어 'genos'와 유사하다)에서 파생되었는지, 그것도 아니 면 '구멍cavité'을 뜻하는 'geu'에서 파생되었는지 여부를 두고 언어학자 들 간 의견이 분분하다. '불을 켜다'라는 뜻의 'allumer'(영어로 kindle)라 는 단어가 과연 'kundjan'에서 파생되었는지까지는 여기서 이야기하지 않겠다.

프랑스어에는 매우 멍청한 사람을 일컬어 '남근처럼 멍청하다con comme une bite'고 하는 양가적 표현이 존재한다. 그렇다 해도, 원래 여성 의 성기를 뜻하는 (무척) 속된 관용어가 어쩌다가 인간의 어리석음을 말 할 때도 널리 쓰이게 되었는지는 설명이 되지 않는다. 이 지점에서 우 리는 남성우위의 명징한 징후를 어렵지 않게 발견할 수 있다. 『내 주위 에는 왜 멍청이가 많을까Psychologie de la Connerie』(2018)에서 에드가 모랭 Edgar Morin은 자크 프레베르Jacques Prévert와의 일화를 언급했다. 프레베 르는 '멍청이con'를 마초적인 모욕으로 사용하는 모랭을 비판하며 그 단 어야말로 '존재하는 가장 아름다운 단어 중 하나'라고 지적했다. 그렇지 만 필자는 본래의 질문을 되짚어보려 한다.

이미 충분히 어리석었던 영장류

먼저 이런저런 영장류가 아프리카의 초원과 숲을 활보했던 몇백만 년 전으로 되돌아가보자. 변덕스럽고 충동적인 이 종들은 서로 교미하며 이종교배를 멈추지 않았다. 지나치게 학술적인 디테일로 들어가지 않더라도 그 시대를 안내해주는 사람이 있다면 지역과 시대 그리고 조상에 따라 고릴라, 침팬지, 보노보뿐만 아니라 수많은 아르디피테쿠스, 오스트랄로피테쿠스, 케냔트로푸스, 사헬란트로푸스, 파란트로푸스를 식별할 수 있을 것이다. 특히 이 모든 종은 일시적으로 존재했던 여러 하위 종으로 더 세분화할 수 있는데 고생물학자(그들은 절대로 멍청하지 않다)마다 가느다란 뼛조각 몇 개로 일일이 자신만의 종을 명확하게 정의하려 하기 때문이다.

그런데 200만 년 전 새로운 종이 출현했으니, 바로 호모 에렉투스다. 이 종은 다른 종보다 더 똑바로 설 수 있었기 때문에 이런 이름을 얻었는데, 직립 자세로 인해 어리석음, 아니 암컷의 성기con는 훨씬 눈에 덜 띄게 되었다. 지나치게 호기심이 많거나 무책임한 (혹은 지나치게 멍청한) 일부는 세대를 이어가며 본래의 아프리카 영토를 조금씩 벗어났다. 그렇게 수천 년의 시간이 흘러 일부는 아시아에 발을 디뎠고 그곳에서 점차 데니소바인으로 진화했으며 이후 동남아시아를 거쳐 인도네시아(호모 플로레시엔시스)나 필리핀(완전히 새로운 종인 호모 루소넨시스)의 섬에까지 들어갔다. 어리석게도 이 두 종은 점점 더 작아지다가 결국 사라져버렸다. 다른 종들은 유럽 쪽으로 올라갔고 빙하가 형성됨에 따라 무척 추운 환경에 맞닥뜨리게 되었다. 이동한 보람도 없이 오히려 살기가 더 팍팍해졌으니, 그들이 바로 네안데르탈인이다. 그나마 그들이 불을 사용할 줄 알았던 것이 불행 중 다행이다!

대다수의 호모 에렉투스는 현명하게도 기후가 온화한 아프리카 지방에 계속 머물러 있었다. 그들은 다른 종들이 그러하듯 '진화'를 멈추지 않았다. 불가피한 일이었지만 결과가 늘 만족스럽지는 않았는데 자연 선택의 '법칙' 때문이었다. 피부색이 더 검어지면서 태양으로부터 피부를 더 잘 보호할 수 있게 되었지만, 뇌가 커짐에 따라 신경세포의 연결이 많아지면서 뇌는 새롭고 엉뚱한 아이디어를 더 잘 떠올릴 수 있게 되었다. 달리 말해 새로운 멍청한 짓을 생각하기가 훨씬 쉬워졌다는 뜻이다. 불가사리 같은 다른 종들은 있는 그대로의 자기 모습을 유지한다. 어떤 완전함에 도달했기 때문에 수억 년 전부터 더 이상 '진화'하지 않는 것이다. 이 얼마나 현명한가.

자연선택에 이어 성선택이 진화의 과정에 더해졌는데, 이러저러한 육체적 특성을 띤 이러저러한 짝을 선호해 선택하는 것을 말한다. 그러나 짝을 선택하는 데 비육체적인 기준, 예를 들면 멍청한 짓을 하는 성향 같은 것까지도 고려했는지는 알 수 없다.

한술 더 뜬 사피엔스

그렇게 우리의 조상 호모 에렉투스는 아프리카 여러 지역에서 약 30만 년 전부터 점차 호모 사피엔스로 변모했다. 그리고 또다시 그들 중 가장 무책임한 (혹은 가장 멍청한) 개체들은 약 16만 년 전 차츰 아프리카를 벗어나 덜 매력적이고 더 추운 지역으로 모험을 감행하기 시작했다. 2만 5,000년 전에는 얼어붙어 있었을 베링해협을 거쳐 꿋꿋하게 아메리카 대륙까지

진출했고, 다시 남반구로 내려왔다. 애초에 떠나지 않았더라면 훨씬 더 쉬웠을 것을! 그렇게 그들은 거의 모든 곳에서, 현지에 서식하는 모든 동물 개체 및 먼저 자리 잡고 살고 있던 먼 사촌뻘 되는 인간종까지 대규모로 학살하기 시작했다. 이것이 현재 가속화 중이며 대재앙을 몰고 올지도 모르는 여섯 번째 대멸종의 발단이다.

이렇게 1만 2,000년 전부터 지구상에 살던 100만에서 200만의 사람들은 남아메리카와 오스트레일리아를 포함한 모든 대륙에 흩어져 있었다. 오세아니아의 여러 섬만이 빈 땅으로 남아 있었는데 이곳도 얼마 지나지 않아 사람들에게 점유되었다. 그들은 서로 부대낄 일이 거의 없었다. 현재 프랑스령 기아나를 포함해 프랑스 인구밀도가 1제곱킬로미터당 94명, 방글라데시가 1,083명인 데 반해 당시 인구밀도는 75제곱킬로미터당 1명, 즉 1제곱킬로미터당 0.01명꼴이었다. 그들은 소규모로 무리를 이루어 수렵채집을 하며 살았는데 현지 계절에 따라 자원을 얻기 위해 유목민처럼 이동했다. 또 그들은 무척 한가로운 생활을 했다. 인종학자가 관찰한 바에 따르면 그들은 하루에 서너 시간만을 식량 확보에 할애했다. 또 무덤을 근거로 추측해보면 그들 사이에선 부의 편차가 크지 않았다.

그러나 현재의 프랑스와 마찬가지로 다른 대륙 일부의 가장 큰 문제는 추위였다. 당시에는 빙하가 북유럽 전체에 걸쳐 벨기에까지 퍼져 있었기 때문에 사람들은 네안데르탈인 시대부터 유르트나 티피 같은 임시 숙소를 만들 줄 알아야 했다. 동굴은 어디에나 있는 것이 아니었기 때문에 일시적으로 머무는 곳이었고 그림으로 벽을 장식해 종교의식을 치르는 성소로 사용되기도 했다. 또한 이들은 옷을 지어 입어야 했고 동물 가죽을 꿰맬 바늘까지 고안해냈다. 무려 2만여 년 전에 말이다.

'cunnus'의 본래적 의미를 찾아서

잠자는 시간을 제외한 이십여 시간의 잉여 시간에는 무엇을 했을까? 이
번에도 자연선택 때문에 그들의 뇌는 계속 복잡해져 갔다. 4만 년 전 그
들의 정신운동 능력은 현재의 우리와 비교해도 큰 차이가 없었을 것으
로 추정되므로 관심사 역시 우리와 비슷했을 것이다. 생존에 필요한 최
소한의 요구에 비해 과도하게 발달한 뇌는 환상이니 꿈이니 광기니 하
는 것에 점점 적응해가다 급기야 어리석음에까지 적응해버렸다. 무언가
를 새기고 조각하고 그리기 시작하면서 그들은 동물과 여자라는 두 가
지 주제에 몰두했다. 이들이 그려놓은 만여 마리의 동물은 자신이 잡아
먹는 동물(프랑스에서는 주로 순록)이 아니라 숭배하거나 경외심을 갖는
동물이었는데 수렵생활자들로서는 당연한 일이었다.

　그들이 관심을 갖고 표현한 또 다른 주제는 과장된 형태의 나부裸婦
였다. 이 중 가장 오래된 것은 독일 남서부 스바비안 유라Swabian Jura 지
역에 있는 홀레 펠스Hohle Fels 동굴에서 발견된 조각이다. 매머드의 상

아로 제작된 이 6센티미터짜리 조각상의 유방은 중력에 도전이라도 하려는 듯 엄청난 크기를 자랑한다. 성기 역시 무척 과장되게 표현되어 앞서 언급한 'cunnus'라는 단어를 저절로 떠올리게 한다. 게다가 이 조각상에는 머리가 없는데, 부서진 것이 아니라 머리가 있어야 할 자리에 고리가 달려 있다. 그들에게 여성의 머리는 신체에서 크게 중요한 부위가 아니었던 모양이다. 선사시대 학자들은 후기 구석기 시대라 불리는 이 시기, 유럽인들은 대략 4만 년에서 1만 2,000년 전에 해당하는 이 시기에 제작된 백여 개의 나부상에 고결하고 정숙한 '비너스'라는 이름을 붙여주었다.

이런 조각상이 모성이나 다산 또는 출산을 상징했을까? 아니, 그것은 오히려 성적 상징으로 볼 수 있다. 남성적 시각에서 볼 때, 인간은 다른 포유류와 달리 암컷이 언제든 수컷을 받아들일 수 있는 종이기 때문이다. 그렇게 인간은 때를 가리지 않고 섹스를 할 수 있지만 그로 인해 발생하는 온갖 사회적 긴장을 감수해야 한다. 여성이라면 대중교통을 타기만 해도 그것을 몸소 실감할 수 있지 않은가…. 신화나 서사시를 봐도 섹스, 납치, 강간 이야기가 차고 넘친다. 어쨌든 전쟁은 적을 죽이는 것만큼이나 적의 여자를 범하겠다는 목적을 가지고 있었고 또 그러한 결과를 낳았다. 물론 그것은 이제 어리석음이 아닌 범죄이자 파렴치한 행동으로 취급된다. 그럼에도 예전에 그토록 기세등등했던 남성우위를 다시 상기해보는 것은 의미 있는 일이다.

새로운 어리석음,
또 다른 세 가지 어리석음을 불러오다

1만 2,000년 전, 지구의 인구는 단 200만 명이었다. 지구의 인구는 어떻게 그렇게 단시간에 70억 명에 이르게 되었을까? 게다가 곧 100억 명이 되는 것은 시간문제다. 그중 10억 명은 영양실조, 다른 10억 명은 과체중이다. 또 어쩌다가 인류의 1퍼센트가 전 세계 부의 절반을 차지하는 상황에 이르렀을까? 이러한 의문에 대한 단 하나의 해답, 역대급 멍청이 짓은 바로 신석기 시대의 도래, 달리 말해 정주 농업의 발명이라 할 수 있다.

실제로 정착생활을 통해 이전보다 훨씬 안정적으로 식량을 확보할 수 있게 되면서 사람의 수는 몇 세대 만에 폭발적으로 증가했다. 수렵채집인이 3~4년마다 평균 1명의 아이를 낳은 반면 전통사회의 농업인은 매년 1명의 아이를 낳았다. 상당수의 아이가 어린 나이에 사망하긴 했지만 말이다. 이러한 인구폭발로 인해 수렵채집 사회는 밀려나거나 동화되었고 심지어 학살까지 당하며 점차 자취를 감추기 시작했다. 브라질 아마존 숲에서는 오늘날에도 여전히 그런 일이 벌어지고 있지 않은가. 그러나 농업인이 그다지 선호하지 않는 외딴 지역에서는 수렵채집 생활방식이 조금 더 오래 유지될 수 있었다. 그래서 해양자원과 임산자원이 비교적 풍부한 생물학적 환경에서 성립한 일본의 조몬縄文 문화는 기원전 마지막 세기가 되어서야 농업사회로 전환되기 시작했다.

그런데 그러한 인구폭발이 이번에는 또 다른 세 가지 바보짓을 불러오고 말았다. 바로 노동, 전쟁, 지배계급이다. 우선 노동을 살펴보자. 수렵채집인은 사냥하고 낚시하며 채집하는 데 하루에 서너 시간만 사용했다. 그런데 농업인이 되면서는 오늘날의 산업 노동자와 마찬가지로 하루 종일 노동을 해야 했다. 이른바 3차 산업에 종사하는 사무직 노동자도 이제 대부분 같은 신세가 되고 말았다. 이에 대해 인류학자 마셜 샬린스Marshall Sahlins는 투입한 에너지와 결과물 간의 비용-편익 비율로 풍요를 정의할 경우 1960년까지 중에서 유일하게 풍요로운 사회는 수렵채집 사회라고 지적했다.

두 번째 바보짓은 전쟁이다. 1946년, 시인 자크 프레베르는 포격이 휩쓸고 간 브레스트의 폐허 속에서 바르바라에게 이렇게 토로했다. "전쟁이란 얼마나 어리석은 짓인지." 남성들 간의 폭력이 어느 시대에나 예외 없이 존재했던 것만 봐도 그들이 얼마나 멍청한지를 알 수 있다. 인구가 가파르게 증가하고 정착생활이 시작되면서 인류는 지속적으로 영토를 점유해갔고 수렵채집인의 이동생활은 점점 사라졌다. 그 전까지 개방되어 있던 마을들은 신석기 시대에 접어들며 점점 더 높은 곳으로 올라갔고 요새, 울타리, 구덩이, 돌과 흙으로 만든 성벽에 둘러싸이게 되었다. 잔해 위로 상처가 늘어만 갔다. 단검, 대검, 투구, 정강이 보호대와 같은 특수한 무기들이 오직 전쟁을 위해 발명되었고, 그런 일은 앞으로도 계속될 것이다.

어리석음, 정말 피할 수 없는가

세 번째 어리석은 발명은 바로 지배계급이다. 고고학 연구에 따르면 제2천년기 혹은 제3천년기가 지나고 비교적 평등해 보이던 신석기 무덤들 가운데서 금장신구, 옥도끼, 왕홀, 외국에서 온 희귀한 물건 등이 함께 매장된 부유한 사람들의 무덤이 전쟁과 동시에 유럽에서(그리고 다른 지역에서도) 나타나기 시작했다.

그때부터 신석기 시대의 자그마한 전통적 나부상은 무기를 든 전사상에 자리를 빼앗기고 만다. 이런 현상은 이후에도 계속되어, 이른바 '족장 관할구역'이라 불리던 사회는 얼마 지나지 않아 결국 최초의 국가로 탈바꿈한다. 이미 5,000년 전에 지배계급, 경찰, 군대, 성직자, 관료가 존재했다는 이야기다. 민족학자 제임스 스콧James Scott이 최근에 지적한 바와 같이, 크기와 무게를 측정하기가 수월해 과세하기도 편한 곡물의 단일재배는 주민 통제를 위한 지배계급의 주요한 수단이었을 것이다.

그런데 이러한 어리석음은 두 가지 면이 있다. 몇몇 사람이 권력욕을 가질 수 있다고 쳐도, 다른 대다수가 그것을 왜 인정해주었는지 납득하기 어렵기 때문이다. 500년 전, 에티엔 들라보에티Etienne de La Boétie는 소논문 「자발적 복종La servitude volontaire」에서 이에 대해 본질적 질문을 던졌고 제법 설득력 있는 세 가지 이유를 제시했다. 첫 번째 이유로 그는 다른 세상이 있을 수 있다는 것을 상상조차 할 수 없게 만드는 관습을 꼽았다(관습에 관한 특히 멍청한 명언으로는 '대안은 없다There is no alternative'[*]가 있다.) 두 번째로는 시스템을 바탕으로 한 견고한 피라미드 조직망을 지적했다. 세 번째로 그는 사후에 더 나은 세상이 기다리고 있다는 미명하에 순종과 인내를 가르치는 종교를 '자발적 복종'의 원인으로 제시했다. 실제로 군주들은 자신이 초월적 존재와 직접적으로 연결되어 있다고 주장하며, 의식을 치를 때 성경에 맹세하기보다는 스스로

---

* 1980년 영국 복지 예산을 축소하고 민영화를 추진하면서 총리 마거릿 대처가 했던 말.

를 '신격화'했다.

　보에티가 왜 우리는 복종하기에 충분히 멍청한가를 설명하려 했다고는 하지만, 저항이 일어날 수 있다는 가설은 생각하지 못한 것 같다. 프랑스 인류학자 피에르 클라스트르Pierre Clastres는 권력이 과도하게 팽창되는 것을 막기 위한 메커니즘이 많은 전통사회에 존재했음을 지적했다. 실제로 지배계급에 대한 풍자, 의무적인 부의 재분배, 명성을 떨친 전사에 대한 결투 신청, 명망가가 사망했을 때 재산을 함께 매장하기 등의 메커니즘이 존재했다. 문서 기록이 존재하는 역사시대를 살펴보면 상궤를 벗어난 권력은 반란과 혁명을 통해 어김없이 무너지고 말았다. 정치적으로 또는 사회적으로 더 민주적인 체제가 간혹 시도되기도 했다. 이누이트나 그레이트플레인스 아메리카 인디언과 같은 일부 사회에서는 계절에 따라 강제적 명령을 따라야 하는 시기(특히 사냥 시기)와 그 외의 일상적 '무정부' 시기를 번갈아가며 생활했다.

　매번 피해 갈 수도 있었던 일련의 바보짓이 선사시대부터 지금까지 유유히 이어지면서 인간은 여기까지 오게 되었다. 50억 년쯤 뒤에 태양이 소멸하기 전까지, 인류가 어찌 되든, 인류를 둘러싼 환경이 어떻게 되든 지구는 계속 돌아갈 것이다. 그렇지만 정녕, 그 모든 바보짓을 피해 갈 수는 없었던 것일까?[1]

심리학자

자크 보클레르

어리석음,
인간만의 특성일까

La connerie est-elle
le propre de l'Homme ?

이 장에서는 영장류, 즉 '짐승'에 관해 다루어보고자 한다. 사전학자 에밀 리트레Émile Littré의 정의에 따르면 짐승은 인간종보다 낮은 위치에 있는 동물이다. 데카르트는 동물은 이성에 의거해 사고할 수 없기 때문에 한낱 기계에 불과하다고 했다. 그의 정의에 따르면 인간은 동물에 비해 더 똑똑하므로 멍청하지 않다고 할 수 있다. 여기서는 영장류의 지능에 대해 언급하지는 않을 것이다. 영장류의 인지능력이 얼마나 뛰어난지를 증명하는 연구 결과가 넘쳐나는 만큼 여기서 재차 확인할 필요는 없기 때문이다. 한편 인간과 마찬가지로 동물도 복잡한 감정적·인지적 절차를 처리하기 위해 정교한 정보처리 체계를 사용한다는 것에 오늘날 이의를 제기할 사람은 없을 것이다.

원숭이도 남을 멍청이 취급할 줄 알까

그렇다, 영장류는 '똑똑하다!' 그렇다면 사회적 동물인 영장류는 다른 개체를 멍청이로 취급하기도 할까? 그에 대한 답변으로 여기 세 가지 사례를 살펴보자.

• 먹이를 훔치는 행위는 원숭이들 사이에서 매우 빈번하게 발생한다. 이는 물론 '똑똑하다'고 평가되는 행동이다. (오직 인간만이 바보처럼 취급하는) 피지배 개체는 지배 개체가 잠시 한눈을 파는 사이에 그의 먹이를 훔치면서 잔꾀를 부릴 수 있다. 그렇다면 다른 원숭이의 도둑질을 알아채지 못한 이 지배 개체는 그 때문에 멍청이 취급을 받을까? 절대 그렇지 않다. 지배 개체를 그 자리에서 쫓아내는 것은 그렇게 간단한 문제가 아니다.

• 어떤 무리 안에 힘없는 '외톨이'가 존재한다면, 다른 원숭이들의 눈에도 그 원숭이가 바보로 보일까? 그렇지 않다. 그것은 대개 사회적 위계에서 비롯된 엄격한 규칙을 따라야 하는 피지배 개체의 문제이기 때문이다. 그 규칙은 무리의 생존에 필요한 것이지 인간처럼 타인을 깎아내리면서 '즐거움'을 얻고자 하는 것이 아니다.

• 마지막으로 원숭이가 다른 개체를 조롱하기 위해 그 개체를 멍청이로 취급하면서 다른 원숭이와 동맹을 맺을 수 있는지 의문을 가질 수 있다. 그러나 이는 있을 수 없는 일이다. 그것이야말로 타인에게 의도와 신뢰를 전가해야 하는 인간적 행동이기 때문이다. 원숭이의 일상생활에서는 그러한 의도와 신뢰가 요구되지 않는다(서커스장에서 원숭이들에게 '재롱'을 부리게 하려고 그들을 일으켜 세울 목적이 아니라면 말이다).

현재로서는 원숭이들이 서로를 멍청이로 취급할 수 있음을 증명할 지엽적인 사례조차 없다. 타인에 대한 '멍청이' 취급은 그가 인간의 기본적인 도덕률을 위반했다는 판단을 내포한 의도적인 행동이다. 그런데 우리와 사촌지간인 원숭이는 이러한 가치판단을 할 수 있는 생물학적 능력이 없을뿐더러 생존을 위해 그런 걸 필요로 하지도 않는다는 사실이 밝혀졌다.

　타인의 실수나 그릇된 행동을 보고 바보, 멍청이, 심하게는 저열한 존재로 취급하는 인간에 반해 영장류는 (인간보다는) 크게 발달하지 않은 의도성을 서로를 헐뜯는 데 사용하지 않는다. 인간사회에서 혼자서는 절대 바보가 되지 않는다. 우리를 바보로 만드는 것은 유죄판결을 내린 다른 이들의 시선과 판단이기 때문이다. 인간에 비해 상대적으로 원숭이가 더 멍청하다고 판단되는 이유는, 인간이 비록 정보처리의 오류, 편향, 어리석음을 완벽하게 피해 갈 수는 없다고 해도 신경과학과 인지과학 실험을 통해 그 점을 식별해내기는 하기 때문이다. 그 점이 바로 어리석음에 맞설 수 있는 우리의 무기일 것이다. 과학 분야에서조차 우리는 오류에서 왜곡에 이르기까지 상당수의 어리석음을 발견해내지 않았는가.

　원숭이가 동족을 멍청이 취급하지 않는다는 사실은 어느 정도 입증된 것 같다. 그렇다면 원숭이도 인간처럼 실수, 편향, 그 외의 '어리석음'과 같은 정보처리의 오류에 빠지는지 확인해볼 수 있지 않을까? 인간의 친척뻘인 원숭이도 인간처럼 지각 오류라는 함정을 피해 가지 못할까? 원숭이도 인간과 같은 유형의 편향 때문에 판단의 상황에서 의사결정을 그르치게 될까? 다음의 몇몇 실험 사례를 보면 영장류의 어리석음을 어느 정도 증명할 수 있을 것 같다. 그리고 여러분의 입에서는 '원숭이처럼 약삭빠르다'는 말 대신 원숭이도 '인간처럼 멍청하다'는 말이 저절로 나오게 될 것이다.

착각에 빠지는 원숭이들

그런데 어리석음이 일종의 착각이라면? 고전적으로 착시란 측정도구를 통해 객관적으로 측정한 실재와 일치하지 않는 지각작용이다. 따라서 착시란 인간의 시각체계를 교란하는 형상이라 할 수 있는데 그로 인해 현실을 왜곡해 인식하게 된다. 세 가지 예시를 살펴보자.

델뵈프Delboeuf **착시는** 큰 원으로 둘러싸인 검은 원이 작은 원에 둘러싸인 검은 원에 비해 더 작아 보이는 현상을 말한다. 시각인지 전문가들조차 이런 오류를 피해 가지 못한다.

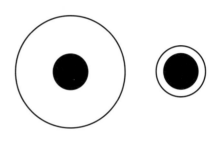

그렇다면 영장류는 어떤 반응을 보일까? 모니터에 나타나는 두 개의 원 중 더 큰 것을 고르도록 훈련된 마카크원숭이와 카푸친원숭이도 인간 못지않게 '착각을 한다'.[2]

크기가 같은 접시 두 개에 각각 다른 양의 먹이를 담은 후 침팬지에게 보여주면 그들은 예상대로 먹이가 더 많이 담긴 접시를 선택한다. 반대로 먹이의 양이 같고 접시의 크기가 다른 경우, 침팬지는 접시에 담긴 먹이의 양이 동일하다는 것을 제대로 인지하지 못한다.[3] 따라서 침팬지들은 먹이의 양이 동일함에도 큰 접시보다 작은 접시를 선택한다. 침팬지의 눈에 작은 접시에 담긴 먹이가 더 많아 보이기 때문이다. 심지어 침팬지는 큰 접시에 담긴 많은 양의 먹이보다 작은 접시에 담긴 적은 양의 먹이를 선택한다. 인간에게도 동일한 실험을 진행해본 결과, 인간도 침팬지처럼 멍청한 선택을 하는 것으로 나타났다. 식당 운영자라면

접시의 크기를 선택하기 전에 이 실험 결과를 참고하시기를. 그럼 결코 손해 볼 일은 없을 테니까!

두 번째로 **회랑 착시**를 통해 착시 현상에 대해 더 깊이 알아보자. 그림에 있는 두 사람의 크기는 같지만 아래에 있는 사람이 위에 있는 사람보다 더 작게 보인다.

이 회랑 착시 실험[4]에 앞서 개코원숭이는 두 사람의 키가 다르게 보일 때는 조이스틱을 움직이고 동일하게 보일 때는 움직이지 않도록 훈련받았다. 그 결과 개코원숭이도 침팬지[5]와 인간이 그랬던 것처럼 '똑같은 착각에 빠졌다'.

마지막으로 **솔리테르 퍼즐 착시** 현상을 살펴보자. 아래 그림에서 보듯 흰 점들이 가운데에 몰려 있으면 그 수가 더 많은 것처럼 보이고, 반대의 경우에는 그 수가 더 적어 보인다.

실제로 두 그림에 있는 흰 점과 검은 점의 개수는 16개로 동일하다. 실험을 위해 흰 점이 더 많아 보이는 그림을 고르도록 훈련받은 카푸친

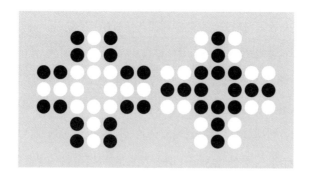

원숭이 역시 인간이 빠졌던 착각의 덫을 피해 가지 못했다.[6]

그렇다면 여기서 철학적 의문을 제기할 수밖에 없다. 왜 인간과 영장류는 몇몇 상황에서 눈에 뻔히 보이는 착각에 빠져 잘못된 정보처리를 하는 걸까? 일종의 적응반응 때문이라면, 무엇에 대한 적응반응일까?

우연성의 부정인가 '핫 핸드' 효과인가

이번에는 운동선수에 대해 이야기해보자. 어떤 농구 선수가 연속으로 골을 성공시킬 때, 다시 말해 특출한 기량을 거듭해 선보일 때 우리는 그런 선수를 일컬어 '핫 핸드hot hand'라 부른다. 그렇지만 1점, 5점 또는 10점을 연속으로 득점했다고 해서 그다음 골도 연속으로 성공시킬 가능성이 높아지는 것은 절대 아니다.[7] 이러한 '핫 핸드' 효과, 즉 성공에 대한 확신은 현상을 무턱대고 긍정적으로 해석해서 발생한다. 이렇게 우연성을 부정하는 현상은 주사위 던지기 같은 도박이나 금융권에서도 관찰된다. 통계적으로 원숭이 역시 연관성이 없는 사건들에서 예측 가능한 결과를 추구하려는 경향을 나타냈다. 이에 대한 실험을 위해 마카크원숭이는 모니터의 왼쪽이나 오른쪽에서 사진들이 규칙적으로 나타날 때 그 순서를 식별하도록 훈련받았고 성공했을 경우 먹이 보상을 받았다. 그런데 모니터에 사진들이 무작위로 나타나자, 마카크원숭이는 이미 습득한 '일련의 사진'이 다시 나타나기를 기대하는 듯 모니터를 뚫어지게 바라보았다. 그러므로 원숭이에게도 '핫 핸드' 편향이 있다고 말할 수 있을 것이다.[8]

침팬지, 난관에 봉착하다

인간에게서 관찰되는 수많은 인지 편향 중 **스트룹 효과**Stroop effect는 주의를 기울이지 않은 부차적 과제 때문에 주의를 기울인 주요한 인지 과제 처리가 방해받는 현상을 말한다. 스트룹의 실험에서 단어의 의미와 글자의 색상이 일치하지 않을 때, 실험 대상자는 글자가 쓰인 잉크의 색상을 말해야 한다. 예를 들어 '파랑'이라는 단어가 빨간색으로 쓰여 있다면 실험 대상자는 '빨강'이라고 말해야 한다. 그런데 이때 실험 대상자는 '빨강'이 아닌 '파랑'이라고 말하게 된다. 간섭 현상으로 인해 오류가 발생하는 것이다. 오류는 일치조건(빨간색으로 쓰인 '빨강')에서보다 불일치조건(빨간색으로 쓰인 '파랑')에서 훨씬 더 빈번하게 발생하고 색상을 말할 때의 반응 속도도 훨씬 더뎌진다. 이러한 주의 편중을 연구하기 위해 정서적 단어(죽음, 기쁨)와 중립적 단어(찻잔)를 세 가지 색상으로 제시해 실험 대상의 반응을 살펴보기도 했다. 이 실험에서 부정적 단어는 초록으로, 긍정적 단어는 파랑으로, 중립적 단어는 빨강으로 표시되었다. 인간은 중립적 단어를 말할 때보다 부정적 단어(초록색으로 쓰인 '죽음')를 말할 때 반응 속도가 더 느린 것으로 나타났다. 이와 같은 현상을 정서 스트룹 효과라 한다.

침팬지를 대상으로 한 실험도 있다.[9] 파란색 바탕의 사각형과 노란색 바탕의 사각형 두 개를 터치스크린에 띄우고 침팬지가 파란색을 터치할 때는 보상을 주고 노란색을 터치할 때는 보상을 주지 않았다(반응-무반응 선택과제). 그런데 파란색 바탕 안에 파란색 형체가 있는 사각형을 터치할 때보다는 같은 파란 바탕에 노란색 형체가 있는 사각형을 터치할 때 침팬지의 반응 속도가 더 느려지고 부정확해지는 것을 관찰할 수 있었다. 이것이 바로 전형적인 스트룹 효과다. 그다음 실험에서는 사각형 배경 안에 수의사, 사육사, 외국인의 컬러 사진을 침팬지에게 보여주었다. 이 경우 파란색 바탕에 있는 외국인이나 사육사 사진을 터치할 때보다 수의사 사진을 터치할 때 침팬지의 반응 속도가 더 느려지는 것이 관찰되었다. 이러한 현상은 최근 수의사에게 마취를 당한 침팬지들에게서 더욱 뚜렷하게 나타났다! 무척 흥미로운 결과라 할 수 있다. 그럼에도 개체별로 행동양식이 매우 상이한 것으로 알려진 침팬지를 조련하려면 수많은 실험을 거쳐야만 할 것이다.

동물복지에 인지 편향을 활용해보면 어떨까

『내 주위에는 왜 멍청이가 많을까』[10]에서는 논증 오류나 인지 편향 같은 여러 인간 행동을 일종의 과오로 분류했다. 정서 상태가 정보처리를 교란하면 잘못된 판단을 내릴 수밖에 없기 때문이다. 예를 들어 우울증 진단을 받은 사람은 모호한 상황을 부정적으로 받아들이고 비관적으로 판단한다. 반면 긍정적 정서 상태에 있는 사람은 같은 상황을 긍정적으로 받아들인다. 영장류 역시 정서 상태에 따라 이러한 판단의 오류를 범할까? 동물의 인지 편향 연구는 그리 오래지 않은데 주로 동물 복지 증진을 목적으로 2000년대 초반에 시작되었다.

환경에 적응하는 동물의 반응이 긍정적인지 혹은 부정적인지를 식별하는 데 동물의 인지 편향을 활용할 수 있다는 것은 이미 입증된 바 있다.

다양한 동물 사육 방식은 긍정적으로도, 부정적으로도 나타날 수 있

는 동물의 일반적 정서 상태에 영향을 준다고 알려져 있는데 이를 알아
보기 위해 마카크원숭이를 대상으로 실험을 진행했다. 우선 모니터를
통해 한눈에 봐도 길이가 다른 두 개의 선을 원숭이에게 보여준다. 먹이
보상을 받으려면 원숭이는 다른 선은 건드리지 않고 한 개의 선만을 터
치해야 한다. 그런데 두 선의 길이가 거의 동일한 경우 긍정적 자극이
결여된 환경에 사는 원숭이는 더 많이 혼동하는 모습을 보였다. 이렇게
스트레스를 받은 원숭이는 불안과 우울에 빠진 인간처럼 인지 편향을
드러내고 결국 정보처리의 오류를 범한다.[11]

그런데 이러한 실험 환경은 동물들에게 억압적일 수밖에 없고, 사람
이 아닌 동족의 얼굴 표정을 인식하는 것에 더 익숙한 원숭이의 행동양
식에는 적합하지 않은 것으로 드러났다. 그래서 벵골원숭이를 대상으
로 더욱 적절한 방식을 적용한 **주의 편중** 실험을 진행했다. 주의 편중이
란 어떤 순간에 자신을 신경 쓰이게 하는 대상에게 주의를 더 집중하는
경향성을 말한다. 이러한 주의 편중은 상황에 따라 짧게도, 길게도 지
속되었다. 연구팀은 벵골원숭이에게 수컷 성체 동족의 얼굴 사진 두 장
을 동시에 보여주었다. 한 장에는 공격적 표정이, 다른 한 장에는 무감
정한 표정이 담겨 있었다. 연구팀은 사진을 보여주었을 때 원숭이의 시
선이 어디로 향하는지를 관찰하고 그 방향을 기록했다. 그리고 원숭이
마다 두 번의 실험을 진행했다. 원숭이들은 스트레스를 받는 환경(건강
검진)과 긍정적 환경(다양한 장난감 제공)에 차례로 노출되었다. 스트레스
를 받은 환경에 노출된 후 원숭이는 공격적 표정이 담긴 사진을 회피하
는 모습을 분명하게 드러냈다. 반대로 긍정적 환경에 노출된 후에는 같
은 사진에 더 오래 주의를 집중하는 모습을 보였다. 이렇듯 원숭이는 정
서 상태에 따라 동족의 반응에 대한 자신의 주의 집중도를 조절하는 행

동양식을 보였다.[12] 이러한 실험 결과로 미루어 볼 때, 원숭이들의 사육 환경을 조성할 때는 훨씬 세심한 주의가 필요할 것이다.

착각과 편향은 특정 정보의 인지 및 지각 처리 과정에서 왜곡, 지각 오류, 판단 오류 등의 형태로 드러난다. 이제 이러한 결과들이 인지 자원을 절약하고 상황에 따라 신속하고 효율적인 결정을 내리는 데 도움이 될지 알아보는 것이 남은 숙제다. 행복을 위해 오류를 활용해볼 수 있지 않을까? 어쨌거나 인간의 사촌뻘인 영장류도 인간처럼 멍청이 증후군을 앓고 있다고 말할 수 있으려면, 그에 관한 폭넓은 연구가 반드시 선행되어야 할 것이다.

로랑테스토

종교·역사 전문 기자

어리석은 인류의 네가지 에피소드

Le tour du monde
en quatre conneries

위대한 역사학자 유발 하라리는 이렇게 말했다. "역사는 자기가 한 일이 뭔지 모르는 멍청이들에 의해 쓰인다." 동물의 가축화, 중화 제국 건설, 유럽에서의 기독교 부상, 21세기에 현실로 나타나고 있는 인류 자멸 모의까지, 중요한 네 가지 에피소드를 통해 그 격언이 얼마나 타당한지 살펴보자.

첫 번째 에피소드, 스스로 복종하게 된 원숭이

아주 먼 옛날, 1만 년 전에 머리가 커다란 거대한 영장류가 있었다. 털이 없는 '호모Homo'였다. 그때부터 이 영장류는 슬기롭다는 의미의 라틴어 '사피엔스Sapiens'로 분류되었다. 이것은 결코 자조적인 이름이 아니다. 지난 일들을 요약해보면[13] 이 '슬기로운 원숭이'는 지금으로부터 20만 년 전 아프리카를 벗어났다. 호모 사피엔스는 불과 도구를 다룰 줄 알았기에 전 세계를 정복하고 개체 수를 늘려갔다. 약 1만 년 전, 지구상에 호모 사피엔스의 수는 500만 정도였으며 수렵채집 생활을 했다.

인류학자 마셜 살린스는 수렵채집은 하루에 세 시간만 일해도 풍부한 먹을거리를 구할 수 있고 나머지 시간은 유유자적하게 보낼 수 있는 고귀한 일이었다고 평한다.[14]

그러나 호모 사피엔스는 거기에 만족하지 않았다. 그때부터 그들은 오스트레일리아를 비롯해 프랑스와 파타고니아까지 전 세계로 퍼져나갔다. 그러나 거대한 사냥감은 사라져버렸다. 사냥꾼 사피엔스 때문이었든 기후(빙하기가 막 끝나고 기온이 상승하던 시기였다) 때문이었든, 털 매머드와 거대 웜뱃과 그 외 사냥하기 쉬운 거대하고 느린 육지동물 대부분이 약 1만 년 전 지구상에서 사라져버린 것은 사실이다. 고기를 좋아하는 우리 원숭이들에게 식량이 될 만한 것이 더 이상 남지 않았다. 이들은 생존을 위해 자기 의지대로 생산할 수 있는 곡물(장소에 따라 밀, 쌀, 옥수수 등)을 재배하게 된다. 그때부터 진화라는 엄청난 말썽꾼은 곡물과 인간에게 골탕을 먹인다.

그 결과는 어땠을까? 곡물 재배는 위계사회의 시작을 알리는 신호탄이나 다름없었다. 건장한 사내들을 거느리고 왕을 자처하는 폭군이 등장하기 시작했다. 이 왕을 위해 복무하는 '군인'은 곡물을 수취했다. 당연히 곡물 재배는 계절의 영향을 받는다. 언제 모종을 심는지(봄), 추수하는지(여름), 저장하는지를 모두 예측할 수 있었기 때문에 (가을과 겨울을 보내기 위해) 가로챌 잉여물의 양 역시 예측 가능했다. 연이어 폭군들은 삥 뜯기(아차, 현물 납부)와 문명을 만들어냈다.[15] 이제 왕은 사제들로 둘러싸였다. 사제의 임무는 두 가지였다. 우선 달력을 만들어 더 많은 곡물을 떼어갈(아차, 납부 편성할) 수 있도록 추수 기간을 계산하는 것과, 세상이 불평등함을 정당화하는 서사를 만들어내는 것이었다. 사제는 왕이 신의 아들이며 신성한 존재이므로 왕을 공격하면 벌을 받게 된다고 사람들을 협박했다(신의 사제 역시 신성시되었고 이들을 모욕하는 것은 금기였다).

그리고 이 모든 일은 살아 있는 생명체, 즉 식물과 동물과 인간을 복종시키면서 이루어졌다.

중동에서 밀이 어떻게 인간에게 예속되었는지부터 살펴보자. 야생의 밀 가운데는 여문 낟알이 이삭에서 잘 빠지지 않는 유전적 기형이 존재했다. 100만 중 하나의 밀 모종에 그런 기형이 있었다. 이 돌연변이 낟알은 바람에 실려 가지 않고 퍼지지 않아 홀로 번식하지 못한다. 오늘날 우리는 몇천 년 동안 인간이 선택하고 계속 파종한 이 '기형' 밀을 재배하고 있다. 낟알이 그대로 달린 이삭이 추수하기 훨씬 더 수월하기 때문이다. 빵을 만들기 위해 우리 조상들은 밀을 불구로 만들었고 그때부터 밀은 더 이상 홀로 번식할 수 없게 되었다. 그러나 밀의 번식에 더 많은 에너지를 투입했기 때문에 양적으로는 성공을 거두었다. 그래서 지구상에는 자연에 맡겼을 때보다 훨씬 더 많은 밀 이삭이 존재하게 되었다. 러시아 땅이나 보스평야*를 끝도 보이지 않게 뒤덮은 밀밭은 그렇게 생겨난 것이다. 식물의 재배는 인간에게 강력한 원동력이 되었고, 밀을 비롯해 슬기로운 원숭이에게 길들여진 식물들은 야생 상태의 유사한 종들을 없애버릴 정도로 세력을 넓힐 수 있었다.

고기를 원하는가? 우리 조상은 오록스**의 뒤꽁무니를 쫓느니 가두어버리자고 생각했다. 인간을 제일 먼저 공격한 오록스는 바비큐가 되고 말았다. 자연선택 때문에 오록스들은 더 작아지고 훨씬 더 온순해졌

---

* 프랑스의 중북부의 곡창지대.
** 소의 일종으로, 1톤 정도 되는 근육에 거대한 뿔이 두 개 있으며 공격성이 강했다. 유럽을 중심으로 유라시아 대륙 각지에 넓게 분포했지만 17세기에 멸종했다.

으며 근육은 한없이 줄어들었고 살은 더 부드러워졌다. 또한 오록스는 뇌 용적 중 5분의 1을 잃게 되었는데 이는 인간과 다른 포식자가 존재할 때 신경세포를 긴장시키는 부분이어서 야생에서는 생존을 보장했지만 길들여진 뒤에는 역효과를 냈기 때문이다. 게다가 오록스는 인간에게 고기뿐만 아니라 우유, 가죽까지 제공했다. 오록스는 그때부터 소와 다를 바가 없었다. 1만 년 전까지만 해도 오록스는 중국을 비롯해 리비아, 인도, 프랑스에서 발견되었지만 이제는 지구상에서 완전히 자취를 감추었다. 소 입장에서는 환영할 일이었다. 어쨌거나 유전적으로 종의 번식만을 중요하게 본다면 소는 현재 지구상에 약 20억 마리나 존재하기 때문이다. 반면 개체의 관점에서, 과연 소들은 행복할까?

인간의 경우도 마찬가지다. 빙하기의 수렵채집인과 비교해보면 농업은 인간을 훨씬 가녀리고 나약하게 만들었고 뇌의 용적도 줄어들게 했다…. 요컨대 문명화된 인간이란 고대 인간의 길들여진 버전에 다름 아니라는 것이다. 어쨌든 일부 고생물학자는 매우 설득력 있는 증거[16]와 함께 이러한 주장을 제시했다. 그것은 쉽게 이해되는 부분이다. 신격화된 왕의 협박에 입바른 소리를 하는 사람은 예전의 공격적인 오록스처럼 가장 먼저 죽임을 당했다. 입을 닫고 있어야 더 오래 살아남아 유전자를 전달할 수 있는 기회를 더 많이 갖게 된다는 것을 인간이 깨닫게 된 순간부터, 진화의 법칙은 자발적 복종으로 인간을 몰아갔다.

이제 요약해보자. 농업의 '발명'은 인간의 어리석음을 비약적으로 발전시켰다. 인간은 자발적으로 길들여졌고 나약해졌으며 수많은 질병에 노출되었다(예상치 않은 피해를 감수하지 않고서는 소, 닭, 돼지들과 공존할 수 없었다. 그리고 세균은 한 종에서 다른 종으로 옮겨가기 위해 가축을 이용했다). 그럼에도 진화는 승전보를 울렸다. 지구상에 수렵채집인은 500만

명에 이르렀고 서기 1800년경 농부는 10억 명에 이르렀으며 집약적 농업의 등장과 함께 인간은 머지않아 100억 명에 도달할 것이기 때문이다. 그리고 인간의 대다수는 도심에 모여 있다. 인간들 역시 집약적 축산으로 살아가는 소들만큼 행복할까?

두 번째 에피소드,
동양의 전제군주제

수렵채집인이 농부가 되기까지는 8,000년이 걸렸다. 그리고 역사의 시계는 더욱 빠르게 돌아갔다. 거대한 영토를 정복하고 다른 왕국을 집어삼키는 더 강력한 왕국, 제국이 탄생했다. 제국 중에서도 가장 상징적인 제국이 존재했던 동아시아로 가보자. 2,200년 전 피의 살육으로 얼룩졌던 중화 제국이다.

　예전에도 인구밀도가 매우 높았던 중국은 7개의 왕국으로 나뉘어 있었고 기원전 550년부터는 서로 먹고 먹히는 경쟁관계에 돌입했다. 진나라는 경쟁자들에게 가장 무시당하는, 도시화에 가장 뒤쳐진 나라였을 뿐만 아니라 대초원과도 가장 가까운 위치였다. 기원전 360년경, 진나라의 효공은 상앙을 좌서장이라는 요직에 발탁해 일련의 변법을 시행했다. 상앙은 법가 이론의 기틀을 다진 인물로, 법가 이론이란 법을 통해 군주의 힘을 강화하고자 한 이데올로기였다. 진 효공에게 가장 중요한 것은 거짓말, 살인, 전쟁 등 모든 방법을 강구해 국가를 유지하는 것이었다. 20년 만에 상앙은 진나라의 세제와 군대를 재편했고 진나라를 7개 왕국 중 가장 강성한 왕국으로 만들었다. 기원전 338년 효공이 서거하자 아들 혜문왕이 자리를 계승했다. 같은 해, 효공 사후에 상앙의 정책에 반발하던 보수 귀족들과 혜문왕의 큰아버지 영건이 들고 일어나 결국 상앙은 거열형에 처해졌다. 혜문왕의 서자 소양왕은 50년 동안 재위했고 주요한 적들을 제거했다. 이후 왕국은 여러 신하들과 함께한 모사꾼 여불위의 손에 들어갔다. 여불위는 장양왕을 옹립했지만 왕은 곧 병사했고 아들 정(훗날 시황제)이 왕좌를 물려받는다.

진왕 정은 자신의 역할이 부각되기를 원했고 눈에 거슬리는 여불위를 압박해 음독자살하게 했다. 이후 그는 경쟁관계에 있던 6개 왕국을 잇달아 멸망시키며 선왕들의 업을 완성했다. 역사가 사마천에 따르면 그는 큰 재앙을 겪을 뻔했다. 그의 경쟁자들 중 하나였던 연나라 태자 단은 이웃한 두 왕국을 멸망시킨 후 편집광적인 진왕 정을 암살하는 것만이 생존할 길이라고 판단했다. 진왕 정을 죽여 연나라를 지키고자 한 태자 단은 형가에게 암살을 청탁했다. 이에 형가는 진왕 정이 많은 현상금을 내걸고 찾고 있는 반역 장군 번오기의 목을 들고 가야 진왕 정의 신뢰를 얻을 수 있다고 판단했고, 번오기는 이를 받아들여 스스로 자결한다. 형가는 번오기의 목을 들고 가서 진왕 정을 알현했다.

그 장면을 상상해보자. 암살자 형가와 그의 부하, 그리고 건장한 장수들의 철벽같은 호위에 둘러싸인 진시황을 말이다. 형가의 부하는 떨기 시작했다. 형가는 진왕 정을 추켜세우며 상황을 능숙하게 정리했다. "폐하, 폐하께는 제가 전에 보지 못한 기품이 넘쳐흐르십니다. 저는 큰 감동을 받았습니다." 그리고 곧바로 핵심으로 들어갔다. "보십시오, 제가 역적 번오기의 머리를 가져왔습니다. 치하해주신다면 폐하를 위해 연태자를 죽이러 가겠습니다. 가까이 와보십시오. 제 비밀스러운 계획을 은밀하게 말씀드리겠습니다. 제가 그를 어디서 죽일지 이 비단 두루

마리에 그려놓았으니 보여드리겠습니다." 형가는 신중하게 두루마리를 펼쳤다. …그리고 제대로 싸여 있지 않았던 독 묻은 단검이 큰 소리를 내며 바닥으로 떨어졌다. 그게 형가의 마지막이었다. 사마천마저도 그가 어떻게 죽었는지 언급하지 않았다.

그렇고 그런 우연이 잇달아 일어난 끝에 결국 진왕 정은 중국을 통일하기에 이른다. 겸손 따위는 개나 줘버린 중화 제국이 세워졌고 진왕 정은 스스로를 '하늘 아래 최초의 황제'라는 뜻의 시황제라 칭했다. 심지어 그는 자신의 왕조가 1만 년 동안 지속될 것이라고 예언했다. 진시황은 실용서를 제외한 모든 사상 서적을 불태우고 유학자를 생매장했다(분서갱유). 그는 문자, 화폐, 도량형을 통일했는데 이는 중국에 명확한 통일성을 부여한 정책으로서 더욱 효율적인 통치를 가능하게 해주었다.

진시황제는 무엇보다도 불로장생을 꿈꾸었다. 육체와 정신을 향상하기 위해 연단술˚과 도인술˚˚을 권장하는 도교에 심취한 그는 신선의 술법을 닦는 방사方士들을 곁에 두었고 그들이 주는 '진사辰砂'라는 붉은 광석에서 얻은 붉은 알약을 불로장생의 약으로 알고 복용했다. 이 광물에서는 변질되지 않는 액체 상태의 수은이 추출되었는데 이 물질의 안정성이 복용자를 불로불사하게 해준다고 생각한 것이다(하지만 거짓이었다!). 실상은 그 반대였다. 수은은 일종의 독이었기 때문이다. 수은은 치아를 빠지게 하고 과도한 폭력성이나 무력감을 유발시키며 자가면역 질환, 천식, 평형기능 장애, 관절염, 성기능 장애, 불면증, 현기증, 시청

˚ 불로장생의 약으로 믿었던 단을 만드는 기술을 가리키는 도교 용어.
˚˚ 일종의 체조 등을 통한 양생법.

각 장애 등등의 원인이다. 이것이 피비린내 나는 10년의 통치 끝에 기원전 210년 결국 사망한 성마른 시황제가 겪은 각종 질병의 목록이다. 진나라는 시황제 사후에 4년간 내전을 겪으면서도 살아남았다. 새로 왕좌에 앉은 어린 아들은 (이번에도 역시) 유방이라는 모사꾼이 이끄는 패거리의 먹잇감이 되었고 유방은 결국 기원전 206년 권력을 찬탈했다.

시황제가 사랑한 수은은 종이나 치약을 희게 하거나 그림을 그릴 때, 전자공학 분야에서, 약품, 살충제, 화장품, 피부에 바르는 로션, 치아 충전제로 쓰이는 아말감, 수은 온도계에 이르기까지 계속해서 사용되고 있다. 수은의 배출 역시 계속되고 있는데 그중 80퍼센트는 석탄의 연소로 발생한다. 그리고 이 석탄이 여전히 전 세계 주요 에너지원으로서 자리를 지키고 있는 건 중국 덕분이다.

제국의 역사를 완성하기 위해 20세기로 넘어가 중국의 또 다른 독재자 마오쩌둥을 만나보자. 그는 시황제를 존경한다고 밝혔지만 내심 자신이 시황제보다 더 나은 전제군주라고 생각했을 것이다. 그는 시황제보다 더 많은 사람을 죽였고 더 많은 책을 불태웠기 때문이다.

그러한 업적을 쌓을 수 있었던 것은 '대약진운동'이라 불리는 정책 덕분이었다. 이 정책은 '제사해除四害(네 가지 유해생물을 제거한다)'라는 요란한 타이틀이 붙은 운동으로 시작되었다. 네 가지 유해생물이란 모기(말라리아 매개충), 쥐(그때는 같이 사는 게 당연한 일이었다), 파리(끊임없이 윙윙대는 것이 정말로 짜증을 유발한다), 참새(곡식을 먹는다)였다. 계산은 이랬다. 참새 한 마리가 매년 4.5킬로그램의 곡식을 먹으므로 한 사람당 100만 마리의 참새를 죽이면 6만 명을 더 먹여 살릴 수 있다.[17] 이 박멸운동은 1958년에 시작되었고 이웃끼리도 서로를 감시하던 인민은 '자본주의의 배은망덕한 해충'으로 낙인찍힌 참새들을 박멸하기 시작했다.

여기에 아이들까지 동원되었고 사람들은 밤늦게까지 나무 밑에서 소음을 일으켜 잠을 못 잔 참새들이 지쳐서 스스로 떨어지게끔 만들었다. 그리고 인간은 자연을 꺾었다. 쥐 15억 마리, 파리와 모기 11만 1,000톤, 참새 10억 마리가 박멸되었다. 그렇지만 해충의 숫자는 다시 제자리로 돌아왔다. 해충을 잡아먹는 참새들이 사라졌기 때문에 해충은 더 빠른 속도로 증식했다. 메뚜기가 곡식을 먹어치웠다. 그리고 '대기근'이 시작되었다.

뭔가 잘못되어가고 있다고 말하면 처형당할 수 있었기 때문에 그 누구도 입도 뻥긋하지 않았다. 수백만의 사람들이 말 그대로 배를 곯으며 죽어나갈 때, 당시 공산주의 국가에서 각광받던 돌팔이 농학자 리센코 Trofim Denisovich Lysenko의 아이디어로 부풀려진 터무니없는 수확량을 자화자찬한 공식 보고서가 공산당 최고 지도자에게까지 올라갔다. 리센코는 곡식의 생산성을 높이기 위해 종자를 저온이나 고온으로 처리하는 방식을 권장했다.* 1959~1962년, 중국에서 수백만 명의 사람이 때로는 텅 빈, 혹 어쩌면 쌀이 가득 찬 창고 옆에서 빈사 상태로 죽어갔다(위에선 누구도 사실을 몰랐다. 어쨌거나 보고서에는 창고가 항상 가득 차 있다고 보고되었기 때문이다). 인민들은 어쩔 수 없이 생존을 위한 식인을 감행했고 그것은 수치스럽지만 일상적인 일이 되고 말았다. 당의 어리석음을 인정하려 하지 않던 관계당국은 1,500만 명이 기상 이변에 의한 기아로 사망했다고 주장했다. 비판적인 비정부기구에서는 대기근으로 약 6,000만 명이 사망했다고 추정하며, 신뢰할 만한 조사에서는 3,400만 명의 희

---

* 리센코는 소련에 막대한 영향력을 행사한 과학자 중 한 명이었으나, 잘못된 이론을 밀어붙이는 바람에 소련의 유전학과 농업을 수십 년 후퇴시켰다.

생자가 발생했다고 밝혔다.

여러분이 중국에 가게 된다면 이에 관한 이야기는 꺼낼 생각도 하지 마시라. 대기근은 중국에서 터부시되는 주제이기 때문이다.

세 번째 에피소드,
부자들의 지갑을 연 종교

어리석은 일은 동양에만 있었다고 독자들이 오해할 수 있으니 이제 서양으로 넘어가보자. 지금으로부터 1,600년 전, 기독교는 돌이켜보았을 때 어리석다고 평할 만한 일련의 결정을 내렸다.

300년경 기독교는 로마 제국에서 호감을 얻지 못했다. "너는 나 이외의 다른 신을 숭배하지 말라"는 성경 말씀을 따르는 기독교도는 나쁜 시민이 될 수밖에 없었는데 당시에는 로마 고유의 신들을 숭배해야 황제의 권위를 인정하는 것이었기 때문이다. 로마는 한창 내전 중이었기 때문에 왕좌를 차지하려고 서로 경쟁하던 장군들은 돈이 필요했고, 그래서 로마 제국 추산으로 10~20퍼센트이던 기독교도를 종종 박해했다. 그들은 기독교도의 돈을 압수하고 콜로세움으로 보내 관중의 구경거리로 만들었다. 누구도 거기에 이의를 제기하지 않았다. 이후 콘스탄티누스 1세가 경쟁자들을 물리치고 기독교로 개종했다. 그제야 기독교도들은 평화를 누릴 수 있게 되었다.

콘스탄티누스 1세는 세례를 받지는 않았는데, 종교 지도자에게 순종하는 모습을 보여주는 행위여서 그랬으리라 추측된다. 황제는 누구 앞에서라도 허리를 굽혀서는 안 됐다. 다만 그는 교회에 조직을 구성하고 교리를 정하라고 명령했다. 그의 후계자들도 종교에 관해서는 그의 뒤를 따랐다. 율리아누스 황제 전까지는 말이다. 361년에 즉위한 젊고 잘생긴 율리아누스 황제는 기독교도로 교육을 받고 성장했지만 쇠락하는 제국의 부흥을 위해 로마의 전통을 부활시키고자 배교를 선언하고 여전히 취약한 기독교를 말살하려 했다. 그는 성공할 수도 있었다. 그러나 쉽게 영광을 얻으리라 생각한 나머지 경솔하게 페르시아 원정에 대규모 군사를 이끌고 나섰다가… 363년에 목숨을 잃고 말았다. 화급하게 모인 장군들은 후계자를 지목하기 위해 비밀회담을 열었다. 그들은 율리아누스 황제의 조력자였던 이교도 살루스티우스에게 청원했지만 그는 망설이다가 결국 거절했다. 그리고 결국 우연에 우연이 겹쳐 기독교도 발렌티니아누스가 황제의 자리에 즉위했다. 위대한 역사가 폴 벤Paul Veyne[*]은 이 사건을 이렇게 요약했다. "(배교자 율리아누스가 사망한) 그 순간, 기독교의 미래는 다른 걱정들로 바쁜 군부세력의 결정에 달려 있었다."

발렌티니아누스 황제의 뒤를 이은 테오도시우스 1세는 제국의 위대한 수장으로 콘스탄티누스의 꿈을 이어가고자 했다. 강력한 황제였던 그는 교회에 자신의 명령을 따르도록 했다. 그러나 후에 병에 걸린 황제는 자신이 지옥문 앞에 와 있는 것은 아닌지 당혹스러워했고 어쩔 수 없이 밀라노의 거만한 주교 암브로시우스를 불러들여 세례를 받고 기적을 일으킨다는 도유식[**]을 거행했다. 결국 병에서 회복된 그는 암브로시우스 주교에게 의존하게 되었고 운명이 결정되었다. 제국은 기독교

---

[*] 1930~. 콜레주드프랑스의 로마사 담당 교수를 지냈으며 고고학과 고대사 분야의 세계적인 거장이다. 이 책 234~241쪽에 그와의 대담이 실려 있다.
[**] 병을 낫게 하고 악마를 쫓기 위해 신성한 힘을 불어넣는다는 상징적인 뜻에서 몸에 기름을 바르는 종교적인 의식.

를 국교로 삼았고 이교도 사원들을 파괴했다.

그것은 정치적인 측면에서 필요한 조치였다. 일련의 결정들로 그때까지 알려지지 않았던 예수라는 유대인은 4세기에 들어 유명한 인물이 되었다. 전혀 예상치 못한 일이었다. 그렇다면 사회적 측면에서, 왜 로마 제국의 지배층과 사회 구성원들은 기독교를 국교로 받아들였을까? 그것은 교회의 스토리텔링 덕분이었다. 교회는 그리스도의 이 복음을 강조했다. "부자가 천국에 들어가기는 쌍봉낙타(사실은 단봉낙타)가 바늘구멍을 통과하는 것보다 어렵다."

로마는 극소수의 특권층이 부와 권력을 점유한 극도로 불공평한 사회였다. 서민으로 하여금 사회조직을 떠받치게 하려면 빵과 서커스가 필요했다. 이러한 관리 방식을 에베르제티즘évergétisme이라 부른다. 사회를 떠받치는 이들의 삶을 유지하는 데 로마의 귀족은 자기 부의 일부분을 내놓았고 그 덕에 서민들은 넉넉하게 먹을 수가 있었다(지중해에서 가장 비옥한 튀니지와 이집트 지역에서 들여온 수천 톤의 밀이 이탈리아로 공급되었다). 또 좋은 환경에서 노동을 하지는 못해도 후원자들이 자금을 제공해 지은 건축물 덕분에 공중목욕탕(로마에만 800개가 있었다), 극장, 검투사와 이국의 맹수가 대결하는 서커스 등으로 기분전환을 할 수 있었다. 이렇게 부를 나누는 행위는 19세기까지 다른 역사에서는 정말로 상상도 할 수 없는 일이었다. 로마 귀족들은 사회적 평화를 돈을 주고 산 셈이었다.

부자는 지옥에서 영원히 불탄다는 기발한 생각을 무조건 믿게 하면서 교회는 로마 시민뿐만 아니라 가난한 사람 모두를 지원하도록 귀족을 설득했고 재산을 기부하도록 유도했다. 젊고 부유하며 아름다웠던 귀족 멜라니아(훗날 성녀가 되었다)는 400년 무렵, 자신의 막대한 재산을 하느님의 일을 행하는 데 바치기로 결심하고 노예 8,000명에게 금화를 3닢씩 나누어주며 해방시켜주었다. 그런데 이 배은망덕한 자들이 돈을 각출해서는 다시 노예로 삼아달라며 그를 고소했다! 자유롭게 해방된 후로는 노숙을 하며 힘든 일을 해야 했고 살아남기 위해 매춘을 하기도 했으므로, 그보다는 관대한 주인의 회초리가 더 부드럽게 느껴졌던 것이다. 그들은 패소했고, 이렇게 생각할 수밖에 없었다. '자유, 이 얼마나 멍청한 것인가.'

····································

네 번째 에피소드,
자본주의라는 사이코패스의 발명

1600년, 유럽의 영국 상인들은 위험을 분담하고 우리가 오늘날 지구상에서 고안해낸 최악의 멍청한 것을 만들기 위해 손을 맞잡았다. 그리하여 무제한적 자본주의가 탄생하게 되었다. 당시의 상황은 특수했다. 영국은 매우 강성했던 스페인 제국과 전쟁 중이었다. 스페인은 식민지 페루에서 막대한 부를 수혈받고 있었는데, 페루에는 전 세계 은의 4분의 3에 해당하는 은이 매장된 포토시 광산(현재는 볼리비아 영토)이 있었기 때문이다. 이 금속은 사람들을 미치게 만들었다. 이 금속을 차지하려고 영국 귀족들은 영국 왕의 나약함을 이용했다. 그들은 양모를 생산하기 위해 농촌 공동체의 땅을 몰수해 울타리를 치고 수백만 마리의 양을 방목했다. 그렇게 생산한 양모를 스페인 사람들에게 팔아(당시는 소빙하기였기 때문에 스페인 날씨가 추웠다) 은을 손에 넣었다.

당시 스페인은 강력한 가톨릭 국가였던 반면, 영국은 반체제 인사,

신교도, 성공회교도를 용인해주는 나라였다. 따라서 스페인은 (결국 실패의 쓴맛을 보긴 했지만) 막대한 비용을 들여 영국으로 무적함대를 보내 영국을 발아래 굴복시키려 했다. 영국 왕실은 당시 세계에서 가장 부유했던 아시아와의 교역이 전쟁의 돈줄을 마련해줄 수 있다는 것을 잘 알고 있었지만 그 정책을 실행할 여력이 없었다. 그래서 영국의 권력자들은 다음과 같이 상인들과 계약을 맺기로 한다. "여러분은 역사상 최초의 주식회사를 설립하게 될 것입니다. 여러분은 공동으로 자금을 투자해 위험을 분담할 것입니다. 통상적으로 인도에 배 두 척을 보내면 한 척 분량의 이익이 회수되지만 여러분은 출자금의 열 배를 회수할 것이고 그 이익은 분배될 것입니다. 대신 국가는 여러분에게 엄청난 이윤을 보장해주는 독점권을 줄 것이고 여러분만이 인도에서 수입한 상품을 영국에 팔 수 있는 권리를 갖게 될 것입니다. 또한 여러분은 군대를 가질 수 있고 가능한 경우 다른 국가를 합병할 수도 있습니다. 국가는 어떤 경우에라도 여러분의 군대와 재산을 보호할 것입니다. 여러분이 파산하면 국가가 재정지원을 하겠습니다. 또 여러분이 어딘가에서 전투를 벌인다면 국가는 여러분을 조력할 (그리고 여러분이 납부한 세금 일부로 운영되고 있는) 해군을 파견할 것입니다."

자본주의는 이렇게 17세기 초반에 등장한 영국의 동인도회사와 함께 탄생했다. 동인도회사는 인도를 합병하고 아편전쟁에서 중국을 무릎 꿇렸으며 중국 대륙 전체에서 기근과 마약 전매로 수백만 명을 죽음에 이르게 했다. 세계 금융의 심장이자 세계 최대 조세회피처인 시티오브런던은 이러한 역사의 산물이다.

투기를 통해 영국을 정복하고 세계 최강국 중국을 마약 중독자의 나라로 만든 이 동인도회사는 무엇보다도 '법인'이었다. 그것은 지구상에서 힘의 균형을 좌지우지하는 특별한 능력이었다. 법인이라는 개념은, 비록 19세기 말에 미국이 합세해 추월했지만 그 이전까지 유럽이 세계를 장악할 수 있게 해준 서방세계의 비법 중 하나였다. 간단히 말해 법인은 여러 자연인의 금전적 이익을 대변해주는 가상의 실체다. 이익을 보장받는 대신 자유를 포기했다는 점에서 '호모 사피엔스'의 후예다운 아이디어라 할 수 있다. 오늘날 법인은 세계를 소유하고 있다. 사람들은 늘 더 많은 부를 창출하고 있지만, 그 부는 그들을 대신해 그것을 한데 모으고 관리하는 법인의 손아귀에 있다. 그리고 모든 사람의 평화를 위해 법인은 창출된 부의 부스러기 몇 점을 그들 중 몇몇(중산층)에게 재분배한다.

개인 법인 또는 기업이 세계의 거의 모든 부를 점유하고 있다는 것을 알게 되었다면(국가는 자기 이름으로 아무것도 소유하지 않는다. 국가의 재산은 자산에서 빚을 제하면 0에 수렴한다), 이제 기업의 실체를 진단해봐야 한다.[18] 법률가 조엘 베이칸Joel Bakan은 기업을 사람(법인)으로 본다는 점에 착안해 기업들의 '인격적인 특성'을 분석했다.[19] 그는 DSM-III(미국에서 사용하는 정신질환 진단 및 통계 매뉴얼, 1980년대 버전)를 이용해 기업들을 진단했고 그 결과 법인이 완벽하게 사이코패스의 행동방식을 보였다고 주장했다. 기업은 타인의 감정, 이익, 안전을 깡그리 무시하고 오로지 주주들의 심리만을 중요하게 생각한다. 기업은 공감능력이 없으며 사람 간의 소원해진 관계를 회복시키지 못하지만 필요한 경우라면, 예컨대 기업을 광고하기 위해서는 완벽하게 공감하는 척할 수도 있다. 또한 기업은 절대 죄책감을 느끼지 않는다. 혹독한 처벌을 받지 않는 한 약속을 지키지 않고 제멋대로 도덕적 기준을 무시해버리며 특히 조세납부 면에서 가능한 한 잽싸게 법적 의무에서 벗어나려 한다.

그 결과는 어떨까? 자신의 운명을 이러한 '법인'에 내맡긴 호모 사피엔스는 그에 대해 깊이 생각조차 하지 않고 유유자적하게 온실가스를 대기에 내뿜으며 지구를 한증막으로 만들고 있다. 이런 속도로 온실가스를 배출한다면 2030년에 지구의 온도는 19세기 말에 측정된 기준 온도에 비해 1.5도 상승할 것이고 2050년이나 2060년경에는 2도 더 상승할 것이다. 그 후에 무슨 일이 일어날지는 아무도 모른다. 다만 문명이 유지되기에는 부적합한 열기와 불편한 미래를 예측해볼 뿐이다. 적어도 이러한 문제를 연구하는 과학자들의 말을 믿어보자면 말이다.

국가는 우리를 괴롭히는 기업들을 저지할 수 있을까? 그럴 수 없다. 자유무역협정은 국제 협약이나 환경보호에 관한 국내법보다 훨씬 더 강제적인 법적 효력을 발휘하기 때문이다. 이 추세는 그렇게 쉽게 바뀌지 않을 것이다. 법인은 무척 강력한 로비를 통해 국가가 어떻게 행동해야 하는지를 부추기고 있다.

지구는 (몰살 중인) 고래, (해양 산성화로 위협받는) 플랑크톤, (남획되는) 물고기, (멸종 중인) 산호를 품고 온실가스를 흡입해주는 대양이라는 건강한 안전장치를 마련해두었다. 그것도 모자라 열대우림까지 마련해놓았다. 지금은 모두가 끼니마다 고기를 먹을 수 있도록 소를 먹이기 위한 콩 생산 때문에 파괴되고 있지만 말이다…. 요컨대, 단기간의 이익에 몰두한 법인들이 구축한 초자본주의는 '호모'들의 지구를 다가오는 세기에는 살 수 없는 곳으로 만들 것이 분명하다. 사피엔스는 그것을 의식하지도 못한 채 대대적인 자멸 행위를 기획하고 있는 것이나 다름없다. 어리석음의 임계점을 늘 뒤로 미루는 것이 인간의 특성 아니었던가.

그게 아니면 혹시 또 다른 사이코패스들이 자멸 행위에서 인류를 구할 수도 있지 않을까? 이 부분에 관해 나는 도널드 트럼프에게 노벨 평화상을 주어야 한다고 강력하게 주장하는 바다. 실제로 그는 기후변화에 효과적으로 대응할 수 있는 유일한 정치인이라 할 수 있다. 트럼프가 기후변화에 다소 회의적이라는 것은 나도 알고 있다. 그러나 온실가스 배출의 주범으로 국제 무역의 증대를 꼽는다면 트럼프는 중국과 무역전쟁을 선포함으로써 2018년 세계 경제성장률을 약 6퍼센트에서 0.1퍼센트포인트 낮추는 데 기여했다. 그것만 해도 감지덕지다. 트럼프, 자이르 보우소나루, 블라디미르 푸틴, 나렌드라 모디 같은 사람이 더 많아지기를 바라본다. 그들은 법인들과 대등한 게임을 벌일 만한 어리석음을 충분히 갖춘 보기 드문 인물일지도 모르기 때문이다. 그들이야말로 우리에게 딱 알맞은 구원자일 수 있다.

롤프 도벨리와의 대담

지식경영인

세네카 대 트위터

Sénèque contre Twitter

＊
＊
＊

작가 겸 경영인으로서 스토이시즘을 지지한다고 하셨어요. 스토이시즘이
여전히 우리에게 유익한 이유는 무엇일까요?

> 도벨리 스토이시즘은 부정적 감정을 털어내고 세상을 현실적이고 건
> 설적으로 볼 수 있게 해주는 훌륭한 방식을 제시하기 때문이죠. 중
> 요한 것은 외부 세계에 지나치게 의존하지 않으면서 내면의 요새를
> 만들어 자신에 대한 믿음을 갖고 타인의 시선과 외부 세계의 부조리
> 에 흔들리지 않는 거예요. 요컨대, 내 주변에 일종의 정신적 울타리
> 를 쌓는 것이라 할 수 있죠.

현재 실리콘밸리에서 스토이시즘이 특히 주목받고 있다고 하던데요?

> 도벨리 실리콘밸리는 뭐든 다 시도해볼 수 있는 곳이잖아요! 뭐든 상
> 관없죠! 지금은 마음챙김 명상이 인기예요. 그런데 저 개인적으로는
> 별로 흥미가 없어요. 명상이 끝남과 동시에 그 효과도 사라져버리니
> 까요. 단 몇 분만 지나도 겨우 찾은 마음의 평화는 사라져버리고 주
> 변의 혼란에 다시 휩쓸려버리죠.

세네카 대 트위터

세네카 같은 스토아학파는 명상을 자신에 대한 성찰이라고 생각했어요. '내가 오늘 잘한 일은 무엇인가? 잘못한 일은 무엇인가? 내일은 무엇을 더 발전시킬 수 있나? 어떤 어려움이 닥칠까?' 이런 질문을 스스로에게 던지는 거죠. 그러니까 지나간 과거와 다가올 미래를 분석하는 데 집중했어요. 그것도 무척 엄격하게요! 저 또한 이러한 방식의 명상을 선호해요. "옴—" 하고 염불을 하거나 눈을 감고 만트라를 듣는 것과는 완전히 다른 방식이죠.

키니코스학파는 더 극단적이었어요. '나는 나의 덕성 외엔 아무것도 원하지 않는다. 나는 대담함, 교양, 진리를 추구하며 안락함이니, 좋은 집이니, 맛있는 음식이니 하는 사사로운 욕망에는 아무런 관심이 없다'고 할 정도였죠. 키니코스학파의 대표적 철학자인 시노페의 디오게네스는 소원을 들어주겠다는 알렉산드로스 대왕에게 이렇게 말했다잖아요. "옆으로 좀 비켜서시오. 당신이 내 앞에 서서 햇빛을 가리잖소!" 키니코스학파가 현재 존재한다면 자신의 운명에 만족하며 기꺼이 노천에서 사는 것도 마다하지 않았을 거예요.

그에 비하면 스토아학파는 조금 더 융통성이 있죠. 추구하는 바는 둘 다 비슷하지만 스토아학파는 좋은 집이나 맛있는 음식까지 마다할 필요는 없다고 말해요. 비록 말초적이고 우리의 성품을 더 선하게 만들어주지는 않지만 그로 인해 즐거움은 얻을 수 있으니까요! 맛있는 음식의 소중함을 알려면 거친 음식을 먹어봐야 하고 침대의 안락함을 알려면 땅바닥에서 자봐야 하잖아요. 그렇지만 지금은 그 누구도 그런 생각을 지지하지 않아요. 우리 사회의 대다수가 에피쿠로스를 쫓고 있으니까요. 쾌락을 추구하는 사람들은 쾌락을 최고의 미덕으로 삼고 고통은 외면하려 하죠.

스토아철학에서는 타인의 의견에 신경 쓸 필요가 없다고 하잖아요. 그렇다면 타인의 평가만이 중요한 소셜 네트워크에 대해서는 어떻게 생각하시나요? 우리가 함정에 빠진 걸까요?

도벨리 그렇다고 볼 수 있죠. 소셜 네트워크는 스토아철학과 대척점에 있어요. 마셜 플랜으로 유명한 전 미국 국무장관 조지 마셜의 일화는 스토이시즘이 현시대에 어떤 역할을 할 수 있는지를 보여주는 적절한 예시일 거예요. 선거가 끝나고 그의 초상화 제작이 이루어졌죠. 그는 화가 앞에서 포즈를 취하며 꼼짝도 안 하고 몇 시간을 버텼어요. 사흘이 걸려 그림이 완성됐지만 그는 그림에 눈길 한 번 주지 않고 방을 나가버렸죠. 화가가 물었어요. "장관님, 그림을 보고 싶지 않으십니까?" 그러자 마셜 장관은 이렇게 대답했죠. "내가 내 얼굴은 봐서 뭐하겠는가?"

오늘날 우리는 자신을 수백 가지 이미지로 내보일 수 있죠…. 그렇지만 그게 무슨 의미가 있겠어요. 저는 개인적으로 아마존이나 온라인 서점 사이트에 올라온 제 책의 서평을 절대로 읽지 않아요. 제 이름을 구글링하지도 않고요. 뭐 저도 페이스북이나 트위터 계정이 있기는 하지만 아무것도 올리지 않은 지가 벌써 몇 년이 되어가네요. 아직도 팔로어가 있는지도 모르겠고요.

제 마음을 평온하게 하는 것은 수많은 작가나 예술가가 아니라 고요한 제 마음의 상태예요! 백 년 후쯤 미래의 사람들은 우리를 보며 '저 사람들은 대체 뭘 하면서 시간을 보냈지?'라고 생각할 수도 있어요. 분명 이상해 보일 거예요. 정말로 우리를 미친 사람처럼 취급할 수도 있어요. 한발 물러나서 지금의 시각으로 십자군 시대를 들여다보면 우리도 이렇게 말하지 않을까요? "저 사람들은 대체 뭣 때문에 산 거지? 예루살렘까지 말을 타고 달려가려고?"

뉴스를 거의 안 보신다고 들었어요. 그렇다면 가짜 뉴스와 탈진실에 대해서는 어떻게 생각하시나요?

도벨리 가짜 뉴스는 구텐베르크 시대부터 늘 있어왔어요. 1609년 스트라스부르에서 발행된 최초의 신문에 이미 가짜 뉴스가 있었고요! 다만 새로운 점이 있다면 이제는 프로파일링된 정보를 기반으로 독자들이 보고 싶어 하는 가짜 뉴스가 제공된다는 점이죠. 또 가짜 뉴스를 일부러 만들어낼 수도 있고요. 예전이라면 가짜 뉴스를 만들 때 양심의 가책이라도 느꼈겠지만 오늘날의 인공지능은 어떤 윤리적 문제의식도 느끼지 않고 자체적으로 가짜 뉴스를 양산해낼 수 있잖아요. 인공지능은 그걸 위해 프로그래밍된 거니까요! 정말로 중대한 문제예요. 우리 이전의 어떤 세대도 이런 심각한 어리석음에 노출된 적은 없었어요.

요컨대 우리는 우리 스스로도 더 이상 이해할 수 없는, 우리의 머리와 몸으로 통제되지 않는 세상을 창조해낸 것이나 다름없죠. 이제 우리에게는 어떤 일이 닥칠지, 공동체에 더 도움이 되는 것이 무엇인지, 우리에게 더 나쁜 것이 무엇인지를 분간할 직관력이 없어요. 그렇다면 인공지능이 그 일을 해낼 수 있을 텐데 그러려면 인공지능은 인간과 같은 목적을 지향해야 하고 인간에 우호적으로 프로그래밍되어야 해요. 인간이 인공지능을 제어할 수 있어야 한다는 말이죠. 그렇게 하지 못한다면 정말 큰 재앙이 될 거예요!

지금 우리는 역사에 길이 남을 위대한 인물이 구세주처럼 나타나주길 바라는지도 모르겠어요. 역사적으로 '위대한 인물'로 꼽을 만한 이가 있을까요?

도벨리 그런 생각은 저만 했던 게 아니더라고요. 영국 정치가이자 저널리스트인 매트 리들리Matt Ridley는 『모든 것의 진화*The Evolution of Everything*』에서 그 주제를 매우 깊이 있게 다루었어요. 그에 따르면 남성과 여성을 막론하고 역사적으로 위대한 모든 인물은 그저 시기와 장소를 잘 타고났던 거예요. 그게 다예요. 전구를 예로 들어볼까요. 동시대에 살았던 전 세계 24명의 연구자가 독자적으로 전구를 연구했어요. 그중 하나가 에디슨이었죠. 그렇지만 후대에 전구를 발명한 사람을 떠올리면 에디슨밖에는 떠오르지 않죠. 그 정도로 에디슨은 시기와 장소를 잘 타고났던 거예요. 실제로 이름이 지워진 나머지 23명의 연구자도 같은 시기에 전구를 연구했는데도 말이죠! 우리는 소수의 역사적 주인공만을 크게 부각하려 하는 경향이 있어요. 생각해보면 괄목할 말한 과학적 발견이 활발히 이루어질 수 있

세네카 대 트위터

었던 것도 현미경과 망원경이 발달했기 때문이잖아요. 즉 모든 것은 시기의 문제였다는 거예요. 그 시기에 그 장소에서 새로운 발견을 한 사람은 그저 때를 잘 만났던 것뿐이죠. 위대한 과학적 발견이나 정치적 혁명의 추동력은 이런저런 인물들과는 무관하게 그저 그럴 때가 되어서 생겨났을 뿐이에요.

그렇다면 개별적으로 역사적 인물에 대해 논할 필요는 없을 것 같네요. 하지만 레오나르도 다빈치나 찰리 채플린처럼 특출한 재능을 타고난 천재도 많지 않은가요? 그런 인물들의 영향으로 우리가 세상을 인식하는 방식이 변화하기도 하고요.

도벨리 당연히 어떤 인물들은 정말로 위대한 천재죠. 그렇지만 그들 역시 선대의 도움이 없었다면 그 자리에 있지 못했을 거예요. 저는 베토벤을 무척 좋아하는데 그가 천재라는 데 누구도 이견을 달지 않죠. 베토벤이 아니었어도 9번 교향곡 같은 작품이 탄생할 수 있었을 거라고 말할 수는 없어요! 하지만 그 이전에 바로크와 고전기가 없었다면 그런 작품이 탄생할 수 있었을까요? 아니면 그가 작품을 구현할 수 있는 악기가 발명되지 않았던 12세기에 살았다면 어땠을까요? 넬슨 만델라나 스티브 잡스는 당연히 무척 뛰어난 사람들이지만 주변 환경이 받쳐주지 않았다면 그들도 최상의 능력을 펼칠 수는 없었을 거예요. 스티브 잡스가 수렵채집 시대에 살았다고 상상해보세요. 그가 과연 무엇을 할 수 있었을까요?

도벨리 석가를 예로 들어볼게요. 그는 다양한 참선 방법을 발전시킨 성인으로 후에 그의 사상은 불교라는 종교가 돼요. 그렇지만 그 누구도 독단적으로 세상을 인식하는 방식을 완전히 획기적으로 발전시킬 수는 없어요. 역사에 족적을 남긴 모든 이는 이미 존재하던 사상을 참고했죠. 그들은 그저 그것을 잘 다듬은 것뿐이에요. 그들의 능력을 폄하하고 싶지는 않아요. 다만 역사적으로 위대한 인물이 홀로 탄생할 수 없다는 것을 강조하고 싶은 거죠. 그 주변 사람들은 그저 잊혔을 뿐이에요.

그런데 생각해보면 어떤 사람들은 후대에까지 영향을 미치잖아요. 어떻게 그게 가능할까요? 우리 모두가 본보기가 될 만한 위대한 인물을 필요로 하는 것은 아닐까요?

도벨리 실상 공동체는 영감의 원천을 제시하거나 공동체를 구성하기 위한 이야기를 지어낼 때 위대한 인물을 필요로 하죠. 어떤 공동체가 위대한 인물의 신화를 널리 알리고 더 많은 사람들에게 영웅심을 불어넣어준다면 그 공동체는 지나치게 현실적인 공동체보다 더 견고하게 뭉칠 수 있을 거예요. 그런 공동체는 사람들에게 위험을 감수하고 특별한 일을 수행하도록 동기를 부여하니까요. 정확한 답변은 아니겠지만 이게 제 생각이에요.

아마도 우리 뇌가, 기승전결이 있고 영웅이 등장하며 원인과 결과가 분명한 역사를 필요로 하는 것이 아닐까요? 그래야만 우리 스스로 이 세상에서 벌어지는 일들을 이해하고 있다고 착각할 수 있으니까요.

도벨리 맞아요. 개인의 역사도 마찬가지예요. 우리도 자기 자신을 안다고 착각하잖아요! 실제로는 자신에 대해 아무것도 알지 못하면서도 우리는 자기 이야기를 하죠. 저의 경우 제 인생에서 경험한 것 중에 99.99퍼센트는 완전히 지워져버렸어요. 또 저의 의식 속에 떠다니는 과거의 소소한 기억들은 대부분 사실이 아니고요. 실상 저도 여느 사람들처럼 오락가락하면서 저 자신에 대한 꽤나 견고한 역사를 꾸며내죠. 그런데 이것은 제 성격에 관한 문제이기도 할 거예요.

우리 뇌가 우리 자신에 대해 무언가를 이해하고 있다고 확신하도록 프로그래밍되어 있다는 말인가요? 그럴 수밖에 없는 건가요?

도벨리 맞아요. 모든 공동체는 그것을 토대로 존재하죠. 저는 내일도 분명 같은 사람일 거라고 생각해야 해요. 그렇지만 제 행동은 조금 달라질 수도 있겠죠. 그것은 그저 제 뇌가 제 경험의 양에 따라 끊임없이 변화하기 때문일 거예요. 선생님도 마찬가지예요. 내일은 조금 다르게 행동하실 테지만 스스로는 언제나 같은 사람이라고 믿으실 거예요. 우리 모두가 평생 동안 매일 다른 사람이 된 것처럼 느꼈다면 공동체는 이미 무너져버렸을 거예요!

우리 모두가 자기 어린 시절 이야기를 쓰잖아요. 어떤 사람은 스무 살에, 또 어떤 사람은 쉰 살에 쓰기도 하고요. 아니면 몇 년 간격으로 소셜 네트워크에 기록할 수도 있겠죠. 자신의 어떤 모습을 쓰는 것이 좋을까요?

도벨리 우리 모두는 사건, 감정, 생각, 영감의 흔적을 보존하려고 내면을 드러내는 일기를 쓴다고 해요. 그리고 이삼십 년쯤 지나 그 일기를 꺼내 다시 읽어보겠죠. 저는 열 살 때부터 일기를 쓰기 시작해서 스물여섯인가 일곱까지 매일 일기를 썼어요. 그 일기를 다시 꺼내 본다면 저는 속으로 이렇게 말할 거예요. '젠장, 이 자식은 대체 누구야?' 또 제가 아흔 살이나 백 살이 되어서 지금 우리의 대화를 떠올린다면 분명 같은 반응을 하겠죠. 그러면 어떤 게 진짜 나일까요? 우리가 개인의 역사를 쓰고 또 쓰는 이유는 그럼으로써 재앙과 위험에 대처할 수 있을 거라 생각하기 때문일 거예요. 인생에서 중요한 것은 비록 착각이라 해도 정의롭다 여기는 것을 실천하고 엄청난 죄라고 생각하는 것을 행하지 않는 것이니까요. 조금이라도 그렇게 할 수만 있다면 우리는 세네카가 바랐던 아름다운 삶을 살 수 있지 않을까요.

인터뷰 정리 장프랑수아 마르미옹

이집트학자

오귀스트 마리에졸

파라오 시대의
멍청이

LA CONNERIE
AU TEMPS
DES PHARAONS

고대 이집트 신화에 따르면 어리석음은 태초부터 존재했다. 인간 조건에 내재된 어리석음은 하늘, 땅, 산처럼 꼼짝 않고 그 자리에 있어왔다.

생각보다 행동이 앞설 때

하늘이 육화한 거대한 소에 관한 이집트 신화 「천상의 소에 관한 서書」의 묘사에 따르면, 태초에 신과 인간은 이 세상에 함께 어우러져 살고 있었다.[20] 인간의 심장 깊은 곳에서 어리석음이 불쑥 튀어나오기 전까지 모든 것이 순조롭게 흘러갔다(고대 이집트인은 사유를 관장하는 장기가 심장이라고 생각했다). 그런데 태양신이자 창조신인 라Ra가 나이가 들고 쇠약해지자 인간은 그 틈을 노리고 음모를 꾸민다. 인간은 신을 더 이상 공경하지도, 대접하지도 않기로 마음먹는다. 신들이 그런 목적으로 인간을 창조해 이용한다고 생각했기 때문이다. 그리고 노동의 산물은 노동한 인간 자신들이 독점하기로 결정한다.

그러나 도발에는 응징이 따르는 법, 크게 노한 라는 반역자들을 벌하기 위해 딸을 내려보낸다. 무시무시한 암사자로 변한 세크메트Sekhmet는 인간의 살점을 뜯어먹고 피를 들이켰다. 지상의 인간이 점점 사라지자 신들의 왕인 라는 이들이 몰살될까 걱정되어 형벌을 멈추려고 딸을 다시 불러들인다. 그런데 그만 일이 꼬여버린다! 암사자가 눈앞의 진미를 포기하지 않으려 했기 때문이다…. 신들은 세크메트를 아버지 곁으로 데려오기 위한 묘책을 궁리한다. 그래서 세크메트에게 인간의 피와 비슷한 붉은 맥주를 주었다. 거나하게 마시고 취한 여신은 순순히 그들을 따라나선다.

여기서 끝이 아니다. 인간에게 실망한 라는 자신을 따르는 다른 신들과 '천상의 소'를 타고 하늘로 올라가버린다. 그렇게 땅에서 신들의 통치는 끝이 난다. 신들이 지닌 영향력과 반역이 불러올 결과를 예상하지 못했던 인간들은 반역자를 원망하기 시작했고 서로를 비난했다. 이렇게 신들이 지상세계를 떠나면서 인류에게는 시간의 개념과 죽음의 고통이 찾아왔다.

세트, 멍청이의 본보기

이집트인들은 그들의 행동과 감정을 신들이 주관한다고 생각했지만, 신들도 어리석음 앞에서는 속수무책이었다. 이 세상은 선과 악이 공존하는 불완전한 작품이다. 그래서 선을 상징하는 신과 무질서를 상징하는 다른 존재의 충돌이 끊임없이 발생했다.

세트Seth 신은 질투심이 강하고 호전적인 성격으로 이집트의 왕좌를 차지하기 위해 형 오시리스Osiris를 암살한 후 토막을 내버린다.[21] 그런데 누이이자 오시리스의 부인인 이시스Isis는 절단된 오시리스의 사체를 이어 붙여 끝내 그를 다시 살려낸다. 그렇지만 부활한 왕은 지상세계로 돌아오지 못하고 지하세계의 절대자로 남는다. 오시리스가 어둠의 왕국에서 점차 생기를 잃어가는 동안, 세트는 군주의 삶을 흥청망청 즐긴다. 오시리스의 아들 호루스Horus가 성인이 될 때까지 그에게는 거칠 것이 없었다. 그런데 얼마 지나지 않아 호루스는 신전을 지키고 있는 라에게 왕의 적법한 후계자는 바로 자신이라고 선언한다. 삼촌에게 빼앗긴 왕의 자리를 되찾고자 결심한 것이다. 선과 악의 지리멸렬한 싸움은 그렇게 서막이 올랐다.

신들의 법정에서 라는 이러지도 저러지도 못하며 미적거린다. 발끈하는 성미에 폭력적인 데다 태풍을 관장하는 신이자 무자비한 싸움꾼인 세트를 태양신이자 창조신인 라도 어쩌지 못한 것이다. 게다가 라를 숙적인 거대한 뱀 아포피스에게서 매일 밤 지켜주는 것도 세트였다. 호루스에게 유리한 판정을 내린 다른 신들과 달리 재판장 라는 우유부단한 모습을 보인다. 세트의 정통성을 인정한 것일까, 아니면 자기를 지켜주는 용맹한 투사를 보호하려 뻔히 보이는 불공정을 저지른 것일까? 세트의 눈치를 보던 태양신 라가 손바닥 뒤집듯 다른 신들의 판정을 번번이 뒤집는 바람에 재판은 끝날 기미가 보이지 않았다.

신화의 에피소드 한 토막을 더 보면, 세트는 이시스가 왕위 계승을 심사하는 법정에 참석하는 것을 원치 않았다. 법정의 신들이 이시스에게 더 우호적이었기 때문이다. 그런데 그의 바람이 이루어진다! 공교롭게도 여자는 접근할 수 없는 섬에서 재판이 열리게 되었기 때문이다. 마법에 능한 이시스는 늙고 힘없는 여인으로 변해 섬까지 데려다줄 뱃사공을 매수한다. 그리고 섬에 발을 딛는 순간 눈부시게 아름다운 여인으로 변해 세트를 유혹한다. '남편을 여읜 과부에, 남편 부하에게 아들의 왕좌를 빼앗긴 애처로운 어머니'라며 동정심을 유발하는 그의 마음을 얻기 위해 세트는 전전긍긍한다. 사랑에 눈이 먼 세트는 여인의 아들이 아버지에게 물려받아야 할 왕좌를 무참하게 빼앗겼다는 데 분노해 "호루스가 왕위를 계승해야 한다"고 자기 입으로 말하고 만다. 그 말에 이시스는 비로소 본모습을 드러낸다.

그럼에도 라는 싸움을 끝내지 못한다. 삼촌과 조카가 판정을 내달라며 하루가 멀다고 자신을 찾아오는 통에 진저리가 난 태양신은 두 신에게 함께 연회에 참석하라는 명령을 내린다. 밤이 깊어지자 두 원수는 한 침대에 눕는다. 이때 세트는 호루스를 범하려 했는데, 호루스는 재빨리 세트의 정액을 손으로 받아 자신을 보호한다. 호루스는 곧바로 어머니 이시스에게 달려갔고 어머니는 더럽혀진 그의 손을 잘라 물에 던져버린다. 약삭빠른 이시스는 아들의 정액을 가져가 세트가 즐겨 먹는 상추 위에 뿌린다. 이런 사실을 까맣게 모른 채 세트는 자신감에 넘쳐 신들을 재판에 소집한다. 그리고 자신이 호루스를 성적으로 범했노라고 당당하게 밝힌다. 동성 강간을 당하는 것은 신들에게 견딜 수 없는 치욕이었기 때문이다. 호루스가 세트의 말이 거짓이라며 반박하자, 신들은 둘의 정액을 재판정으로 소환한다. 그러자 세트의 정액은 물속에서 튀어나오고, 호루스의 정액은 달의 형상을 한 금원반 형태로 세트의 이마에서 튀어나온다. 모욕감을 느낀 세트는 신들에게 분노를 터뜨린다. 또다시 스스로에게 유죄판결을 내린 셈이었다. 그러나 그런 모욕을 당하고도 그의 우월감만큼은 꺾이는 법이 없었다. 이제 세트는 호루스에게 돌로 만든 배로 경주를 해서 승부를 보자고 제안한다. 호루스는 흔쾌히 받아들였다. 세트가 돌로 열심히 배를 만드는 동안, 호루스는 나무로 배를 만들고 돌처럼 보이도록 겉면을 칠했다. 배를 물에 띄우자 예상대로 세트의 배는 파도 밑으로 가라앉고 호루스의 배는 물위로 여유롭게 흘러갔다. 호루스의 승리였다. 마침내 호루스는 신들에게 정통성을 인정받고 아버지의 대를 이어 왕좌에 오른다.

이 신화는 세대 계승, 권력 이양 그리고 온갖 부조리함이 판치는 세상에서 벌어지는 선과 악의 끝나지 않는 대결을 보여준다. 어리석고 악독하며 자신을 무오류의 존재라고 생각하는 세트는 스스로에게 유죄판결을 내리고서도 대결을 멈추지 않는다. 욕망에 지배당하고 열정에 사로잡힌 세트는 자신의 정력을 쓸데없는 데 낭비하고 만다. 그렇게 생식력을 잃어버린 세트는 이후 불모의 사막을 지배하게 된다.

멍청이를 위한 일침

마트Maat는 신들 중에서도 가장 덕망이 높은 신으로 세상이 창조된 이후 인간 행동의 옳고 그름을 판단해왔다. 도덕을 상징하는 이 여신이 규율을 정하면 인간은 따라야 했다. 마트는 사회질서뿐만 아니라 삼라만상을 아우르는 온갖 형태의 질서를 유지할 무거운 책임을 양 어깨에 짊어지고 있었다. 대단히 높은 정신 수준의 필경사들이 고왕국 시대(기원전 2675~2220)부터 쓰기 시작한 '지혜' 또는 '교훈' 문학에는 마트에 부응하기 위해 따라야 할 규율이 명시되어 있다.[22] 규율을 준수하면 비상식적이고 어리석은 행동을 피할 수 있고, 규율을 무시하면 적이 생기고 동족과 척을 지게 된다.

예컨대 현명한 파라오 메리카레Merikare는 '악하게 굴지 말라, 선한 것이 곧 좋은 것이다', '자신을 과신하는 자는 결국 불행한 운명을 맞을 것'이라고 천명했다. 궁중 필경사 아니Ani는 '권력자의 눈 밖에 나지 말라', '친구와 싸운 후에 험담을 하지 말지어니 그로 인해 그의 마음이 돌아설 것'이라거나 '집을 청소하고 단장하는 아내를 귀찮게 하지 말라'고 충고한다. 또한 파라오 케티Kheti는 '덮어두어야 할 것을 말하지 말라', '쉽게 흥분하는 사람을 말로 도발하지 말라'고 엄명한다. 체스터 비티 파피루스 4호Chester Beatty Papyri IV의 지혜를 집필한 저자는 '지인을 멸시하지 말고 모든 사람을 존중하라'고 말한다. 파라오 아메네모페 Amenemope는 한발 더 나아가 '소경을 무시하지 말고 난쟁이를 비웃지 말며 절름발이를 절망케 하지 말라'고 일갈한다.

필경사 케티Kheti는 훈련생들을 독려하기 위해 '직업의 풍자'라는 제목으로 알려진 「케티의 교훈」을 썼다. 그는 다른 직업을 깎아내리면서 필경사라는 직업을 예찬한다. "주조공의 손가락은 악어 똥 같다. 그에게서는 생선 알보다 지독한 냄새가 난다. 도기장이는 땅 밑에서 일한다. 항아리를 굽기 위해 돼지보다 더 많은 오물을 뒤집어써야 한다. 선원이 손에는 노를 쥐고 등에는 가죽끈을 맨 채 배를 곯으며 죽어갈 때 필경사는 선실 안에 앉아 있다." 「직업의 풍자」에서는 훈련생들에게 약속한다. "필경사가 되어라. 그러면 너는 채무에서 벗어날 것이고 온갖 노동에서 해방될 것이다." 다른 여러 '지혜'를 설파하면서 한편으로는 필경사라는 직업을 찬양한 이런 말들이 지위를 막론하고 눈꼴사납게 거만한 필경사 무리를 배출하는 데 일조했을지도 모를 일이다.

옛날 아주 먼 옛날에

설화의 세계에서 심술꾼 역할을 하는 멍청이들은 재미있는 이야기에 빠져서는 안 될 약방의 감초와도 같다. 「달변가 농부」[23]는 농산물을 팔기 위해 오아시스를 떠나 나일강 유역으로 향하는 농부의 이야기를 그린다. 농부는 도중 어느 영지를 지나게 된다. 이곳을 관리하는 관료는 약자를 괴롭히는 인물로, 농부의 물건을 약탈할 마음을 품고 있었다. 가련한 농부에게 선택지는 두 가지뿐이었다. 물속에 뛰어들든지, 돼먹지 못한 관료의 보리밭을 지나가든지. 이러지도 저러지도 못해 농부가 분통을 터뜨리는 동안, 끌고 온 나귀 중 한 마리가 보릿단을 신나게 뜯어 먹는 일까지 벌어졌다. 관료는 사회적 지위상 처벌받지 않으리라 확신하고 그럴듯한 핑계로 농부의 나귀를 빼앗으려 한다. 농부가 항의했지만, 관료는 매섭게 응수하며 모든 짐과 나귀를 몰수해버린다. 농부는 분개해 관료의 상급자인 파라오의 대집사에게 판결을 내달라 간청한다. 정의를 예찬하고 「지혜의 서」에 따라 판결 내리는 사람들을 칭송하며 탄원하는 그가 어찌나 달변이었던지 대집사는 홀딱 빠져든다. 탄원은 파피루스에 옮겨져 파라오에게도 전달된다. 청산유수와도 같은 표현력에 감동한 파라오는 오랜 고심 끝에 결국 관료가 빼앗은 모든 것을 농부에게 되돌려주라는 판결을 내린다. 어리석은 자가 부당하게 얻은 재산은 파라오의 나라에 백해무익할 뿐이라는 것이 이 이야기가 주는 교훈이다.

내일이 없는 것처럼 산 멍청이들

감당 못할 결과가 닥칠 것을 예상하면서도 자신의 행동을 제어하지 못하는 사람들의 이야기는 차고 넘친다. 목수 콘수Khonsu는 몸이 아프자, 병을 낫게 해주면 다시는 음식을 탐하지 않겠다고 신에게 약속한다. 그런데 나았던 몸이 다시 아파지자 그는 어머니에게 이렇게 고백한다. "사실 저는 넓적다리 고기도 창자도 먹지 않겠다고 신께 맹세했어요. 그런데 참지 못하고 또 먹고 말았어요. 이제 다시는 먹지 않을 거예요. 그러니 어머니가 저를 대신해 신께 제가 얼마나 괴로워하고 있는지 말해주세요."[24] 약속을 어긴 자기보다 어머니의 요청을 신이 더 잘 들어줄 거라 생각한 목수는 용서를 구하기 위해 어머니를 중재인으로 선택했다. 그러나 신의 처분은 가차 없었다. 자기 자신에게마저 해악을 끼친 어리석음 때문에 목수는 어리석음의 맨 밑바닥으로 추락하고 만다.

한편 어리석음의 맨 꼭대기에는 파네브Paneb가 당당히 자리 잡고 있다. 파네브는 신왕국 시대(기원전 1540~1070)에 귀족 무덤 공사에 종사하는 노동자와 직공의 마을 데이르 엘 메디나Deir el Medina에 살았던 악랄한 인물로, 작업반장이라는 지위를 이용해 마을 사람을 핍박했다. 사람이고 파라오고 신이고 그 누구도 안중에 없던 파네브는 자신의 앞길을 가로막는 사람은 모조리 죽여버리겠다고 위협했다. 또 그는 귀족 무덤에서 일하는 노동자들을 불러 자신의 묘지 공사를 시키기도 했다. 직공의 아내와 간음해 이혼을 하게 만들고 강간도 서슴지 않았다. 누가 감히 그

의 악행을 고발할 수 있었겠는가? 그는 자신의 악행을 유야무야 덮어줄 관리들을 매수했다. 심지어 파라오도 그의 악행을 피해 가지 못했다. 파라오의 장례가 끝나자마자 석관에 누운 파라오 앞에서 게걸스럽게 포도주를 마셔댄 것이다. 용서받지 못할 신성모독이었다. 그 누구도 자신을 막을 수 없다고 믿었던 파네브는 멈춰야 할 때를 몰랐다. 결국 그는 붙잡혔고, 사형을 당했다.[25]

완전무결한 파라오?

역사 자료를 살펴보면 대개 군주의 어리석음에 대해서는 함구한다. 신에게 세상의 질서를 유지할 임무를 부여받은 파라오는 모름지기 과오를 범해서는 안 됐기 때문이리라. 그럼에도 전쟁 일지와 같은 사료를 보면 현실의 민낯이 그대로 드러난다. 람세스 2세(기원전 1279~1213)는 자신을 과신한 나머지 이성을 잃고 시리아 지방의 카데시를 놓고 벌어진 전투에서 경쟁자 무와탈리가 쳐놓은 덫에 걸리고 만다. 히타이트의 왕 무와탈리는 람세스 2세로 하여금 시리아로 향하는 길이 뚫려 있고 적들이 카데시에서 멀리 떨어진 곳에 있다고 믿게 할 요량으로 자신이 차지한 레바논 베카 계곡의 물을 모두 빼낸다. 군대의 수장인 람세스 2세는 도시를 탈환하기 위해 카데시로 향한다. 목적지에 다다랐을 무렵, 무와탈리에게 매수된 베두인들은 람세스 2세에게 다가가 무와탈리 왕이 그곳에 없다고 속인다. 이집트의 정보 수집 능력이 허술했던 탓에 람세스 2세는 계략에 쉽게 넘어간다. 람세스 2세가 침착하게 기지로 올라가려던 순간, 카데시 아래쪽에서 대기 중이던 무와탈리는 매복해 있던 용맹

한 군대에게 돌격을 명했다. 람세스 2세는 크게 당황했지만 자신의 군
대를 독려하며 한 마리 수사자처럼 전쟁에 임했다. 무와탈리의 계획대
로라면 이 전쟁은 람세스 2세의 참패로 막을 내려야 했다. 그런데 무와
탈리 군대는 승리가 따놓은 당상이라 여기며 기강이 해이해질 대로 해
이해져 있었다. 전차 부대를 이끌고 강을 건너야 하는 지형 역시 무와탈
리 군대를 난처하게 만들었다. 그 덕분에 파라오는 터무니없는 실수를
저지르고도 처참한 패배를 겨우 면할 수 있었다.[26]

이처럼 이집트에서는 신이나 인간이나, 권력이 있건 없건 오만, 자
만, 안하무인, 타인과 자신을 동시에 해치는 바보 같은 실수들을 저질렀
고, 그 때문에 어리석음이 만천하에 드러나는 경우가 허다했다.

에밀리 퐁소 고로 &
앙토니 퐁소 고로

지리학자

인도 신화의 멍청이

mythologie indienne et connerie d'aujourdhui

인도에는 전래동화를 비롯해 전설, 신화, 우화, 서사시, 야화에 이르기까지 풍성한 이야기가 가득하다. 10억 명이 넘는 인도 사람의 무의식은 이런 이야기들로 채워져 있다. 서로 뒤바꾸어도 흐름에 지장이 없을 정도로 뒤섞이고 맞물린 여러 이야기에는 인간의 감정을 느끼는 동물이 등장하고 인간의 조건에 대한 관점이 드러나 있다. 사랑, 열정, 경쟁, 증오, 비열, 신의, 금욕, 오만, 신성, 용맹, 인내, 만용, 과장, 관용은 인간이 지혜와 광기로 운명과 세상의 변화에 맞서는 서사의 중심축에 존재한다. 그러한 이야기는 사람들이 마땅히 기대하는 모습에 부합하지 않는 언동을 하는 인물을 폭로하고 풍자하는 중요한 역할을 한다. 이를테면 부패한 왕, 부정직한 법관, 나태한 전사나 병든 의사와 같은 인물들이다. 마찬가지로 신화에서도 신들은 온갖 모순과 다양한 정체성을 드러내며 시시때때로 겉모습을 바꾸는 화신으로 나타난다. 창조신화에는 인간의 관념이 밑바탕에 깔려 있는데, 이는 힌두교에서 가장 중요하게 생각하는 문제다.

현재 인도 정부는 절대권력을 확립하고 민족주의적 계획을 달성하기 위해 이러한 신화들을 이용하기도 하고 변용하기도, 전복시키기도 한다. 전래되는 이야기들이 음험하고 해로운 우월감을 지켜주는 데 오용되고 있는 것이다. 그러므로 우리는 모든 것이 불확실하고 유동적인 '모두스 비벤디modus vivendi'의 나라 인도가 정치적 행위를 위해 가장 끈질긴 생명력이 있는 신화를 이용하고 있다는 의심의 눈초리를 보낼 수밖에 없다. 이런 맥락에서 오줌에 효력이 있다고 여겨지는 인도의 신성한 소는 온갖 외세의 영향으로부터 인도를 정화하고 힌두트바*를 장려하는 매우 강력한 무기로 활용되고 있다. 이는 곧 힌두교의 우월성을 강조하면서 다른 종교를 가진 사람(특히 이슬람교도)을 적대적으로 설득하려는 의도가 아니겠는가.

민중설화『팡차탄트라』와 어릿광대

기원전 3세기에 구전설화를 바탕으로 쓰인 『팡차탄트라Pañcatantra』는 '다섯 편의 설화'라는 뜻으로 공부에 영 흥미가 없는 아마라샤쿠티 왕의 세 왕자를 교육시킬 목적으로 지어졌다. 아시아 전역을 배경으로 하는 이 설화집은 후에 아라비아-페르시아어로 번역되어 중세 유럽 문학에 지대한 영향을 끼쳤다. 특히 크게 영향을 받은 작가를 꼽자면 중세 시대의 마리 드프랑스Marie de France**, 더 나중엔 그림 형제나 라퐁텐이 있다. 서로 맞물려 있는 이 우화들은 인간처럼 행동하는 동물이 등장한다는 것이 특징이다. 식물과 동물이 인간(왕, 브라만, 도둑, 이발사, 대신, 여러 계층의 여성)과 대화를 나누는 이 이야기는 아이들에게 도덕적 가치를

---

* 인도의 우익 이데올로기로 다문화 세속주의를 무시하고 힌두교 가치와 전통을 강조한다.
** 12세기 후반에 활동한 프랑스의 시인.

심어주기 위해 오늘날에도 여전히 자주 이용된다. 그러나 이야기가 전달하는 메시지는 아이들에게만 도움 되는 것이 아니다. 인도 사상의 철학적 사변과 신비주의적 비약은 이미 우리에게 익숙하지만 이 이야기들은 계략도 위선도 가벼이 여기지 않으며 실질적인 교훈을 아낌없이 제공한다. 사람을 통솔하는 기술, 즉 통치를 위한 안내서인 이 설화는 두 가지 위험을 경계해야 한다고 말한다. 하나는 그릇된 생각을 고집하는 것, 다른 하나는 교만이다.

한편 대중적인 우화는 어릿광대의 모험을 토대로 전개된다. 어릿광대는 인도 영화에서와 마찬가지로 산스크리트 극작에서 중요한 비중을 차지한다. 엄밀히 말해 어릿광대는 작품의 주인공이라고 할 수는 없다. 어릿광대는 대개 왕 옆에 서 있으며, 드러내놓고 웃음을 주는 역할도 아니어서 다른 인물들에 비해 크게 부각되지 않는다. 그럼에도 그는 은근하게 익살스러운 모습을 보여준다. 어릿광대는 특히 브라만(성직자)이 이상적인 행실에 반하는 행동을 할 때 그 실체를 가감 없이 드러낸다. 이스라엘 출신의 고대인도어 학자 데이비드 딘 슐만David dean Shulman이 어릿광대의 역할을 보여주기 위해 저서[27]에 인용한 짤막한 이야기 속으로 들어가보자.

병석에서 오늘내일하던 왕의 어머니는 아들에게 죽기 전에 부드러운 망고를 먹어보는 것이 소원이라고 이야기한다. 그러나 안타깝게도 망고가 나는 시기가 아니었다. 왕은 신하들에게 가능한 모든 곳에 가서 단 한 개라도 좋으니 망고를 구해 오라고 명한다. 그들이 돌아왔을 때 왕의 어머니는 이미 세상을 떠난 뒤였다. 어머니의 원혼이 자신을 괴롭힐지도 모른다는 생각에 불안해진 왕은 브라만들에게 조언을 구한다. 그들은 잠시 골똘히 생각하더니 원혼을 달

래기 위해 100명의 브라만에게 금망고를 하나씩 하사하는 것이 어떻겠느냐고 제안한다. 조언을 받아들인 왕은 성대한 축제를 열고 브라만들에게 금망고를 하사한다.

그때 마침 어릿광대 테날리 라마가 지나가는 브라만들을 보게 된다. 그의 손에는 끝이 불에 달구어져 허예진 쇠막대기가 들려 있었다. 그는 문 앞에 서서 브라만들을 부르며 말했다. "이 쇠막대기로 살을 지진 표식이 두세 개 있는 브라만은 금망고를 두세 개 더 받을 수 있다는 걸 아십니까?" 그러자 여러 브라만이 기꺼이 살을 지지고는 왕에게 가서 금망고를 더 달라고 요구했다. 진노한 왕은 어릿광대를 잡으러 간다. 그러자 어릿광대는 왕에게 말한다. "제 어머니가 편찮으실 때, 의사가 쇠를 달구어 어머니의 아픈 관절 위에 놓으라고 했습니다. 하지만 미처 해보기도 전에 어머니는 돌아가시고 말았지요. 그래서 저도 어머니의 원혼이 저를 괴롭힐까 두려워 국왕처럼 해본 것입니다."

그럴싸한 임기응변으로 왕의 노여움을 피해 간 어릿광대는 왕에게 도덕적 교훈을 준다. 이런 말장난은 예상할 수 있는 것이며 관객들도 이를 잘 알고 있다. 어릿광대는 주인공이 처한 상황을 대놓고 비판하는데 바로 그때 말의 힘이 역전된다. 이러한 방식은 특히 신들과 대화하는 장면에서 주로 사용된다. 어릿광대는 신화를 이야기하며 시간을 분절하고 이야기와 행위를 교묘하게 섞으면서 이야기의 내용을 수정한다. 일례로 이야기 속의 테날리 라마가 숲속에서 불을 붙이면 어릿광대는 무대에서 그 행동을 똑같이 따라 하며 이야기에 더 큰 리얼리티를 부여한다.

때때로 그는 상황을 벗어나기 위해 변장을 하고(다시는 그를 보지 않겠다는 왕 앞에서 머리에 거대한 항아리를 뒤집어쓴다든지) 악의적으로 여성을 비하하는 발언을 내뱉어 주인공을 웃음거리로 만들면서 난처한 상황을 빠져나온다. 그는 아리스토파네스의 희극이나 거인 가르강튀아 연대기에서처럼 극 중에서 대개 자신에게 어울리는 재치와 광기가 뒤섞인 인물로 등장하지만 그의 지혜에는 절제된 비판의 힘이 있다. 그가 하는 말들이 각 인물들의 정체성과 지위를 훼손하지는 않기 때문이다. 어릿광대가 오늘날에도 여전히 마을 축제에 어김없이 등장하는 것은 아마도 그런 이유 때문일 것이다.

오해와 기만의 불가촉천민 신화

기원설화 역시 대중적으로 널리 퍼져 있는데, 이를테면 남인도에서 집계된 카스트 중 숫자상으로 매우 큰 비중을 차지하는 파리아, 곧 불가촉천민 계층에서 그 인기가 높다. 그들은 "카스트의 하위 계층이 되는 것은 선천적인 과오 때문도 아니요, 신이 의도한 결과도 아니다. 상대적 열등은 그저 하나의 실수, 계략, 오해 또는 음모 때문"[28]이라고 생각한다. 그에 관해 가장 널리 알려진 신화들 중 하나를 살펴보자. 이야기는 무척이나 가난했던 두 형제가 신을 찾아 기도하기 위해 길을 떠나는 것에서 시작된다. 여정 중에 형제는 우연히 암소 가죽을 발견하고, 신은 그들에게 나머지 가죽도 거둬들이라고 명한다. 그러자 형은 "제 아우가 할 것입니다Een thambi pappaan"라고 대답했는데, 신은 이를 "제 아우는 브라만입니다Een thambi Páappaan"로 알아듣는다. 카스트의 모든 계급이 나이 어린 브라만과 나이 많은 파리아로 대변되는 것은 이 두 형제 때문일 수도 있다. 그러므로 이러한 사회적 계층 구분은 예상치 못한 오해에서 비롯된 것이나 다름없다. 신은 어떤 것도 강요하지 않았고 아우는 형을 존중하고 따랐을 뿐, 먼저 나서서 대답을 했던 것은 형이었기 때문이다. 또 다른 성직자 형제의 이야기도 있다. 형은 덕망 높은 인물로 단식을 하며 묵언수행을 하고 있었다. 아우는 그동안 사원을 돌보는 임무를 맡는다. 형은 사원을 방문한 사람들에게 "저는 묵언수행 중이고 사원은 제 아우가 돌보고 있습니다Nan Parrayan, tampi parpar"라고 했는데, 사람들은 그 말을 "저는 북 치는 사람이고 제 아우는 성직자입니다Nan parraiyan, tampi parpar"로 이해한다. 이러한 신화는 전생에 쌓은 업만이 현세를 결정한다는 카르마 이론을 반박할 근거를 마련해준다.

신들이 어떻게 카스트제도를 구상했는지 들려주는 또 다른 유명한 신화도 있다. 어느 날 시바신의 네 아들이 고기를 구워야 했다. 먼저 나선 건 첫째 아들이었는데, 고기를 익히다가 한 조각을 그만 바닥에 떨어뜨리고 말았다. 그는 떨어진 고기를 다른 고기들과 섞느니 재로 덮어놓는 것이 낫겠다 싶어 그렇게 했는데, 다른 형제들이 이를 눈치채고는 형이 자기들 고기를 빼앗아 가려고 했다며 비난했다. 그들은 형이 고기 한 조각은 자기만 먹으려고 숨겨놓았을 것이라며 소리쳤다. "파리아야, 고기를 숨기지 마라Paraiyaa, mamaiyaade!" 그때부터 첫째 아들(과 그 자손)은 형제와 멀리 떨어져 살아야 했다. 형제를 대신해 고기를 굽는 번거로운 수고를 자처한 대가치고는 가혹했다. 다른 유사한 신화들을 봐도 형제끼리 작정하고 그중 한 명을 속이는 이야기가 많은데, 대개 희생양이 되는 것은 맏이다. 맏형에게 부도덕한 일을 부탁하면서 나중에 절대로 모른 척하지 않겠다고 약속한 다른 형제들은 결국 그 약속을 헌신짝처럼 내던지곤 한다.

모든 기술의 원조는 인도 신화

코끼리 머리를 한 가네샤는 누가 뭐라 해도 인도에서 가장 인기 있는 신이다. 지혜와 덕의 신 가네샤에게 기도하지 않고는 어떤 것도 시작할 수 없다고 한다.

가네샤는 시바와 파르바티의 아들로 본래는 인간의 머리를 하고 태어났다. 다섯 살 무렵 가네샤는 목욕하는 어머니를 지키기 위해 문 앞에 서 있었다. 그런데 그때까지 가네샤를 한 번도 보지 못한 아버지가 나타났고 가네샤는 고지식하게 아버지마저 들어오지 못하게 했다. 자신의 뜻을 거스르는 데 분노한 시바는 가네샤의 목을 베어버린다. 파르바티는 울부짖으며 시바에게 자초지종을 설명했고 가네샤를 다시 살려달라고 애원한다. 그러나 잘린 머리를 찾을 수 없던 시바는 지나가다 처음으로 어미 품에서 떨어져 나온 아이를 발견하게 되면 그 아이의 머리를 잘라 가네샤에게 붙여주겠다고 결심한다. 그러다 그는 등을 돌린 어미 곁에 잠들어 있는 새끼 코끼리를 발견하고 그 머리를 잘라 가네샤에게 붙여주었다. 어떤 이들은 이 이야기가 자식을 향한 시바의 부성애를 보여준다고 말한다. 또 다른 이들은 가네샤가 참수당함으로써 '샤크티', 즉 남성적 신성을 통해 여성적 권능과 에너지를 얻게 되었다고 설명한다. 어느 쪽이든 신화는 우리 상상력을 자극한다.

불과 몇 해 전, 인도 총리 나렌드라 모디는 보조생식기술과 성형수술이 이미 몇천 년 전 인도에 존재했다고 주장했다. 그는 자신의 견해를 뒷받침하기 위해 성형수술의 증거로 가네샤를,[29] 보조 생식학의 증거로 다음과 같은 고대 전사 카르나와 그 형제들의 탄생설화를 내세웠다.

옛날 옛적 킨다마라 불리는 현명한 브라만이 숲속에서 아내와 사랑을 나누는 일에 열중하고 있었다. 그런데 판두 왕이 그들을 그만 사슴으로 오해하고 활을 쏘고 말았다. 킨다마는 죽기 전 판두 왕에게 아기를 가지려는 시도를 하기만 해도 죽음을 면치 못할 것이라며 저주를 내렸다. 왕비 쿤티는 체념하고 저주를 받아들인다. 태양신에게 치성을 드리고 동정의 몸으로 첫째 아들 카르나를 임신한 경험이 있었던 쿤티는 이번에도 같은 방식으로 다르마(진리의 신), 바유(광풍의 신), 인드라(하늘의 신이자 신들의 왕)의 도움을 받아 세 아들을 얻는다. 그 비법을 전수받은 판두 왕의 두 번째 아내 마드리 역시 그렇게 해서 쌍둥이 형제를 얻으니, 그 다섯 형제가 후에 이름을 떨치는 판다바 오형제다.

힌두 민족주의는 현대에 등장한 수많은 과학과 기술이 고대 인도에 이미 존재했었다고 끈질기게 주장한다. 그러면서 힌두교와 인도 신화에 관한 중요 문헌인 『마하바라타』와 『라마야나』를 그 증거로 내민다.[30] 모디 총리는 일찍이 구자라트 주지사 시절에도 힌두신 라마가 최초의 비행기를 조종했고 줄기세포기술이 고대 인도에 이미 존재했다고 주장하는 교과서 서문을 썼다. 전 우타라칸드 주지사이자 민족주의 정당 BJP 소속 의원 포크리얄은 한술 더 떠 성형수술과 보조생식기술에 관한 모디 총리의 발언을 옹호하며 고대의 현자 카나드가 그 당시 핵실험을 실행했다고 주장했다. 기원전 2세기 무렵에 핵실험이라니…. 전 뭄바이 경찰서장이자 현 인적자원개발부 부장관인 사티아팔 싱 역시 고대 인도에서 아주 많은 일을 실행했으며 현세대가 이를 잘 몰라 안타까울 따름이라 언급했다. 화학 전공자인 그는 원숭이가 인간이 되는 것을 본 사람은 아무도 없다며 다윈의 진화론을 폄하했다. 게다가 라자스탄주 교육부 장관인 바수데브 데브나니와 합심해 공대생들이 『라마야나』에 나오는 하늘을 나는 수레를 연구해야 하며, 7세기의 천문학자 브라마굽타는 뉴턴보다 천 년 앞서 만다라에서 만유인력의 법칙을 발견했다고 주장했다.

온라인 기술 혁명의 시대에 인터넷과 구글이 빠지면 섭섭하다. 트리푸라 주지사 비프랍 뎁은 "『마하바라타』 시대에 인터넷이 존재했다"고 확신했다. 그렇지 않았다면 어떻게 왕의 마부 산자야가 눈먼 왕 드리타라슈트라에게 전장에서 일어난 일들을 마치 보고 온 것처럼 세세하게 설명해줄 수 있었겠냐는 것이다. 이에 뒤질세라 구자라트 주지사 비제이 루파니는 다수의 인도 문헌에 등장하는 천하의 이야기꾼이자 떠돌이 악사 나라다 무니가 구글의 원형이라고 주장한다. 나라다 무니는 구글처럼 전 세계에 관한 엄청나게 많은 정보를 가지고 있었으며 인류에게 보탬이 되기 위해 그 정보들을 수집했다는 것이다.

그럼 이제 힌두 민족주의 발언과는 거리가 먼, 좀 더 독창적이고 현대적인 신화들을 살펴보자.

인도 신화 속의 성전환

인도는 적잖이 경직되어 있고 동성애를 혐오하는 사회임에도 성전환 소재를 다루는 신화가 다수 존재한다.[31] 일례로 판다바 오형제 중 셋째인 아르주나는 요정 우르바시의 유혹을 뿌리친 죄로 주술에 걸려 일시적으로 거세를 당한다. 심지어 아르주나 자신도 그의 적수 비슈마를 속여 화살로 쏘아 죽이기 위해 여자로 변장하는 것을 서슴지 않는다. 성이나 외모의 변화는 때때로 거부할 수 없는 매력으로 탈바꿈한다. 창조의 신 비슈누는 파괴의 신 시바에게 자신이 악마를 유혹하고 그에게서 암리타(생명수)를 훔치기 위해 어떻게 모히니(여성으로 변신한 비슈누신)로 현현했는지를 보여준다. 그러자 시바는 여성으로 화한 친구 비슈누를 강제로 범한다. 한편 성전환은 인물들 사이에 전혀 새로운 관계를 형성시키기도 한다. 시바는 부인 파르바티를 기쁘게 해주기 위해 여자로 변신하는데, 그러자 숲 전체가 마법에 걸려 모든 것들이 여성화된다. 또 다른 예도 있다. 두 젊은 브라만이 신앙이 깊은 시만타니를 속여 제물을 후하게 받을 요량으로 시바와 파르바티로 변신한다. 그런데 여신으로 변신해 여자의 몸을 갖게 된 브라만은 시바로 변신한 친구에게 정욕을 느끼고, 결국 그와 결혼한다.

그런가 하면 양성애는 연인들 사이에서 일종의 유희 도구가 되기도 한다. 10세기 혹은 11세기로 거슬러 올라가는 추달라 여왕의 이야기가 그렇다. 심오한 지혜에 입문하게 된 여왕은 이를 남편에게도 전수하고 싶어 한다. 그러나 여왕의 남편은 아내의 그런 태도를 못마땅하게 여기며 숲속으로 들어가 수행하는 쪽을 택한다. 그 편이 지혜를 터득하기에 훨씬 낫다고 생각했기 때문이다. 수년의 세월이 흐른 뒤, 어쩔 수 없이 청년 브라만으로 변신한 여왕은 남편에게 접근해 자신의 지혜를 전수하지만 욕정에 흔들려 황급히 그 자리를 벗어난다. 그렇게 해서 한동안 그들은 낮에는 친구로, 밤에는 아내와 남편으로 지낸다. 훗날 여왕은 젊은 브라만으로 변신했노라고, 그리고 매일 밤 다시 여자로 변신할 수밖에 없었노라고 진실을 고백하고 그제서야 남편은 아내가 자신의 친구이자, 연인이자, 스승이었음을 깨닫는다. 이러한 양성애적 유희는 추달라 여왕에게 분명 남성과 여성의 서로 다른 장점을 누릴 수 있는 기회였을 것이다. 그러나 그는 남편에게 모든 것을 털어놓기로 결심하면서 남자니 여자니 상관없이 그저 있는 그대로 자신의 모습을 받아들이며 살고 싶다는 소망을 내비친다. 추달라 여왕의 이야기는 오늘날에도 여전히 시사점을 던져준다.

인도의 전래동화와 신화에서 얻을 수 있는 다양한 교훈은 대대로 전승되기도 하고 때로 의도에 따라 교묘하게 각색되기도 한다. 그 이야기들은 수많은 메시지와 해석, 독해를 통해 우리를 가르치기도 하고 겸손하게 만들기도 하며 채찍질하기도 한다. 그러니 어떤 문제에 해답을 찾지 못하는 순간이 오면, 인도 속담 하나를 떠올려보시길. '암소의 우유와 버터를 얻으려면 그 발길질도 감수해야 한다.'

중국학자

스테판 쾨아

어리석음에 관한
고대 중국의 고찰

QUE FAIRE
DE NOTRE BETISE ?
REFLEXIONS SUR L'IDIOTIE
EN CHINE ANCIENNE

중국적 멍청이의 아이콘

1921년, 중국 현대문학에 인물 하나가 혜성처럼 등장한다. '아큐阿Q'라는 이 인물은 실질적인 이름도 없고 출신도 알 수 없으며 밑도 끝도 없이 오만하게 꾸며낸 족보 말고는 혈통도 확인할 길이 없다. 머리에는 버짐 때문에 부스럼이 잔뜩 앉아 있고 이렇다 할 주거지도 없이 살아간다. 그는 대체로 지나치게 유쾌하며 소도시 웨이장 사람들을 멸시한다. 싸움꾼 기질이 있기는 하지만 망신만 당하기 일쑤인 그는 쉽게 분노하며 정신승리로 상황을 극복한다. 루쉰(1881~1936)의 해학적 연재소설 『아큐정전』의 주인공 아큐는 결국 불행한 죽음을 맞는다. 그는 조리돌림을 당하는 동안 노래 한 곡 부르지 못하다가 사형선고를 받은 사람들이 의례적으로 하는 말을 우연히 생각해낸다. "스무 해가 지나면 나는 다시 되리라…(용맹하고 잘생긴 사내가)!" 총살당하기 바로 전, 그는 구경꾼들의 소심하면서도 날카롭고 무서운 눈을 본다. 자신을 하찮게 보는 그 시선에 아연실색한 그는 소리친다. "사람 살려!" 구경꾼들은 '그토록 오랫동안 조리돌림을 당하면서도 창곡 한 자락 못 하다니 시시한 사형수'라며 수군거린다.

그런 어처구니없는 죽음을 맞기까지 아큐가 어떤 고통을 당했는지는 사실 그다지 중요하지 않다. 호기심 많은 독자라면 이 소설에서 부스럼으로 뒤덮인 빡빡머리를 하고 해괴한 누더기 옷을 걸친 이 왜소한 인물에게서 수많은 희로애락을 발견할 수 있을 것이다. 루쉰은 당대 중국 사람들의 모습을 바탕으로 아큐라는 인물을 탄생시켰다. 아큐는 새로운 사회에서 배척당하며 유달리 무지몽매하다. 늘 자신이 이겼다고, 아니 '혹여나 졌더라도 이겼다'고 생각해 두드려 맞고 모욕당하면서도 언제나 정신승리로 이겨낸다. 또한 자존심과 사이비 지식으로 가득 차 있다. 말하자면 그는 당시 중국 사회의 어리석음과 무지를 대변하는 인물이다.

아큐의 후예는 셀 수 없을 정도로 많다. 적어도 1980년대 이후 대부분의 중국 현대문학은 이전 작가들이 창조한 수많은 멍청이들에 줄곧 새로운 인물들을 보태었다고 해도 과언이 아니다. 그중에서도 가장 눈에 띄는 인물은 단연 송강이다. 그는 큰 성공을 거둔 위화의 소설 『형제』에서 삼강오륜을 금과옥조로 떠받드는 '개혁개방' 시대에 걸맞지 않는 고리타분한 샌님으로 나중에는 돈을 벌기 위해 자의 반 타의 반으로 가짜 가슴확대 수술까지 받는 순진하고 가련한 인물이다.

이처럼 멍청이, 바보, 얼간이, 광인이 소설에 등장하는 데는 이상할 것이 조금도 없다. 어리석음의 영역은 무한하기 때문에 풍자의 범주 역시 그에 비례해 확장된다. 그렇다고 해도 이런 소설들이 보여주는 어리석음이 정체성에서 차지하는 비중이 점점 더 커지고 있다는 사실은 부정할 수 없다. 그런 독특한 인물이 비단 문학의 형식이나 소재로만 쓰이지 않기 때문이다. 어리석은 인물은 복잡한 반전의 게임과 역사에서 자신의 존재감을 드러내며 어떤 면에서는 매혹적이고 교활한 모습을 보이기도 한다. 고대에 그런 멍청이가 어떤 모습으로 현현했는지, 어떻게 이용되었는지 살펴보자.

멍청이를 일컫는 다채로운 표현

어디부터 시작해볼까? 다른 토착어와 마찬가지로 중국어의 고대어와 방언에는 멍청이를 일컫는 수식어가 매우 다양하고 많다. 그 뉘앙스도 멍청이를 비롯해 무식쟁이, 우둔한 사람, 어리석은 사람, 맹추, 등신에 이르기까지 여러 가지이다. 그렇지만 전국시대 문헌을 보면 그런 표현들은 대개 '愚(어리석을 우)' 자에서 크게 벗어나지 않는다. 어느 정도는 상상을 보태 이 단어의 어원을 찾아 가보자. '愚'는 두 부분으로 나눌 수 있다. 아래에 있는 부수 心, 즉 마음은 대개 무엇인가가 심리적으로 깊이 자리 잡는 과정을 가리킨다. 위쪽의 禺는 '우'라는 발음 부분으로 원숭이를 가리킨다. 간혹 서기 100년에 지어진 최초의 중국 자전을 근거로 긴꼬리원숭이라 하기도 한다. 긴꼬리원숭이는 진화적 관점에서 긴팔원숭이와도 무척 가까운 영장목으로 과거는 알지만 미래는 내다보지 못하는 반인반수라 할 수 있다. 먼저 이 단어의 다의성을 살펴보자. '긴꼬리원숭이 우禺'의 표기는 중국 고대 전설 속에 등장하는 위대한 인물의 이름, '우禹'와 매우 흡사하다. 그는 둑과 댐을 쌓는 대신 그저 "물길을 잘 다스리는 것만으로"[32] 대홍수에서 사람들을 구했다고 전해지는 어진 군주이자 가히 통치의 모범이 될 만한 인물로 칭송된다. '어리석을 우' 자는 이런 군주의 이름을 그릇되게 모방한 글자다. 그러므로 멍청이란 우스꽝스러운 행동을 하고 다른 이들을 어설프게 따라 하는 진부한 아류를 지칭했을 것이다. 그렇지만 그러한 원숭이에 관련된 근거는 이내 사라져버렸고 문헌에서도 거의 사용하지 않게 되었다. 이후 '愚'는 슬기, 지혜, 통찰력과 같은 단어의 반대말로서 더 큰 의미를 갖게 되었다. 즉, 어리석은 사람이란 지식과 경험을 쌓지 못한 사람이라기보다는 상황이 어떻게 변화할지 예측하지 못하고 다양한 상황에 따라 유연하게 대처하지 못하는 사람을 의미한다.

한편 이 글자는 관습적으로 사용되기도 했다. '어리석은 사람'은 자신을 일컫는 방식으로, 특히 나보다 무장이 잘 되어 있고 더 박식한 윗사람과 대화할 때 사용하는 일인칭 대명사다. 힘과 지식의 권위는 대화 상대의 지위에서 생성되기 때문이다.

물론 내가 나 자신을 일인칭으로 지칭할 때의 어리석음은 나의 결함을 드러내는 것도, 나의 신체적 혹은 정신적 장애를 의미하는 것도 아니다. 요컨대 어리석음이란 나약함도 무지도 아닌 지극히 상대적인 것이며 인간을 구성하는 한 부분이다. 공자의 『논어』 몇 구절만 떠올려보아도 이 말을 충분히 이해할 수 있다.

옛사람에게는 세 가지 한계가 있었는데, 지금은 그 한계에도 미치지 못하는 듯하다. 옛날의 사나운 사람은 대범했으나, 지금의 사나운 사람은 방탕할 뿐이다. 옛날의 잘난 척하는 사람은 청렴했으나, 지금의 잘난 척하는 사람은 성내며 거스를 뿐이다. 옛날의 어리석은 사람은 정직했으나, 지금의 어리석은 사람은 남을 속일 뿐이다.[33]

어리석음은 결점으로 표현되지만 어리석음 그 자체에 악의가 있다고는 할 수 없다. 심지어 여기서 말하는 어리석음은 당대 세습귀족의 타락에 맞서 스승을 세우려 한 도덕적 신흥 선비들에 대비되는 일반 서민을 나타내기 위한 표현이었다. 공자에 따르면, 신흥 선비란 학업에 정진하는 사람들로서 미천한 출신이든 귀족 출신이든 상관없이 인격도야를 위해 지난한 배움의 과정에 기꺼이 뛰어든 사람이다. 이러한 관점에서 비난의 대상이 되는 것은 충분히 개선될 수 있는 인간의 거친 본성이 아니라 나태와 폭력, 표리부동이다. 공자가 널리 알려진 자기 제자 중 몇몇을 한마디로 규정한 다음의 구절을 읽어보기만 해도 이 말을 납득할 수 있다.

> 고시高柴는 우둔하고, 증삼曾參은 둔한 면이 있으며, 전손사顓孫師는 치우친 데가 있고, 중유仲由는 거칠다.[34]

명청이들을 일컫는 매우 다채로운 표현이다. 이쯤 되면 공자의 제자들이 스승의 사상을 정말로 잘 받든 게 맞는지, 그들이 공자의 죽음을 유발한 예기치 않은 사건에 책임이 있지는 않은지 생각해보게 된다. 공자의 수제자이며 주로 침묵을 지켰던 안회顔回는 수업 때 질문은 물론이요 어떤 말도 하지 않았으며 스승의 말에 반박하는 법도 없었다. 그래서 공자는 그가 정말로 바보가 아닐까 의심할 수밖에 없었다. 그런데 공자가 그의 방을 몰래 둘러보며 평소 생활을 살펴보니 그는 침묵 속에서 배움을 제대로 실천하고 있었다[35]고 한다.

사실상 『논어』에서 어리석음은 언제나 넘어서야 하는 한계이며 어떤 경우에는 자신의 장점으로 활용되기도 한다. 위나라 재상 영무자를 평가한 공자의 말을 살펴보자. 영무자는 나라에 도가 있을 때는 슬기로웠고 나라에 도가 없을 때는 우직했는데, 그 슬기로운 점은 누구나 따를 수 있으나 우직한 점은 아무나 따르지 못할 것이라는 게 공자의 평이었다. 그는 어려운 상황을 견디며 목숨을 보전했고 어리석은 체하며 불리한 상황을 피해 갔다.[36] 또한 우스갯소리를 하며 타락한 군주들의 관심을 다른 데로 돌리고 설득하며 자신의 자리를 지켜냈다.

그런 의미에서 어리석음이란 반드시 거쳐야 하고 때로는 다시 되돌아가야 하는 보편적인 것이었다.

고사에 등장하는 재미있는 멍청이들

한편 고대 중국 사상은 어리석음을 어떻게 정의 내릴지보다 어떻게 교훈적으로 활용할지를 더 중요하게 생각했다. 그렇기 때문에 고대 중국 사상의 철학적 담론에서는 생각하기 전에 행동부터 하는 멍청이들을 매우 쉽게 만날 수 있다. 짤막하고 우스꽝스럽게 표현된 이런 이야기들은 대부분 고사성어로 요약되며 역사상 실제 사건에 버금가는 진정한 이론적 논거였다. 그런 이야기들은 대개 서로 '반대'되기는 하지만 역사적 이야기와 마찬가지로 근거로서의 가치가 있다. 여기서는 짤막한 이야기 몇 가지를 소개해보겠다.

한 농부가 땅거미가 질 무렵 집으로 돌아온다. 그는 아내와 아이들 앞에서 뿌듯해하며 큰 소리로 말한다. "오늘 무척 바빴어. 새싹들이 빨리 자라게 해주느라고 말이야." 가족들은 깜짝 놀라 밭으로 달려갔다. 말라붙은 작물들과 뽑혀 있는 뿌리들을 보고 그들은 아연실색했다. 농부는 작물을 빨리 자라게 해준답시고 그 줄기를 잡아당기며 한나절을 보낸 것이다.[37]

또 다른 농부가 있었다. 어느 날 우연히 그는 토끼 한 마리가 급히 달려가다가 그의 밭 가운데 있는 그루터기에 부딪혀 목이 꺾여 죽는 것을 본다. 운 좋게 토끼 한 마리를 얻은 농부는 다음 날부터 밭은 갈지 않고 그루터기를 지키고 앉아 토끼가 다시 달려와 죽기만 기다리다가 세간의 웃음거리가 된다.[38] 지략이 뛰어났던 사상가 한비자韓非子(기원전 280?~233)의 저작에 나오는 이야기다.

이번에는 바지가 해진 남자의 이야기다. 그는 아내에게 해진 바지와 똑같은 바지를 하나 더 지어달라고 부탁한다. 그러자 아내는 새 바지를 지어 헌 바지와 똑같이 너덜너덜하게 만든 후 남편에게 건네준다.

또 정나라의 한 남자는 새 짚신 한 켤레를 살 요량으로 원래 가지고 있던 짚신의 크기를 재어보고 시장에 간다. 그러나 짚신 크기를 깜빡한 그는 집으로 돌아가 크기를 재고는 다시 시장으로 돌아온다. 장사꾼들은 모두 떠난 뒤였고 장터는 텅 비어 있었다. 사람들은 그에게 왜 시장에서 직접 새 짚신을 신어보지 않았느냐 물었지만 그는 이 말만을 되풀이했다. "짚신의 크기를 깜빡 잊었지 뭐요."

그런가 하면 정나라의 어떤 사람은 들판을 걷다가 물건 하나를 발견했다. 곁에 있던 친구에게 저게 뭐냐고 물으니 경작용 소의 멍에라고 알려주었다. 조금 더 가다 보니 비슷한 물건이 눈에 띄어 그는 다시 저게 뭐냐고 묻는다. 친구가 조금 전과 똑같이 소의 멍에라고 대답하자 남자는 조롱당했다고 생각해 불같이 화를 내며 친구를 흠씬 두들겨 팬다.[39] 언어의 추상적 개념, 비슷한 두 개의 물건이 같은 이름을 가질 수 있다는 사실을 이해하지 못한 것이다.

여기 또 한 사람이 있다. 그는 한 부족 무리가 사라지고 난 자리에서 동으로 만든 종 하나를 발견한다. 그는 종을 가져가고 싶었지만 너무나 무거웠다. 그래서 그는 끌을 이용해 종을 조각내서 가져가기로 결심한다. 그런데 문득 그 소리가 다른 사람의 귀에 들려 종을 빼앗길까 불안해졌고, 그래서 자신의 귀를 막아버린다. 이야기는 이렇게 끝난다. "내 말을 남에게 들려주길 꺼리는 것은 지극히 당연하다. 그러나 남의 말 듣기를 꺼리는 것은 그릇된 일이다! 자기 잘못에 대한 지적을 들으려 하지 않는 스승이 바로 그러한 부류가 아니겠는가?"[40]

이 외에도 한비자가 들려주는 짤막한 이야기는 셀 수 없이 많지만, 마지막으로 이 이야기를 소개하겠다. 송나라의 어느 학자가 『서경』을 연구하다 보니 "묶고 또 맨다紳之束之"라는 구절이 나왔다. 이를 본 학자는 무거운 허리띠를 두 겹으로 꽉 졸라맸다. 사람들이 왜 그러고 있느냐고 묻자, 은유적 표현을 이해하지 못한 그가 대답한다. "책에 그렇게 쓰여 있지 않습니까!"[41]

이렇게 우스꽝스러운 이야기들은 대부분 실소를 유발하기 때문에 이론적 독해를 방해하기도 한다. 그렇지만 어처구니없는 장면의 배치를 통해 읽는 사람의 공감을 이끌어내는 것이 이러한 이야기의 전략이다. 이렇게 행동이 앞서는 멍청이, 타인이 굳이 깎아내리려 하지 않아도 스스로 우스꽝스러운 사람으로 전락하고 마는 인물들에 주목할 필요가 있다. 그들은 상황의 변화로 인해 발생하는 미묘한 과정의 변화를 전혀 이해하지 못한다. 어떤 멍청이는 언어가 상황에 미치는 영향을 알지 못하고, 다른 멍청이는 글의 은유적 표현에 무지하다. 결국 이들은 과정을 어그러뜨리고 만다. 현재는 오로지 한 번뿐이라는 것, 변화는 제어하거나 반복하거나 가속화할 수 없다는 사실이 그들의 안중에는 없다.

어리석음과 지혜의 가치 전복

멍청이들은 자기가 즉시 실천으로 옮길 수 있는 지혜를 가졌다고 믿지만 그것이 바로 진정한 약점이다. 모든 것은 변화하기 때문에 지식은 그저 일시적이고 임시적이며 이로움을 주는 망각의 영역으로 물러나야 한다. 세상사에 대한 지혜의 이면을 보여주는 어리석음은 어떤 면에서 진리일지도 모른다. 다만 그 진리는 무용하고 그 깊이가 얕다. 이것이 바로 기원전 4~3세기 도가 문헌에 드러나는 매우 역설적인 관념이다.

실존 인물인지는 확인이 되지 않지만, 노자는 『도덕경』에서 말한다. "커다란 지혜는 어리석음과 같다. 나는 어리석은 사람의 마음을 가졌으니 어리석고 우둔해 보인다. 모든 사람이 저마다 바삐 움직이며 분주한데, 나만 홀로 무능하고 무지하며 흐리멍덩하고 어리석다." 심지어 도를 깨우친 자가 할 일은 사람들을 깨우치는 것이 아니라 바보로 만드는 것이라고 주장하는데[42] 이는 단지 도발하기 위한 말이 아니다.

어리석음과 지혜 사이에서 일어나는 가치의 전복, 그 둘의 상호관계는 당대 지식인들이 함정에 빠지지 않기 위해 시도한 하나의 방편이었다. 지식인은 언제나 책략을 얻기 위해 (찬사, 선물, 사례금, 재물로) 서로 경쟁하는 지배자와 군주의 희생양이었기 때문이다. 지식은 미지의 영역을 드러내기 일쑤라 지식인은 늘 약점을 드러낼 위험을 안고 있었다. 착취당하고 복종하는 그들은 늘 속박된 상태로 자신을 소진했다.

이러한 가치의 전복이 가장 풍부하고도 결정적으로 드러난 문헌으로는 두말할 것 없이 『장자』가 꼽힌다. 필자는 여기서 두 개의 이야기를 소개하고자 하는데, 하나는 매우 짧고 하나는 훨씬 더 긴 이야기이니 간단히 요점만 소개하겠다.

먼저 첫 번째 이야기이다. 황제黃帝가 적수赤水 북쪽에서 한가롭게 노닌 뒤에 곤륜산崑崙山에 올라 한참 동안 남쪽을 바라보았다. 돌아오는 길에 그는 그만 소중히 여기는 검은 구슬을 잃어버렸다. 황제는 탄식하며 지혜로운 이, 백 보 밖에서도 털끝을 분별할 정도로 시력이 좋은 이, 말재간이 뛰어난 이를 차례로 불러들여 구슬을 찾아달라 부탁했지만 아무도 해내지 못했다. 마침내 가장 멍청한 상망象罔에게 부탁하니 뜻밖에도 그가 구슬을 찾아왔다. "참으로 이상하다. 어떻게 상망이 구슬을 찾았단 말인가!" 황제는 너무 놀라 중얼거렸다.[43]

이 짤막한 우화는 함축적이지만 의미가 명확하다. 황제는 자기 힘을 상징하는 구슬을 잃어버리고 되찾으려 하지만 추론을 통한 사유와 지식을 통해서는 찾지 못한다. 구슬을 찾겠다는 의지 자체를 내려놓음으로서 그는 비로소 구슬을 찾을 수 있었다. 그날 이후 그는 나라와 자기 자신에 대한 진정한 힘을 되찾게 된다.

두 번째 우화에서 황제는 음악으로 터득하는 도를 보여준다. 황제는 요임금 때의 〈함지咸池〉라는 악곡을 동정洞庭의 들판에서 연주한다. 황제의 신하 북문성北門成은 황제의 연주가 세 번 반복되는 동안 느꼈던 감정을 황제에게 털어놓는다. 첫 번째 연주를 듣고서는 두려움에 빠졌고, 두 번째 연주를 듣고서는 나른해졌으며, 마지막으로 세 번째 연주를 들었을 때는 어지러워져 마음이 흔들리고 할 말조차 잊어버렸으며 마침내 정신을 차리지 못했다고 말했다. 그러자 황제는 반색하며 아마도 그랬을 것이라고 단언한다. "이 〈함지〉 악곡을 처음으로 듣는 자는 두려움의 감정을 갖게 되니, 두려워지기에 불안감이 생긴다. 다음으로 또 듣는 자는 나른해지기에(장자는 이 역시 어리석음으로 간주했다) 멀리 도망치게 된다. 마지막으로 듣는 자는 어지러워지기에 어리석어진다. 어리석어지기에 도道와 하나가 될 수 있다."[44] 이러한 상황의 변화는 인간을 둘러싼 가식적 인식과 판단이 제거된 있는 그대로의 현실을 보여준다.

어리석음과 지혜의 가치 전복은 이 지점에서 완벽해진다. 어리석음이란 자신을 자기 안에 가둬두는 게 아니라 상황을 있는 그대로 받아들이는 유일한 방식이다. 어리석음은 타고나는 것이 아니라 정신수련의 결과물이다(여기서는 음악을 통해 도에 이르렀고, 후대에 장자에 크게 영향을 받은 선불교 역시 정신적 혼돈을 통한 온갖 정신수련법을 통해 도에 이르려 한다. 이를테면 풀리지 않는 문제나 무아지경에 빠지게 하는 외침이나 충격 등을 이용한다). 그러면 어리석음은 내가 없어진 상태, 지식을 내려놓은 상태, 육신과 정신 안에서 멍해진 온전한 존재를 느낄 수 있게 해준다.

실제로 중국 현대문학이 널리 퍼트린 어리석은 자들의 초상은 이러한 도교 문헌에 상당 부분 빚지고 있다. 멍청이란 세상과 그 세상의 비웃음으로 인해 만들어진, 자신의 본질적 이면을 아는 사람이 쓰고 있는 외피일 뿐이다. 당연한 것이란 없기 때문에 끊임없이 배우는 사람이며, 지식의 오만을 드러내지 않는 사람이다. 흔히 소동파蘇東坡라 불리는 위대한 시인 소식蘇軾(1037~1101)은 "크게 지혜로운 자는 크게 어리석어 보인다"고 했다. 큰 지혜를 가진 사람은 무상함과 겸손함을 알고 결코 자기의 재능을 뽐내지 않으며 어리석음으로 슬기롭게 자신을 감출 줄 안다는 의미다. 그렇지만 조심해야 한다. 어리석음이란 일시적인 것일 뿐, 변하지 않고 그 자리에 머물러 있어서는 안 되기 때문이다.

종교·역사 전문 기자

코랑 데스토

불교는 어리석음을 어떻게 볼까

Bouddhisme la connerie serait-elle ailleurs?

장세바스티앙은 몇 부분만 제외하면 평범한 캐나다 청년이다. 그는 퀘백 출신으로 만화를 잘 그렸고 무엇보다도 '비구'가 되고 싶어 했다. 비구? 비구란 유럽의 라틴어와 같은 인도의 고전어, 산스크리트어로 걸인을 의미한다. 더 넓은 의미로 비구란 불교의 남자 승려를 말하는데 전통적으로 승려들이 탁발을 한 데서 이런 명칭이 유래했다.

그렇게 비구가 되고자 그는 1999년 2월 부모님 집에서 나와 캐나다 몬트리올에 있는 티베트 불교 사원의 문을 두드렸다. 그러나 그곳에서는 승려가 될 수 없었다. 불교에 심취한 친구 조안의 말처럼 사원은 불공을 드리는 곳이고, 승려를 양성하고 자격을 부여하는 곳은 불교 선원이었다. 티베트 승려가 되기 위한 준비를 할 선원을 찾기 위해서는 인도나 네팔로 가야 했다. 아니, 티베트로 가는 게 아니라고? 실망한 그는 이렇게 토로했다. "티베트는 내 머릿속에 하나의 이상향으로 자리 잡고 있었다. 나는 히말라야를 누비며 위대한 영적 스승을 찾아다니는 상상을 하곤 했다."

그렇지만 티베트는 중국이 점령하고 있기 때문에 그곳으로 수련을 하러 가는 것은 어림없는 일이었다.

서양인이 흔히 불교에 기대하는 것

먼저 그의 말을 들어보자. "나는 불교철학에 강하게 이끌렸다. 내게 불교는 심오한 가치를 품고 있는 마음의 학문이었다. 불교는 가톨릭에서 지루하게 되풀이하는 멍청함과는 완전히 달랐다. 죄악이니, 악마니, 지옥이니 하는 말들에는 넌덜머리가 났다. 불교에서 중요한 것은 나 자신과 타인을 존중하는 마음 안에서 고통의 근원을 깨닫고 그것에서 벗어나는 방법을 찾는 것이었다."

장세바스티앙은 분주하고 바쁜 카트만두의 분위기를 실감 나게 묘사한 만화[45]를 그려 자신의 여정을 풀어냈다. 어쨌거나 그는 관광객 자격으로 티베트를 방문했다. 여정에서 그는 몇몇 승려의 어리석음, 타인들의 열망, 그리고 여성이 겪는 멸시에 반발하기도 한다…. 우연히 현자를 마주치기도 했는데, 그가 만난 한 라마승(티베트 승려의 또 다른 명칭이다)은 '종교에 맹목적으로 빠진 사람들은 정도正道를 벗어난 것'이라고 말해 그에게 큰 깨달음을 준다. 그 라마승은 그에게 마실 것으로 건강에 좋지 않은 콜라 한잔을 내어주었는데, 그러지 않았다면 장세바스티앙이 라마승의 이야기를 들어볼 생각이나 했겠는가. 티베트에 머무는 동안 그는 자신이 처음에 가졌던 불교에 대한 생각이 전부 상대적일 수 있다는 것을 깨닫는다.

서양인이 불교를 철학이라고 생각하는 이유는 서양에 불교를 들여온 사람들이 불교의 교훈적 메시지를 토착화했기 때문이다. 요가[46]나 그 외 여러 정신수련 활동도 마찬가지다. 반면 동양에서는 불교를 종교로 여긴다. 따라서 불교 사원이 있고 경쟁관계에 있는 다른 종교가 있으며, 선원이 있고, 으레 반복되는 의식이 있다. 장세바스티앙의 친구 루는 서양인 견습 비구로서 짧게 속내를 털어놓았다. "네가 기독교 수도원에서 겪을 수 있는 모든 일은 여기 불교 선원에서도 겪을 수 있어. 질투, 비방, 증오, 폭력, 성 학대까지."

불교가 마음의 학문이라면 명상이 결합되지 않을 수 없다. 불교는 다른 종교들과 마찬가지로 명상 수행을 한다(특히 힌두교는 명상 수행을 강조한다. 기독교 역시 묵상을 하는데 그도 그럴 것이 'meditation'이라는 단어부터 라틴어에 뿌리를 두고 있다). 불교를 세계적으로 받아들여지게 하고 적응시키려 하는 상당수의 핵심 관계자가 망명 중인 달라이 라마 주변에 포진하고 있었다. 그들 중 일부 의사와 승려는 명상이 기억력을 향상하고 스트레스를 풀어주며 수행 중인 승려가 뇌파를 조절할 수 있게 해준다고 주장했다.

그런데 서양인들의 기대에 부응하기 위해 치료적 가치에 중점을 두다 보니 명상이 대다수 불교 선원의 핵심 가치가 아니라는 사실은 외면당하고 있다. 실상 불교 선원에서는 의례를 행하고 경전을 연구하는 데 열중한다. 그런데 연구자들을 제외한 서양인은 이러한 경전 연구를 몹시 지루해한다. 그만큼 경전 연구는 까다로운 작업이다.

불교라고 문제가 없을 리가

죄악, 악마, 지옥 개념은 가톨릭교의 전유물이 아니다. 불교에도 그에 상응하는 개념이 존재한다. 티베트의 한 사원을 방문한 장세바스티앙은 악마가 한 무리의 가련한 자들을 가마솥에 넣고 끓이는 장면을 묘사한 벽화 앞에서 걸음을 멈춘 적이 있다. 한 티베트 친구는 그런 이미지는 상징적인 것이라고 설명했다. 가마솥은 에고, 분노, 욕망, 질투, 교만과 같이 우리를 고통스럽게 하는 것들을 나타낸다. 다시 말해 그런 이미지들은 교리에 가려져 있는 자명한 이치를 드러내는지도 모른다. 지옥은 스스로가 만들어낸다는 것을.

불교는 타자를 얼마나 존중해왔을까? 종교로서 불교는 이 문제에서 상당히 무절제한 모습을 보여주었고 그에 대한 문헌 고증도 충분히 이루어졌다. 일례로 선불교 승려 브라이언 빅토리아는 『전쟁과 선禪』[47]에서 20세기 초반에 일본의 불교 승려 대다수가 어떻게 일본 국수주의에 가담했는지를 보이며 비판했다. 그들은 아시아에서 수천만의 피해자를 양산한 파시즘을 옹호하기 위해 승려라는 신분을 이용했다. 서양에 비폭력 선禪 사상을 전파한 스즈키 다이세쓰鈴木大拙가 특히 눈에 띈다. 그는 일본 제국군에 저항하는 사람들에 대한 살해를 옹호하며 이런 궤변을 늘어놓았다. "천황은 석가를 통해 움직인다. 천황의 군대에 대항하는 것은 곧 석가에 대항하는 것이다. 그러므로 천황에게 맞서는 자들을 죽이는 것은 오히려 그들을 도와주는 거다." 실제로 불교에서는 과오를 저지르는 시간이 길어질수록, 그의 다음 윤회가 더 고통스러워진다고 말한다.

불교 승려들의 부적절한 언동을 기록한다면 백과사전 한 권을 만들고도 남을 듯하다. 이는 종교의 역사에서 흔히 볼 수 있는 일이다. 가톨릭교는 (지옥의 죄인을 구한다는 구실로 고문을 자행한) 종교재판이나 십자군 전쟁이라는 오점을 남기지 않았는가. 권력은 지혜를 더럽히고 그 지혜는 이내 공포의 외피를 쓰고 나타난다. 불교가 그들만의 십자군 전쟁을 치른 것만 봐도 그렇다. 4세기에서 14세기에 일본에서는 일련의 기묘한 사건들이 벌어졌다. 천태종 내에서 경쟁관계에 있던 사원들이 주기적으로 전면전을 벌였기 때문이다. 전쟁에서 승리한 편은 석가가 주는 평화의 메시지라며 패배한 편의 사원을 불태워버렸다. 오늘날 로힝야 무슬림 소수민족에 대해 증오가 가득한 인종차별적 발언을 쏟아내는 미얀마 국수주의 승려 아신 위라투를 보면 불교의 이미지를 훼손하는 예전의 그 불길이 여전히 활활 타오르고 있음을 보게 된다. 물론 그것은 진정한 불교가 아니니 논외로 해두고…. 자, 그럼 진정한 불교를 찾아 그 기원이 된 아시아로 떠나보자.

열반에 이르는 의외로 다양한 방법

석가는 2,500여 년 전, 현재는 네팔 지방에 있는 옛 인도 문명 지역에서 출생했다. 힌두교와 불교를 파생시킨 베다 전통에 따르면 중생은 생사 세계를 멈추지 않는 윤회의 고통을 겪는다. 현세에서 선업을 쌓으면 내세에는 더 존귀한 신분으로 태어나고 현세에서 악업을 쌓으면 내세에는 사회적으로는 더 비천한 신분으로, 생물학적으로는 짐승으로 태어난다고 한다. 윤회의 서열 맨 꼭대기에는 상위 카스트 사람들이 있다. 그 아래로는 전생에서 쌓은 선업에 따라 무엇으로 다시 태어나는지가 결정된다. 예컨대 여자로 환생한다면 전생에 쌓은 악업의 대가를 치르는 것이다. 개로 환생했다면? 전생에 범죄자였을지도 모를 일이다….

석가의 인생은 더할 나위 없이 아름답게 시작되었다(부유한 귀족 집 안에서 태어났으며, 아버지는 세상의 모든 추한 것을 석가에게 보여주지 않으려 애썼다). 스물아홉이 되던 해, 그는 이 세상이 늙고 병들고 죽는 고통이 영원히 되풀이되는 악몽이라는 것을 깨닫는다. 그 고리를 어떻게 끊어 낼 수 있을 것인가? 그는 현세적인 쾌락에 탐닉하며 허상의 길을 충분 히 즐겼지만 그에 만족하지 못하고 이번에는 고행의 길을 탐색한다. 즉 허상의 이면에 숨겨진 실재에 접근하기 위해 명상과 단식을 하며 수행 의 길을 택한다. 고행으로 기력이 쇠해 죽을 뻔한 위기도 있었지만, 한 여인이 공양한 우유죽을 먹고 마침내 자신의 과오를 깨닫는다. 그는 단 식으로 죽는 것을 포기하면서 제자들을 잃고 여자와 위험한 관계를 맺 으며 이제껏 쌓아온 그의 모든 노력을 헛수고로 만들기도 한다.

마왕 마라에게 명상을 방해받은 후(공교롭게도 예수의 생애와 무척 유 사하다) 그는 금욕과 쾌락 사이에 위치한 중도의 길을 규정하며 명료해 진 내면의 투쟁을 하기로 결심한다. 이 테마는 불교 도상에 자주 등장하 는데, 땅을 승리의 증인으로 삼은 석가가 연꽃 위에 앉아 손가락을 아래 쪽으로 향하고 있는 모습은 바로 이 순간을 묘사한 것이다. 일부 경전에 서는 석가가 마침내 열반(이는 낙원이 아니라, 번뇌가 소멸된 상태를 말한다) 에 이른 것에 감탄하는 여러 신에게 둘러싸인 모습으로 그려진다. 불교 에 어떻게 신들이 존재할까? 그럴 수 있다. 서양에서는 불교를 신들이 존재하지 않는 하나의 철학으로 생각하지만 불교가 발원한 지역에서는 그렇게 여기지 않기 때문이다. 아시아 전역의 불교 사원에 있는 탱화를 보면 천상의 존재들로 가득 차 있다.[48] 그림 속의 힌두교 신들은 다양한 방식으로 석가나 그의 사자에게 복종하는 모습을 보여준다(물론 상징적이지만 심지어 강간당하는 모습도 포함되어 있다). 또한 나한이나 보살처럼 깨달음에 도달한 현자들도 엄밀히 보면 불교의 수없이 많은 신격을 이룬다.

마지막으로 티베트의 뵌교, 중국의 신앙, 일본의 신도와 같이 불교를 받아들인 나라 고유의 종교와 신들이 있다…. 현기증이 날 정도로 수많은 신이 온 천지에 존재한다.

원시불교는 인도에서 유래했기 때문에 서양의 사상과는 다르며 심지어 중국 사상과도 차이가 있다. 중국도 불교를 받아들이기는 했지만 그 과정이 순조롭지만은 않았다. 1세기 초반에 중국에 들어온 불교는 만만치 않은 장애물에 맞닥뜨렸다. 인도 사상('힘겹게 쌓은 선업을 통해 해탈하기 전까지는 끝없이 계속되는 윤회의 고리에서 벗어날 수 없다')의 맥락에서만 납득되는 불교 교리를 중국 사상('죽으면 저승에 가서 조상들을 만난다')에 맞게 토착화하는 것이 관건이었다. 몇백 년이 흐른 뒤에야 두 사상이 융화될 수 있었는데 이 과정에서 두 가지 경향이 점진적으로 발전했다. 평생 동안 끊임없이 선업을 쌓아야 삶의 마지막에 해탈의 경지에 이를 수 있다는 인도 불교 사상을 옹호한 돈오점수(점법)와 살아 있는 동안에도 해탈의 경지에 이를 수 있다고 주장하며 중국인을 포섭한 돈오돈수(돈법)다. 돈오점수는 동남아시아(라오스, 캄보디아, 미얀마, 태국)의 남방불교(상좌부불교) 수행법이고 돈오돈수는 극동아시아(중국, 한국, 일본, 베트남)의 북방불교(대승불교) 수행법이다. 대승의 어원은 큰 수레로, 더 많은 사람을 구제해 태우는 큰 수레라는 의미다. 대승불교의 한 갈래인 금강승불교는 티베트와 몽골의 불교로 금강승이란 금강의 수레다. 밀교密教라고도 불리는 금강승불교는 전문적 이론과 승려를 중심으로 한 교파다. 대승불교에는 구제에 이르는 수행법을 더 단순화한 여러 교파가 존재한다. 선불교에서는 문자에서 벗어나 곧바로 인간의 마음을 꿰뚫어서 본성을 보아야 진리를 깨달을 수 있다고 주장한다. 일본 정토종에서는 죽음의 순간에 염불을 하면 극락왕생을 할 수 있다고 말한다. 혹시 또 모르니 여러분에게 그 염불을 알려드리겠다. '나무아미타불.'

미국의 일부 종교사회학자와 의견을 같이하는 프랑스 인류학자 마리옹 다프상스는 20세기에 일종의 제3의 물결, 신新불교가 나타났다고 설명한다.[49] 신불교는 교리를 단순화하고 불교를 세계화하기 위한 일종의 불교 운동으로, 불교도들의 이상을 선택적으로 재해석하며 서양에서 시작되었고 전 세계에 불교를 전파시킨다는 목표를 지향한다. 기존의 불교 신자는 이러한 주장이 자신들을 어리석다고 비난한다며 몹시 불쾌해했다. 그러나 나쁘게만 볼 필요는 없다. 우리는 종교가 전파되고 변화하는 융합의 시대에 들어섰다. 진정한 불교는 진정한 이슬람교, 진정한 기독교처럼 마음의 성찰로 대변된다. 상좌부불교는 대승불교를 품고 있고, 대승불교는 신불교를 품고 있다. 새로운 신자들을 포섭하기 위해 한 종교가 변모해가는 과정인 것이다.

원효대사가 전하는 교훈

여기까지가 장세바스티앙이 탐구 끝에 마침내 이해하게 된 바다. 즉, 불교가 본래 완벽한 길이라고 믿는 것 자체가 어리석을 수 있다는 것이다. 어떤 종교든 그것은 다양한 형식의 지침서가 될 수 있다. 각자는 그 안에서 자신이 필요한 것을 취하면 된다. 종교에는 논리가 없다는 비판에 대해서도 생각해보건대, 종교는 오히려 직관이나 상식에 반할수록 더 큰 설득력을 갖는다. 기독교 성인 테르툴리아누스는 자신이 신봉하는 기독교에 관한 글을 쓸 때 이미 그 사실을 깨달았다(당시는 서기 200년경으로 로마 제국에서 기독교도에 대한 인식이 몹시 좋지 않았다). 그는 하느님의 아들임에도 치욕적인 죽음을 맞아야만 했던 예수라는 죄인에 대해 언급하며 이렇게 썼다. "나는 그것이 터무니없기 때문에 믿는다." 테르툴리아누스는 그토록 터무니없는 일은 누구도 상상할 수 없으므로 마땅히 확실하다고 생각했다. 그렇다면 불교의 비논리나 경전을 빼곡히 채운 수많은 비이성적 문구를 조롱할 이유가 없지 않은가? 그것은 오히려 불교가 전하는 평화의 메시지를 더욱 돋보이게 할 뿐이다.

　이것이 바로 장세바스티앙이 실패에서 얻은 교훈이다. 그는 승려가 되지는 못했지만 세속에서 불자의 이상을 추구하고 있다. 원효대사의 설화처럼 말이다. 원효대사는 폭우를 피하기 위해 동굴 안으로 피신했다. 캄캄한 동굴 안에서 목이 말랐던 그는 손을 더듬어 물이 담긴 그릇을 찾아 목을 축였다. 해가 떠오르고 동굴이 환해지자 그는 자신이 동굴이 아닌 무덤에 있음을, 물이 담긴 그릇은 해골이었음을 깨닫는다. 허상에서 깨어난 그는 이렇게 말하며 결국 파계를 택한다. "중요한 것은 보는 것이 아니다. 중요한 것은 마음이다. 모든 것은 오직 마음이 지어내는 것이기 때문이다."

수코타이,
옛 왕조의 영광을 찾아

드문드문 흩어진 유적, 잔디밭, 호수. 태국의 가을은 무더웠다. 그날 저녁에 있을 빛과 소리의 축제를 보기 위해 많은 사람이 모여들었다. 축제는 몇백 년의 세월을 견딘 사원 외벽에 빔 프로젝터를 이용해 다채로운 빛을 투사하는 대형 공연으로, 해설자는 스피커를 통해 수코타이 왕국의 역사를 설명해주었다. 13세기 수코타이 왕국은 불교의 번성과 함께 강성했던 도시였다. 그런데 왕국의 엘리트들이 불교를 현세에 실재하는 것으로 만들고자 결심하면서 모든 것이 어그러지기 시작했다. 그들은 군대를 포기했고 모두에게 승려가 되라고 독려했다. 모든 사람이 모든 것을 공유했고 누구도 무장하지 않았다. 그리고 왕국의 역사는 교훈을 남기며 막을 내렸다. 이웃 왕국이 수코타이 왕국의 무력함을 알아채는 데 그리 오랜 시간이 걸리지 않았기 때문이다. 불교의 유토피아는 이내 폭력으로 얼룩졌다. 태국의 옛 수도에 남은 사원들만이 고고하게 학살과 약탈의 증거를 보여줄 뿐이다.

불교를 현세에 구현하고자 우직하게 노력했던 수코타이 왕국의 역사는 태국의 한 정치체제가 기꺼이 그 국민과 관광객에게 전하는 일종의 우화이다. 실제로는 여기저기에서 피가 낭자했겠지만 말이다. 뒤늦은 설화에 따르면, 패자는 담담히 자신에게 닥친 죽음을 받아들였고 그로 인해 전쟁의 진정한 승리자가 되었다. 왕국 사람들은 패배와 죽음을 석가에 대한 믿음의 가혹한 결과로 받아들였는데 예전의 불교에서는 이것을 내세에서의 승리로 여겼기 때문이다. 과도한 경쟁에 취한 실용적이고 현대적인 서양인들에게 이 짤막한 이야기는 그저 기이하게만 들릴지도 모를 일이다.

종교사학자 **비르지니 라루스**

그리고 신은
멍청이를 창조했다

Religions du livre et connerie : « et Dieu créa le con »

기독교, 유대교, 이슬람교로 대표되는 아브라함 계통 종교의 경전은 아주 오래전 우리에게 이렇게 말했다. 하느님께서는 엿새 동안 인간에게 줄 세상을 창조하고 정리하는 데 전념하셨다. 그분께서는 하늘, 땅, 날짐승, 들짐승, 물고기, '땅바닥을 기어 다니는 온갖 것'을 종류대로 만드셨다. 그리고 엿샛날 "이렇게 당신의 모습으로 사람을 창조하셨다. 하느님의 모습으로 사람을 창조하시되 남자와 여자로 그들을 창조하셨다"(「창세기」 1장 27절). 그렇게 하느님께서 보시니 손수 만드신 것이 '참 좋았다'. 그분께서는 하시던 일을 모두 마치시고 이렛날에 쉬셨다.

인류 최초의 멍청이 아담과 이브

너희에게 커다란 불행이 닥치리라! 하느님께서는 아담('흙으로 지어진 자')과 이브('생명을 주는 자')에게 에덴 '동산 한가운데에 있는 나무 열매'만은 먹지 말라고 명령하셨다. 그러나 그분께서는 당신의 두 피조물이 당신의 말을 거역했음을 재빨리 알아차리셨다. 성서에 따르면 죄악을 저지르도록 아담을 부추긴 것은 이브였다. 조금 덜 어리석은(혹은 훨썬 어리석은) 아담은 그저 이브가 하자는 대로 했을 뿐이었다. 그런데 이슬람교는 우리 생각과 달리 여성에게 그다지 가혹하지 않은 것 같다. 『쿠란』에는 남자와 여자가 똑같이 죄를 지었다고 쓰여 있기 때문이다. 어쨌거나 이러한 태초의 어리석음 때문에 하느님께서는 본래 인간에게 베풀었던 은혜를 거둬버리셨다. 그렇게 에덴동산에서 쫓겨난 아담과 이브는 더 이상 '영원한' 삶을 살 수 없는 형벌을 받게 되었다. 유유자적하게 지내던 아담은 "그가 생겨 나온 흙을 일구기 위해" 노동을 해야 했고 이브는 "괴로움 속에서" 자식들을 낳아야 했다(「창세기」 3장).

조금 더 보태자면 이브는 아담과 잠자리를 같이하고 세 명의 아이를 낳았다. 그런데 그들의 자손이 귀감이 될 만큼 뛰어나지 않았다는 것은 놀라운 일이 아닐 수 없다. 그 세 자녀 중에서는 카인이 가장 어리석었다. 고작 질투심 때문에 동생 아벨을 죽이는 천인공노할 죄를 저질렀기 때문이다(「창세기」 4장 8절). 어쨌거나 이후 서서히 "땅 위에 사람들이 늘어나기 시작했다"(「창세기」 6장 1절). 하느님께서는 오래지 않아 "사람들의 악이 세상에 많아지고 그들 마음의 모든 생각과 뜻이 언제나 악하기만 한 것"(「창세기」 6장 5절)을 깨달으셨다. 그래서 하느님은 그런 골칫거리들을 가차 없이 없애버리자고 결심하시고 아주 많은 물을 인간에게 보내시어 대홍수를 일으키셨다. 이 대홍수에서 오직 노아와 그의 가족, 그리고 모든 동물의 암수 한 쌍씩만이 살아남았다. 하느님의 이러한 응징은 처음에는 성공한 듯 보였다. 멍청한 남자와 멍청한 여자가 지상에서 사라졌으니 말이다. 그러나 유감스럽게도 그러한 대청소가 한계를 드러내는 데는 오랜 시간이 걸리지 않았다. 자연은 이내 제 모습을 되찾았고 멍청한 남자와 바보 같은 여자의 수는 자연발생적으로 무섭게 늘어나기 시작했다.

멍청이가 될 자유

그러니 이 지점에서 한 가지 의문이 떠오르는 건 당연하다. 하느님이 정말로 '당신의 모습'을 본떠 인간을 만드셨다면 어떻게 그토록 엉성한 결과물이 나올 수 있었을까? 하느님께서 전지전능하시다면 왜 흠결 없는 인간 원형을 창조하는 일도, '타락'의 시원이 된 아담과 이브의 잘못을 예견하는 일도 실패하셨을까? 하느님의 창조물에 어떻게 결함이 발생할 수 있었을까? 이것이 바로 세상의 불완전함이 신의 부존재를 증명한다고 주장하는 무신론자들이 대표적으로 내세우는 논거다. 그렇지만 「이사야서」(45장 7절)에서 하느님은 말씀하셨다. "나는 빛을 만드는 이요 어둠을 창조하는 이다. 나는 행복을 주는 이요 불행을 일으키는 이다. 나 주님이 이 모든 것을 이룬다."

그렇다면 신 역시 완벽하지 않다는 말일까? 성경뿐만 아니라 『쿠란』에도 상세히 기술된 욥의 일화를 보면 그렇다고 대답할 수 있을지 모른다. 욥은 흠 없고 올곧은 자로 하느님께서도 그를 인정하셨다. 그런 욥에게 어느 날 느닷없이 불행이 닥쳐오고 그는 재산과 건강과 자녀까지 모두 잃게 된다…! 하느님께서 사탄으로 하여금 그의 모든 것을 빼앗아가도록 허락하셨기 때문이었다. 욥이 자신에게 벌어진 불행이 부당하다고 느끼고 있을 때, 하느님께서는 그가 이해하지 못할 말을 그에게 넌지시 건네셨다(「욥기」 38장 4절). 사도 바오로가 말한 것처럼, "하느님의 길은 얼마나 알아내기 어려운 것인가"(「로마서」 11장 33절).

성서 해석가와 신학자는 이러한 대답에 당연히 실망감을 감추지 못할 것이다. 실제로 하느님의 계획에 죄악이 존재하지 않는다면, 이 세상에 하느님이 왜 존재하시는가에 대한 질문은 미궁 속에 빠질 수밖에 없다. 유대인의 구전율법 모음집 『탈무드』의 랍비들은 마뜩찮은 듯이 이렇게 말하기도 했다. "어쩌면 의인은 그렇게 의롭지 않고, 악인은 그렇게 악하지 않을 수 있다는 말인가?" 한편 어떤 이들은 죄악은 신께서 인간들을 자유롭게 하시려고 세상에 개입하지 않는 그곳에 존재한다고 말하기도 한다. 결국 멍청이가 되는 것도 인간의 자유라는 것이다. 그런데 신께서 인간을 처절하게 벌하실 때(「창세기」 18장 20~21절, 『쿠란』 11장 82절, 15장 74절 '소돔과 고모라의 멸망')는 성서에서 '죄인'으로 규정하는 사람들에게 상당히 관대한 모습을 보이신다.

신과 직결되는 유일신 종교들이 그러한 죄인들에 대해 엄격하지 않은 것은 아니지만, 자애로운 통찰력을 통해 오히려 온건한 모습을 드러내곤 한다. 『탈무드』에는 인간의 마음에 두 가지 경향이 있는 기술이 있다. 하나는 '선에 대한 경향yétser hatov'이요, 다른 하나는 '악에 대한 경향yétser harâ'이다. 사도 바오로는 인간의 이러한 경향에 대해 "죄는 내 안에 자리 잡고 있습니다. … 선을 바라면서도 하지 못하고, 악을 바라지 않으면서도 그것을 하고 맙니다"(「로마서」 7장 17~19절)라고 덧붙였다. 또 『쿠란』에서는 인간의 영혼은 본래 "끊임없이 죄악을 부추긴다"(12장 53절)고 강조했다.

그렇다고 인간이 악인으로 남아 있어야 한다는 말을 하려는 것은 아니다. 실제로 모든 종교적 강론은 인간에게 계명(십계명), 윤리, 지켜야 할 길(샤리아)을 제시하면서 인간을 지독한 어리석음과 야만성에서 벗어나게 하려고 하지 않는가. 종교적 규율, 학습, 수련을 통해 죄인은 자신을 연마하며 정신적으로 고양될 수 있다. '교회는 죄를 미워하지 죄인을 미워하지 않는다'는 격언은 기독교가 죄인의 처벌보다 구원이나 속죄에 더 큰 관심이 있다는 것을 보여준다. 「에제키엘서」 18장의 한 구절은 이 말에 더욱 힘을 실어준다. "내가 정말 기뻐하는 것이 악인의 죽음이겠느냐? 주 하느님이 말이다. 악인이 자기가 걸어온 길을 버리고 돌아서서 사는 것이 아니겠느냐?"

멍청이들마저 사랑하라

인간은 그저 살아 있는 것에 그치지 않고 존경받고 사랑받아야 한다. 그 점에서 성경은 이웃을 사랑해야 한다는 메시지를 분명하게 드러내고 있다. 우리 가까이에 있는 사람들, 존재만으로도 우리를 짜증나게 하는 사람들을 사랑하라는 것이다. 그 이웃이 상냥함이라고는 찾아볼수 없는 사람일 때 특히 더 사랑해야 한다. 여하튼 『구약성경』에서는 네 이웃을 '너 자신처럼' 사랑하라고 강조한다(「레위기」19장 18절). 또 탈무드에서 가장 존경받는 랍비 아키바는 "네 이웃을 네 몸 사랑하듯 사랑하라. 이 계명은 토라˚의 토대가 되는 원칙이다"라고 말한다.

예수가 유대인이었다는 사실을 떠올려보면 그러한 원칙을 온전히 체화했다는 게 새삼스러울 것도 없다. 나사렛 사람 예수는 가까이에 있는 이웃뿐만 아니라 미워해야 마땅한 멍청이들, 즉 원수까지 사랑해야 한다고 말했다. "사실 너희가 자기를 사랑하는 이들만 사랑한다면 무슨 상을 받겠느냐?"(「마태복음」5장 46절). 예수는 사람들에게 그때까지 눌려 있던 감정들을 숨김없이 드러내놓고 표현하라고 독려했고 그로 인해 공동체가 변화하기를 바라며 말했다. "너희 아버지께서 자비하신 것처럼 너희

˚ 유대교에서 '율법'을 이르는 말. 『구약성경』에 나오는 용어다.

도 자비로운 사람이 되어라. 남을 심판하지 마라. 그러면 너희도 심판받지 않을 것이다. 남을 단죄하지 마라. 그러면 너희도 단죄받지 않을 것이다. 용서해라. 그러면 너희도 용서받을 것이다. 주어라. 그러면 너희도 받을 것이다(「누가복음」 6장 36~38절)."

실제로 유일신 종교들은 우리가 흔히 황금률이라 부르는, 명시적으로 표현된 이러한 보편적 도덕 원칙을 누가 먼저랄 것도 없이 계승했다. 바로 '남이 너희에게 해주기를 바라는 그대로 너희도 남에게 해주어라'라는 원칙이다. 이 격언은 이슬람교 무함마드의 『하디스』(언행록)에도 등장한다. "아나스Anas **에 따르면 무함마드는 '너희가 너희 자신을 위해 갈망하는 것을 너희 이웃을 위해 갈망하지 않는다면 너희들 중 그 누구도 진정한 믿음을 가지지 않은 것'이라고 말했다." 반드시 마음에 새겨야 하는 격언이지만 실천으로 옮기기는 결코 쉽지 않을 듯하다.

믿음이 어리석음으로 변할 때

역사가 증명하건대 종교가 항상 이웃을 사랑했던 것은 아니다. 관용과 사랑이라는 신성불가침의 원칙은 때때로 배척과 폭력으로 얼룩지기도 했다. 예수는 "너는 어찌하여 형제의 눈 속에 있는 티는 보면서, 네 눈 속에 있는 들보는 깨닫지 못하느냐?"(「누가복음」 6장 41절)라며 노여워했다. 종교계가 새겨들어 마땅한 지적이 아니겠는가. 사실상 종교적 교리를 신봉하는 것은 믿음의 영역이라서, 현재로서 신의 존재가 과학적으

** 714~795. 메디나 법학파의 창시자.

로 증명될 수 없는 만큼 이러한 믿음은 종종 확신으로, 또 그것을 설파하는 사람에게는 절대적 진리로 둔갑하기도 한다.

이런 종교의 거짓된 우월성은 예외 없이 오랜 세월에 걸쳐 엄청난 폐해를 불러왔다. 어떤 종교들은 자기 눈에 어리석어 보이는 사람들, 즉 자신과 믿음을 공유하지 않는 '과오'를 저지르는 사람들을 이교도 취급하며 끈질기게 박해했다. 그들은 때때로 이교도들에게 앙갚음을 하는 것도 잊지 않았다. 종교적 믿음은 사실상 증명할 수 없는 사상이기 때문에 한 사람을 바보로 만드는 것은 식은 죽 먹기였다. 3세기에 키프리아누스Caecilius Cyprianus 주교는 "교회 바깥에 구원은 없다"고 못 박았다. 중세와 근대의 기독교는 이교도 박해에 있어 타의 추종을 불허했다. 성지의 이교도를 상대로 싸운 십자군 전쟁(11~13세기), 종교재판을 통한 카타리파* 박해, 신교도를 겨냥한 16세기의 종교전쟁, 그리고 가장 잔혹했던 박해로 꼽히는 1572년 성 바르톨로메오 축일 대학살**까지 박해의 증거는 차고 넘친다. 유일신 종교들 중에 비교적 역사가 짧은 이슬람교 역시 빠지면 섭섭하다. 매우 반계몽주의적인 사우디아라비아에서 시작되어 와하브 운동으로 변질된 이슬람교가 오늘날 겪고 있는 혼란은 이를 하루가 멀다 하고 증명해주고 있지 않은가(작금에 일어난 수많은 사건들 중, 파키스탄에서 기독교 신앙을 고백했다가 사형선고를 받은 아시아 비비를 보라. 그의 지지자 여럿은 살해당하기까지 했다).

이번에는 마찬가지로 큰 폐해를 불러왔지만 훨씬 더 은밀하고 치밀하게 자행되는 여성혐오에 대해 이야기해보고자 한다. 아브라함 종교

---

* 비잔틴 제국에서 박해를 받아 유럽으로 이주한 기독교의 분파.
** 8월 24일 성 바르톨로메오 축일부터 10월까지 프랑스에서 로마 가톨릭 교회 추종자들이 개신교 신도들을 대규모로 학살한 사건.

들이 확산시킨 여성혐오는 여전히 뻔뻔하게 지속되고 있다. 기독교 유럽(중세와 르네상스)의 '마녀'사냥, 일부 이슬람 국가에서 개인성을 말살하는 부르카나 니캅 착용 강요, 여성에 대한 사제직 불허, 단순한 여성의 신체 자유 구속까지, 세 유일신 종교에서 가부장의 찌꺼기를 걷어내는 길은 여전히 요원해 보인다. 심지어 무오류***를 주장하는 교황들조차 때때로 한계를 드러내는 입장을 표명한다. 1968년 교황 바오로 6세가 「인간생명Humanae Vitae」 회칙을 통해 모든 형태의 인공적 산아제한을 '본질적으로 파렴치한 행위'라고 선언한 것만 봐도 그렇다. 게다가 교황청은 여전히 이런 입장을 고수하고 있다. 또 언제나 기민하게 미풍양속을 수호하는 교황청이, 교회에서 벌어진 소아성애 범죄에 대해서는 손

*** 전 세계 로마 가톨릭 교회의 수장인 교황이 신앙 및 도덕에 관해 내린 정식 결정은 하느님의 특별한 은총으로 말미암아 오류가 있을 수 없다고 하는 주장.

바닥으로 하늘을 가리는 식으로 대처해오지 않았던가. 유대교는 또 어떤가. 신자들이 매일 아침 읊조리는 기도를 들어보면 그들이 '열등한 성'에 대해 어떤 생각을 가지고 있는지 분명하게 알 수 있다.

"오 주님, 여자로 태어나지 않게 해주심에 감사드리옵나이다…."

모두가 천국에 갈 수는 없다

이쯤 되면 신앙이 어리석음을 피해 가는 지름길이 아님을 깨닫게 된다. 그럼에도 위로가 되는 건 멍청이들이 언젠가는 후회하게 된다는 것이다. 덕망이 높은 사람이든 부도덕한 사람이든 모든 인간은 내세에서 자신이 행한 일에 대한 대가를 치른다. 어떤 이들은 구원받고 또 어떤 이들은 영원한 형벌을 받는다. 유대인이 '주님의 날'이라 부르는 최후의 심판에 이르러 각자에게 운명의 판결이 내려질 것이다. 예언서에 따르면 그날은 "환난과 고난의 날이며 파멸과 파괴의 날"(「스바니야」 1장 15절)로 이스라엘의 적이자 하느님의 적을 파멸시킴으로써 마무리된다. 그리하여 유대 백성은 결국 자유를 찾게 될 것이다. 바오로는 최후의 심판을 "하느님의 의로운 재판이 이루어지는 진노와 계시의 날"(「로마서」 2장 5절)이라고 표현했다. 이슬람교에서는 그 심판의 날이 무려 5만 년 동안 지속될 수 있다(『쿠란』 70장 4절)고 했다.

하느님이 내린 판결은 돌이킬 수가 없다. 의인과 악인은 분리되어 의인은 구원을, 악인은 형벌을 받는다. 유대교 선지자들은 "시온에서 슬퍼하는 이"(「이사야서」 61장 3절)와 "신을 두려워하는 이"(「말라기서」 3장 2~3절), 즉 모세의 율법에 맞게 행동한 이들이 구원받을 것이라고 분명하게 말했다. 그러나 유대인이 아닌 사람들에 대한 구원의 문제는 유대교 성서 해석가들 사이에서 의견이 분분했고 많은 이들이 '모든 민족 중에서 정의로운 사람들'은 구원받을 수 있다는 현명한 판단을 내렸다. 하느님의 구원은 오직 행위로만 이루어질 수 있다는 이 견해에서 특히 구원의 핵심은 신에게 보여준 것이든 아니든 인간이 행한 자비다(「마태복음」 25장 31~46절).

이렇게 행위가 큰 비중을 차지한다고 해도, 이슬람교에서는 믿음이 행위보다 구원에 더 결정적인 역할을 한다. 즉 이슬람교 신자인 무슬림만이 구원을 받을 수 있다는 말이다. 게다가 『쿠란』(4장 159절)에 따르면 무슬림이 된 예수는 자신을 신처럼 숭배하는 기독교도를 나무라고 유대교도를 비난한다. 유대교에서는 최후의 심판 때 어리석음에서 벗어난 정의로운 자들이 다가올 내세, 즉 에덴동산과 같은 낙원 '올람 하바Olam haba'에 들어가게 된다고 믿는다. 신이 있어 환하게 빛나는 이 낙원에는 우유, 포도주, 유향, 꿀이 흐르는 네 개의 강이 있고 매혹적인 목소리로 노래하는 천사가 가득하며 향기로운 냄새를 내뿜는 나무가 별처럼 온 천지에 뒤덮여 있다. 이슬람교에서도 무슬림의 낙원(잔나)을 "한없는 행복을 누리는"(『쿠란』 9장 72절) 곳으로 묘사했다. 그에 비해 상세한 묘사가 존재하지 않는, 예수가 약속한 기독교의 천국은 물질적인 세계가 아니라 의인들이 하느님과 얼굴을 마주하고 완벽한 행복을 맛보는 영적인 상태를 가리킨다(「고린도전서」 13장 12절).

한편 자신의 행동을 반성하지 않고 악의 구렁텅이에서 너무 늦게 빠져나온 어리석은 자에게는 가혹한 운명이 기다리고 있다. 그들은 지옥에 떨어지게 되는데 유대교에서는 이 지옥을 게헨나로, 이슬람교에서는 자한남이라고 부른다. 게헨나라는 명칭은 이스라엘 남쪽에 있는 '힌놈의 계곡(게힌놈)'에서 유래한 것으로 고대에 이교도가 어린아이를 인신공양하던 곳이라 전해진다. 지옥의 존재에 관해 유대교는 한 목소리를 내고 있지 않은 반면(일부 유대교 성서학자들은 '내세에는 게헨나가 없다'고 말한다), 이슬람교는 죄인들이 지옥불에 떨어져 죽을 것이라고 단언한다. 심지어 「요한묵시록」(20장 14~15절)을 살펴보면 이 지옥불은 영원히 꺼지지 않고 타오른다.

이제 모든 인간의 운명이 내세에서 결정된다. 어떤 사람은 영원한 행복을 맛볼 것이고, 어떤 이는 끝나지 않는 고통을 겪을 것이다. 『쿠란』에서는 말한다. "하늘과 땅이 지속되는 한, 그들은 거기에 있을 것이다." 그것이 바로 멍청이의 업보, 카르마다. 낙원의 문은 그들에게 굳게 닫혀 있다. 그곳에서 부디 행복하기를.[50]

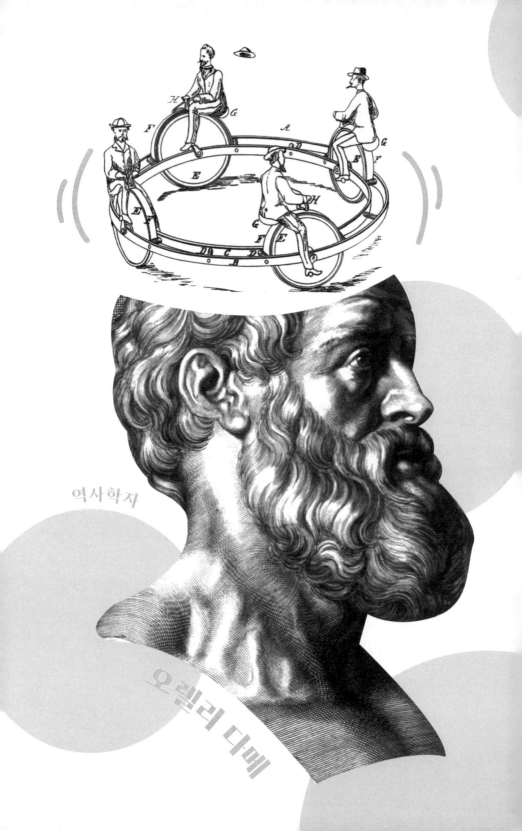

역사학자

오렐리 다메

고대 그리스의 멍청이

LA CONNERIE
CHEZ LES GRECS

프로메테우스는 그리스어로 '메티스', 즉 지략을 구사하는 티탄족의 일원으로 널리 알려져 있다.[51] 그런데 동생 에피메테우스('뒤늦게 깨우치는 자')는 모든 일을 엉망으로 만들어버리기 일쑤였다. 고대 그리스 예술과 헤시오도스의 고전 서사시만 봐도 멍청이는 예전부터 자기 할 일을 묵묵히 해왔다는 것을 알 수 있다.

이 형제의 상반된 캐릭터는 시사하는 바가 크다. '먼저 깨우친 자'인 프로메테우스는 제우스에게 도전장을 던지고 지략 싸움을 벌인다. 그리고 제우스에게서 불을 훔쳐 인간에게 전달한다. 이 때문에 프로메테우스는 바위에 묶여 독수리에게 간을 쪼아 먹히는 형벌을 받는다.[52] 격노한 신들은 인간 역시 혼쭐을 내주기로 결심하는데, 이때 어리숙한 에피메테우스를 이용하기로 한다. 먼저 신들은 그에게 최악의 선물을 보내기로 결정한다. 프로메테우스는 아우에게 신들이 주는 어떤 선물도 절대 받지 말라고 미리 경고한다. 그러나 문 앞에 서 있는 판도라의 고혹적 아름다움에 넋이 나간 에피메테우스는 그를 집안에 들이고 만다. 바로 그때부터 인간의 운명은 봉인된다. 인간은 탐욕스러운 식욕과 색욕으로 자신을 괴롭히는 아내와 함께 살아갈 수밖에 없는 운명에 처하게 된 것이다…[53]

촌에 사는 얼뜨기

플라톤은 기원전 4세기에 『프로타고라스』에서 멍청한 에피메테우스를 상세하게 묘사했다. 만물이 창조될 때, 신들은 이 형제에게 모든 인간과 짐승에게 여러 가지 능력을 분배하라는 임무를 부여한다. 에피메테우스는 이 임무를 혼자 실행하기로 결심했으나, 플라톤의 완곡한 표현을 빌리자면 그는 '지혜가 부족해서' 짐승들에게 모든 능력을 다 나누어 준 나머지 인간에게 줄 것이 아무것도 남지 않게 되었다. 엄격한 감독관 프로메테우스는 에피메테우스가 저지른 실수를 바로잡기로 결심하고 헤파이스토스에게 몰래 접근해서 불과 지혜를 훔쳐 인간에게 전달했다. 그때부터 인간은 불을 사용한 덕분에 무기를 만들고 음식을 익혀 먹으며 스스로를 보호할 수 있게 되었다. 이 이야기에서 우리는 인류 생성의 원동력뿐만 아니라 인류를 구성하는 두 가지 특성, 즉 어리석음과 지략 사이에 벌어진 최초의 대립을 생생하게 목도한다.

그리스 고전기에 어리석음이란 무능력이나 지적 결핍이었다. 극작가 아리스토파네스는 코믹한 상황을 연출하는 데 이를 빈번하게 활용했다. '어리석음'의 현신 코알레모스Koalemos가 바로 그렇게 등장한다. 아리스토파네스의 작품 「기사들」의 주인공은 이 어리석음의 신에게 술을 따라 바친다. 유별난 행동을 하는 멍청한 인물은 수많은 희극에서 아둔하면서도 무척이나 인간적인 역할을 하며 독특한 위치를 점한다. 바로 아리스토텔레스가 말하는 '아그로이코스agroikos', 즉 무학에 교양 있는 언어를 쓸 줄 모르며 어리숙하고 몰상식한 촌뜨기다.[54]

또한 「구름」(기원전 423)의 주인공 스트렙시아데스는 도시의 부잣집 여인과 결혼한 선량한 촌로로, 웅변술을 배우려고 소크라테스를 찾아간다. 그러나 소크라테스는 그를 크로노스 시대 느낌을 풍기는 고리타분한 멍청이로 취급한다. 소크라테스는 '고릿적'의 노쇠한 얼간이에게 가르침을 줘봤자 아무것도 배우지 못하고 무지와 어리석음과 아둔함만 커질 뿐이라고 생각한다. 그런데 스트렙시아데스는 오히려 소크라테스야말로 바구니 속에 들어앉아 세상을 겉핥기로만 아는 멍청한 인간이라고 말한다. 두 주인공의 대립은 지적인 차원에서뿐만 아니라 공간적인 차원에서도 이루어진다. 풍부한 지식과 세련된 매너, 명민함과 교양을 갖춘 도시 사람 '아스테이오스'가 암염소 가죽을 두른 스트렙시아데스 같은 멍청한 시골 사람과 대립하기 때문이다. 아테네 사람들은 어쩔수 없이 도시 사람과 농촌 사람이 뒤엉켜 사는 경험을 하기도 했다. 펠로폰네소스 전쟁(기원전 431~404) 초반에 페리클레스가 아테네 주변에 장벽을 쌓고 그 안에 아티카의 모든 농촌 주민을 이주시키는 바람에 도시와 농촌 사람들이 뒤섞여 살았기 때문이다.

이렇게 사회학적으로도 중요한 아그로이코스는 아리스토파네스에게만 사랑받은 것이 아니다. 안티파네스, 아낙실라스, 필레몬, 메난드로스과 같은 수많은 희극 작가가 이 상징적인 인물을 작품 속에 배치했다.[55] 아리스토텔레스는 더욱 진지하게 아그로이코스에게는 유머가 없다고 비난했다. 플라톤은 아그로이코스를 교육받지 못한 침울한 바보라고 평가했다. 심지어 『성격론』의 저자인 철학자 테오프라스토스(기원전 371~288)는 책의 한 면 전체를 아그로이코스를 논하는 데 할애하기도 했다. 그의 작품에서 갓 상경한 무식한 아그로이코스는 시끄럽고 냄새를 풍기며 싸구려 포도주의 악취로 민회의 시민에게 불쾌감을 주는 인물로 묘사된다.

쓸데없이 많이 아는 멍청이

『성격론』의 인물 묘사를 들여다보자. 누구에게나 잘 보이려 하는 아첨꾼, 온갖 대화에 끼어드는 떠버리, 재판에서 진 사람을 놀려대는 막돼먹은 놈, 열병으로 아픈 친구의 집에 와서 흥청망청 먹고 마시는 짜증 유발자, 부딪쳐놓고 사과도 없이 가버리는 후레자식, 자신을 제외한 모두를 무시하는 오만방자한 놈에 이르기까지 우리는 거기에서 별의별 멍청이를 다 만나게 된다.

어리석음이란 사실 세련되지 못한 시골 사람들에게만 해당되는 것이 아니다. 지나치게 많이 아는 사람 역시 어리석음을 피해 가지 못한다. 앞에서 본 「구름」에서 허황된 자아도취에 빠져 있는 '궤변학교' 선생 소크라테스는 그와 대립되는 촌로 스트렙시아데스보다 더 얼빠진 모습을 보여준다.[56]

「구름」에서 배우들은 한바탕 진탕 놀며, 무슨 일이든지 아는 체하는 멍청이들에게 망신을 준다. 암브라키아의 에피크라테스(기원전 4세기)의 작품에 등장하는 세 철학자 역시 '아는 게 병'인 인물로 등장한다. 플라톤, 스페우시포스, 메네데모스는 호박의 특성에 대해 장시간 토론을 벌인다. 그곳을 지나던 한 시칠리아 의사가 방귀를 뀌는 바람에 토론이 중단되자, 세 철학자는 이내 방귀의 특성에 대한 토론을 이어나간다.

이렇게 멍청이는 배움의 부족이나 알량한 지식의 과잉 때문에 실수를 저지르고 만다. 그리스 아티카 촌구석에 사는 머릿니가 바글거리는 시골뜨기나 아고라 회랑 아래서 글 깨나 읽는 소피스트나 어리석기는 매한가지다. 게다가 아리스토텔레스는 촌뜨기들은 유머가 없다고 비난하면서도[57] 때와 장소를 안 가리고 농담을 내뱉는 말만 번지르르한 도시 사람 역시 힐난한다. 그리스 · 로마 시대 철학 연구자 뤼시앵 제르파뇽Lucien Jerphagnon[58]에 따르면 플라톤 역시 소크라테스에게 맞선 도시의 거만한 멍청이들을 세상에 알리는 데 열중했다. 엘리스의 히피아스, 음유시인 이온, 수사학의 대가 고르기아스, 라케스 장군… 몇몇 인물만 언급해도 이 정도다. 소크라테스의 기준에 따르면, 대화 상대의 어리석음은 문제의 핵심을 깊이 숙고하지 않은 채 이런저런 예시만을 늘어놓는 완벽한 자기확신에서 비롯한다. 일상의 경험에서 획득해 상대에게 제시하는 다수의 구체적인 사례들은 그들의 자만심을 더욱 공고하게 한다. 당대에 최고 권세를 누린 이들에 대한 플라톤의 이러한 성토는 "멍청이들의 음모"[59]에 현혹되어 스승에게 사형선고를 내린 아테네 사람들에 대한 원망이 얼마나 깊었는지를 보여준다는 점에서 흥미롭지만, 동시에 과두정치를 옹호하는 5세기의 사상에도 엄존했던 비판과 맥이 통한다는 점도 간과할 수 없다. 비판의 핵심은, 그 자체로 천민의 정치체제인 민주주의란 멍청이들에 의한 지배와 다를 바 없다는 것이었다.

바보들의 정치체제 민주주의

이쯤에서 우리는 민주주의에 반대하는 논지를 설파한 「아테네인의 헌법」이라는 과격한 비방문을 떠올려볼 필요가 있다. 5세기 말에 작성된 이 비방문의 작성자는 익명으로 남았으나 19세기 말 이후로는 '노회한 과두정치가'였을 것으로 추정하고 있다. 향수에 젖어 같은 말을 되풀이하는 고리타분한 문체가 두드러지기 때문이다. 여전히 논란이 많기는 하지만,[60] 일부 역사학자는 이 글에서 크리티아스의 흔적이 발견된다고 주장한다.[61] 크리티아스는 과두정치 신봉자로 30인 참주의 우두머리였다. 30인 참주는 펠로폰네소스 전쟁에서 패하고 기원전 404년 4월부터 403년 10월까지 아테네를 공포정치로 다스린 세력자들이다. "가증스러운 아테네 민중의 오만함을 한때나마 잠재운 용맹한 이들을 기억하며"라 새긴 크리티아스의 묘비 문구만 봐도 민주주의에 대한 그의 생각이 얼마나 단호했는지를 짐작할 수 있다. 심지어 이 묘비에는 민주주의 옹호자를 분노케 할 과두정치의 표식이 보란 듯이 장식되어 있다. 민주주의를 통해 군림한 민중의 어리석음에 대해 장탄식을 늘어놓은 「아테네인의 헌법」에는 민주주의에 대한 작성자의 반감이 선명하게 표현되어 있다. "이 세상 어디에서나 가장 훌륭한 사람은 민주주의의 적이 된다. 가장 훌륭한 사람들은 불공정과 방종을 최소한으로 줄이고 최대한의 선을 추구하려고 하는 반면, 민중은 무지, 무질서, 악의를 제멋대로 드러내기 때문이다. 가난은 그들을 비열하게 만든다. 또 어떤 사람들에게 빈곤은 무학과 무지로 드러난다."

그래서 '민중démos'이라는 말은 '하층민ochlos', '천민poneroi'과 혼동되는 지경에 이른다. 민중은 '멍청한 데다 야만적'인 반면 소수의 우월한 사람들은 정직하고 부유하다는 것이다. 자질과 능력을 검증해보지도 않고 투표로 행정관을 임명하는 방식에 드러난 민중의 무지는 민주주의 반대자들에겐 전가의 보도였다.[62] 키니코스학파의 창시자 안티스테네스는 '아무것도 모르는' 자들의 책사를 임명하는 아테네 사람들에게 "투표해서 나귀를 말로 승격시키라"며 빈정거렸다.[63] 그는 또 이렇게 한탄했다. "정말 한심하다. 알곡과 가라지는 분리하고, 전투에서는 쓸모없는 병사를 열외시키건만 공적인 문제에 관해서는 무신론자조차 배제할 수가 없다."[64] 소크라테스는 이렇게 말했다. "콩으로 나라의 법관을 지정하는 것은 미친 짓이다. 그 누구도 콩이 점지한 항해사나 건축가나 피리 연주자를 고용하고 싶어 하지 않을 것이다."[65] 동일 선상에서 소크라테스는 민주주의란 유일하게 항해술에 능한 선장을 무시하고 나머지 승객들이 배를 조종하는 것에 다름 아니라며 한탄했다. 이렇듯 소크라테스는 다수결의 원칙만큼 민중의 무지함에도 비판적이었다. 특히 결정권자인 군중이 표변하는 특성을 드러낼 때 비판을 서슴지 않았는데 군중이 "생각 없이 사형을 집행하고는 곧바로 다시 살려내라고 한다"[66]거나 에클레시아*에서 어리석다고까지는 할 수 없으나 "유치하기 짝이 없는" 회의를 조직한다고 말했다.

변방의 멍청이 보이오티아 사람

자기 도시에서 위세를 떨치는 온갖 종류의 멍청이를 어김없이 비난한

---

* 아테네 시민들의 총회.

아테네인이 이웃의 멍청이들에 대해서도 주저 없이 비난을 일삼았다는 건 별로 놀라운 사실이 아니다.[67] 예를 들어 '메가라**의 술수'란 번뜩이는 재치라고는 찾아볼 수 없는 어리숙한 책략을 일컫는 표현이다.[68] 또 압데라 사람들은 데모스테네스[69]의 연설에서부터 멍청하다는 악평에 시달려야 했고 그 낙인은 이후 몇 세기 동안 지워지지 않았다.[70] 또한 4세기로 거슬러 올라가 서양의 가장 오래된 유머집 『필로겔로스』는 장章 하나를 압데라 사람들과 책만 읽는 백면서생에 할애하고 있다. 이 '지성인들'은 여기서 또 한번 바보 취급을 당한다.

그렇지만 지리적으로 가까운 멍청이로 말할 것 같으면 아테네의 북쪽 이웃인 보이오티아 사람들이 단연 선두였다. 프랑스어에서 '보이오티아 사람 같다'는 표현이 지금까지도 특정한 분야에서 드러나는 지독한 무지함을 뜻하는 것만 봐도, 보이오티아 사람들에게 여전히 어리석음이라는 불명예가 씌여 있음을 알 수 있다. 비록 헤시오도스, 핀다로스, 플루타르코스 같은 걸출한 시인과 작가가 보이오티아 출신이었어도, 그 지방 사람들은 한결같이 거칠고 볼품없으며 무지한 데다 게걸스럽기까지 한 멍청이로 치부되었다. 실제로 로마 시대에 플루타르코스는 이렇게 말했다. "우리 보이오티아 사람은 아테네 사람에게 둔하고 무심하며 멍청하다는 취급을 받는다. 대체로 우리가 너무 많이 먹기 때문일 것이다."[71]

보이오티아 사람들에 대한 폄훼는 그리스 고전기부터 시작되었다. 시인 핀다로스가 그의 섬세한 작품을 통해 "돼지 같은 보이오티아 사람들에게 던져진 그 해묵은 불명예를 부정하고 싶어" 했던 것만 봐도 그

** 아테네 변방의 농촌 마을.

렇다. '돼지 같은 보이오티아 사람들'이란 정말로 위생 상태가 청결하지 못했다는 뜻이 아니라 고대 그리스 시대부터 항간에 떠돌던 틀에 박힌 비유로 어리석음과 식탐을 표현한 것이었다. '암퇘지가 아테나를 나무란다'든가(암퇘지는 보이오티아의 상징이고, 아테나는 아테네의 수호신이다) 교양 없고 우둔한 사람을 일컫는 '보이오티아인' 같은 표현 역시 이에 속한다. 보이오티아 사람들에 대한 평판이 나빠진 것은 그리스와 페르시아가 기원전 490~478년에 벌인 페르시아 전쟁 때문이라는 게 정설이다. 외적에 대항해 싸운 아테네 사람들이 승리의 후광에 빛났던 반면 보이오티아의 중심에 있던 테베 사람들은 페르시아 편에 붙어서 싸우다 그리스 세계의 '자유 수호' 대의를 저버리고 '매국노'가 되는 수모를 당했기 때문이다.

그렇지만 저술가 폴리비오스는 기원전 371년 레우크트라 전투에서 테베가 승리해 그리스 세계의 패권을 장악한 것이 보이오티아 사람들을 바보로 만드는 데 결정적인 역할을 했다고 주장한다. 그들이 그저 먹고 마시는 데만 욕망을 드러내는 멍청이로 전락한 건 바로 이때부터였다는 것이다. 또한 히포크라테스는 『공기, 물, 장소』 중 제24장 「공기」편에서 테베는 토양이 비옥하고 축축해 다습한 지역으로 그곳에 사는 사람들은 배짱이 없고 기질상 섬세함도 통찰력도 없다고 단언했다. 아테네 희극 작가 크라티노스(기원전 519~422) 역시 보이오티아 사람들에 대한 시각이 히포크라테스와 크게 다르지 않다. 그는 이렇게 묘사했다. "이리 와서 보이오티아 돼지들을 좀 보시게. 두꺼운 나막신을 신은 이 반인반수의 돼지를 말이오." 한 세기 후, 희극 작가 알렉시스는 한술 더 떠 이렇게 비난했다. "타고나기를 오로지 밤새도록 떠들며 먹고 마실 줄밖에 모른다." 19세기의 저명한 역사학자들마저 보이오티아 사람에 대한 부정적인 이미지를 계속해서 퍼트렸다. 프랑스 역사학자 귀스타브 글로즈Gustave Glotz는 『그리스 역사Histoire grecque』에 이렇게 썼다. "보이오티아 사람들은 순탄하고 풍요로운 생활에 익숙하며 쾌활하고 충동적이다. 또 그들은 음악과 승마를 즐긴다. 그러나 고여서 썩어가는 물에서 뿜어져 나오는 묵직한 연무는 그들의 지적 예민함을 무디게 만들었다."

자타공인 멍청이 헤라클레스

아테네가 주도한 중상모략의 희생자가 된 보이오티아 출신 중 결국 스스로를 멍청이라고 인정한 헤라클레스는 따로 떼어서 볼 필요가 있다.

테베 출신으로 열두 가지 과업을 이룬 위대한 영웅 헤라클레스는 그리스 고전기 아테네 희극, 특히 아리스토파네스의 『개구리』에서 고전기 이전에 누렸던 그의 위엄을 상실하고 만다. 헤라클레스는 광대로 등장하며 술주정뱅이에 탐욕스럽기 그지없는 멍청한 인물로 묘사된다. 시인 므네시마코스의 작품에서 그는 스스로 멍청이라고 자인한다. "별것 아닐 수 있지만 먹는 것에만큼은 누구에게도 뒤지지 않아. 난 보이오티아 사람이니까." 몇 세기 후, 플루타르코스의 델포이 연설 중 하나에서 아테네의 젊은 학생 테온은 헤라클레스의 청년 시절을 이렇게 평가한다. "진정한 보이오티아 사람으로서 그는 우선 논리를 무시했고 추론을 개의치 않았다."

결국 고대그리스사 학자 피에르 기용Pierre Guillon의 말처럼[72] 헤라클레스를 멍청이로 만든 이유는 희극에서뿐만 아니라 정치적으로 그를 이용하기 위해서였다. 에피메테우스의 어리석음이 고매한 형 프로메테우스를 더욱 돋보이게 해준 것처럼 보이오티아 사람 헤라클레스는 바보가 되면서 아테네 영웅 테세우스를 보다 빛나게 해주었다. 그때부터 테세우스는 고전기 아테네 예술과 문화에서 위업을 뽐냈다. 헤라클레스는 그렇게 페리클레스*가 이끄는 아테네를 가득 채운 별의별 수많은 멍청한 군중과 같은 신세로 전락하고 말았다. 시모니데스**도 말하지 않았던가. "멍청한 족속들은 정말이지 헤아릴 수가 없을 지경이다![73]"

---

* 고대 아테네 민주정치의 전성기를 이룩한 정치가이자 군인.
** 고대 그리스의 시인으로 페르시아 전쟁 때 조국의 전몰 용사를 찬양한 시를 지었다.

중세사학자 브뤼노 뒤메질

야만족,
왜곡의 역사

Les barbares
Histoire
d'un malentendu

로마인은 야만족을 달갑지 않아 했다. 야만족이라고 해서 로마인을 좋아했을 리 만무하지만, 로마 제국 주변에 살았던 모든 민족들이 거대한 이웃 로마에 대응해 자신들의 정체성을 충분히 자각하고 있었는지는 확실히 알 수 없다. 오직 로마 제국만이 다른 민족들과 자신을 구분하는 군사적이면서 정신적인 국경을 세울 수 있음을 보여주었기 때문이다. 그렇게 로마 제국은 야만족을 규정했고 동시에 그에 대항하는 민족들로 인해 더욱 존재감을 드러낼 수 있었다. 그리고 이런 복잡한 게임은 때로 비극적인 왜곡에서 비롯되었다.

야만족, 괴상한 사람

로마 민속학자들은 북쪽에 사는 민족들에게는 지성적인 문화가 없으므로 전략적 역량 역시 부재하다고 생각했다. 즉흥적 인간인 야만족은 늘 감정에 휘둘려 경거망동하거나 조그마한 실패에도 줄행랑을 놓는다는 것이다. 로마의 웅변가들이 군사작전에서 거듭 강조한 점이기도 했다. 이러한 교육의 영향이 너무 컸던 탓인지, 일부 로마 장군은 게르만 민족과 맞서 싸울 때는 단순한 전술을 구사해도 된다고 생각했던 모양이다. 기원후 7년에 게르마니아 총독으로 임명된 바루스Publius Quinctilius Varus 장군이 현지 부족에 대해 오만하고 엉성하기 짝이 없는 모습을 드러낸 것이 좋은 예다. 결국 그는 현지 부족의 반란을 촉발했을 뿐만 아니라, 2년 후에는 정리되지 않은 울창한 숲을 준비 없이 지나려다 토이토부르크 전투에서 3개 군단이 전멸하는 참패를 맛보아야 했다. 그러나 이런 참사가 흔하게 일어나는 건 아니었다. 지식인은 야만족을 무시했어도 로마 군대의 사령관은 달랐기 때문이다. 사령관들은 자기 군대에 외국인 용병을 과감하게 투입했고, 그들 중 많은 수가 후에 로마 시민권을 취득했다.

이렇게 로마인과 야만족의 관계가 극단적으로 단순화되면서 왜곡된 야만족의 이미지는 공공연하게 세상에 퍼져나가기 시작했다. 털이 덥수룩하게 덮인 얼굴, 우락부락한 몸, 움막집으로 대변되는 야만족의 이미지는 개선문이나 동전에 빠지지 않고 등장했다. 로마 사람들은 야만족의 발음 불가능한 지명과 야만적 관습에 대해 논했다. 일례로 소小플리니우스는 트라야누스 원주*에 새겨진 단호한 메시지를 보고 감탄해 마지않았다. "나는 저 장황하기 짝이 없는 이름들과 그 이름에 어울리는 몸집의 사령관들을 분간해보려 했다. 야만족이 저지른 잔혹한 행위로 무거워진 들것, 그 뒤를 따르는 포로, 결박된 손, 말하자면 야만족이 저지른 중죄의 이미지들을 보았다."(『트라야누스 황제에 대한 칭송연설』) 로마 제국은 문명을 지키기 위해 제국이 존재해야 함을, 제국의 영토를 넘보는 괴상한 사람들에 대항해 싸우기 위해 황제가 신들의 허락을 받았

* 황제의 다키아 전투 승리를 기념해 106~113년 대리석으로 만들어 세운 거대한 원주.

음을 로마 민족들에게 증명해 보여야 했다. 세금으로 걷은 돈이 문명 수호와 같은 정의로운 대의에 쓰이고 있다는 것도 물론 보여주어야 했다.

그런데 이미 일각에서는 여기저기서 되풀이되는 이런 야만족 이미지가 허무맹랑한 것이라는 의견이 나오기 시작했다. 실제로 1세기 말, 로마의 역사가 타키투스는 그 내용이 궁금해질 수밖에 없는 『게르마니아』라는 제목의 역사책을 집필했다. 그는 야만족의 풍속이 투박하고 유치한 것은 사실이지만 그들은 로마인에 비해 더없이 당당하고 순수하다고 기술했다. 로마 제국의 상층부를 비난할 목적으로 이 책을 집필한 도덕가 타키투스는 게르만족을 순수한 자연인으로 묘사하기도 했다. 게르만족은 포도주와 돈에 무관심하고, 오직 생식을 위해서만 성관계를 하는 민족이라는 것이었다. 16세기에 이르러서는 북유럽 인문주의자들이 『게르마니아』를 재발견했고 열광적인 지지를 보냈다. 황제의 공식 담화가 사람들을 기망한 반면 타키투스는 진실을 드러내고 있다고 생각한 모양이다. 그러나 실상 타키투스가 기술한 게르만족의 미덕 역시 허구에 불과했다. 그는 게르만 지역에 가본 적도 없었을뿐더러 게르만족 칭송은 이미 기원전 5세기부터 그리스 철학자들이 구사한 수사학 중 하나인 반어법에 불과했기 때문이다. 다시 말해 야만인이 문명인보다 낫다고 공표함으로써 부르주아 계층에 충격을 가해 효과적인 도덕적 각성을 촉구하려 한 것이다. 이 부분에 '어리석음'이 존재한다면, 그것은 전달된 메시지에 있는 것이 아니라 그 메시지의 함의를 예리하게 간파하지 못한 사람들에게 있다.

야만족, 로마군의 용병이 되다

야만족의 왜곡된 역사를 알아보려면 시간의 흐름 또한 고려해야 한다. 고전 문화는 방대한 텍스트 독해로 얻은 과거의 지식에서 발원한 세계관으로 구축되어 있다. 따라서 우리가 앞으로 나아갈수록 과거의 지식은 멀어질 수밖에 없고, 현실과의 괴리는 더욱 뚜렷해진다. 4세기 말, 로마군의 주력부대는 게르만계 출신 이민자와 외국인 용병으로 구성되었다. 군사전략 또한 기동부대와 기병대 위주로 재편되었다. 그런데 아이러니하게도 바로 이 시기에 베게티우스라는 로마의 저술가는 전통적 로마군을 찬양하는 군사학 논고를 집필했다. 이 저술에서 그는 보병의 징병을 전통적 방식으로 되돌리고 병사들에게 대대로 내려오는 군복을 다시 착용하게 하며 공화정의 태평한 시절에 실행된 군사훈련을 다시 부활시킬 것을 황제에게 제안했다….

이와 비슷한 시기, 과거의 향수에 젖어 있던 또 다른 이들은 게르만 출신 장군을 군대에서 축출해야 한다고 입을 모았다. 395년부터 로마군의 장군으로 임명된 스틸리코는 그들의 쉬운 먹잇감이었다. 스틸리코 장군이 제국의 시민이자 가톨릭 신자이며 흠결 없는 강직한 인물이라는 평가에 그 누구도 이의를 제기할 수 없었다. 그러나 그의 아버지가 로마군에 복무한 반달족이었다는 사실은 그의 아킬레스건이었다. 황제가 기거하는 라벤나 원로원의 수많은 의원들이 스틸리코 장군을 천박하고 배은망덕하다고 생각했다. 그들은 게르만족에 우호적인 그가 서고트의 왕 알라리크와 내통하고 있다는 의심의 눈초리를 거두지 않았다. 408년, 그들은 스틸리코 장군이 게르만족과 '역모'를 꾸몄다고 꼬투리를 잡아 그를 제거하는 황실 쿠데타를 일으켰다. 이후 권력은 군사능력이 없는 사람들, 다시 말해 현실감각이라고는 없는 자들에게 다시 돌아갔다. 그들은 서고트족의 왕을 물리치지도 못했고 그와 협상할 줄도 몰랐다. 그렇게 스틸리코가 처형당하고 2년 뒤 로마는 결국 서고트 왕 알라리크에게 무참하게 함락되고 말았다.

그리스도는 야만족을 구원할 수 있는 건가 없는 건가

야만족에 관한 기독교 저술들을 살펴보면 정말로 어느 장단에 춤을 춰야 할지 모를 정도다. 성경에는 분명 그리스도가 모든 이들을 위해 이 세상에 왔다고 쓰여 있다. 야만족도 예외일 수는 없을 것이다. 그러나 수 세기 동안 로마에서는 국경 저 너머의 사람들을 무지하고 폭력적인 존재로 여겨야 한다고 교육했다. 한편으로 로마 제국은 3세기 초부터 군사 문제로 골머리를 앓고 있었으며, 로마의 속주를 유린하는 야만족에게까지 신의 구원이 약속되어 있다는 것을 인정할 수가 없었다! 그래서 대다수의 기독교 교부들은 로마의 프로파간다와 복음의 내용을 뒤섞어버렸다. 일례로 성 암브로시우스 또는 교황 레오 1세는 황제가 주변 민족을 물리치고 그들을 로마에 편입시키라는 신의 계시를 받았다고 주장했다. 그렇게 다른 민족을 흡수해 기독교도로 만들려는 의도였다. 그 옛날 갈리아 지방이나 브리튼섬을 정복해서 그 지역을 로마화했던 것처럼 말이다. 그렇게 할 수만 있다면 이교도와 야만족을 일거에 소탕할 수 있으리라 생각했던 것이다. 당시 서로마 제국은 패배를 거듭했다. 어찌 보면 당연한 일이었다. 신이 로마인의 죄를 벌하기 위해 야만족을 이용했기 때문이다. 그러나 결국 로마 제국은 세계를 지배하기 위해 다시 분연히 일어섰다.

476년에 서로마의 마지막 황제가 폐위된 후, 동로마 제국(비잔틴 제국)은 야만족 문제에 관한 서로마 제국의 생각을 그대로 이어받았다. 6세기 그림 〈콘스탄티노플〉을 보면, 야만족 장군들이 황제의 말 아래 머리를 조아리고 있는 한편으로 그리스도가 동로마의 황제에게 사람이 사는 모든 땅의 통치권을 부여하는 장면이 묘사되어 있다. 그렇지만 동로마 제국은 지중해 전체에 대한 로마의 패권을 회복하는 데 실패하고 말았다. 이슬람 군대의 승리로 콧대가 꺾인 동로마 제국은 결국 서서히 나락의 길로 접어들었다. 그럼에도 전통적 이데올로기는 끈질기게 남아 있었다. 동로마 제국은 외국 열강의 대사들을 야만인 취급했다. 서로마 지역의 왕들이 기독교도라는 사실을 알게 되어도 동로마 제국은 그저 그들을 투박하고 상스러운 야만족으로 취급할 뿐이었다. 11세기 말에 십자군 병사들 역시 동로마 사람의 태도에 심한 모욕감을 느꼈을 것이다. 쇠락하는 제국의 망동이었을까? 그렇게 볼 수는 없을 것 같다. 야만족에 대한 공공연한 무시는 패권 유지를 위해 동로마 제국이 이용한 교묘한 외교술과는 거리가 멀었기 때문이다. 실제로 비잔틴 제국의 가장 훌륭한 병사들은 고트족과 알라니족이었고 이후에는 아르메니아인과 조지아인이 그 자리를 대신했다. 동로마 제국 황제, 즉 '바실레우스'가 야만족을 정복할 것이라는 신의 바람은 무엇보다도 백성들에게 보내는 일종의 메시지였다. 그것은 도무지 끝나지 않는 영토 탈환에 쓰일 무기에 투입할 자금을 지탱해주는 동로마 제국의 납세자들을 설득하기 위한 하나의 방편이었던 셈이다….

동네북이 된 야만족

서로마 지역에서 재편된 왕국들 역시 고대 로마 문화의 영향을 받았다. 일례로 이탈리아 동고트족의 왕들은 프랑크족 클로비스 왕을 야만족처럼 취급했고 화음의 이치를 알려주겠다며 그에게 키타라* 연주자를 보냈다. 한편 아일랜드 수도사들은 유럽 대륙에서 벌어지는 모든 일을 싸잡아 무시했다. 600년경 성 콜룸바노는 교황청이 교리에 관해 아무것도 모른다는 것을 알려주기 위해 교황 그레고리오 1세에게 서신을 보내기도 했다! 그다음은 프랑크족 차례였다. 그들은 주변 민족을 조롱할 목적으로 그들에게 고정관념을 뒤집어씌웠는데, 브르타뉴 사람은 반항적이라는 둥, 바스크 사람은 신의가 없다는 둥, 작센 사람은 변덕이 심하다는 둥의 공격을 해댔다. 이렇게 함으로써 그들은 이민족을 기독교도로 만드는 동시에 문명화한다며 영토 합병을 정당화할 수 있었다. 정치적으로 대립할 때는 자기들 왕마저도 야만족으로 취급했다. 6세기 말, 투르의 그레고리우스**는 메로빙거 왕조 출신 킬페리크 1세가 난폭하고 파렴치하며 시에 관해 우쭐거린다며 비난했다. 특히 킬페리크 1세가 철자법을 개정하자고 제안했다는 사실에 매서운 공격을 퍼부었다!

   야만족의 악습을 비난하는 이러한 언동에는 청중의 문화와 감정을 동시에 자극해 자신이 바라는 결과를 얻고자 하는 복잡한 전략이 숨어 있었다. 그런데 천 년 후, 일부 역사학자는 그들의 의도를 지나치게 단순하게 해석하고 말았다. 예를 들어 18세기 영국의 역사가 에드워드 기

---

* 고대 그리스의 발현악기. 기타의 어원이 되었다.
** 538~594. 투르의 주교이자 역사학자였다.

번은 이교도 논객들의 작품을 비판하면서 로마 제국 멸망의 책임을 기독교에 돌렸다. 기독교가 모호한 논쟁과 쓸데없이 편협한 신앙심을 내세워, 적들을 꼼짝 못하게 했던 로마 병사의 용맹함을 변질시켰다는 것이다. 같은 시기에 고전기 일부 텍스트를 통해 클로비스 왕이 처음으로 왕권과 교회 권력을 결합한 이였음을 알게 된 볼테르는 클로비스를 약탈자나 암살자로 묘사하며 강도 높게 비판했다.

19세기 역사가들은 중세 초창기의 저술가가 복잡한 글쓰기 전략을 구사할 수 있었다고 생각하지 못한 것 같다. 투르의 그레고리우스가 메로빙거 왕조를 야만족으로 표현한 것을 역사가 티에리Augustin Thierry는 전적으로 신뢰하며 『메로빙거 시대 이야기Récits des temps mérovingiens』를 저술했다. 이 책에서 프랑크 왕족은 살육과 신성모독을 밥 먹듯이 자행하는 야만인들이다. 한편 19세기 초의 가톨릭 역사가 오자남Frédéric Ozanam은 성 골롬바노의 작품을 다시 꺼내 들었다. 아일랜드 수도사들이 로마의 문명을 지키려 했고 대륙의 야만족을 문명화하기 위해 떠나면서 고대와 중세의 가교 역할을 했다는 성 골롬바노의 주장을 그는 조금도 의심하지 않았다. 다른 역사가들도 메로빙거 왕조는 교양이 없고 살생을 즐기며 반✝이교도라 주장한 카롤링거 왕조 시대의 글을 참고했다. 정복과 탄압을 일삼았던 샤를마뉴는 어디로 가고 라틴 문화의 구원자 샤를마뉴 대왕만이 남았다! 그런가 하면 코시나Gustaf Kossinna ***의 뒤를 이은 독일의 초기 고고학자들은 게르만족이 라인강 하구에서 흑해까지 완벽하게 통합된 하나의 문화를 구가하고 있었다고 주장했다.

*** 1858~1931. 독일 고고학자. 나치 정권하에서 민족적인 해석을 주도했으며 게르만족의 선조 격인 아리아 인종의 우수성을 부각했다.

야만족과 로마인의 소모적 대립

야만족의 역사에 '어리석음'이 존재했다면 그건 어느 정도였을까? 역사는 과거의 소산이지만 현재를 반영하기도 한다. 그래서 그에 관한 주장들은 대개 동시대에 발생한 정치적·지적 대립을 보여준다. 반反성직 자주의자였던 에드워드 기번, 자유주의자 티에리 오귀스탱, 가톨릭 신자 프레데릭 오자남은 자기 의도대로 야만족의 시대를 그려냈다. 또한 1871년 이전까지 통일된 국가를 갖지 못한 독일인에게는 잃어버린 통일의 꿈을 다시 꾸게 해줄 고대 게르마니아의 역사가 필요했다. 최근에는 유럽연합의 구축을 통해 로마 제국 멸망 서사에 관한 상호 간 일정 부분 합의에 도달하기도 했다. 즉 로마 민족과 게르만 민족이 과거에 대립하지 않고 평화롭게 통합될 수 있었다면 기독교로 단결된 서방세계의 탄생이 가능했을지도 모른다는 것이다. 3~6세기 사람들이 그 당시를 가혹한 시기로 여겼다는 암시를 주는 고증자료가 지나치게 많이 연구되는 이유가 거기에 있는 것은 아닐까.

문제는 야만족에 관한 주장을 뒷받침할 근거가 희박하다는 것과, 앞서 본 것처럼 그나마도 그것이 고대 로마 문화를 토대로 하고 있기 때문에 매우 편향적이라는 점이다. 서로마 제국과 게르만족의 대립을 '게르만족의 대침공'으로 표현하는 것은 분명 적절치 않다. 서로마 제국의 위기는 단순히 군사적 위기에서 발생한 것이 아니었다. 영국에서 편찬한 사료에서 주로 사용하는 '게르만족의 대이동migration period'이라는 표현 역시 사실을 호도할 수 있다. 외부 민족의 유입이 서로마 제국에 변화를 일으킨 유일한 요소라고 말하기 어렵기 때문이다. 또 한편으로 서로마 제국 국경에서 벌어진 폭력적 힘겨루기를 깡그리 무시해버린다면 더 이상 이야기를 진전시킬 수가 없다. 그 시기에 서로마 제국의 도시와 인구 양상이 변화했다는 것은 명백한 사실이다. 그러므로 게르만족의 서로마 원정은 이러한 변화에 일정 부분 책임이 있다.

그러므로 문제들을 조금 다른 방식으로 봐야 할 것이다. 야만족이 서로마 제국에서 정의한 것처럼 로마인이 아닌 사람들을 일컫는다면, 이 비로마인들에 대한 해석이 관찰자와 시대에 따라 끊임없이 바뀐다면, 로마인과 야만족을 대립시키는 것은 무의미한 일이다. 따라서 서로마 제국 시대를 민족 간의 대립으로 규정하는 것은 오류일뿐더러 위험하기까지 하다. 역사란 그렇게 단순히 이분법적으로 나눌 수 있는 것이 아니기 때문이다. 그러나 인류는 늘 '자신'과 '야만족'을 구분하려 했다는 것을 인정하려 하지 않는 것 또한 경계해야 한다. 우리 각자는 자신이 속하는 문명을 명확하게 특정하기 위해 야만이 무엇인지를 규정하고자 한다. 이로 인해 인간 공동체는 서로 다른 문화를 갖게 된다. 그러므로 야만의 얼굴을 단 하나로 규정짓거나 과거에 존재했던 공동체 간의 다름을 부정하면서 모순되고 부조리한 사실을 있는 그대로 인정하지 않고 단순화하려 한다면, 어리석음은 바로 그 안에 도사리고 있을 것이다.

중세사학자 **장파트리스 부데와의 대담**

중세시대
점성술과 주술

Astrologie
et magie
au Moyen Âge

*
*
*

반계몽주의가 중세시대에 절정에 이르렀다고 평가되는 이유는 무엇일까요?

······

부데 중세시대의 어리석음이란 르네상스 시대 지식인들이 자기 입장을 옹호하기 위해 창조해낸 것이나 다름없어요. 르네상스인은 자기 사회를 고대의 부활이라 표현하며 관념적이고 문화적인 입장을 지향했으니까요. 그래서 로마 제국 몰락 후에 일어난 모든 일을 폄하했죠. 이러한 중세 이미지는 19세기에 또다시 등장해요. 프랑스 역사가 미슐레Jules Michelet는 시대 현실과는 동떨어진 고정관념에 따라 잔 다르크나 마녀를 묘사했어요. 프랑스 제3공화국 때는 중세를 국민감정이 형성된 시기로 미화하기도 했고요. 물론 극도로 복잡한 시기이기는 했죠…. 길기도 길었고요. 거의 천 년이었으니까요!

바보짓connerie이라는 말은 중세시대에는 사용되지 않았잖아요. 그렇다면 중세시대 정서로 여기에 가장 가까웠던 표현은 뭘까요?

······

부데 아벨라르Pierre Abélard*가 격찬한 논리적 신학을 어리석은 것으로 낙인찍기 위해 성 베르나르**가 사용한 '멍청학stultilogia'***이라

중세시대 점성술과 주술

는 표현이 있어요. 성 베르나르는 아벨라르와는 반대로 매우 비이성적인 신비주의적 신앙을 옹호했죠. 어리석음을 가리키는 'imbécilité' 라는 표현은 라틴어를 모방해 14세기에 등장한 신조어예요. 그렇지만 중세시대에도 지식과 권력을 철석같이 믿고 자만에 빠져 있는 사람을 대개 멍청이로 취급했죠. 세상을 선과 악의 대립으로만 바라보는 너무나 인습적인 사회 분위기에서 어리석음은 반항의 다른 이름이기도 했어요. 다시 말해 멍청이는 남들보다 우위에 서기 위해 자신이 처한 환경에서 경솔하게 뛰쳐나와 자만심에 빠져 있다가 운명의 수레바퀴에 희생되는 사람이었어요. 고대부터 내려온 이 운명의 수레바퀴는 13세기 말부터 권력에 부역하는 이들에게 어김없이 적용되는 테마였죠. 역사는 그들을 멍청이나, 최소한 맹목적인 사람으로 묘사하죠. 그들은 기꺼이 자신이 모시던 주군을 따라 몰락하거나 국가의 발전을 위해 희생양이 되기도 해요. 운명은 그 자체로 맹목적이기 때문에 제아무리 명석해도 그들은 자신이 성공의 희생양이 될 것이라고는 생각하지 못하죠. 자만은 중세시대의 주요한 죄악들 중에서도 가장 큰 죄였기 때문에 처벌도 분명 가혹했을 거예요! 우리는 신의 뜻을 벗어나보려고 애쓰지만 본래 운명이란 벗어날 수 있는 것이 아니잖아요? 너무 높이 올라가면 떨어질 때 더 고통스러운 법이죠.

* 1079~1142. 중세 프랑스 철학을 대표하는 철학자이자 신학자.
** 1090~1153. 프랑스의 신비사상가이자 성인.
*** 어리석음을 뜻하는 라틴어 stultus와 학문을 뜻하는 접미사 -logia를 결합한 표현이다.

역사적으로 어리석었음이 밝혀진 몇몇 사건이 있어요. 예를 들어 십자군 전쟁은 지금의 시각에서 비난받고 있잖아요?

부데 맞아요…. 더구나 기독교도를 적대하는 자들을 공격하는 데무기 이외에 다른 방법들이 존재했다는 것이 증명되었으니까요. 대천사 지브릴(가브리엘)의 안내에 따라 저승의 여러 장소를 여행하는 무함마드의 이야기를 담은 책 『무함마드의 사다리에 관한 서』를 예로 들어볼게요. 이 책의 아랍어 원전은 사라져버렸고 후에 카스티야어로 번역되었다가 13세기에는 라틴어로 번역되었어요. 이른바 라틴어 번역가라고 불린 카스티야의 왕 알폰소 10세가 이 작업을 주도했죠. 그는 이 작업을 하며 이렇게 소회를 밝혔어요. "그리스도에 맞서는, 몰염치한 데다 가소롭기까지 한 무함마드의 무례한 공격이 이 책을 통해 더 잘 알려질 것이다. 또한 그의 거짓말과는 차원이 다른 그리스도교의 진리가 사람들의 마음에 더 깊은 울림을 줄 것이다. 어둠을 경험해야 비로소 빛의 밝음을 깨달을 수 있기 때문이다." 또 1140년대에 클뤼니 수도원장이었던 피에르 르베네라블이 스페인에 갔을 때 뭘 했는지 아세요? 지피지기면 백전백승이라는 명확한 목적을 갖고 『쿠란』을 라틴어로 번역하도록 지시했어요. 번역가 중에는 카린시아의 헤르만처럼 점성술, 예언, 마법에 매료된 지식인이 있었죠. 그들 역시 이교도 사라센들의 과학과 주술 지식을 빼앗아 따라잡고 자기 것으로 만들고 싶어 했어요. 이렇게 다른 방식의 십자군 전쟁이 존재했던 거죠. 즉 무기를 들고 순례하는 방식(서유럽에서 십자군 전쟁은 줄곧 이렇게 표현되었어요)과 지식을 약탈하는 방식이 있었던 거예요! 안달루시아의 무슬림들은 이러한 위험을 감지했

죠. 그래서 몇몇은 기독교인에게서 지식을 사수하고자 노력했어요. 기독교인이 이슬람의 지식을 빼앗아 가거나 도리어 자신들이 저작자라고 주장하는 일이 있었거든요. 11세기 후반에 콘스탄티누스 아프리카누스가 한 일이 바로 그랬어요. 그는 그리스어-아라비아어로 된 의학 서적들을 라틴어로 요약번역했고 저작자를 자신으로 명시했어요. 한편으로는 중세문화 덕분에 당대 이슬람 문명이 간접적으로나마 발견될 수 있었어요. 특히 아라비아 주술에 관한 서적 같은 것들이요. 그런 책이 60권이 넘는 걸로 알고 있어요. 그중 대다수는 라틴어로만 보존되어 있고요. 라틴 민족의 호기심이 왕성했기 때문에 번역에 대한 수요가 무척 많았던 거죠.

중세시대 사람들은 오늘날 우리가 생각하는 것만큼 순진하고 미신을 잘 믿었나요?

부데 어려운 질문이네요. 당시 거의 모든 사람이 주술의 힘을 믿었어요. 또 천체 회합을 비롯해 태양이나 달 같은, 저 너머 세계의 것들이 발생시키는 자연현상을 알고 있었죠. 그렇지만 르네상스 시대 이전, 그리고 이성주의와 실증주의가 나타나기도 전에 몇몇 자유사상가, 의사, 학자, 신학자, 나아가 천문학자는 점성술이 정확한 결과를 보여주지 못한다는 것을 이미 완벽하게 증명해냈어요. 우선 신학적 이유가 있었죠. 신의 전지전능함과 인간의 자유의지가 점성술의 힘을 약화하는가 하면 불가사의한 현상은 점성술로도, 지식으로도 딱히 설명되지 않고 제어되지도 않았으니까요. 이런 소수의 지식인은 점성술에 매달리는 대신 그것을 넘어서려 했죠. 점성술에 대해서는 그 어떤 저술에서도 결코 언급한 적 없는 코페르니쿠스조차 점성술 관련 서적들을 갖고 있었어요. 그가 천문학의 개혁을 시도했다는 것은 부분적으로만 인정되는 사실이에요. 그는 점성술사들의 예언이 계속해서 빗나갔기 때문에 프톨레마이오스의 우주관이 틀렸다고 생각했고, 그것을 증명하려 했던 거니까요. 점성술은 미신의 한 요소였어요. 때로 교회가 그렇게 취급하기도 했고요. 뿐만 아니라 점성술은 기존의 우주관을 뒤집으면서까지 천문학이 한 단계 더 발전할 수 있는 계기를 마련해주기도 했죠.

당연히 신이 존재하는 우주겠죠?

부데 물론이죠. 하지만 신은 과학의 영역에서 부차적인 역할일 뿐이에요. 페르시아의 위대한 의학자이자 철학자 이븐 시나는 병의 원인을 초자연이나 신처럼 멀리서 찾을 필요가 없다고 말했어요. 환자의 체질이나 처한 환경에서 원인을 찾는 것으로 충분하다고 했죠. 그러니까 혁신이 필요한 과학이라는 분야에 독립성이 충분치 않았다고 해서 모든 사람이 신에 대한 믿음을 가졌기 때문이라고 생각해서는 안 되는 거죠. 일각에서는 그런 현상에 대해 우려를 나타냈어요. 지식의 전파에 상당 부분 기여한 아라비아어와 그리스어의 대대적인 번역작업 직후인 13세기 중반, 도미니크회 수도사이자 의학자인 뱅상 드보베Vincent de Beauvais는 과학이 발전하는 것을 두려워했어요. 과학의 발전을 보며 세상의 종말과 적그리스도의 출현이 머지않다고 느꼈으니까요. 이러다가는 진정한 과학이라 할 수 있는 신의 과학을 사이비 지식이 다 뒤덮어버릴 것이라고 생각했어요.

왜들 그렇게 점성술에 관심을 가졌을까요? 단지 미래를 예측해보고 싶어서였을까요?

부데 꼭 그렇지만은 않아요. 점성술은 다른 지식들과 결코 동떨어져 있지 않아요. 점성술은 무엇보다 천문학을 보완해주는 지식이라 할 수 있어요. 천문학 분야에 연구 동기를 부여하니까요. 또 의학의 보조학문 역할을 하기도 하죠. 의학 교육에 따라 적용되는 편차가 매우 크긴 하지만요. 대부분의 점성술사는 의사를 겸했지만, 반대로 의사가 점성술사인 경우는 없었어요. 점성술은 또 역사학의 보조학문이기도 해요. 이를테면 1333년 대홍수가 일어나 피렌체가 초토화되었는데, 옆 도시 피사는 피해가 없었어요. 그러자 피렌체 사람들이 지은 죄 때문에 재앙이 벌어졌다고 주장하는 신학자들과 오늘날 생태학이 다루는 보다 현실적인 요인을 내세우며 점성술을 통해 원인을 찾으려 한 자연철학자들 간에 토론이 벌어지기도 했죠.

권력자 곁에는 점성술사가 있었나요?

부데 네, 고문관 중에 점성술사가 많았고 심지어는 신의 계시를 받았다고 주장하는 예언자가 고문관 역할을 하는 경우도 있었어요. 샤를 7세는 1438년 사료 편찬국을 궁정에 두었고 13년 후에는 점성술사들로 구성된 관청을 창설했어요. 미래를 지나치게 신경 쓰고 염려하며 시간을 지배하고 싶어 하는 군주에게 점성술은 없어서는 안 될 전문지식의 하나였죠. 샤를 5세는 점성술과 예언뿐만 아니라 주술에까지 완전히 경도되어 있었어요. 1367년 그는 크리스틴 드 피장

Christine de Pizan*의 아버지이며 점성술사이자 볼로냐대학교 의대 교수인 토마 드 피장Thomas de Pizan을 곁에 두고자 파리로 불러들였죠. 그렇다면 이 인물이 정치적으로 결정적인 역할을 했을까요? 저는 그렇지 않다고 봐요.

이번에는 루이 11세에 관한 흥미로운 이야기를 해볼게요. 그는 그저 멍청이로만 취급할 수 없는 인물이에요. 그런데 성취해낸 것만큼이나 커다란 실수를 저지르기도 했죠. 그는 분명 미신을 믿었어요. 이집트력을 지켰다는 건 확실해 보이니까요. 또 수명을 연장하기 위해선 무엇이건 할 태세였어요. 아들이 왕좌를 물려받을 준비를 하는 데 충분한 시간이 있기를 바랐죠. 그래서 궁정 의사이자 점성술사였던 피에르 슈아네Pierre Choinet에게 왕자를 위한 조언집을 집필하라고 명했어요. 군주의 거울이라 불린 이 조언집『전쟁의 장미나무Rosier des Guerres』여백에는 초자연적 현상과 천체 회합에 관한 라틴어 주석이 적혀 있었어요. 루이 11세가 정말로 점성술을 믿었을까요? 확신할 수는 없어요. 하지만 그는 어쨌거나 선왕 샤를 5세처럼 왕세자의 탄생 별자리 점을 작성하게 했죠. 루이 11세가 점성술을 국가의 안녕을 위해 참고하는 데 그치지 않고 필요할 때는 통제하기도 했을까요? 아마 그랬을 거예요. 그는 왕자가 최선의 방식으로 통치할 수 있도록 가능한 모든 것을 했어요. 그 일은 은밀하게 진행됐어요. 결코 당당한 태도라고 할 수는 없죠….

또 다른 이야기도 있어요. '프로이센의 순례자'라 불리는 점성술사는 『황도 12궁의 선택에 관한 서』(1361)를 지어서 미래에 왕이 될 샤를

---

* 1364~1430경. 유럽 최초의 여성 작가로 여겨지는 인물이다.

5세에게 반드시 초승달이 뜰 때 즉위식을 해야 한다고 주장했어요. 그런데 샤를 5세는 그의 말을 무시하고 그믐밤인 1364년 5월 19일에 즉위식을 거행했죠. 프로이센의 순례자에 따르면 그믐달은 '왕의 영지와 명성의 쇠락'을 의미했어요. 그렇다고 해서 샤를 5세가 이런 종류의 일에 관심을 두지 않았다고 말할 수는 없어요. 삼위일체 축일이나 승전(여기서는 코슈렐 전투) 다음 날처럼 종교적이고 정치적인 문제를 결정할 때는 점성술이 훨씬 결정적인 역할을 했으니까요. 그리고 신속하게 대처해야 할 때는 때로 지오맨시geomancy 같은 다른 방법을 강구하기도 했어요. 지오맨시란 아라비아에서 건너온, 땅을 보고 점술을 행하는 흙점의 일종인데 복잡한 천문학적 계산이 필요 없었어요. 따라서 점성술은 예언의 역할보다는 정당성을 부여하는 역할을 했다고 봐야 해요. 어떤 사건이 예견되었다거나 어떠한 결정이 적시에 내려졌다는 것을 보여주는 별자리 점들이 많아요. 하지만 대개 사후에 만들어진 것이죠. 중세시대 점성술 이론에도 대관식을 치르기에 적절한 시기에 관한 언급이 있지만, 왕은 거의 고려하지 않았던 것 같아요. 대관식을 위한 별자리 점 역시 이미 치르고 난 일을 나중에 꿰맞추는 식이었으니까요.

그렇다면 사후에 왜 천궁도를 제작하게 했을까요? 정치적 의사 결정을 정당화하기 위해서였을까요?

부데 그렇죠. 그리고 발생한 현상들을 차후에 설명하기 위해서이기도 했고요. 일례로 샤를 6세의 정신병이 발병하고 그의 남동생 오를레앙 공작이 1407년에 암살당했을 때, 일련의 별자리 점은 이런 일이 벌어질 수 있다는 것을 예견했어요. 노르망디 출신의 점성술사 시몽 드보에스마르Simon de Boesmare는 987년 카페 왕조와 1328년 발루아 왕조 출현에 앞서 토성과 목성 회합의 사분위각을 작성하고 왕조가 교체될 확률이 매우 크다는 결론에 도달했고요. 또 샤를 7세의 대관식 별자리와 탄생 별자리가 분석 대상이 된 적도 있는데 두 별자리 모두 사후에 작성한 것으로, 샤를 7세가 영국에 맞서 승리할지를 알아보기 위한 것이었죠. 그러니까 점성술은 여러 사건 속에서 과거, 현재, 미래를 해석하는 방식이었던 거예요. 점성술사들 역시 천체의 위치가 모든 것을 말해주지 않는다는 것을 지각하고 있었어요. 그들은 너무나 많은 변수를 고려해야 해서 대개 그에 대한 해석도 없이 별자리 점을 작성하는 데 만족해야 했죠. 헤아릴 수 없을 정도로 다양한 해석이 가능했을 테니까요.

권력자가 점성술사를 곁에 두듯이 주술사와 연금술사도 측근에 거리낌 없이 둘 수 있었나요?

부데 주술사는 아니었어요. 별로 권장되지 않았어요. 샤를 6세의 정신병과 같이 절망적인 상황에서는 주술사가 거의 공개적으로 개입했어요. 주술을 풀어야 한다고 생각했으니까요. 궁정사회나 귀족사회에서는 더 은밀하게 문제를 해결할 요량으로 대항주술*을 걸기도 했죠. 떳떳하게 밝히기는 어려운 일이었어요! 실제로 신통한 주술이나 대중적 마법으로 받아들여진 방어주술**은 그보다 쉽게 용

* 재앙이 발생했을 때 행하는 주술.
** 재앙이 발생하기 전에 미리 행하는 주술.

인되었어요. 드러나는 정도의 차이가 있었을 뿐 거의 모두가 주술을 행했어요. 특히 갑작스러운 죽음에서 자신을 보호하기 위해서요. 중세시대 초기부터, 더욱이 연옥의 개념이 탄생한 이후로 사람들은 성사聖事를 받지 못하고 죽어서 아무런 준비 없이 천국의 열쇠를 쥔 성베드로 앞에 서게 되는 것을 엄청나게 두려워했거든요. 그러나 대항주술은 전혀 다른 문제였어요. 대항주술은 어느 정도로 발전했을까요? 모든 사회계층을 막론하고 그 주술을 행했을까요? 그 부분에 대해서는 답하기가 어려워요. 한편 신묘한 주술을 행하려고 성직자가 충원되기도 했어요. 그중 몇몇은 사제였고요…. 우리에게는 미개하고 엉뚱해 보일 수 있지만, 한 인간을 어떤 운명에 엮거나 푸는 힘은 수많은 문화를 관통하는 인류의 보편적 경향에 내재된 것이었고 나날이 기독교가 강해지던 중세시대 당시 사람들에게는 특별한 게 아니었어요. 중세시대 말엽에는 '흑마술'로 규정되는 마법과 구분하기 위해 '기독교적 샤머니즘'이라는 말을 쓸 정도였으니까요.

주술은 앞서 언급하신 운명의 수레바퀴를 돌파하기 위한 방편이었을까요?

부데 그렇다고 봐야죠. 교회가 주술을 악마의 행위로 인식한 것도 그 때문이에요. 중세시대에는 여러 종류의 주술이 존재했어요. 우리 생각과는 반대로 어떤 것은 무척 합리적이었고 또 어떤 것은 전혀 그렇지 않았죠. 그렇지만 공통점은 있었어요. 최소한 잠시라도 자신의 욕망대로 세상을 변화시키려 했다는 것이죠. 반면 점성술은 역사를 해석하는 하나의 방식으로 이용되었어요. 따라서 주술과 점성술은 상호보완적이었죠.

주술 현상을 설명하고자 한 매우 특별한 글 하나를 예로 들어볼게요. 9세기 아라비아의 위대한 철학자 알킨디Al-Kindi가 저술한 광학 이론서『빛에 관해De Radiis』는 12세기 아니면 13세기 초반에 번역된 것 같아요. 아라비아어 원전이 소실되었기 때문에 번역본이 정확한지는 확신할 수 없어요. 그는 광학이론으로 세상을 해석하고자 했죠. 그는 각각의 행성이 빛을 발산해서 바깥세계, 그러니까 지상에 영향을 미친다고 생각했어요. 그래서 어떤 사람들은 기도와 말의 힘으로 행성이 보내는 메시지를 해석할 수 있으며 자신 역시 빛을 내뿜어 부분적으로 그 메시지를 바꿀 수 있다고 주장했어요. 단연코 뛰어난 이 상호적 광학이론은 1270년경 교회에서 유죄판결을 받아요. 천체를 이용한 점성술을 교회가 주술과 완전히 동일한 것으로 취급했기 때문이죠. 피에르 슈아네도 이러한 광학이론에 영향을 받았어요. 그렇지만 알킨디 이론의 큰 약점은 빛이 무엇인지 명확하게 정의하지 않은 것이었어요! 당시에 이 이론을 다룬 당사자들끼리도 의견이 일치하지 않았으니까요.

중세시대 주술은 매우 다양했어요. 어떤 믿음은 모두에게 공감을 얻었다고 할 수 있지만, 또 어떤 믿음은 신과의 인과관계 없이 극도로 발달한 일종의 지적 문화였어요. 그런 믿음을 가진 사람들은 신이 우주를 창조해놓고는 세상이 그냥 굴러가게 놔두고 있다고 생각했어요. 위대한 시계 장인처럼요. 우리도 신이 해야 할 일을 다 잊고 너무 한가롭게 있는 것 아닌가 하는 느낌을 받곤 하잖아요…?

그렇다면 연금술은 어떤가요? 주술의 한 종류인가요? 아니면 완전히 다른 분야인가요?

부데 연금술은 완전히 다른 분야예요. 대개 주술과 아무런 연관이 없죠. 연금술은 실천적 기술을 말하기도 하고 어떤 때는 상징적인 개념으로 사용되기도 해요. 그리고 일정 부분 점성술의 영향을 받기도 했고요. 그래서 연금술에는 그만의 합리성이 있어요. 연금술과 주술은 12세기부터 어깨를 나란히 하는 이론으로 자리 잡았다는 공통점이 있어요. 비법이 축적되었을 뿐만 아니라 아라비아어 저술이 번역된 덕분이었죠. 중세시대는 복잡한 시대였기 때문에 우리가 여전히 중요한 것을 발견하지 못했을 수도 있다고 생각해요. 그렇기에 이 시대는 더없이 흥미로운 연구대상이죠.

마지막 질문입니다. 우리는 정말로 예전보다 덜 어리석을까요?

부데 아마도 그렇겠죠…. 그렇지만 우리가 미래를 내다보는 식견 있는 사람들의 분석과 조언을, 경제학자들의 예측을 아예 믿지 않는 것은 아니죠. 그들은 중세시대 점성술사만큼이나… 아니 더 많은 실수를 하는데도 말이죠!

인터뷰 정리 장프랑수아 마르미옹

근대시학자 실비 사프롱과의 대담

여자는 그저 조신하게 얌전히 있어라!

Femme, sois mère et tais-toi !

                                        *
                                        *
                                        *

오늘날의 관점에서 볼 때 여성, 여성의 몸, 그리고 여성의 성에 관해 역사적으로 가장 지독하게 멍청한 점은 무엇이었나요?

사프롱 지금보다 조금 더 앞선 시대에 여성에 대해 언급한 모든 것이 틀렸다고 보시면 됩니다! 역사학자 토마스 라커Thomas Laqueur는 『섹스의 역사*Making Sex*』에서 여성에 대한 편견이 남성과 여성의 차이에 관한 지식을 전반적으로 얼마나 왜곡했는지 잘 보여줬어요. 먼 옛날부터 여성은 본래 남성보다 열등하다고 여겨졌어요. 히포크라테스 같은 고대 그리스인에 따르면, 여성의 열등성은 무엇보다도 여성의 체온, 피부의 경도와 습도로 드러난다죠. 여성의 몸은 남성의 몸보다 습도가 높고 체온이 낮으며 물렁하다는 거예요. 아리스토텔레스는 여성은 완전히 발달하지 못한 미완성의 남자와 같다고 단언했죠. 여성의 성기관이 남성과 거의 동일함에도 몸의 안쪽으로 들어가 있는 이유가 바로 그 때문이라고요. 질은 밖으로 나와 있지 않은 음경이고, 자궁은 몸속에 있는 음낭이며 난소는 고환이라는 거예요…. 자연이 그 형태를 아주 잘 만들어놨다고 생각했겠죠. 그 때문에 생식이 가능했으니까요. 생리혈은 부패하며 불결한 것이고 독성이 있

는 반면 정자에는 수많은 효능이 있다고 여겼어요. 테스토스테론이 현재 과대평가되고 있는 것도 다 이런 말들이 이어져 내려왔기 때문이에요. 배아 초기 단계에 테스토르테론이 뇌에 미치는 영향을 연구했다는 논문을 최근에 읽은 적이 있어요. 테스토스테론의 영향으로 수컷 쥐가 암컷 쥐보다 더 활발하게 움직인다는 것이었죠. 이런 논문들은 매우 주기적으로 남성과 여성의 행동양식이 매우 다르게 나타나는 것을 생물학적 관점에서 끊임없이 증명하려고 해요.

그러면 과학은 처음부터 종교적 편견이나 상식 또는 전통이 옳다는 것을 증명하려고 했던 걸까요?

샤프롱 그렇죠. 과학적 지식은 우리가 상식이라고 믿는 것과 똑같은 결과를 보여줬잖아요. 예컨대 과학적 지식에 따르면 여성은 생물학적으로 열등한 존재죠. 그게 과학적으로 발견되었다는 것인데… 하지만 생각해보세요. 찾으려고 했으니 발견했겠죠! 르네상스 시대 사람들은 고대 그리스의 지식을 수정하고 손질하려 했지만 또 다른 담론들이 뒤이어 계속 나왔어요. 특히 내분비학에서 성호르몬은 순식간에 서열화되었고 정반대되는 두 편으로 나뉘었어요. 소위 여성 호르몬은 모성이나 임신과, 남성 호르몬은 활력, 힘, 정력과 연관이 있다는 거예요. 이런 생각은 여전히 우리의 머릿속에 남아 있죠.

여성이 지배당하는 존재로 평가된 것을 보면, 여성이 도덕적으로나 지적으로도 열등한 존재로 여겨진 걸까요?

샤프롱 무엇보다도 엄마라는 역할 때문에 그런 편견이 생겼을 거예요. 엄마라는 존재의 기질을 비롯해 육체적, 심리적 특성 때문에요…. 18세기 말에 프랑스 의사 피에르 루셀Pierre Roussel은 여자라는 존재 자체는 자궁 안에 있다고 썼어요. 그렇지만 반대로 자궁이 여자 안에 있다고 해야 틀린 말이 아니겠죠! 양차 대전 사이까지 의사들, 내분비 전문의들은 여성이 어린아이와 대화하고 상호작용하도록 만들어졌기 때문에 뇌 발달 면에서 훨씬 열등하다고 생각했어요. 그래서 고도의 지적 능력을 증명할 필요가 없어졌다는 것이죠! 1880년에 여학생들을 위한 중등교육 신설에 관한 카미유 세 법이 표결되던 때, 법안 설명자로 나선 의사이자 상원 의원 폴 브로카Paul Broca는 여성의 교육 수준이 왜 낮아졌는지에 대해 연설했어요. 여성의 사회적 역할이 수준 높은 교육을 요구하지 않기 때문이라고 그 이유를 밝혔죠. 그래서 여성들이 시민의 자격을 갖출 수 있도록 여성 중등교육이 신설되어야 한다고 주장했어요.

여성이 자신이 출산한 아이의 수준에 머물러 있어야 해서 본래 열등하다면, 여성의 성은 단지 모성을 위해서만 존재한다는 말이었던 건가요?

샤프롱 네, 그렇죠. 모성을 여성의 대표적인 사회적 기능으로 치부해 버리는 것이죠. 또 여성은 성적으로 수동적인 존재로 여겨졌어요. 심지어 악마는 남성보다 몸과 마음이 연약한 여성에게 더 큰 영향을 미친다면서 종교마저도 여성을 사악한 요부로 묘사했죠. 게다가 종교적 담론보다 훨씬 더 많은 온갖 의학적 담론이 여성성을 매우 무력한 것으로 만들어버렸어요. 프로이트는 이런 생각을 토대로 리비도가 남성에게서 기원했으며 여성의 충동과 욕구는 매우 약하다고 주장했죠. 여성은 감정적이고, 모성과 남편의 성적 즐거움에 관심을 집중한다고요. 그래서 모성이 아니라 쾌락을 위한 성을 주장하는 여성은 비난을 받아야 했어요. 시대에 따라 조금씩 달랐겠지만 그런 여성들은 타락했다거나 자연을 거스른다는 소리를 들어야 했죠. 17세기에 등장한 여자의 '색정증'에 관련된 온갖 담론은 19세기에 와서 성적으로 왕성하거나 조숙하거나 동성에게 끌리는 여성을 논할 때마다 빠지지 않고 등장했어요. 성에 지나치게 흥미를 보이는 여자아이는 색정광으로 취급했지요. 특히 1760년에 스위스 의사 사무엘 티소Samuel Tissot의 『오나니즘Onamisme』이 출간된 이후부터 19세기 전반에 걸쳐서는 자위행위 자체를 질병으로 여겼어요. 자위행위가 신체와 뇌에 매우 중대한 손상을 입힌다고 생각했죠. 극히 드문 경우이기는 했지만, 프랑스에서 어린 소녀에게 음핵 절제를 시술한 사례도 있어요. 이런 극단적인 방법이 치료로 간주되었던 거예요.

그럼 성적인 문제가 있는 여성을 어떻게 치료해야 한다고 생각했나요?

샤프롱 갈레노스 훨씬 이전인 히포크라테스 시대부터 건조함의 정도에 따라 몸 안의 장기가 이동한다는 생각이 있었어요. 예컨대 자궁이 너무 건조해지면 습기를 찾아 심장이나 폐 근처로 올라가게 되고, 그 때문에 호흡곤란이 발생할 수 있다는 거죠. 자궁을 다시 밑으로 내려오게 하려면 훈증요법을 써야 한다고 했어요. 좋은 냄새를 피워서 자궁을 밑으로 끌어온다는 원리예요. 의사들만의 전유물이 아니었어요. 로마 시대 부인들도 스스로, 또는 다른 여성을 대상으로 이런 요법을 실행했어요. 그 방식은 르네상스 시대까지 이어졌고요.

또한 산파가 성기를 마사지해주는 요법도 있었어요. 성기에 '체액이 지나치게 많이 몰린' 것을 풀어주려는 것이었죠. 미국 역사학자 레이첼 메인스Rachel Maines는 갈레노스에게서 전래한 발상에서부터, 거의 안 알려졌지만 본래 의학 도구였던 전기 바이브레이터에 이르기까지 이런 요법을 일목요연하게 정리한 책을 쓰기도 했어요.

19세기 말에 득세한 담론은 '퇴화'였어요. 증상을 완화할 수 있을 뿐 치료법이 없는 유전병이라는 거였죠. 그래서 인류의 퇴화를 막기 위한 최선의 예방책은 생식의 통제뿐이라고 생각했고요. 프랑스에서는 강제적인 법적조치를 취하지는 않았어요. 다만 우생학을 지지하는 의사들이 50년간 로비활동을 벌인 결과로 1942년에 페탱Philippe Pétain* 정부하에서 혼인용 건강진단서 발급이 의무화되기는 했죠. 혼인용 건강진단서의 목적은 혼인 전에 건강정보를 알려주는 검진을 의무화해 예비 부부들에게 생물학적 부모의 역할과 지진아를 낳을 위험성에 대한 경각심을 불러일으키는 것이었어요. 건강진단서는 의무였지만 부부가 아이를 낳는 것은 자유롭게 선택할 수 있었어요. 나치 독일에서 실행한 것과 같은 극단적인 우생학에 비하면 비교적 '유연한' 우생학이었죠. 일부 민주국가에서는 질병을 보유한

---

* 1856~1951. 한때 프랑스의 국부로 칭송받는 군인이었지만 제2차 세계대전 때 프랑스가 독일에 점령당한 후 비시 정부의 수반으로서 히틀러와 강화협상을 하고 나치 독일에 협력했다.

여자는 그저 조신하게 얌전히 있어라!

일부 국민을 대상으로 거세를 행하는 더욱 혹독한 우생학이 법적 테두리 안에서 적용되었어요. 예컨대 스위스에서도 이른바 지진아는 의학적 결정에 따라 거세를 당해야 했어요.

20세기 초에 생겨나 양차 대전 사이에 발전한 내분비학에서는 성적 장애가 호르몬의 불균형에서 발생한다고 봤기 때문에 호르몬의 균형을 맞춰주는 방식의 치료를 실행했어요. 남성 호르몬 부족이 원인이라며, 남성 동성애자나 성기능 장애가 있는 남자에게 동물의 고환 세포를 이식할 목적으로 원숭이, 개, 돼지 같은 동물을 사육하는 산업이 실제로 존재하기도 했고요. 세포 이식이 정말 그런 식으로 힘과 활력을 줄 수 있다고 생각했어요. 슈타이나흐Eugen Steinach** 수술 역시 '그토록 귀하다는' 남성 호르몬을 보존하는 데 목적이 있었죠. 그래서 말년에 암으로 몸이 쇠약해진 프로이트도 이 수술을 받았다고 해요. 이 외에도 엑스레이를 이용해 생식선을 촉진하거나 저하시키는 요법을 시도하기도 했죠. 그렇게 호르몬 요법은 보편화되었어요. 반면 여성 호르몬은 주로 생식 능력을 개선하기 위해서만 사용되었고요.

** 1861~1944. 오스트리아 출신의 생리학자로 1920년대부터 거의 20년간 남성을 대상으로 연구를 실행해 정관수술이 성욕, 지적 능력, 활력을 증강한다고 주장했다.

19세기 말에 시작된 성의학으로 다양한 여성의 질병이 분류되기 시작했잖아요. 그렇다면 여성에 대한 시각이 좀 더 합리적인 방향으로 나아간 것일까요? 아니면 여전히 그대로였을까요?

사프롱 여성의 성기는 그저 몸 안으로 들어간 형태일 뿐, 남성의 성기와 똑같다고 주장한 갈레노스의 의학 지식은 르네상스 시대부터 재검토되기 시작했어요. 르네상스 시대 해부학자들은 여성의 쾌락이 클리토리스와 그 해부학적 구조 자체에서 발생한다는 것을 보여주었어요. 특히 19세기 중반에는 독일 의사 게오르그 루트비히 코벨트Georg Ludwig Kobelt의 연구를 통해 클리토리스의 위치, 내부 형태, 흥분 시의 반응, 신경분포, 분비물 등을 자세히 알 수 있게 되었죠. 한편으로는 형태, 음경처럼 물컹한 해면체 조직, 발기 같은 면들이 남성의 성기와 동일하다는 이유로 클리토리스를 일종의 작은 페니스로 생각하기 시작했어요. 여성의 몸을 남성화해 인식해버린 것이죠. 그런데 19세기 말부터는 성을 심리학과 정신의학적으로 해석하기 시작했어요. 그러면서 해부학은 인체를 연구하는 가장 중요한 학문이라는 명성을 빼앗기게 되죠. 클리토리스가 여성의 쾌락을 담당하는 기관이라는 것에도 반론이 제기되기 시작했고요. 그때부터 클리토리스보다는 질과 자궁에 더 큰 관심이 집중되었어요. 그래서 성숙한 여성은 질을 통해 쾌락을 느끼는 반면, 미성숙한 여성은 클리토리스로 쾌락을 느낀다는 주장이 등장했죠. 이런 주장은 리하르트 폰크라프트에빙Richard von Krafft-Ebing[*]의 『정신병리학적 성욕

* 1840~1902. 독일의 심리학자이자 성의학자.

Psychopathia Sexualis』에서 시작되어 프로이트까지 이어졌어요. 해부학에서는 수 세기 전부터 끊임없이 그 반대로 이야기를 했는데도요!

그렇다면 클리토리스를 통해 얻는 쾌락은 의학적으로 볼 때 잘못된 오르가즘이라는 것이 그들의 주장이었나요?

───────────────────────

샤프롱 그렇죠. 클리토리스는 생식, 특히 성교와는 관계가 없으니까요. 성인군자, 종교인, 의사 그 누구를 막론하고 질내 삽입을 전형적인 성행위라고 생각했거든요. 하지만 질내 삽입은 클리토리스를 자극하지는 않아요. 코벨트는 클리토리스가 발기하면 커지면서 질 입구에 닿게 되고 그 순간 마찰로 인해 쾌락을 느낄 수 있다는 이론을 내세웠어요. 그렇지만 그 이론은 순식간에 비판에 부딪히고 말죠. 쾌락을 느끼기에 삽입만으로는 충분하지 않으니까요. 일각에서는 이것을 '클리토리스와 질 입구 사이가 너무 먼' 일종의 질병으로 진단했어요. 이 때문에 성교 시 여성이 오르가즘을 느끼지 못한다는 것이었죠. 그래서 프로이트의 제자였던 마리 보나파르트Marie Bonaparte는 클리토리스의 제인대提物帶를 잘라 질 입구와의 거리를 좁혀주는 수술을 고안하기도 했어요. 그렇지만 그런 수술이 시행되는 경우는 매우 드물었죠.

정신분석학은 여성성에 대한 인식을 어떻게 변화시켰나요?

───────────────────────

샤프롱 프로이트가 좋은 영향보다 나쁜 영향을 더 많이 끼친 건 확실해요. 제2차 세계대전 이후에 그가 내놓은 이론들이 널리 전파되면서 그 영향력은 더욱 커졌죠. 물론 프
로이트는 생식기가 아직 완전히 발달
해 성적 성숙이 이루어지기 전이라도,
유아기에 신체를 자극하며 쾌락을 느
끼는 다형도착적polymorphous perversity 성 반응이 나타날 수 있다는 이
론을 제시하면서 생리학을 비롯한 해부학과 생식의 개념에서 성을
분리하기는 했어요. 반면에 그는 오이디푸스 콤플렉스 이론과 심리
성적 발달단계Psychosexual development를 내세워 이성애적이고 성기중
심적인 섹스야말로 정상적인 성인의 섹스라고 주장하기도 했죠. 프
로이트는 이제 인류의 퇴화 대신 신경증에 대해 언급하기 시작했어
요. 프로이트의 제자들은 클리토리스로 쾌락을 느끼는 여성이나 오
이디푸스 콤플렉스를 극복하는 데 '실패'한 동성애자를 향해 유아
단계를 벗어나지 못한 사람들이라는 낙인을 찍었죠. 알프레드 킨제
이가 미국과 프랑스에서 실행한 초기의 대규모 성의학 연구는 질을
통해 쾌락을 느끼지 못해 자신을 비정상이라고 여기며 자괴감을 느
끼는 여성이 얼마나 많은지를 보여주었어요. 이것만 봐도 알 수 있
죠. 그가 성의 개념을 확장하며 '공'을 쌓았지만 오직 자신이 세운 기
준으로 정상적인 성을 판단하려 하는 '과'도 저질렀다는 것을요. 그것
은 결국 또 다른 기준을 강요한 셈이었으니까요.

수 세기 동안의 온갖 성차별적 담론에 저항하는 여성들이 있었나요? 또는 비
판적인 목소리를 내는 남성들도 있었나요?

샤프롱 성차별적 견해에 반대하는 남성이나 여성의 목소리는 언제나

존재했어요. 문제는 잘 드러나지 않을 정도로 소수였다는 거죠! 여성들은 과학계에서 그런 편견들을 없앨 수 있는 경력을 인정받기까지 오랜 시간을 기다려야 했어요. 19세기 말이 되어서야 산부인과나 내과 의사의 논문에서 여성의 폐경을 다룰 수 있었다는 것이 그 예라고 할 수 있죠.

일반 대중을 상대로 여성과 여성의 성에 대해 보다 합리적인 언급을 하기 시작한 건 언제였을까요?

샤프롱 1970년대에 전개된 페미니즘 운동이 매우 중요한 역할을 했다고 봐요. 그보다 앞서 1949년에 시몬 드보부아르가 한 발언이나 피임, 임신중단 등을 긍정한 마거릿 생어 주도의 산아제한 운동Birth control'도 큰 역할을 했고요. 이런 사상은 정신분석학과 프로이트를 계승한 오르가즘 이론에 부딪혀 극도로 비난을 받았어요. 페미니스트들은 특히 르네상스 시대부터 내려온 지식에 기반하고 있는 성, 즉 클리토리스의 중요성을 부각했어요. 모든 분야에 걸쳐 빠지지 않고 등장했죠. 페미니즘 운동, 이론, 의학, 연극 등 거의 모든 분야의 텍스트에 클리토리스가 등장했어요. 그 흐름은 〈버자이너 모놀로그〉* 같은 연극을 통해 지속되었고요. 그렇게 해서 여성들 자신이 말하고, 쓰고, 생각하고, 편집하고, 창조하는 여성의 성이 구축되었죠.

---

* 억눌린 여성의 성을 다양한 시점에서 표현한 연극작품으로 극작가이자 시인이며 사회운동가로 알려진 이브 엔슬러Eve Ensler가 직접 200여 명의 여성들을 상대로 인터뷰한 내용을 바탕 삼아 만들었다.

여성에 관해, 특히 여성의 성에 관해 21세기에도 여전히 남아 있는 어리석은 생각으로는 뭐가 있을까요?

샤프롱 유달리 헤픈 여자 혹은 창녀가 아닌 이상 여성은 성에 별로 관심이 없다는 편견이죠. 그런 억압은 청소년 사이에 여전히 존재해요. 동시에 여러 남자를 만나고 연달아 데이트를 하는 여자아이는 쉽사리 친구들 사이에서 모욕을 받죠. 그게 또 소셜 네트워크를 통해 일파만파 퍼져 나가요. 게다가 그런 문제에 관해서라면 여성들은 결코 잘 연대하지 않거든요! 반대로 남자아이가 똑같은 행동을 하는 것은 별 문제가 되지 않죠. 여자아이와 남자아이 간의 이러한 차별은 언제나 존재했어요···. 마찬가지로 동성애 혐오에 관한 문제도 의견이 크게 갈리죠. 이 지점에서 공교육은 크게 하는 일이 없어요. 성교육을 권고하는 공문과 관련법이 존재하기는 하지만 제대로 이루어지지도 않을뿐더러 큰 효과도 없죠. 성교육 사이트, 유튜브의 유용한 동영상, 다큐멘터리 같은 자료들이 있어도 포르노나 그 밖의 혐오스러운 동영상 역시 쉽게 접할 수 있기 때문에 그 사이에서 청소년들이 제대로 된 정보를 얻는 것은 쉬운 일이 아니에요.

인터뷰 정리 장프랑수아 마르미옹

인문과학 잡지 편집자 **마르틴 푸르니에**

성차별의
파란만장한 연대기

La grande saga
du sexisme

형제들이 알렉상드르에게 어떻게 그토록 아름다운 페트로닐을 쟁취했
는지 묻자 그가 대답했다. "별거 없었어. 덤불 뒤에 숨어서 오리들을 보
고 있었지. 그때 마침 페트로닐이 그 옆을 지나가지 뭐야. 그래서 냅다
달려가서 방망이로 때려눕혔지." 그는 형제들에게 걱정스러운 듯 물었
다. "잘한 거지?" …아, 안심하시라! 이 장면은 영국 사회학자이기도 한
로이 루이스Roy Lewis의 소설 『나는 왜 아버지를 잡아먹었나The evolution
man』에 등장하는 장면으로 선사시대를 배경으로 하고 있으니 말이다.
컬트 서적으로 평가받는 다소 황당한 이 소설은 그럼에도 남자라는 족
속이 여성을 지배한다는 관점에 근거한 기나긴 성차별의 역사가 이미
수천 년 전에 시작되었음을 보여준다.

　게다가 이것은 수많은 인류학자와 역사학자(대표적으로 프랑수아 에리
티에)의 견해이기도 하다. 출산은 여성이 가진 능력이었기 때문에 남자
들은 여성의 지위를 통제하는 권력을 포함해 나머지 권력을 전부 차지
하려 했다. 진화의 과정을 거치며 이러한 현상은 더욱 두드러졌다. 여자
들이 출산하고 수유하는 동안, 엄청난 에너지와 시간을 요하는 양육활
동에서 면제된 남자들은 사냥과 그 밖의 육체노동을 담당하며 더 강하
고 단단한 신체를 갖게 되었다. 시간이 지나면서 여자들은 출산으로 활

동에 제약이 있었던 반면 남자들은 전쟁, 경제, 권력 활동에 열중할 충분한 여유를 누릴 수 있었다…. 그러나 진화심리학에서 비롯한 이러한 주장에 일부 여성주의 사조는 전혀 동의하지 않는다. 역사학자 이반 자블론카Ivan Jablonka는 이러한 도식이 가부장제가 인간의 본성에 깊이 뿌리 박혀 있음을 보여준다기보다는 '여성을 생식능력이 있는 존재로 단순화'하는 생각에 근거를 두고 있을 뿐이라고 지적했다.[74]

남자들의 손아귀에 들어간 종교

앞서 언급한 역사학자의 말을 계속 이어가보면, 본래 신은 여자였다. 선사시대를 연구하는 역사학자들은 100년 전부터 '비너스'라 명명한 십여 점의 후기 구석기 시대 조각상(가장 오래된 것은 약 3만 5,000년 전의 비너스다)을 세상에 선보였다. 물론 흔히 볼 수 있는 여자의 모습은 아니다! 얼굴도 팔도 없는 작은 나부상에 유독 성적 특성만이 강조되어 있기 때문이다. 풍만한 가슴, 도드라진 성기, 큼직한 엉덩이와 불룩 나온 배는 임신과 출산을 떠오르게 한다. 자블론카의 지적처럼, 나부상은 우리에게 여성에 대한 성적 대상화와 인류 초기의 남성지배 징후를 보여준다.

어쨌거나 기원전 2000년경부터 고대 신전이 우주를 창조한 남신(메소포타미아의 엔릴, 잉카의 비라코차, 그리스의 제우스, 바이킹의 토르 등)의 차지였다는 사실은 변하지 않는다. 유일신교의 탄생으로 창조의 권력은 남성의 손으로 넘어간다. 대표적으로 모세를 비롯해 공자, 석가, 예수와 열두 제자, 무함마드를 꼽을 수 있다. 이 종교들 대다수는 심각한 성차별을 내포하고 있다. 아담의 갈비뼈에서 창조된 이브는 악마의 꼬임에 빠져 아담에게 원죄를 저지르게 하는 사악한 요부로 묘사된다. 유교는 정의와 존중의 메시지를 설파하면서도 여성들에게는 '삼종三從'(여성이 결혼하기 전에는 아버지를 따르고, 결혼해서는 남편을 따르고, 남편이 죽은 후에는 아들을 따라야 한다는 관례)과 '사덕四德'(살림이 뛰어나야 하며, 용모는 단정해야 하고, 말은 예의가 있어야 하고, 마음은 정순해야 한다는 도덕)을 강요한다. 이슬람교의 여성혐오적 '하디스'(예언자 무함마드의 언행 전승)는 '여성에게 사업을 맡기는 민족은 절대로 번영하지 못한다'고 설파한다. 뿌리 깊은 성차별은 종교를 하나로 뭉치게 했다. 유대교, 기독교, 이슬람교, 힌두교의 수많은 경전학자들이 여성을 오만하고 게으르거나 음탕한 존재로 치부했고 여성이 남성의 통제하에 놓여 있어야 한다고 주장했다. 4세기경 중국의 유교 관례를 받아들인 일본 봉건사회의 남존여비 사상은 '남자는 존중하고 여자는 천시하라'고 가르쳤다···. 이렇게 종교가 공고히 하고 보편화한 성차별 사례는 셀 수 없이 많다. 이러한 성차별은 수천 년 동안 전 세계적으로 위세를 떨쳤고 사회가 복잡해짐에 따라 더욱 확대되어 갔다.

여성 군주들의 '죄악'

중세시대 내내 기독교 윤리에 막대한 영향을 미친 교부 아우구스티누스는 "자연법에 따르면 공동체에서 여자는 남편에게 순종하고 자식은 부모에게 순종해야 한다. 더 강한 사람의 판단이 더 약한 사람의 판단보다 우선시되는 것은 당연하다"고 천명했다.

그렇다고 너무 실망할 필요는 없다. 서양에서는 고대부터 여성해방의 움직임이 시작되었으니 말이다. 로마 제국에서는 가장에게 절대 권력이 있었음에도 불구하고 여성에게 이혼권이 있었고 여성들은 거의 완전한 자유를 누릴 수 있었다.[75] 또한 중세시대 여성들은 독신생활, 수녀원, 군대, 재능, 왕권을 통해 남편의 그늘에서 벗어나 상당한 자유를 누릴 수 있었다. 그렇다고 해서 성차별적 편견이 완전히 타파되었던 것은 아니다!

특히 프랑스에서 여성 군주에 대한 여성혐오는 대단히 지독했다. 메로빙거 왕조의 프레데군드(545~597), 브루느힐드(534경~613)는 그저 피비린내를 좋아하는 왕비로 묘사되었다. 프랑크 왕국의 왕비 브루느힐드 치하에서 프랑크 왕국은 유럽에서 가장 광대하고 가장 강성했다. 그는 왕이나 다름없었고, 그 때문에 끝내 반대파에게 잔인하게 처형되고 말았다. 613년 사형선고를 받은 노쇠한 왕비는 낙타 위에 앉은 채로 끌려 다니다가 말에 사지가 묶인 상태에서 말을 달리게 하는 방식으로 처형당했다. 남자들에게만 적용되던 처형방식이었다. 그도 그럴 게 브루느힐드 왕비는 40년 이상 왕을 대리해 왕처럼 권력을 행사했던 것이다. 그것이 바로 그의 크나큰 과오였다![76]

6세기, 투르의 주교 그레고리우스는 널리 알려진 저서 『프랑크인의 역사Histoire des Francs』에서 수많은 정적을 살해한 프레데군드 왕비를 신랄하게 비판했다. 반면 프레데군드와 똑같은 방식으로 정적을 제거한 클로비스 1세에 대해서는 '신에게 가장 위대한 영광을 바친' 전략을 실행했다고 평가했다. 그렇지만 역사학자 엘리안 비에노Eliane Viennot는 적대관계를 통해 분열되고 형성된 프랑크 왕국에서 여성이 남성에 비해 더 포악했다는 증거는 없다고 지적한다.[77] 1791년 출간된 『프랑스 여자 군주들의 죄악: 군주정치의 시작에서 마리 앙투아네트까지 Les crimes des *reines de France, depuis le commencement de la monarchie jusqu'à Marie-Antoinette*』

에서는 미성년인 아들 루이 9세를 대신해 섭정한 뒤 죽을 때까지 수도
원에서 은거했던 블랑슈 드카스티유 왕비에 대해 '행실 나쁜 여자들이
당연히 겪게 되는 수순'을 보여주었다고 기술했다. 실상 고대의 여왕이
나 왕비는 권력이나 폭력, 필요한 경우 위협이라는 도구를 사용해 여느
왕들처럼 나라를 다스렸을 뿐이다. 그러니 남왕들과 여왕들을 두고 우
열을 가리는 것은 의미가 없어 보인다.

교활하고 난폭하며 해악을 끼치는 여자

클로비스 1세 시대에 성립한 살리카법의 조항 하나가 14세기에 복원된
일이 있었다. 여성, 즉 왕의 딸이나 누이가 프랑스의 왕좌를 물려받지
못하게 하기 위해서였다. 정략적 이유로 왕과 결혼한 왕비는 대를 이을
아들을 생산해 '자손을 번식시키는 자궁' 이상도 이하도 아니었다. 르네
상스 시대에는 모두가 보는 앞에서 출산을 함으로써 '거리낌 없이 진정
한 모성을 보여야' 했던 왕비들은 단독으로 통치할 수 없었다. 다만 군
주의 상황이 여의치 않거나 미성년인 경우에는 왕비가 섭정을 했다. 남
편 앙리 2세가 사망한 후, 두 아들 프랑수아 2세와 샤를 9세를 대리해
섭정한 카트린 드메디치가 그런 경우다. '교활하고 난폭하며 해악을 끼
치는 여자'라는 수식어가 따라붙는, 함부로 재단할 수 없는 왕비의 검은
전설은 역사학자들과 소설가 알렉상드르 뒤마를 통해 당대에서 오늘날
까지 계속 이어졌다. 그는 오랫동안 성 바르톨로메오 축일(1572년 8월
23~24일)에 벌어진 신교도 학살의 책임자로 지목되어왔다.

그렇지만 오늘날 역사가들은 카트린 드메디치의 역할을 긍정적으로 재평가하고 있다. 역사학자 드니 크루제[78]에 따르면, 카트린 드메디치는 언제나 백성의 안위를 최우선으로 삼고 통치하려고 노력했다. 그는 군주의 권위를 내세우면서도 종교와 공존할 수 있는 방법을 모색했으며 인문학적 소양 또한 풍부했기에 궁정 예술과 문학을 육성하기도 했다.

앞의 『프랑스 여자 군주들의 죄악』을 보면, "모든 것을 할 수 있는 여자는 어떤 일도 마다하지 않는다. 성性을 바꾼 여자는 모든 것이 가능하다고 믿으며 어떤 것도 의심하지 않는다"고 쓰여 있다. 프랑스혁명 당시, 군주제에 격렬하게 저항하는 군중의 분노는 일제히 왕비 마리 앙투아네트를 향했다. 루이 16세의 아내였을 뿐 통치를 하지 않았는데도, 풍자 작가를 비롯해 수많은 역사학자, 법학자, 정치학자가 역사 내내 위신을 떨어뜨리는 표현들로 체면을 깎아버린 여성 군주와 섭정의 대표적 인물로 온당치 않은 마리 앙투아네트를 내세웠다.

20세기 말이 되어서야 페미니즘의 득세와 활발한 젠더 연구 덕분에 왕국을 다스린 여성들을 다른 시선으로 보게 해주는 역사가 등장했다.

프랑스혁명은 페미니즘을 태동하게 했지만 반면 남성권력을 우선시하고 여성을 아동, 극빈자, 재범자와 같은 '수동적 시민'으로 분류하며 순전히 남성중심적인 보편성을 재확인시키는 계기이기도 했다. 혁명의 한가운데서, 시민운동가 올랭프 드구주Olympe de Gouges는 「여성인권선언문Déclaration des droits de la femme et de la citoyenne」(1791)을 발표하며 공공 부문에서 여성을 배제하는 남성지배 권력을 비판했다. 지롱드파와 결탁했다는 죄목으로 단두대에 머리를 내놓아야 했던 그를 향해 당시 신문들은 "정치가가 되려고" "여자로서 마땅히 행해야 할 미덕을 망각했기 때문에" 처벌받았다고 단언하며 여성은 공적인 일에 끼어들지 말 것

을 권고했다. 파리코뮌의 검사는 그를 "남자 같은 여자"라고 비난했다.[79]
이 통탄할 이야기는 여성들에게 '자연은 여성에게 집안을 돌보는 임무
를 부여했고 수유를 할 수 있게 유방을 주었다'는 해묵은 말을 절로 떠
올리게 한다.

남성 위주의 예술, 과학, 문학

문맹률이 낮아지고 학교 교육이 보급되면서 17세기부터 문학과 예술계
에서 여성해방이 나타나기 시작했다. 교양 있는 사교계 여성들이 주최
하는 살롱에서 여성들은 남성과 어깨를 나란히 하고 문학, 철학, 과학
또는 열정과 감정에 관해 토론을 벌였다. 이들(대표적으로 니농 드랑클로
Ninon de Lenclos)은 라퐁텐이나 몰리에르 같은 작가의 희곡에서 '박식한
여자', '식견 있는 여자', '재치를 뽐내는 여인', '자유사상가'로 규정되며
조롱의 대상이 되었다. 그러나 이제 그러한 희곡들은 당시 남성권력을
거슬리게 한 사회적 여성해방의 분위기를 차별적 시선으로 풍자했다고
평가받을 뿐이다.

　뉴턴의 저작을 번역하고 고유한 연구로 물리학에 기여해 오늘날에
는 위대한 과학자로 인정되는 에밀리 뒤샤틀레Émilie du Châtelet는 당대
사람들의 악의적 비난을 감수해야 했다. 철학자 엘리자베스 바댕테르가
지적한 것처럼, 오랜 세월 그는 16년간 동반자로 지낸 볼테르의 연인으
로만 알려져야 했다.[80]

　또한 예술 분야에서 여성들은 재능을 인정받기까지 큰 산을 여러 번
넘어야 했다. 오늘날 위대한 예술가로 평가되는 아르테미시아 젠틸레

스키Artemisia Gentileschi(1593~1652)는 '스승'에게 강간을 당했고 역시 화가였던 아버지의 지원을 받고서야 겨우 인정을 받을 수 있었다. 18세기에 왕립 미술 아카데미에 소속된 백여 명의 예술가 중 여성은 단 네 명에 불과했다. 귀스타브 플로베르는 『선입견 사전Le Dictionnaire des idées reçues』에서 그 당시(19세기 말)를 묘사하며 '창녀로만 취급되는' 여성 예술가의 처지를 개탄스러워했다. 20세기에 들어서도 상황은 여전했다. 오늘날 위대한 화가로 널리 알려진 프리다 칼로(1907~1954)는 오랫동안 화가 디에고 리베라의 여인으로 남아 있어야 했다.

계몽주의 시대에는 프로이센에서 폴란드, 스웨덴에서 러시아, 메이지 시대 일본에 이르기까지 여성 지식인이 두각을 나타내기 시작했다. 그러나 거기에 속아서는 안 된다. 여성들의 역할은 그저 루소와 같은 일부 철학자들이 독려하고 강조한 '아내와 어머니'로서 문명을 전파하는 것에 그쳤기 때문이다. 게다가 『에밀』(1762)에서 루소는 아내 소피가 주어진 일에 충실한 현모양처 되는 법을 반드시 배워야 한다고 주장했다. 다른 남성들과 마찬가지로 루소는 여성의 사회적 인격과 역할에 대해 성차별적 입장을 수시로 드러냈다. 루소에게 여성은 돌이킬 수 없는 선천적인 열등성에 시달리며 사회에는 해악만 끼치는 존재였다. 그렇기 때문에 여성의 의무는 그저 남성을 만족시키고 남성에게 필요한 사람이 되는 것뿐이라고 목소리를 높였다.

"여성의 지식은 남성의 사회적 지위를 침범하지 않는 선에서만 허용되었다"는 이반 자블론카의 지적처럼, 결국 여성의 지식은 오직 여가생활을 위해서만 허용되었던 것이다.

유식한 척하는 여류 작가, 과격한 여자, 색정녀

19세기에 '페미니즘'은 성적 문제가 있는 남성들이 겪는 질병을 일컫는 의학 용어였다. 여성들의 투쟁과 그 결과로 쟁취하는 것들이 점점 많아지면서 페미니즘은 성차별을 없애기 위한 투쟁의 용어로 변모했다. 그러나 이렇게 필연적으로 발생한 페미니즘 운동은 여성해방에 대한 저항감이 특히 심했던 프랑스와 가톨릭 국가에서 큰 반향을 일으키지 못한 채 또 한번 좌절되고 말았다. 반면 개신교 국가에서는 토크빌이 『미국의 민주주의De la démocratie en Amérique』에서 지적한 것처럼 "젊은 여성들이 가톨릭 국가에 비해 대단히 주도적으로 투쟁을 이끌어갔다."

참정권을 얻기 위한 여성의 투쟁, 서프러제트 운동은 비웃음과 모욕을 당하기 일쑤였다. 페미니즘 신문 『여성시민La citoyenne』의 창립자이자 기자였던 위베르틴 오클레르Hubertine Auclert에게는 '여장부', '유식한 체하는 여류 작가', '과격한 여자', '색정녀' 등 온갖 모욕적 별명이 따라붙었다. 경찰에 여러 차례 체포되기도 했다. 경찰의 사건보고서에 묘사된 그의 모습은 이랬다. "광증과 히스테리 증상을 보인다. 이 병 때문에 자신이 남성과 동등하다고 착각하는 듯하다."

19세기 말에 접어들어 점진적으로 여성해방이 이루어지자, 여성의 '어리석음'을 구실 삼아 공적 분야에 여성이 접근하지 못하게 하는 여성혐오가 맹위를 떨치기 시작했다.[81] 영국 소설가 D. H. 로렌스는 이렇게 기술했다. "여자들이 말대꾸를 하도록 내버려두면 어떻게 될까? 허튼소리를 하며 부부의 위계와 가족의 안정을 위험에 빠뜨릴 것이다… 여자들에게 바깥일을 할 수 있게 해주면 집안일은 거들떠보지도 않고 자신이 남자라도 된 양 행동할 것이다."

여성들은 학업을 위해 힘겹게 문을 박차고 나아가야 했다. 줄리 빅투아르 도비에Julie-Victoire Daubié는 몇 번의 시도 끝에 1861년, 37세가 되어서야 바칼로레아 시험에 응시할 수 있는 자격을 얻었고 후에 기자가 될 수 있었다. 프랑스 최초의 여성 의사인 마들렌 브레스Madeleine Brès는 의대에 입학하기 위해 당시 교육부 장관이던 빅토르 뒤리Victor duruy와 외제니 황후의 지원사격을 받아야 했다.

이 개척자들은 대학의 남성 공동체가 가하는 극도의 모멸적 비난을 감내해야 했다. 의사 앙리 몽타니에가 1868년 『병원일보Gazette des hôpitaux』에 기고한 글을 보면 비난의 수준을 짐작하고도 남는다. "여성을 의사로 만들려면 여성의 감수성, 소심함, 수줍음을 모두 없애버려야 한다. 또 가장 무섭고 끔찍한 것들을 보여주면서 단련시켜야 한다. 생각해보건대 여성이 그렇게 의사가 된다면 그에게 무엇이 남을까? 그 여자는 그때부터 소녀도, 여성도, 아내도, 어머니도 아닌 존재일 것이다."

여자가 나다니면 애는 누가 키우지

바칼로레아 시험을 통과한 여성들이 당대의 고정관념에 맞서 헤쳐 나가야 하는 길은 멀고도 험난했다. 여성이 바칼로레아 자격을 취득하는 일은 그저 부르주아 출신 소녀들이 '격조 높은 도덕심'을 함양할 교양 습득의 기회로 여겨졌다. 당시 교육부 소속 대학 교수였던 폴 크루제Paul Crouzet는 "여학생은 남학생이 이미 다 아는 것을 배우며" 지적 노동은 여학생들의 감정을 메마르게 하고 지치게 할 위험이 있다고 말했다.

그러나 이러한 성차별적 편견도 19세기 말부터 여자 대학생의 수가

점점 더 증가하는 것을 어찌하지 못했다. 1880년에 카미유 세Camille Sée*
법이 제정되면서 여자고등학교가 신설되었고 그 이듬해에는 중등교원
육성을 위한 세브르 여자사범학교가 신설되었다.

러시아, 루마니아, 혹은 폴란드(대표적으로 마리 퀴리)같이 자국에서
학업을 금지당한 수많은 여성들이 파리의 대학으로 몰려들었다. 돌파구
가 마련되었으니 여성들이 그 기회를 놓칠 리 없었다!

바칼로레아 시험에 통과한 여성을 필두로 변호사, 의사, 기자가 된
여성은 가족과 사회의 질서를 위협한다며 손가락질을 받았다. '종말론
적 역할 전복'이 일어나기라도 했던 것일까? 1878년의 어느 날, 작가 쥘
바르베 도르빌리Jules Barbey d'Aurevilly는 "마리 다구Marie d'Agoult**가 아카
데미 프랑세즈에 입회하고 로자 보뇌르Rosa Bonheur***가 보자르 아카
데미에 입회하게 되면 잼과 오이 피클 만들기는 우리 남자들 몫이 될
것"[82]이라고 비아냥거렸다. 그로부터 반세기가 훌쩍 지난 후, 로랑 파비
위스Laurent Fabius****는 대선 후보 수락 연설에 나선 여성 후보 세골렌
루아얄Ségolène Royal을 향해 외쳤다. "그러면 애는 누가 키우지?" 예나 지
금이나 남자들은 한통속이다!

남성성이 크게 우위를 점했던 19세기와 여성해방이 이루어진 20세
기 내내 남성들이 내뱉은 고약하고 마초적인 온갖 자잘한 발언은 얼마
든지 더 있다. 오늘날도 계속되는 성차별적 표현까지 굳이 언급하지 않

* 1847~1919. 프랑스 법학자이자 정치가.
** 1805~1876. 작가이자 역사가.
*** 1822~1899. 미술가. 동물을 그린 회화로 잘 알려졌다.
**** 프랑스 남성 정치가로 2007년 사회당 대선 경선 후보에 나섰다가 세골렌 루아얄에게 큰 득표
차로 패배했다.

더라도 말이다.

남성의 명예 실추, 국가의 쇠퇴, 시민의식 저하, 풍기문란, 출생률 하락, 성혁명으로 인한 성병 증가에 이르기까지 온갖 악의 집합체로 여겨지던 여성해방의 반작용으로 반페미니즘 정서가 점점 팽배해졌다.

짧은 머리에 짧은 치마를 입고 담배를 피우는 '사내 같은 아가씨'가 나타난 벨 에포크 시대는 남성의 두려움을 명확하게 드러냈다. 여성의 쾌락에 관한 초기 페미니스트의 글은 파문을 불러일으켰다. 1949년 여성의 모성 신화를 비판하고 여성이 자신의 욕망을 마음껏 향유하도록 독려한 보부아르의 『제2의 성』이 출간되자 사회는 크게 동요했다. 이 책으로 인해 그는 '외설 작가', '매사에 불평만 하는 여자', '레즈비언', '색정녀', '불감증 환자'라는 등 몹시 혹독한 공격과 모욕을 받아야 했다.

피임과 낙태의 자유를 위해 1960년대에 여성들이 벌인 투쟁 역시 남성들의 분노를 자극했다. 1967년 피임약을 허용하는 뉴비르트Neuwirth 법 표결 당시, 한 상원 의원은 "남성들은 이제 자신의 남성성을 의식하지 못할 것이고 여성들은 이제 비생산적 쾌락의 대상으로 전락하게 될 것"이라고 말했다. 또한 1974년 자발적 임신중단 법안을 표결에 부치기 위해 시몬 베유Simone Veil＊＊＊＊＊는 자신에게 쏟아지는 모욕적 발언과 가족에 대한 협박을 견뎌내야 했다. 토론이 진행되는 동안 베유는 당시의 성혁명을 고깝게 생각하던 보수우파 하원 의원에게 우생학이니 나치의 소행과 다를 바 없다느니 하는 최악의 비난을 들으며 힘겨운 투쟁을 이끌어갔다.

＊＊＊＊＊ 1927~2017. 프랑스 보건장관 재임 당시 임신중단 합법화 법안을 통과시키는 데 크게 공헌했다. 이 법은 현재 '베유법'으로 불린다.

여기서 끝이 아니다. 지구상의 몇몇 국가에서 어린 소녀들이 겪어야 하는 성기 훼손 의식, 성폭력, 그리고 오늘날 남성과 여성 동성애자들의 자유를 가로막는 호모포비아의 등장도 반드시 짚고 넘어가야 할 문제다. 태곳적부터 만연해 있던 강압적인 성차별은 인간의 해방과 함께 완전히 사라졌을까? 우리 각자가 생각해봐야 할 문제다!

철학에 나타난
여성혐오의 짤막한 연대기

"남성과 여성의 차이는 단 한 번도 철학의 대상이 된 적이 없다." 페미니즘 사상 철학가 주느비에브 프레스Geneviève Fraisse는 『남녀의 차이La différence des sexes』(1996)에서 이렇게 지적한 바 있다. 최소한 말할 수 있는 것은 철학자 대다수가 2,500년 동안 반페미니즘, 나아가 여성혐오를 통해 오히려 두각을 나타냈다는 것이다…. 이 현상은 성차별적 입장을 드러낸 플라톤과 아리스토텔레스를 필두로 고대 그리스에서부터 시작되었다. 예컨대 아리스토텔레스는 "용맹함은 사령관의 미덕이요, 순종은 여성의 미덕"이라고 천명했다.

기독교 성직자들에게서도 페미니스트적 면모는 거의 찾아볼 수 없었다. 기독교 교회는 오랫동안 여성을 악마 같은 창조물로 여겼다. 하기야 「창세기」에서 뱀(악마)의 말을 듣고 가련한 아담에게 선악과를 먹게 한 것도 이브가 아니던가? 그러므로 모범적 기독교도 페넬롱François Fénelon 신부(전문적 신학 교육을 받은 17세기 프랑스 성직자였다)가 여성의 지성이 얼마나 부족한지를 보여주기 위해 갖은 노력을 다했다는 사실은 그리 놀랍지도 않다. 그는 "여성의 지성은 타율적이므로… 마땅히 미덕과 행동규범을 배워야 한다"고 주장했다.

철학계에서 여성혐오로 메달을 수여한다면 평생 동안 여성을 증오하는 말을 쏟아낸 쇼펜하우어에게 금메달이 돌아가야 한다. 그는 "여성

과 남성이 동등하다는 것 자체가 잘못된 전제"라고 말했다. 칸트도 둘째
가라면 서럽다. "교양 있는 여성은 책을 마치 시계처럼 사용한다. 남에
게 보여주려고 시계를 차고 있을 뿐, 평소에는 그 시계가 제대로 작동하
는지, 시간은 정확히 맞는지 신경도 쓰지 않으니 말이다."

그렇다면 철학자들은 모두 여성에게 적대적이었단 말인가? 침소봉
대할 필요는 없다! 철학자들 중 일부는 여성의 종속성을 논하며 비판적
인 시각을 드러내기도 했다. 콩도르세, 샤를 푸리에, 오귀스트 콩트, 존
스튜어트 밀, 카를 마르크스, 존 듀이가 바로 그런 철학자들이다….

역사학자

미리암 코티아스

노예에 관한 고정관념

Idées reçues sur l'esclavage

'어리석음'과 '노예제'의 관계에 대한 고찰은 노예제의 역사를 동시대의 관점에서 바라보는 데서 시작할 수 있다. 아니, 그보다는 그저 단순한 역사적 사실만으론 이해하기 힘든 어떤 과거를 곡해하는 데서 시작된다고 말하는 편이 정확할 것이다. 실로 엄중한 결과를 초래한 이러한 역사의 주변부에는 진부하고 틀에 박힌 고정관념들이 너무나 많이 병존한다. 차별과 인종주의에 대해 말하자면 더더욱 그렇다. 내가 여기에서 상황적 맥락을 고려한 분석적 사회과학과 역사적 사실이 결여된 견해를 '어리석음'으로 간주하는 것도 바로 그런 이유 때문이다.

실제로 대서양과 인도양에서 이루어진 인종차별의 역사 속에서 노예제는 대개 '백인'과 '흑인', 두 집단 간 대립의 역사로 인식되고 해석된다. 그러나 이러한 정의는 기만적일뿐더러 한쪽은 고소인으로, 또 한쪽은 피고인 또는 피해자 흉내를 내는 입장으로 나뉘게 할 뿐이다. 더불어 이는 우리의 사고를 어지럽힌다. 나는 여기에서 개인적인, 그리고 공개적인 논쟁과 토론에 어김없이 등장하는 몇 가지 고정관념을 소개하고자 한다.

첫 번째 고정관념,
노예제도는 언제나 있어왔는데 뭐가 문제인가

실상 거의 모든 인간사회는 그 발전 시기에 인간이 인간을 착취하고 지배하는 극단적 방식인 노예제도를 필요로 했다(일부에서는 여전히 필요로 한다). 노예는 법적으로(규율 또는 관습에 의해) 소유자 또는 '주인'에게 속해 있다. 임시로든 정식으로든 노예에게는 법적 지위가 없다. 노예제가 인간 착취제도로 자리 잡기 전, 17세기 네덜란드 법학자 휴고 그로티우스Hugo Grotius°는 노예제란 승자가 패자의 생사여탈권을 쥐게 되는 정복전쟁에서 패자가 죽음 대신 선택할 수 있는 대안이었다고 지적했다. 대다수 고대 사회에서 노예는 전쟁에서 포로가 되거나, 노예무역에 끌려온 외국인이거나, 사회학자 겸 법학자 앙리 레비브륄Henri Lévy-Bruhl이 「노예제도론Théorie de l'esclavage」(1934)에서 언급한 것처럼 자신들만의 공동체가 없는 사람이었다.

철학자 장 보댕Jean Bodin°°을 제외하면, 18세기까지 노예 없는 사회는 상상도 할 수 없었던 것 같다. 『신약성서』에 인간은 차별받지 않으며 모든 인간이 신 앞에 평등하다고 명시되어 있으나 마나 노예제는 계속해서 용인되었다. 기독교는 고작해야 중세시대 말 유럽 국경이라는 협소한 범위 내에서 매우 지난한 세월에 걸쳐 노예제 폐지에 일조했을 뿐이고, 이후 1547년 바르톨로메 델라스카사스Bartolomé de las Casas°°°가 벌인 투쟁이 있고 나서야 아메리카 인디언 노예제도가 금지되었다. 이

° 1583~1645. 근대 자연법의 원리에 입각한 국제법의 기초를 체계화한 인물이다.
°° 1530~1596. 프랑스 법학자이자 철학자로 노예제 폐지를 주장했다.
°°° 1484~1566. 스페인 성직자이자 역사가로 유럽 최초의 반식민지주의자로 불린다.

후 18세기부터 자유 개념이 부상하면서 역사학자 앙리 왈롱Henri Wallon
은 1847년『고대 노예제의 역사Histoire de l'esclavage dans l'Antiquité』를 통해
가족 내에서의 주인과 노예라는 개인적 관계에 바탕을 둔 고대의 노예
제와 노예무역을 통한 근대의 노예제를 비교했다. 유럽 내에서는 노예
제가 폐지된 반면, 대서양과 인도양 연안에 건설된 식민지에서는 여전
히 노예제가 유지되고 있었기 때문이다. 왜 그런 현상이 일어났을까?

　유럽인에게 하듯 아메리카 인디언과 고용계약을 하면 수익성이 없
다고 판단했기 때문이다. 노예제도는 사실상 '신대륙' 사회를 꾸리기 위
한 유일한 대안이었다. 이렇게 특이한 역사적 현상이 발생한 원인으로
다음의 두 가지 요소를 꼽을 수 있다.

　첫 번째는 절정에 달했던 대서양 노예무역이었다. 16~19세기에 대
략 1,300만 명의 아프리카인이 노예무역으로 송출당했다. 이 노예무역
은 애초에 아프리카와 이슬람 국가에서 시작되었고 후에는 유럽 대부
분의 국가에서 성행했다(아프리카 노예의 81퍼센트, 약 1,000만 명 이상이
1700~1853년에 유럽에 송출당했다). 이 수치만으로도 참담한데, 그나마 서
아프리카와 중앙아프리카 사이에 위치한 항구에 도착하기도 전에 육로
로 이송되는 동안 사망한 700여만 명은 여기에 포함되어 있지 않다. 그
렇게 아프리카 노예무역 경제는 유럽의 모든 국가에서 유입된 자본을
만나 활성화된다. 발가벗겨진 200~400명의 노예가 '노예 매매선' 안에
겹겹이 쌓여 송출되었다. 남자들은 평균 두 달 이상 소요되는 항해 내
내 족쇄에 묶여 있었다(여자들은 족쇄에 묶여 있지는 않았지만 일부가 강간을
당했다). 그동안 질병이 돌고 폭동이 일어나면서 12~13퍼센트는 아프리
카 해안과 아메리카 대륙을 횡단하는 동안 사망하기도 했다. 18세기 유
럽의 평균수명이 짧았다는 것을 감안하더라도 이러한 사망률은 유달리

높다고 할 수 있다. 더구나 노예의 약 3분의 1정도가 '아동'으로 기록될
정도로 어렸다면 말이다.

　두 번째로 신대륙 특유의 이러한 노예제 때문에 15세기부터 아프리
카가 제1의 노예 공급원이라는 오명을 뒤집어쓸 수밖에 없었기 때문이
다. 1,000년 전, 자유가 없는 사람은 고대에서 내려온 단어 'servus'로 표
현되었고 이후 중세시대에는 'sclavus'나 'sclavi'로 표현되었다. 이 단어
는 해적질이나 노략질 또는 노예무역으로 노예가 되어 중세 동방의 시
장에서 거래되던 슬라브인을 특정하는 단어로 그 어원이 헝가리 남쪽
과 보스니아·세르비아 북쪽 사이에 있는 슬라보니아라는 지역에서 유
래했다. 중세시대에 슬라브인은 '최상급 노예'로 평가받았다. 그들은 베
네치아를 비롯해 리옹, 베르됭, 레겐스부르크, 프라하, 키예프 등의 유
럽 노예시장에서 거래되었다. 그런데 15세기에 중대한 역사적 변화가
일어난다. 아메리카 대륙에서 재배되는 커피, 담배, 카카오, 설탕의 수
요 증가와 함께 발전한 대서양 지역에 지중해 지역이 패권을 빼앗기고

만 것이다. 이 때문에 노예 수급의 지리적 위치가 근본적으로 변화한다. 중세시대의 '러시아인', '불가리아인', '시르카시아인', '아르메니아인'은 이제 더 이상 노예를 대표하지 않는다. 오직 근대의 '아프리카인'만이 노예의 대명사처럼 여겨진다. 대서양 중심의 노예제와 노예무역의 특수성 때문에 특정한 문명권 사람 전체가 노예로 등치되는 강력한 인종주의가 발생하고 만 것이다. 또한 식민지 생산물, 특히 아메리카 대륙의 사탕수수를 이용한 경제 패권이 점차 확장되면서 '흑인=검둥이=노예'라는 등식이 성립되기에 이른다(동일한 시기에 '백인=주인=자유인'이라는 등식도 성립했다).

현시대에 다시 회자되는 식민 지배 관계로 인해 이 등식은 우리의 의식 속에 여전히 남아 있다. 노예에 관한 설명과 묘사에서 이런 등식을 지우기 위해 여전히 노력을 기울여야 한다니, 유감스러운 일이 아닐 수 없다.

두 번째 고정관념, 아프리카인은 자기 '동족'을 팔았다

노예무역에서 아프리카인도 책임을 피해 갈 수 없다는 견해는 많은 학회와 매체에서 대서양 노예무역과 노예제를 다룰 때 빠지지 않는 레퍼토리다. 그 제도의 잔인성을 어떻게든 최소화해줄 증거를 찾으려는 발버둥이다. 역사를 살펴보면 실제로 어떤 일이 벌어졌던 것인지 쉽게 알 수 있다.

18세기 말의 노예폐지론자와 19세기 말의 식민지 관리자는 '흑인'

이 자기 '종족'을 매매하는 패륜을 저지른다며 그들을 비난했다. 노예폐지론자들은 아프리카인이라는 단일한 종족의 구성원들이 서로를 배신하고 파렴치한 짓을 저질렀다며 추정에 불과한 역사를 내세워 윤리적 이슈를 만들어냈다. 아프리카의 입장에서 볼 때는 유럽의 노예 수요가 증가함에 따라 이미 존재하던 노예무역망이 더 크게 확대되었던 것뿐이다. 그 때문에 가나 같은 몇몇 왕정은 번영을 누린 반면 다른 왕조들을 점점 쇠퇴했다. 무기를 앞세운 왕정의 지도층은 노예의 수급을 조절할 수 있었다. 건기 때마다 연안에 위치한 왕국들은 내륙의 이웃 왕국을 상대로 침략전쟁을 벌여 노예를 수취했고 유럽의 노예 수요 폭증을 통해 이득을 챙겼다. 현재 가나의 살라가 지역 같은 내륙지역 거의 어디에나 대규모 노예시장이 열렸다. 그렇지만 아프리카 왕들은 결코 '종족'도 가족도 팔지 않았다. 그저 자신과 혈연적, 국가적 관계가 없는 외국인을 노예시장에 내다 팔았을 뿐이다. 물론 예외도 있었다. 아메리카 대륙으로 송출된 노예 매매는 복수의 한 방편으로 사용되었다. 예컨대 비아프라만灣에 위치한 칼라바르의 두 왕자는 1760년 도미니카에 노예로 팔려갔다. 그러나 아프리카 노예무역상이 거래한 노예 중에는 전쟁, 약탈, 납치, 처벌, 담보, 종교제물을 통해 획득한 '외적'들이 압도적 비율로 많았다. 일례로 18세기 황금해안*에서 포획한 수많은 포로는 아칸 지역 부족들 간에 전쟁이 끊이지 않았다는 것을 보여준다. 특히 베냉만 내륙, 황금해안, 세네감비아 출신의 노예 대다수가 전쟁에서 포로로 잡혀온 사람들이었다.

　아프리카인이 자기 종족을 노예로 매매했다는 주장이 사실과 다르

---

* 아프리카 서북부 기니만에 접한 해안.

다는 것을 보여주는 또 다른 증거도 있다. 아프리카는 19세기 말 전까지, 대륙 전체가 문화와 정치를 공유하는 집단이 아니었다. 다시 말해 사하라 이남 '아프리카'는 정치적 동맹 또는 적대 등 각기 다른 관계들로 유지되는 왕국의 집합체였다. 이후 아프리카가 단일한 집합체로 규정된 것은 두 가지 사건 때문이었다. 첫 번째는 1884년 식민 야욕으로 아프리카 식민지 분할을 공식화한 유럽 열강의 베를린 서아프리카 회의였다. 두 번째는 대서양 노예제 때문에 송출당한 사람들의 귀환과 노예제 문제에 연관된 '흑인'을 기반으로 아프리카라는 집단을 규정한 일이다. 예를 들어 '미국식민협회American Colonization Society'는 1816년 1만 5,000여 명의 노예를 해방시켜 아프리카로 '송환'했고 1847년에는 라이베리아가 건국되었다. 또한 UNIA, 곧 '만국흑인진보연합Universal Negro Improvement Association'이라는 조직을 결성한 아프리카계 자메이카 출신 마커스 가비Marcus Garvey(1887~1940)를 비롯한 사상가들은 분리정책과 인종주의를 비판하며 흑인 노예들이 본국으로 돌아갈 권리를 주장했다.

하일레 셀라시에Haile Selassie 1세*는 1955년 샤샤메네 땅을 '전 세계 흑인들'에게 넘겨주기로 결정했다. 시원의 땅이자 조상의 땅, 아메리카 대륙으로 송출된 사람들의 슬픔의 땅으로 흑인들을 귀환시키자는 아이디어는 '자유와 평등이 있고 인종차별은 없는 땅'에 대한 열망이 있었기에 흑인들의 지지를 얻을 수 있었다…. 다만, 18세기에 아프리카는 스스로 자신을 흑인이라고 규정한 적이 없다.

---

* 1892~1975. 에티오피아의 황제로 노예제도의 폐지 등 근대화 정책을 추진했다.

세 번째 고정관념,
노예는 노동자보다 나은 대우를 받았다

이러한 주장이 자주 등장한 이유로는 여러 가지를 꼽을 수 있다. 우선 대서양 노예제에 대한 묘사 때문이다. '흑인'을 문명화해야 한다고 생각한(그렇다고 길고 딱딱한 가죽채찍을 쓰지 않았다는 것은 아니다) 유럽인과 미국인이 보기엔, 가혹하긴 해도 수용할 만한 온정주의적 노예제를 묘사한 『톰 아저씨의 오두막』 쪽이 노예제의 추악함을 묘사한 『메리 프린스의 생애*The History of Mary Prince*』보다 대서양 노예제를 더 많이 대변했기 때문이다.

또 다른 이유는 노예제가 자본주의의 역사에 편입되어 있기 때문이다. 1685년에 제정된 프랑스 흑인법에 따르면 노예는 일종의 재산으로 취급되는데(44조에 따르면 동산, 48조에 따르면 부동산) 그 때문에 노예제는 소유와 관리의 관계로 받아들여졌다. 노예는 재산이기 때문에 보호받아야 한다는 생각은 흑인 노예제에 관련된 구체적인 내용, 예컨대 극단적 폭력, 노동환경, 인간성 말살, 당사자들의 실질적 반발 등을 지워버리고 말았다.

노예들은 평상시에는 섭씨 25도가 넘는 기온에서 하루 12시간씩 노동을 했고 사탕수수 수확철에는 야간까지 추가 노동을 해야 했다. 제대로 된 식사는 꿈도 못 꾸었으며 폭행을 당하기 일쑤였다. 여자 노예는 채찍을 맞거나 강간을 당했고 감금이나 쇠목줄 착용 등의 가혹 행위도 주기적으로 벌어졌다. 플랜테이션 농장에서는 저항의 방편으로 낙태와 유산이 비일비재하게 일어났다. 인구통계학적 측면에서 볼 때, 생도맹그Saint-Domingue(18세기 말까지 사탕수수 생산을 위해 가장 중요했던 프랑

스 식민지)에 송출된 노예는 평균 8년, 마르티니크에 송출된 노예는 평균 10~15년을 생존했다. 아동 중 약 49퍼센트가 0~10세 사이에 사망했다. 노예의 기대수명은 18세기에나 19세기에나 30세를 밑돌았다. 이러한 상황으로 인해 19세기 초까지 플랜테이션 농장에서는 인구가 전혀 늘지 않았고 노예무역의 포로들이 유입되고 나서야 노동인력이 교체될 수 있었다. 흑인 노예제 옹호론자들은 '노예가 되는'(또는 '노예 상태가 되는'이라고도 했는데, 이렇게 표현하면 인간의 신분을 노예로 명확하게 규정짓지 않는다고 생각했기 때문이다) 운명이 노동자의 운명보다 더 낫다고 주장했다. 그러나 이는 사실을 부정하는 것이며 1791년 생도맹그 노예들의 투쟁으로 1794년 2월 4일에 노예제 폐지가 결의된 후 1848년 4월 27일 노예제 폐지 법령이 공포되기까지 이를 지지한 노동자들의 탄원을 무시하는 주장이다. 실상 노예와 노동자의 비참한 상황이란 오십보백보였기 때문이다.

이제는 제대로 알아야 할 때

2001년 5월 10일, 프랑스에서는 노예무역과 노예제를 반인권범죄로 인정하는 법안이 발의되었다. 노예제와 노예무역은 인류의 정신에 극단적 폭력의 이미지를 각인했으며 극심한 차별과 인종주의를 발생시킨 주범이었다. 그런 만큼 이에 관한 교육이 권장되고는 있지만, 실행에서는 난맥상이 드러난다. 어처구니없게도 유럽은 대서양의 노예제가 북아프리카, 사하라 이남 아프리카 또는 중동의 노예제와 다를 바 없다는 주장을 펼치려 호시탐탐 기회를 노리고 있다.

그런데 의도가 매우 불순한 이러한 비교 시도에는 한 가지 핵심적인 요소가 누락되어 있다. 바로 시간이라는 요소다. 아메리카 대륙으로의 노예무역은 350년, 카리브해, 인도양, 미국, 남아메리카의 노예제 사회는 500년 간 지속되었다는 점을 간과해서는 안 된다. 또 다른 한편에서는 노예제가 1,800년 넘도록 지속된 것도 사실이다. 그러니 노예제를 비교해봤자 증명되는 것은 아무것도 없다! 여러 대륙에 걸친 '흑인 노예제 옹호론' 꼬리표가 붙은 주장이 이 사회 저 사회에 면죄부를 주는 데 이용되어서는 안 되며, 유럽과 아메리카 대륙에서 역사적 사실로 밝혀진 것들을 축소하기 위한 도덕적 근거로 이용되어서도 안 될 것이다.

그렇다고 대서양과 인도양에서 벌어진 노예제의 역사와 그에 대한 기억이 정체성의 위축을 불러와서도 안 될 것이다. 오히려 이를 통해 평등을 수호하고 현대판 노예제를 반대하는 투쟁에 힘을 보탤 수 있어야 한다. 1685년 루이 14세가 식민지의 흑인 노예를 관리하려고 제정한 법이 1980년, 그러니까 무려 20세기까지도 모리타니에 버젓이 남아 있었다는 사실만 봐도 그럴 이유는 충분하지 않을까.

고고역사학자
폴 벤과의 대담

민중의 어리석음, 권력욕부터 합당한 요구까지

La connerie des peuples,
de la volonté de puissance
au désir de normalité

개인 또는 집단 차원에서 인류가 저지르는 멍청한 짓은 그 자체로 역사의
원동력이 될까요?

벤 아, 물론이에요! 오늘날 우리가 '어리석음'이라 부르는 걸 17
세기나 18세기에는 '우매함'이라고 생각했어요. 그런데 우매함은 자
만보다는 무지나 지성의 결여를 드러낸다고 할 수 있죠. 멍청이는
거만한 사람이라 할 수 있어요. 제가 어렸을 때만 해도 많은 사람들
이 추상예술을 보면서 '이해를 못하겠네'라고 말했어요. 그들은 자
신의 무지를 드러낸 것이었지만 자신들이 이해하지 못한 것에 대해
형편없다거나 나쁘다거나 변태적이라는 평가를 함부로 내뱉지는 않
았어요. 지금은 어떤가요. 그림에 대한 지식이 전혀 없으면서도(저
자신도 그림에 대해 많이 안다고 생각하지 않아요) 그림을 맹렬하게 비판
하는 사람이 얼마나 많은가요. 그런 사람들은 또 말라르메부터 이어
져 내려오는 난해한 시풍을 탐탁치 않아하죠. 시는 자신이 이해할
수 있게 쓰여야 하고, 그림은 사진이나 초상화처럼 사실적인 무언가
를 표현해야 한다면서요. 어떤 예술작품을 보고 자신이 이해하지 못
했다거나 무지하다고 솔직하게 말하는 건 멍청한 게 아니에요. 오히

려 그런 작품을 보고 형편없다느니, 예술가는 이렇게 난해한 작품을 내놓아서는 안 된다느니 하는 말을 늘어놓는 것이 멍청한 거죠.

지도자들도 우매함을 피해 가지는 못하는 것 같은데요?

────────────────────────────

벤 세계사를 들여다보면, 국가의 지도자가 거만한 모습을 드러내는 것은 사실 특별한 일이 아니에요! 아주 오래전에도 지도자들은 모두 자신이 본래부터 우월한 존재라고 생각했죠. 알렉산드로스 대왕이 그랬고, 네로 황제는 자신이 천재 예술가라고 생각했지요. 그렇지만 로마인은 자신이 특별한 임무를 완수하도록 운명이나 신에 의해 미리 점지되었다고 믿는 그 자체를 멍청하다고 여겼을 거예요. 심지어 오늘날 거드름을 피우는 국가의 수장도 단번에 자기를 천재적이라고 생각하지는 않잖아요. 물론 자신이 명석하다고 생각하고 고집스럽게 자기 생각을 밀고 나가며 자신은 잘하고 있다고 믿기는 하지만요. 그렇다고 해서 자신이 우월하고 초인간적이며 신적인 존재라고 생각하지는 않죠. 나폴레옹은 군사학교 시절부터 스스로 천재적인 지략가라고 생각했어요. 바로 그 점이 그의 잘못이기는 한데, 적어도 자신이 신적인 존재라고는 생각하지 않았죠. 나폴레옹 이야기를 아실 거예요. 그는 고문관들에게 물었죠. "내가 죽으면 사람들이 나에 대해 뭐라고 하겠나?" 그들이 한 목소리로 말해요. "오, 모든 사람이 슬퍼할 겁니다, 폐하. 그리고는 말하겠죠. 정말 위대한 분이셨다고요!" 그러자 나폴레옹은 이렇게 답했어요. "아냐, 사람들은 '휴우, 이제 드디어 끝이구나!' 할 걸세." 그는 자신을 과대평가하지 않았어요. 어설픈 과대망상가에 둔감하기까지 했던 루이 14세(제

가 정말로 싫어하는 유형이에요)에 비하면 나폴레옹은 유머감각이 있었
죠. 히틀러에게는 당연히 없었던 능력이고요…. 히틀러는 정말 최악
의 어리석음을 보여줬어요.

그렇다면 민중은 집단적 광기라 부를 수 있을 정도로 너무나 터무니없는
사상, 미신, 폭력적인 관습을 분별하지 못한 걸까요?

벤 뉘른베르크[*]에 모였던, 광기에 휩싸인 군중을 한번 떠올려보
세요. 그들은 나치즘을 믿었어요. 자신들이 쓰레기 같은 유대인보다
훨씬 우월하다고 생각했죠. 이러한 광기에는 특별하다고 여겨지는
지도자에 대한 열광이 따라붙게 마련이죠. 다시는 벌어져서는 안 될
집단적 오만의 사례라고 할 수 있어요. 이제는 인종차별에 대한 표
현조차 금기시되고 있기는 하지만요.

포퓰리즘이 득세하고 있는 작금의 상황도 집단적 오만으로 볼 수 있지 않
을까요?

벤 저는 그렇게 생각하지 않아요. 오히려 그 반대에 가깝죠. 그건
자신의 지적 빈약함에 스스로 익숙해졌다는 고백에 대한 반응일 뿐
이에요. 사람들은 모멸감을 느끼거나 바보로 취급받기를 원하지 않
아요! 사람들은 '나는 탁월한 무언가를 해내고 말 거야, 그게 내 운

---

* 독일 바이에른주에 속한 도시로 한때 히틀러 나치의 중심도시였다. 제2차 세계대전 후에는 전쟁
범죄와 인류에 대한 범죄를 처단하기 위한 전범재판이 열렸다.

명이니까'라고 생각하지 않아요. 오히려 '억압과 멸시를 받는 나를 위해 뭔가를 하고 싶다'고 생각하죠. 그러니까 과대망상적인 우월함을 실현하려는 게 아니라고요!

그저 합당한 대우를 받기 위해서라고요?

벤 그래요, '합당하다'는 표현이 무척 적확한 것 같네요. 우리는 합당하게 대우받기를 바라죠. 더 이상 과소평가되지 않기를요.

존엄성을 추구하면서요?

벤 아, '존엄성'이라는 말은 너무 과한 것 같네요…. '합당한 대우'를 원하는 것이죠.

현시대가 특히 어리석음을 드러내기가 쉬운 시대인가요? 아니면 다른 시대와 다를 바 없는 시대인가요?

벤 로마인은 스스로 우월한 민족이라고 생각했어요. 시인 베르길리우스는 그리스인이 문화적으로, 지적으로, 예술적으로 로마인보다 앞섰다고 평가했지만 운명이 그렇게 정해졌기 때문에 로마인이 본질적으로 훨씬 더 강하다고 믿었죠. 어떤 면에서 나치와 비슷해요. 오늘날의 포퓰리즘이 보여주는 어리석음은 평등과 합당한 대우를 요구하는 것에서 시작되었어요. 어쨌거나 그건 그렇게 심각한 문제는 아니에요! 현재 독일인들은 이제 절대로 자신들이 우월한 인종이라고 생각하지 않으니까요.

그럼 역사가 흐르면서 어리석음도 함께 흘러간 것일까요?

벤 네, 그건 확실해요. 무지함, 아니 무교양에서 비롯한 어리석음이 사라졌다는 의미에서 보면요. 다소 차이는 있어도 세계 인구의 95퍼센트가 글을 읽을 줄 아니까요. 전 세계적으로 볼 때 괄목할 만한 일이죠.

역사학자가 어리석음을 만천하에 드러내는 일도 있나요?

벤 당연하죠! 그것도 끊임없이요! 역사학자들은 언제나 자신의 정치적 견해를 드러냈어요. 일례로 역사가이기도 했던 아돌프 티에르Adolphe Thiers는 파리코뮌의 역사보다는 베르사유 정부의 역사를 더 드러내고 싶어 했어요.* 그런가 하면 몇몇 독일 역사학자는 나치즘에 대해서 언급하기를 꺼리죠. 어쨌든 역사 교육에는 문제가 많아요. 빅토르 위고는 파리가 세상의 중심이라고 생각했고요. 영국과 프랑스는 세계에서 가장 위대한 민족이라는 타이틀을 두고 끊임없이 경쟁했어요. 수 세기 동안 대대로 서로를 적이라 생각하면서요. 그런데 지금은 어떤가요. 프랑스는 이제 세계 5위 경제대국에서도 밀려났다는 것을 인정해야 하지 않나요….

------

* 1871년 독일군과 제3공화정 군대에 맞서 파리코뮌이 결성되자 당시 행정부 수반이었던 아돌프 티에르는 베르사유로 정부를 이전하고 파리를 포위한 뒤 코뮌을 무자비하게 진압했다.

놀라운 것은 그런 온갖 어리석음에도 불구하고 우리가 살아남았다는 거예요. 그렇다면 역사의 가장 강력한 원동력은 무엇일까요? 인간의 지성일까요? 아니면 어리석음일까요?

벤 아, 당연히 어리석음이죠. 우리는 현시점에서 과거를 평가할 수 있잖아요. 하지만 우리도 언젠가는 평가를 받게 되겠죠. 지금 제가 말하는 것들이 22세기에는 오만과 우매함의 극치로 여겨질 수 있을 거예요!

인터뷰 정리 장프랑수아 마르미옹

철학자 마르틴 그루

계몽주의와
멍청이의 대결

La connerie vue par
les Lumières

각자가 철저하게 아이들을 보호하고, 이 병폐와 야비함,

증오에 찬 어리석은 인종주의에 힘껏 저항해야 한다.

로베르 바댕테르Robert Badinter * (2019년 4월 25일)

18세기에 벌어진 논쟁들, 특히 『백과전서Encyclopédie』를 둘러싼 논쟁에 대해서는 많은 연구가 이루어졌지만 그 안의 용어는 큰 관심거리가 아니었다. 하지만 계몽주의 시대의 중요 저작인 『백과전서』는 당시에는 어리석음으로 규정하지 않았던 자발적 성찰의 부재와 그 결과를 명확하게 보여준다. 바로 '경솔한 판단', 나아가 추정에 의한 판단이다.

* 1928~. 헌법재판소장, 상원 의원, 유럽안보협력기구 조정 및 중재 재판소 재판장 등을 역임한 인물. 1981년 프랑스가 전 세계에서 36번째로 사형제도를 폐지하게 된 데는 당시 법무부 장관이었던 그의 공이 컸다.

카쿠악 사건

계몽주의는 새로운 방식으로 세상을 파악하며 종교가 아닌 과학으로 형이상학적 질문에 대한 답을 찾고자 한 사상운동이다. 이 사상은 신에 대한 믿음 대신 인간이 지닌 이성의 능력을 신뢰했다. 계몽주의자는 인간의 분별력으로 통제하는 지식이 경험에 영향을 미친다고 생각했다. 반면 예수회 수사들은 세계를 오직 과학적 증거로만 파악하려고 하는 이 새로운 접근방식을 맹목적으로 배척하고 거부했다. 당시 예수회는 자신들이 발행하는 학술지 『트레부 비평집*Journal de Trévoux*』[83]을 이용해 1759년 2월 6일에는 의회의 지지를 얻고, 같은 해 3월 5일에는 교황청의 지지를 얻어 『백과전서』 출간 금지를 이끌어냈다.[84] 이 때문에 벌어진 논쟁의 세세한 부분은 여기서 논하지 않겠다. 나는 계몽주의 반대파와 백과전서파가 상대를 공격할 목적으로 구사한 거친 표현들을 살펴보고자 한다.

'카쿠악(Cacouacs 혹은 Kakouacs) 사건'은 계몽주의 철학을 어리석은 것으로 규정하려는 시도였다. 계몽주의 반대파는 『백과전서』 편찬에 참여한 일련의 지식인을 '철학자'라 조롱하며 '카쿠악'이라고 불렀다. 이 호칭을 처음 사용한 사람은 역사학자 자콥 니콜라 모로Jacob Nicolas Moreau였다. 그는 1757년 10월 「카쿠악에 관한 논문」 제1편[85]을 발표했고 곧이어 제2편까지 발표했다. 그는 카쿠악이라는 용어로 백과전서파를 저격하면서도 자신이 왜 그토록 신랄한 비판을 하는지에 대해서는 결코 설명하지 않은 채 2년간 자신의 주장을 굽히지 않았다. 그리스어로 '나쁨'을 뜻하는 Kakos와 '서투름'이라는 뜻의 프랑스어 Couac을 결합한 독창적인 호칭을 만들어내고 의기양양해진 그는 이 호칭을 대단히 강조했다. 그는 카쿠악이라는 종족이 "야만적이고 잔인하며 위험한 국가"를 형성하고 그 안에서 자기들끼리 살아간다는 이야기를 만들어 냈다. 그는 루소를 비롯해 엘베시우스, 『백과전서』까지를 싸잡아 "우스꽝스러운 체제", "어처구니없는 관점", "불행을 초래하는 규범"을 예찬한다며 비난했다. 또 그들이 "위험하고 소심하고 우스꽝스러우며" "그렇게까지 악하지는 않지만", "절대로 절망하지 않는" "떠버리들"이고 "사람의 정신을 지배하려" 하며 그러면서도 때로 나약한 모습을 드러낸다고 했다. "그들은 조만간 어떤 멍청이를 찬양했을 뿐이라는 것을 깨닫고 복수할 방도를 찾을 것이다." 요컨대 "그들은 살짝 모자라고 판단력이 없으며 그 사상을 지지하는 사람들 역시 멍청이"다. 이렇게 모로는 백과전서파에 대한 비난과 조롱을 쏟아냈다. 그런데 한 가지 짚고 넘어가야 할 문제는 그가 『백과전서』 자체가 아닌 그 집필자들에게 비난의 화살을 집중했다는 점이다. 모로는 그들이 집필한 글을 비판하는 대신 파괴적이고 기를 꺾는 무기, 즉 비난의 형용사를 마구 뱉어냈다.

백과전서파는 논리 없이 되는대로 비판해오는 모로의 자신만만한 주장에 반격을 가했다. 『백과전서』의 두 편집자 디드로와 달랑베르가 보기에 멍청이는 오히려 읽지도 않고 판단하는 사람, 즉 이데올로기적으로 판단하는 사람이었다. 『백과전서』 머리말 말미에서 달랑베르는 『백과전서』의 항목을 읽지도 않고 비판하는 소르본대학교 예수회 수사들을 염두에 두고 보란 듯이 "이 사전을 읽는 독자에게"라는 표현을 사용했다. 실제로 예수회는 1751년에 쓰인 『백과전서』 1권의 '과학과 문학에 대한 열정'이라는 항목을 비판했는데, 예수회가 1747년에 출간한 『트레부 비평집』에서 선정했던 도덕주의자 보브나르그의 작품을 토대로 집필한 항목이었다. 또 모로는 '사슴' 항목도 지적하며 "사슴이 분별력이 생기는 나이"라는 표현은 정말로 터무니가 없다고 비판했다. 그러나 달 랑베르는 (자기 저서『문학, 역사, 철학론』에도 포함시킨)『백과전서』3권 일러두기에 다음과 같이 반박했다. "사슴이 분별력이 생길 나이가 되었다는 표현은 사슴에게 정말 분별력이 생겼다는 의미가 아니라 사슴 사냥에 열중한 사냥꾼의 어리석음을 나타낸 것이다."[86]

객관성을 찾기 어려운 비난의 예는 얼마든지 더 있다. 모로는 이렇게 말했다. "우리는 추측을 통해『백과전서』에 참여한 수학자와 집필진의 사상을 비난했다. 그들의 담론은 우리에게 중요하지 않다." 모로가 그랬듯이 예수회 역시『백과전서』의 글을 읽지 않았다. 예수회가 정의한 멍청이(카쿠악)는 아무것도 이해하지 못하는 자이므로, 멍청이 백과전서파의 글에도 당연히 이해할 만한 것이 없다는 듯 행동했다. 그들은 계몽주의의 이성에 기반한 이 사전의 과학적 논거에 관해서라면 아예 입도 뻥긋하지 못하게 할 작정이었고 '별 볼 일 없는 위선자'니 '악랄한 멍청이'니 하는 모욕적 발언을 서슴지 않았다.

예수회 수사들이 보인 화학에 관한 어리석음

'카쿠악' 디드로는 "몇몇 우스꽝스러운 견해"(『백과전서』5장)를 은밀하게 공격하고 타격하며 전복하기 위해 사전의 항목들을 상호적으로 참조케 하는 전략을 구사했다. 그가 이 전략을 통해 반대파를 도발하려 한 것은 확실하다. 이러한 상호참조 전략은 도미노 효과를 일으켜 반대파의 어리석음을 은밀하게 증명하기 위한 방편이었다. 요컨대 첫 번째 패를 쓰러뜨리면 남아 있는 비합리의 패가 전부 쓰러져버리는 것이다.

『백과전서』의 항목 간 연쇄적 상호참조는 종교적 판단이 얼마나 무의미한지를 드러내고 결국 그 판단을 무너뜨리는 데 목적이 있었다. 그럼 '카푸친'*, '코르들리에', '화학', '무지' 네 항목이 항목 간 상호참조를 통해 예수회를 어떻게 무너뜨렸는지를 살펴보자.

'카푸친' 항목에서는 프란치스코회 수사들('코르들리에')의 논쟁을 일례로 제시하며 종교계에서 일어났던 분쟁이 얼마나 어리석었는지를 보였다. 과거 가톨릭교에서는 통이 넓은 카푸친과 좁은 카푸친을 두고 어느 쪽이 더 수도복에 적합한지를 결정하기 위해 한 세기 동안 논쟁을 지속했다. 이제는 가톨릭에서도 대수롭지 않게 여기는 이 논쟁을 끝내기 위해 네 명의 교황은 대칙서까지 작성해야 했다. 디드로는 이 항목에서 "무의미", "경시", "상식"의 부재, "어리석음"이라는 표현을 사용했다. 또 그는 감각과 상상을 결합한 '기묘한 명상'으로 18세기를 뜨겁게 달군 프란체스코 수도회 사제이자 '정묘 박사'**로 불리는 던스스코터스 Duns Scotus를 비판하기도 했다. 아쉽게도 그의 사상을 이어받은 '스코터스주의'는 『백과전서』 항목에 포함되지 않았다. 이 외에도 '카푸친' 항목에서 우리는 어리석음의 특성 중 하나인 "아집"이라는 단어를 발견할수 있다. '카푸친'이라는 이 첫 번째 도미노 패가 쓰러지면 '코르들리에'를 건드리게 되고, 쓰러진 이 두 번째 패는 모든 것을 쓰러뜨릴 거대한 패를 건드린다. 바로 예수회에 치명타를 가할 패, 즉 물질을 다루는 과학인 '화학'이라는 패다. '화학' 항목을 보면 예수회가 오류를 주장하면서 어떻게 어리석음을 드러냈는지를 알 수 있다.

* 수도사가 입는 망토.
** 이 별명은 본래 그 사상의 정교함과 엄격함을 의미했으나 르네상스 이후 헛되고 모호한 미묘함의 과잉을 비판하는 이중적 의미를 갖게 되었다.

달랑베르와 볼테르가 주고받은 서신에는 그들이 화학을 통해 예수회의 주장을 얼마나 탁월하게 반격했는지 잘 드러나 있다. 『볼테르의 생애에 바치기 위해 스스로 쓴 회고록Mémoires pour servir à la vie de M. de Voltaire, écrits par lui-même』 출간 이후 볼테르는 1758년 2월 25일 자 서신에서 "카쿠악에게 유감을 표명한 비방문"에 대해 논한다. 그리고 그 작성자들을 떠올리며 "멍청이"라는 표현을 사용한다.

두 서기에게는 답장을 받지 못했네. 한 명은 멍청이 광신도 같은 사람으로 그나마 다행인 건 나보다 나이가 훨씬 많다는 것일세. 그리고 다른 한 명에 대해서는 굳이 말할 필요가 없을 것 같네…. 두 사람 외에도 삼류 작가가 너댓 정도 있고 그중 한 사람은 『라가제트La Gazette』***에 기고를 하고 있다더군. 모든 재능의 독이라 할 만한 알량한 재주를 피우는 가엾은 사람이지.

볼테르가 남긴 말줄임표에 어떤 의미가 담겨 있을지는 독자들의 상상에 맡기겠다! 『백과전서』 출판 금지 결정이 나고 13일 후, 1759년 2월 19일 자 서신에서 볼테르는 달랑베르에게 『트레부 비평집』의 책임자인 베르티에가 "여전히 그 학술지를 통해 '용해'에 관한 주제를 모독과 어리석음으로 가득 채우고 있는지, 사기꾼과 바보들 때문에 진리가 박해받는 이때 그가 추잡한 어리석음에 대해 무언가를 성찰하고는 있는지" 묻는다.

달랑베르는 2월 24일에 볼테르에게 답장을 보낸다. "내가 『트레부 비평집』에서 '용해'에 관한 사제 프랑수아 가라스François Garasse의 멍청

*** 1631년에 창간해 1915년까지 발간된, 프랑스에서 가장 오래된 정기 간행 잡지였다.

한 주장을 안 읽은 지도 벌써 여섯 해가 넘어가네.”

예수회의 주장에 따르면, 용해란 연금술에서 유래한 화학용어로 ‘분해되는 물질의 구성요소가 혼합된 물질’을 일컫는다. 그러나 용해는 감지되지 않는 화학적 현상이다(『백과전서』 ‘화학’ 항목 참조). 우리가 제아무리 그것들을 섞어봤자 결코 아무것도 얻을 수 없다. 그것으로 어떤 현상을 이끌어내고자 하는 것은 ‘별로 명예롭지 않은 지적 빈곤을 드러내는 것’이나 다름없다. ‘용해’ 항목에서 디드로는 예수회를 빗대어 ‘편파적 용해’와 ‘즉각적 붕괴’를 실현하기 위한 (화학적) 분석을 다루고 있다고 명시했다. 이쯤 되면 백과전서파의 목적이 예수회가 어리석음 때문에 스스로 무너졌다는 것을 보여주는 데 있음을 눈치챌 수밖에 없다. 『프랑스 예수회 수사들의 파멸La Destruction Des Jésuites En France』(1765)에서 달랑베르는 자신의 목적은 예수회를 파멸시키는 것이 아니라, 그들이 온갖 어리석음 때문에 스스로 어처구니없이 붕괴하고 말았다는 것을 보여주는 데 있다고 밝혔다. 예수회는 『백과전서』 항목들과는 상반되는 것들을 주장하면서 오류를 축적해갔다.

1757년 모로는 화학자란 하나의 종족과 같다며 잊지 않고 그들을 비난했다. 이에 대해 『백과전서』 집필자 가브리엘 프랑수아 베넬Gabriel François Venel˚은 예수회가 축적한 오류가 지식의 마비라는 결과를 가져왔다고 한탄했다.

˚   1723~1775. 의사, 약사, 화학자로 『백과전서』 편찬에 참여해 화학, 약학, 의학에 관련된 673개 항목을 작성했다.

화학자는 여전히 수가 매우 적은 별개의 종족과 같다. 그들에게는 자신들만의 언어, 규율, 비밀이 있다. 기대하는 것이 거의 없기 때문에 교류에도 무관심한 다수의 사람들 가운데서 화학자들은 고립되어 살고 있다. 그 다수의 무관심이 실제이든, 그런 척하는 것이든 계몽주의적인 태도가 아닌 것은 분명하다. 그런 태도는 경솔한 판단으로 이어진다. 그래서 피상적으로만 아는 사물에 대해 논할 때는 실수를 저지를 수 있다. 그런데 그 다수는 이미 그런 실수를 저질렀고 자연과 화학지식에 관한 여러 편견들을 만들어냈기 때문에, 화학을 명백하고 정확하게 규명하는 문제는 쉽고 가벼운 토론만으로 결코 해결되지 않을 것이다.

아예 모르는 바보와 알지도 못하면서 판단하는 멍청이

이것이 바로 종교로 뭉친 대다수 민중의 '경솔한 판단', 다시 말해 편견으로 얼룩진 '오류'를 마주한 과학의 모습이다. 고집스럽게 자신만의 의견을 내세우고 근거를 필요로 하지 않는 자는 되는대로 판단해버린다. 그것은 참도 거짓도 아니고 어리석음일 뿐이다. 이론에 기초한 화학을 옹호한 베넬은 그런 자들이 '어리석음'을 말한다면 차라리 그들의 입을 다물게 하는 것이 낫다며 고대 그리스 화가 아펠레스의 유명한 재담을 끌어와 다음과 같이 자신의 의견을 피력했다. "목소리를 더 낮추시오. 당신이 하는 얘기를 들으면 저 석탄 운반꾼들도 비웃을 거요. 이런 풍자가 절로 나오는 지식의 온갖 오류를 정확하게 목록으로 작성하는 것은 진리를 수호하고 올바른 학설을 발전시키는 데 매우 중요할 일일 것이외다. 문제는 그 목록이 도무지 끝나지 않을 것이라는 데 있소." 웃음 유발 역시 어리석음의 특성이다. 때로 그 웃음은 씁쓸한 뒷맛을 남기기도 한다. 볼테르는 1759년 5월 4일 자 서신을 이렇게 끝맺는다. "『백과전서』가 겪은 일들은 오만과 어리석음의 극치였네." 오만과 어리석음의 조합이야말로 멍청함의 특색을 가장 잘 드러내 주는 것일지도 모른다.

마지막으로 디드로가 집필한 '무지' 항목과 계몽주의 철학자 조쿠르Louis de Jaucourt가 집필한 '멍청이' 항목을 살펴보자. '무지' 항목을 보면 '화학' 항목에서 언급되었던 '무관심'에 '결핍'이 덧붙어 있다. 판단을 하는 데 필요한 것이 결여되었다는 의미다. 여기서 '경솔한 판단'이 재등장한다. 디드로는 굴을 처음 본 사람을 예로 들었다. 굴이 물건인지 동물인지 알지도 못하면서 그냥 떠오르는 대로 먹을 만하다고 말하는 이 사람은 판단에 필요한 모든 것을 무시하면서 '경솔한 판단'을 내린다. 그것이 무엇인지 확신할 근거는 아무것도 없다. 그것이 장난감인지 돌인지 동물인지는 알 길이 없다. 그는 교육받은 적이 없기 때문에 아무 말이나 내뱉는다. 그의 생각은 명확하지도 않아서 떠오르는 '생각들'은 서로 '연결'되지 않는다. 지식의 부재가 반드시 경솔한 판단을 불러온다고 할수는 없지만 지식이 결핍된 확신은 '숨길 수 없는 무지'를 드러낸다.

『백과전서』에서는 '다양한 생각을 식별할 능력이 없는 사람', '생각을 구분하고 비교하며 그 특성을 파악할 능력이 없는 사람'이라고 멍청이를 정의했다.[87] 모든 인간이 스스로 참과 거짓을 인지할 수 있으려면 무엇보다도 식별할 지식을 갖추고 있어야 한다. 그런데 바보는 무지해서 판단을 하지 못한다. '사유할 능력'이 없는 사람은 생각을 조합하지 못한다. 반대로 경솔한 판단을 하는 사람은 자신의 사유를 이용해 오류를 주장하면서도 사물이 드러내는 특성들 간에 어떤 연관성이 있는지 알지 못한다. 그에 대해 디드로는 이렇게 말했다. "사물의 특성과 그 상관관계는 생각을 연결해주는 밑바탕이다. 그걸 모르면 우리의 분별력은 그 사물과 관계없는 것들까지 연결 짓고 말 것이다."[88]

사실상, 판단된 것과 관련 없는 근거를 내세우는 사람은 우리에게 설명할 기회조차 주지 않는다. 바보는 아예 모르고 멍청이는 알지도 못하면서 판단한다. 더 나쁜 것은 지식을 무시하면서 판단하는 것이다. 백과전서파는 판단된 내용을 고의로 무시하면서 자기만의 판단을 고집하는 것이 어리석음이라고 생각했다. 그것은 온전한 이해를 불가능하게 만든다. '경솔한 판단'은 과학적 진리에 먹칠을 하며 결국 논쟁을 불러일으킨다. 그것이 전쟁이 아니고 무엇이겠는가.

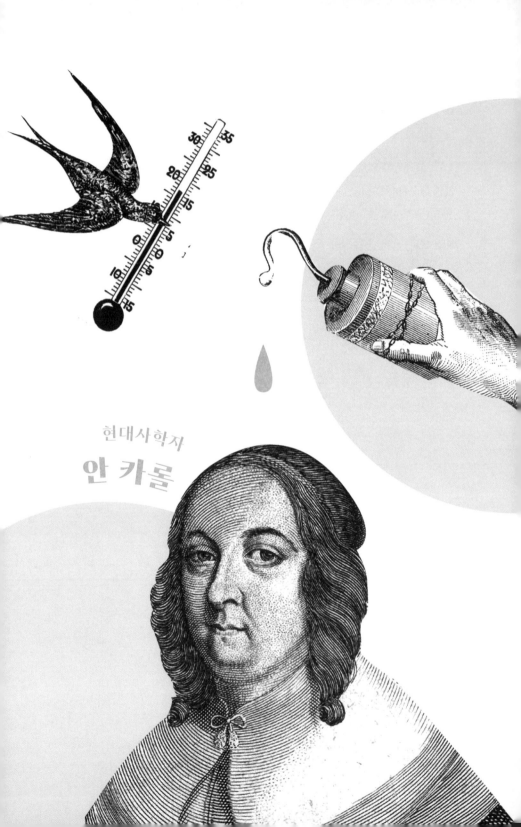

현대사학자

안 카롤

19세기,
의학적 어리석음의
엘도라도

Le XIXᵉ siècle,
eldorado de la connerie
médicale

누구라도 의학의 역사라는 밭을 갈게 되면 여기저기 숨어 있는 어리석음을 쉽게 발견할 수 있을 것이다. 그 귀중한 보물들을 캐내어 한자리에 모으는 일도 그리 어렵지 않을 것이다. 17세기에 몰리에르는 이미 그의 희곡 「상상병 환자Le Malade imaginaire」를 통해 의사 디아푸아뤼스를 조롱했다. 몰리에르가 묘사한 그는 아름다운 여성을 유혹하는 데 해부에 초대하는 것만 한 것이 없다고 생각하며, 갈레노스가 단 한 번도 언급한 적이 없다는 핑계로 고집스럽게 혈액 순환을 인정하지 않는 인물이다. 실제로 19세기까지 서양의학은 엄격하고 배타적인 설명 체계를 토대로 실행되었다. 그 때문에 서양의학에서는 고대 그리스 시대에 매우 빈번하게 실행된 사혈瀉血* 같이 극단적이고 돌이킬 수 없는 치료법을 장려했다.

* 치료를 목적으로 환자의 혈액을 체외로 제거하는 것.

　　그러므로 질 속에 아로마 연기를 불어 넣어 히스테리 환자를 치료
했다는 과거의 의학 문헌에 걱정할 것도 놀랄 것도 없다. 이 모순된 발
언이 당황스러울지도 모르나, 역사 연구 방법의 황금률 중 하나는 시대
적 배경을 간과하지 않는 것이다. 과거의 의학 지식과 행위에 오류가 있
다는 이유로(그리고 그 오류가 지속되고 있다는 이유로) 그것을 조롱하는 건
우리 눈에 기괴하고 터무니없어 보이기만 하는 그 지식과 행위가 당시
에는 일관성과 합리성을 가진 지식의 맥락 속에 있었다는 것을 고려하
지 않는 태도다. 제자리를 벗어난 자궁을 좋은 향기로 유인해 제자리
로 돌아오게 하는 치료법이 환자의 난소를 짓누르는 것보다 더 바보 같
다고 말할 수 없다. 실제로 장마르탱 샤르코Jean-Martin Charcot* 는 의학이
'과학'이라 여겨지던 19세기에 그와 같은 치료법을 실행했다.

　　솔직히 말해 의학계에서 과거에 행한 어리석은 짓에 대한 연구는
'의학에 관한 대중적 오류와 편견'을 조롱하고 논평하면서 의사들 자신
의 오류를 본의 아니게 되풀이하는 결과를 가져올 뿐이다. 그런 저작들
에서 의사들은 환자들 사이에서만 통용되며 자신들의 생각과는 반대
되는 의학적 '믿음'을 낱낱이 까발린다. 이와 같은 맥락에서 의사 무레
Mouret는 1882년에 출간된 그의 저작을 통해 습진이 '피의 찌꺼기'라 믿
으며 진료 중 '습진이 충분히 밖으로 나왔으면 조심스럽게 그것을 몸
밖에서 처리해도 되는지' 묻는 이들에 대해 비아냥거렸다. 그렇지만 이

---

* 　1825~1893. 현대 신경의학의 창시자로 난소가 신경장애의 도화선일 수 있다고 여겨 '난소압축
기'라는 기계로 난소를 짓누르는 실험을 했다. 물론 난소와 히스테리의 연관성은 증명하지 못했다.

러한 상황은 온갖 발진성 질환에 체액 요법을 적용하던 시대에는 흔히 볼 수 있던 장면이었고, 종기를 통해 부패한 체액이 방출되는 걸 방해한다는 이유로 천연두 예방접종을 마땅치 않게 여긴 여러 병원 입장에선 정당한 장면이기도 했다. 즉, 19세기 말에 활동한 의사가 멍청하다고 비웃은 생각이 한두 세기 전에는 의학계의 지지를 받았다는 말이다.

이 지점에서 의사 무레에게 따가운 시선을 보낼 수밖에 없는 건 자신이 반박 불가한 지식을 보유했다고 믿은 순진함 때문도 아니요, 대중의 믿음과 뒤떨어진 이론을 도매금으로 취급했기 때문도 아니다. 그 이유는 바로 과거의 의학을 조롱하면서 드러낸, 실증주의 지식인에게서 흔히 볼 수 있는 자만 때문이다. 의학계의 어리석음이라는 광활한 평야에서 특히 19세기가 하나의 엘도라도처럼 보이는 것도 그 때문이다.

치료에 대한 사회적 요구가 높아짐에 따라 의사는 더욱 커진 권력과 명예를 함께 맛보게 되었다. 이렇게 의사의 권위가 강화되면서, 19세기 말에는(또 20세기 말에도) 치료의 효율성이 현저하게 개선되었다. 1803년에 의학교육제도 신설을 위한 법이 제정되면서 의대에서 질 좋은 교육을 받고 (병리학적 증상과 장기의 변화를 연관시킨) 임상해부학, 실험생리학, 예방접종법을 배우며 성장한 의사들은 과학에 모든 희망과 권위를 부여한 시대적 상황과 맞물려 의학 기술을 과학의 반열에 올려놓는다.

그런데 문제는 전문성을 통해 냉철함만이 아니라 자만과 교만까지 얻었다는 것이었다. 말하자면 의사는 온갖 일에 자신들만의 견해를 가졌고 그것을 표명했다. 그래서 의사들은 노동자의 빈곤에 관심을 가지는 사회학자가 되었다가, 도덕적이고 위생적으로 아이들을 양육하는 방식에 대해 감 놔라 배 놔라 하는 육아·교육 전문가가 되었다가, 규방과 집창촌을 감시하는 성의학자가 되었다가, 도시를 위생적으로 관리하는 도시계획가가 되었다가, 사회에 해악을 끼치는 바보와 모범 시민을 분리하는 범죄학자가 되기도 했다. 이러한 전문가의 지위는 뜬구름 같은 게 아니었다. 실증주의와 과학의 득세로 그들의 능력은 동시대 사람에게 일종의 새로운 종교였다. 사람들은 의사의 말을 신뢰했으며 그들을 존경했다. 그들이 해설자 겸 옹호자 역할을 한 자연법은 (역시 빈약한 근거에도 불구하고) 오늘날의 경제법과 마찬가지로 신성시되었다.

그러나 그토록 득의만만하게, 그토록 막대한 의견과 지침과 기준을 내놓다보면 큰 실수를 피해 가기 어려운 법이다. 여기서는 지엽적인 측면은 놔두고 크게 의학계가 남긴 두 가지 오점, 즉 의학계의 실패와 일탈의 역사를 살펴보도록 하겠다.

생태학, 그 실패의 역사

환경에 대한 관심이 그 어느 때보다 높은 오늘날, 19세기 의사들이 생태학이라는 기차를 어떻게 놓쳐버렸는지를 살펴보면 흥미로울 듯하다. 당시 어떤 일이 벌어졌던 것일까. 과거로 돌아가보자.

인체 안에서 순환하는 네 가지 체액(혈액, 점액, 황담즙, 흑담즙) 사이의 균형, 운동성, 순도를 통해 건강 여부를 진단하는 갈레노스 학설은 18세기 초까지 의학계를 지배했다. 인체 내부 환경에 관한 이 의학적 주장은 외부 환경에도 관심을 소홀히 하지 않았다. 실제로 이 4체액은 4원소(물, 불, 흙, 공기)와 연결되어 있었다. 예컨대 기상 변화는 체액의 흐름에 영향을 준다. 그러므로 체액이 손상되는 전염병(특히 경계가 명확하지 않은 곳에서 발생하는 전염병)을 발생시키는 것이 환경이 품은 가장 큰 위험이라고 생각했다. 그래서 그들은 부패했을 때 식중독을 일으킬 수 있는 식료품과 그것을 판매하는 시장에 특히 세심한 주의를 기울였다. 한편으로 도시에서 이루어지는 일부 활동은 오늘날 우리가 환경 '오염'이라 부르는 것들을 발생시켰다. 도시에는 주민들에게 불쾌감이나 위험을 유발할 수 있는 무두질 공장, 에칭 가공소* 같은 시설들이 있었기 때문이다. 그렇지만 의사는 환경을 감시하는 데 딱히 관여하지 않았다. 경찰이 할 일이라고 생각했기 때문이다. 공공재에 관련된 '환경 문제'는 의사들이 파악하고 관계당국에 주의를 환기하는 전문가 역할을 할 수 있었다. 또한 체액 이론은 모두의 공통적 지식이었으므로 의학과 일상적 지식이 자연스럽게 연결돼 전문성이 공유되면 그만큼 문제도 쉽게 해결할 수 있었다.

그런데 18세기 들어 상황이 변한다. 반대에 부딪힌 체액 이론은 버려지고 의학 지식은 다양한 이론으로 분화된다. 그중에서도 미아즈마 이론은 내부 환경(체액)보다 외부 환경에 주목한 이론으로, 특히 모공을 통해 들어오고 흡수되는 공기가 그 핵심이었다. 공기 중에 부유하는 미세한 독성물질 '미아즈마'는 시체 더미를 비롯해 묘지, 병원, 늪에서 뿜어져 나오며 눈에 보이지는 않지만 악취가 나기 때문에 천만다행으로 감지가 가능하다는 것이다. 이 이론에 따르면 열병을 유

---

* 산을 이용해 화학적인 부식을 일으켜 금속을 가공하는 방법.

발하는 건 늪지대의 나쁜 공기mal aria ** 였다. 18세기 말에서 19세기 초에, 정기적으로 공해나 전염병의 위기를 감시하고 일상적으로 공공보건을 감독하는 임무를 수행하는 '의사경찰' 제도가 창설된 것도 이 때문이었다. 의사들은 환경 전문가로서 이 문제에 개입해 고인 물을 배수하고, 도시를 막은 벽을 허물게 하며, 도심의 묘지를 폐쇄시키면서 미아즈마의 발생원을 제거하는 데 크게 기여했다. 이러한 의학적 전문성이 두각을 나타내면서 두 가지 요소가 눈에 띄게 되었다. 첫 번째로, 이전에는 가능했던 의학적 지식과 일상적 지식의 연결이 불가능해졌고 보편적 능력은 더 이상 가치를 인정받지 못하게 되었다. 보편적 지식은 지나치게 일관된 체액 이론에 기대고 있었기 때문에 그때부터 의사들은 지식을 독점하기 시작했다. 두 번째로, 감시의 대상이 된 외부 환경의 경우 바람, 태양, 공기, 땅의 습도와 같은 '자연'의 구성요소가 중요해졌다. 의학계에서 미아즈마 이론(과 관련 전문지식)은 1870~1880년대에 파스퇴르가 질병에 대한 새로운 이론을 제시하기 전까지만 해도 지배적인 이론이었다. 이후 환경 담론에서 미아즈마는 끔찍하게도 1세제곱미터당 수백만 마리가 관찰된다는 세균에게 자리를 내어주게 되었다. 그런데 미아즈마와 세균에서 나타나는 위험의 형태가 얼마쯤은 유사했기 때문에,

** '말라리아'라는 질병 이름이 여기에서 유래했다.

대응 전략은 동일했다. 세균이 몸 안으로 침투하기 전에 파괴하는 것이다. 이러한 대응을 위해 현미경과 소독기같이 한층 더 고도화된 지적·기술적 장치가 동원되었다.

그러는 동안, 19세기 초반부터 환경 훼손은 그 성격과 규모가 완전히 달라졌다. 산업화는 날이 갈수록 '공공재'에 막대한 악영향을 끼쳤다. 제조소와 공장으로 인해 공기가 오염되고 물과 토양이 더러워지자 전례 없는 속도로 공해가 증가했다. 산업화가 공공보건에 미치는 영향은 1810년에 법령이 제정되면서 일찌감치 관리되기 시작했다. 이 법령을 통해 산업은 설치 규제 대상이 되었고 허가와 감독은 의사가 다수 배치된 보건·위생 자문회의가 위임받았다. 그 시점에 의학은 어떤 역할을 했을까? 의학은 환경적 위험에서 산업공해까지 자신의 영역을 확장할 수 있었을까?

안타깝게도 의학은 그 기회를 놓쳐버렸다. 법령에서는 산업 시설을 세 영역으로 구분했다. 우선 미아즈마를 발생시키는 동물성 재료(아교, 가죽, 축산물 등)로 작업을 하는 제조소나 도축장 같은 시설은 가장 엄격한 감시가 요구되는 제1영역 '위험'시설로 분류되었다. 그러나 수산화나트륨, 납 또는 산을 사용하기에 매연과 독성물질을 배출하는 화학 산업(비누, 흰색 염료, 황산염 산업)은 '비위생' 또는 '불편함'을 발생시키는 2영역과 3영역 시설로 분류되었다. 이러한 시설에 대한 허가는 허술하게 이루어졌고 '불편함'을 호소하는 주변 주민의 민원은 (땅값이 떨어져서 제기한 민원이 아니었을 텐데도) 경제적 논리에 근거해 처리되었다.

'자연'에서 발생하는 공해에 집중한 나머지 의사들은 산업공해를 그저 불편함으로 치부하며 대수롭지 않게 여겼다. 설상가상 그들은 두 번째 기회마저 놓쳐버렸다. 앞 세기 의사들이 길을 터주었음에도, 그들은 직업병의 영역에 진입하는 데 '실패'하고 말았다. 프랑스 의사 빌레르메 Louis-René Villermé 등이 실행한 대규모 사회 조사와 연구는 노동자의 건강 악화 원인으로 노동환경에서 발생하는 산업공해가 아닌 그들의 생활방식, 품행, 때로는 육체적 피로를 지목했다….

이렇게 의사들은 배타적으로 전문성을 구축하고 내세우면서 환경을 자신들의 입맛에 맞게 정의했다. 그런데 산업화의 상황에서 점진적으로 변화하고 있는 것, 즉 평범한 사람들이 맞닥뜨리고 경험하고 참아내는 환경은 그러한 규정에서 전혀 고려되지 않았다. 환경오염이 건강에 미치는 영향에 관한 연구와 노동의학은 저 뒤에 한참 밀려나 있었다. 의사들이 '보이지 않는 위험'에 관한 권위를 독점했기 때문이다. 오늘날 의사 이외의 다른 집단(예컨대 시민 사회)이 보이지 않는 위험을 비판할 때 사람들이 그 주장을 심각하게 받아들이지 않는 이유도 그 때문이 아닐까.

우생학, 그 일탈의 역사

의사들은 비록 생태학이라는 기차는 놓쳐버렸지만 우생학이라는 기차는 놓치지 않았다. 그런데 여기서 짚고 넘어가야 할 점은, 1913년에 설립된 프랑스 우생학회에 의사들의 참여 비율이 유독 높았다는 점이다. '우생학Eugenic'은 1883년 영국의 유전학자이자 우생학 창시자인 프랜시스 골턴Francis Galton이 만든 용어이며 인류를 유전학적으로 개량할 목적으로 여러 가지 조건과 인자 등을 연구하는 학문을 일컫는다. 그렇지만 프랑스 의사들은 인종의 미래를 연구하기 위해 우생학이 등장할 때까지 기다릴 필요가 없었다. 혁명의 연장선상에서 의사 로베르Robert de

Sainte-Tulle는 진보에 대한 믿음과 공익에 대한 염려로 『영재생식기술』 (1880)을 저술해 '훌륭한 사람들을 만들어내자'는 제안을 내놓았기 때문이다. 뛰어난 유전자를 가진 사람들끼리 생식해 자손을 얻고, 그 자손들이 자랑스러워할 모범이 되는 원로들을 모셔 국립 고등학교에서 교육시키자는 것이 그 제안의 골자였다.

훨씬 더 비관적인 배경에서 우생학이 발전한 것은 19세기 말에 이르러서였다. 병원, 보호시설, 조산원에서 인간의 비참함을 목도한 의사들은 19세기 후반에 유럽인의 '신조'가 된 인종의 퇴화라는 염려를 만들어내고 강화하고 전파하는 데 대거 기여했다. 사회악은 늘어만 갔다. 매독, 알코올 중독, 결핵으로 인해 조산아, 성병 환자, 정신박약자, 미치광이, 그리고 범죄자가 눈에 띄게 증가했다. 통계에 바탕을 둔 것이 아니라 임상적으로 확인한 사실이었기 때문에 그 높은 수치에는 근거가 없었다. 그렇다 해도 상관없었다. 사회는 수 세대에 걸쳐 영향을 주는 유전병과 (끔찍한 세균의 형상이 구체적으로 모습을 드러낸) 전염병이 결합된 위험으로 인해 내부에서부터 서서히 곪아갔다. 출생률이 감소하는 상황에서 이러한 퇴화가 눈에 띄게 드러나자 불안과 걱정은 커져만 갔다. 의사들은 출산을 장려하며 인구 늘리기를 권장했고 프랑스의 인구 증가에 기여하거나 건강하고 똑똑한 아이를 낳는 데 별 관심이 없는 동시대인의 무책임함에 답답함을 토로했다. 1870년 프로이센-프랑스 전쟁에서 패배한 프랑스는 국가의 쇠퇴를 인정할 수밖에 없었고 문제는 과장되기 시작했다. 징병검사에 '절름발이, 합죽이, 비실이 무리가 줄지어 차례를 기다리고 있다면 어떻게 설욕전을 생각할 수 있겠느냐'는 말들이 터져 나왔다. 그런 상황에서 주어진 선택지는 두 가지였다. 먼저 의학적 상식을 바탕으로 공중위생 정책을 강화하고, 보건교육을 비롯한 환경보호활동을 실천하고, 사회법을 통해 국민의 의식 수준을 향상하는 정책을 실행할 수도 있을 것이다. 그러나 '유전이 세상을 지배한다'고 생각한 사람들은 생식을 위해 '수컷'을 선택하는 것만이 유일한 해결책이라고 주장했다.[89] 위생학만으로는 해결이 요원해 보이고, 복잡한 메커니즘을 가진 유전이 가혹한 운명으로 여겨지는 상황에서 의학계는 고삐가 풀린 듯 폭주했고 자연법을 내세우며 몇몇 극단적이고 독선적인 일탈을 제멋대로 실행했다.

실제로 자연에서 못생긴 암컷과 흉측한 수컷은 번식하지 못하고 죽으며, 약한 개체는 궤멸한다. 그래서 우생학자들은 열등한 인종의 생식을 막아 아예 퇴화의 씨를 말려버리자고 제안했다. 그 지점에서 두 가지 일탈이 연달아 발생했다. 첫 번째 일탈은 유전법칙을 제대로 통제하지 못하는 상황 아래 퇴화의 범위를 규정하는 과정에서 발생했다. '퇴화'의 경계가 (당연히) 모호했고 자칫 잘못하면 확대해석될 여지가 있었기 때문이다. 매독 환자나 알코올 중독자 같은 몇몇 경우는 만장일치로 의견이 수렴되었지만, 그 외의 별의별 도덕적 혹은 지적 결함은 마구잡이로 규정되었다. 일례로 어느 의사는 파리에서 범죄를 척결해야 한다면서 "아파치*들은 거세해야 한다!"고 목청을 높였다. 한편 노벨 생리의학상 수상자인 샤를 리셰는 "극단적 나태함, 무지, 미숙함, 연약함을 보이는 사람들"은 자손 번식을 해서는 안 된다고 주장했다.[90]

두 번째 일탈은 열등한 사람들이 인종을 오염시키지 못하도록 하는 실행 절차에 관한 것이었다. 열등한 사람을 '제거'해야 하는데, 어떻게 제거한단 말인가? 우생학자들은 인간법과 알량한 도덕심을 과감하게

---

* 당시 불량배를 이렇게 일컬었다.

뛰어넘어야 한다고 생각했다. 이에 대해 프랑스 의사 샤를 페레Charles Féré는 『성본능』에 다음과 같이 기술했다. "자연은 열등한 존재에 일말의 동정심도 보이지 않는다. 그렇다고 자연이 냉혹하며 부도덕하다고 말할 수는 없다. 그보다는 수많은 사람의 감수성과 거기서 비롯되는 도덕심이 자연과는 동떨어져 있으며 유약하기 짝이 없다고 하는 편이 더 정확할 것이다."[91] '열등한 사람'을 태어나자마자 안락사시키는 데 찬성한 사람은 극소수였다고 해도, 자연경쟁이었다면 도태되었어야 할 인종적 부적격자가 생존 경쟁을 방해하고 있다는 '역선택' 메커니즘을 확인한 사람들은 '사회의 쓰레기'를 원조하고 미숙아를 살려내는 것이 장기적으로 과연 효과가 있을지 의구심을 품었다. 의병제대한 군인을 인종의 쓰레기라 여기며 용맹하고 건장한 군인들이 전쟁에서 죽는 것을 비통해하기도 했다. 한편으로 소수는 열등한 사람의 단종斷種에 찬성했고 미국에 이어 독일은 이를 제도로 마련했다.

의사들은 온갖 일에 자신들의 견해를 표명했다

무엇보다 우생학자의 레이더망에 걸려든 건 결혼이었는데, 그들이 이를 생식의 유일한 길로 여겼기 때문이다. 그 결과 19세기 말부터 결혼 허가 여부를 결정하는 터무니없는 권한을 의사에게 위임하는 규제안이 등장했다. "요컨대 고귀한 생식 기능을 정식으로 실행할 권리를 가지려면 사람들은 건강진단서를 발급받아야 했다. 오늘날 우리가 최소한의 용도로 그것을 발급받듯이 말이다."[92] 심지어 산부인과 의사이자 하원 의원 겸 프랑스 우생학회 회장이었던 아돌프 피나르Adolphe Pinard는 1926년에 법안을 제출했다. 리세가 자연법에서 더 영향을 받았다면, 그는 더욱더 단순무식하게 예비 부부에게 수영으로 큰 강을 횡단하는 것을 의무화하자고 제안했다.

우생학에 대한 이러한 열광이 프랑스에서 어떤 결말을 맞았을까? 천만다행으로 우생학은 맥없이 퇴장했다. 1942년에 제정된 법은 혼전 건강진단을 의무화했지만 이는 그저 예비 부부에게 정보를 주기 위한 제도였다. 게다가 이 법은 2007년 폐지되었다. 그러므로 이제 올바르게 평가해야 할 때다. 의사들은 19세기 말에 프랑스에서 우생학 전파에 크게 기여하기는 했지만, 프랑스 바깥에서 득세한 독선적이고 범죄적인 일탈에서 프랑스를 보호하기도 했다. 출산을 장려해 인구 증가에 골몰하고 민간의료와 직업상 비밀의 특권에 지나치게 집착한 것도 사실이지만, 자연도태론자의 방약무인에서 뒤로 물러나 결국 보건교육과 위생의 길을 택했다. 의학의 역사는 19세기에 정해진 그대로 오랫동안 의사들 자신의 세력권 안에 있었다. 그들은 발견과 개척자 정신으로 촘촘히 이어진, 온전히 진보를 향한 역사를 만들어냈으며 그 역사를 관통한 것은 서서히 모습을 드러낸 과학적 진리였다. 내가 이 글을 통해 보여주고자 한 건 그러한 역사의 한없이 복잡한 특성이다. 어리석음은 언제나 제도 바깥이 아닌 제도 중심에 존재한다는 사실과 함께 말이다. 지식과 권력이 결합된 곳이라면 어리석음은 그 어디에라도 존재한다.[93]

역사학자

앙투안 드베크

1920년대를 덮친 백치증의 공포

« DEMAIN, TOUS
CRÉTINS ? »
LA GRANDE PEUR
DES ANNÉES 20

1920년대는 산업화가 더욱 가속을 내던 시대로, 사회의 움직임은 하루가 다르게 빨라져만 갔고 사람들은 '전두엽 절제술'*을 받지 않아도 점점 더 '기계화'되었다. 그래서 백치증에 대한 공포는 계속해서 커져만 갔다. 요컨대 그것은 사회적 인간이 그저 기계화된 하나의 기능으로 전락하고 말지도 모른다는 공포, 날이 갈수록 인간성을 더욱더 상실해가고 있다는 공포였다. 종의 진화에 대한 담론에서 '백치'의 전형적인 모습이 제시되며 매우 비관적인 관점이 점점 더 확대되었다. 이는 19세기에 조금씩 알려지기 시작한 (알프스 산지의 풍토병으로 퇴화 상태가 영구적으로 지속되는)[94] 알프스 백치증(크레틴병) 환자에게만 해당하는 이야기가 아니었다. 아나톨 프랑스Anatole France**에 따르면, 백치증 환자는 보편화된 사회적 유형의 하나로 인간을 기계, 전기, 신속, 작업 가속화의 세계로 무자비하게 밀어 넣으면서 발생한 '진보의 꼭두각시'적인 존재다.

* 전두엽 앞쪽의 피질부위를 제거하면 두려움을 체감하지 못한다는 데 착안해 포르투갈 출신의 신경의학자 에가스 모니스Egas Moniz가 개발한 정신과 치료를 위한 수술법. 수술을 받은 환자들에게서 지적능력 감퇴, 무기력증 등의 부작용이 발견되면서 금지되었다.
** 1844~1924. 프랑스 작가. 계몽주의와 합리주의, 지적 회의주의를 기반으로 사회비판적 목소리를 냈다.

이는 미래 인간이 뇌의 퇴화, 기계에 대한 의존, 주변의 어리석음에 영향을 받아 퇴보할 것이라는 선고나 다름없었다.

의회 백치증과 오지 백치증

이렇게 새롭게 등장한 백치증은 아무 말이나 갖다 쓰기 좋아하는 정치적 언어에서 먼저 모습을 드러냈다. 마르크스와 엥겔스는 "의회 백치증"***이라는 표현을 사용했고, 트로츠키는 이를 이어받아 "개혁주의자들의 의회 백치증"과 "무정부주의자들의 반反의회 백치증"이라는 표현을 사용하며 '고약한 질병'이라 규정했다.[95] '시골뜨기'와 같은 뜻인 '오지 백치증 환자'라는 냉소적인 표현 역시 널리 쓰였는데, 저널리스트 알프레드 시르벵Alfred Sirven이 '머저리'와 '오지 백치증 환자'에 대한 글에서 만들어낸 이 표현은 '원하는 것을 약속해주기만 하면 어떤 바보 같은 정치인에게라도 표를 던지는 이들'을 비판하는 말이었다.[96] 그렇지만 그때까지만 해도 '백치증 환자'를 딱히 모욕적인 표현이라고 규정할 수는 없었다. 1920년대 전까지는 대중 언어에서 모욕적으로 사용되지 않았기 때문이다.[97] 그러다가 이 단어가 '정상적인', 정확히는 '백치증 환자가 아닌' 사람을 지칭하게 되고 부당하게 적용되기 시작하면서 '알프스 백치증'이라는 임상적이고 의학적인 용어는 본래 범주를 벗어나 이데올로기적 범주로 옮겨 갔다. 그러니까 이 말은 당시에 정치적 용어로 출발해 시대 상황에 맞게 재발견된 표현이다. 그 시점부터 명백한 수사학

*** 부르주아 민주주의 의회에 집착하는 좌익 정당을 비판한 표현.

적 폭력과 함께 '의회 백치증'이라는 표현이 퍼져나갔다.

한편 만화가 에르제Hergé*는 1943년 『라캄의 보물Le Trésor de Rackham le Rouge』 편부터 등장 인물의 언어표현을 풍부하게 하고자 뱃사람들이 즐겨 쓰는 '알프스 백치증 환자'라는 속어를 아독 선장의 대사에 집어넣었다.[98] 에르제는 극단적인 표현에 쉽게 매료되었다고 한다. '땡땡의 모험' 용어 사전을 집필한 알베르 알구Albert Algoud는 에르제가 알프레드 자리Alfred Jarry**, 아나키스트 로랑 타이아드Laurent Taihade***, 트리스탕 코르비에르Tristan Corbière**** 및 1930년대 벨기에 초현실주의 그룹에서 많은 영감을 받았다고 지적했다.[99]

또 작가 에밀 브라미Emile Bramie는 에르제가 루이 페르디낭 셀린Louis-Ferdinand Céline*****의 비속어집을 참고했다는 사실을 밝혀내기도 했다.[100] 그는 에르제가 생전에 작성한 세 장의 친필 메모에서 'Céline L.-F.'라는 이름과 셀린의 풍자문 「시체들의 학교L'École des cadavres」(1938)에서 뽑은 표현 아홉 가지를 발견했다. 'Empetrouillé(사기당하는 얼뜨기)', 'Taratabule(엉망진창)', 'Troufignolisé(사기를 치려고 세심하게 준비하다)', 'Estouffatoire(숨 막히는)', 'Calamitudes(귀찮은 녀석)', 'Charabiaterie(헛소리)', 'Tintamarrerie(떠버리)', 'Vacarmerie(요란법석)', 'Mirmidon(난쟁

---

* 1907~1983. 벨기에 출신 만화가. '땡땡의 모험Les Aventures de Tintin' 시리즈로 전 세계에 이름을 알렸으며 유럽 만화 역사상 가장 큰 영향을 미친 사람으로 평가된다.
** 1873~1907. 프랑스의 극작가 겸 시인으로 종래의 문학 개념을 파괴하는 혁신적인 움직임으로 초현실주의 시인들에게 높은 평가를 받았다.
*** 1854~1919. 프랑스의 풍자시인.
**** 1845~1875. 프랑스의 상징주의 시인.
***** 1894~1961. 함축적이고 사적이면서도 매우 공들인 문체를 도입한 작가로 20세기 프랑스 문학의 위대한 혁신자 중 하나로 평가받는다.

이)'…. 물론 이 아홉 단어 중 어떤 단어도 아독 선장이 내뱉지는 않았음을 후에 확인할 수 있었지만, 셀린이 영감을 받은 작가 마르셀 슈보브 Marcel Schwob가 『소위 논쟁적이라는 정치적 논의De la controverse politique dite polémique』(1926)에서 열거하고 분석한 단어들이 탄탄한 캐릭터 구축과 아독 선장의 풍부한 어휘 구사를 위해 에르제가 소중히 여긴 보물창고였다는 것만큼은 확실하다.

우리, 백치증을 향해 가고 있는 걸까요

정치적 표현으로 자리를 잡은 백치증이라는 용어는 이후 인류의 쇠락과 퇴화를 예견한 사람들의 입에 자주 오르내렸다. 인간 진화에 관한 비관적 담론은 전혀 새로울 것이 없었지만, 인류의 진보가 불러온 폐해를 귀가 따갑도록 지적하던 1920년대에 백치증은 명백히 이와 연관되기 시작했다. 공업 생산과 대중문화의 근대화에 뛰어들며 제1차 세계대전의 상흔을 딛고 힘겹게 일어서려는 사회 분위기에서 비롯된 현상이었다.

잡지 『레마르주Les Marges』가 '우리는 백치증을 향해 가고 있는 걸까요?'라는 주제로 1927년 실행한 설문조사[101]는 백치증을 다룬 가장 눈에 띄는 사례다. 보수적이고 인종차별적인 문학자 외젠 몽포르Eugène Montfort("말라르메는 무능하다"[102]고 공격한 그를 1910년 앙드레 지드는 '예의 없는 사람'이라고 평한 바 있다)가 1903년 창간한 이 '문학잡지'는 구독자에게 정기적으로 문학과 예술에 관한 잡다하고 성가신 질문을 던지면서 '경악스러운 설문조사'로 명성을 떨쳤다. 이제 우리가 판단해보자….

1914년 1월 호 설문이다. "문학상에 찬성하십니까, 문학상 폐지에 찬성하십니까?" 1914년 5월 호 설문. "아카데미 프랑세즈는 좋은 영향력을 끼칩니까, 나쁜 영향력을 끼칩니까?" 1919년 2월 호 설문은 어떤가. "파리에서 가장 추한 건축물은 무엇입니까?" 1920년 5월 호 설문. "왜 프랑스 남부에는 위대한 시인이 한 명도 없을까요?" 1922년 5월 호 설문. "19세기는 위대한 세기입니까?" 1923년 2월 호 설문은 이렇다. "검열에 대항해 자유롭게 글을 쓰고 있습니까?" 1926년 3월 호는 "문학에 표현된 동성애에 관한 설문". 매번 50여 쪽에 달하는 답변이 잡지에 게재되었다. 일례로 동성애에 관한 설문에는 30여 명의 작가 중 프랑수아 모리악François Mauriac, 앙리 바르뷔스Henri Barbusse, 앙드레 빌리André Billy, 라실드Rachilde, 마르탱 쇼피에Martin-Chauffier, 옥타브 위잔Octave Uzanne, 카미유 모클레르Camille Mauclair, 알렉상드르 아르누Alexandre Arnoux, 드리외 라로셸Drieu La Rochelle, 폴 수데Paul Souday, 장 드 구르몽Jean de Gourmont이 답변을 작성했는데 대개 자신의 존재감을 드러내고 새로운 문학의 실험적 유형인 이 설문을 지지하기 위함이었다.

1927년 9월 호에 실린 백치증에 관한 설문에는 특수한 배경이 깔려 있었는데, 1924년 10월 사망한 아나톨 프랑스가 사망 몇 주 전 응한 인터뷰를 바탕으로 설문이 이루어졌기 때문이다. 1921년 노벨 문학상을 수상한 작가 아나톨 프랑스는 인터뷰에서 다음과 같은 의견을 피력했다.

기계와 과학의 질서에 따른 19세기의 온갖 진보는 이 세상을 조금은 바보로 만들었어요. 그게 아니라면 최소한 지적 수준을 낮추고 평범하게 만들었죠. 우리는 출판과 전기 분야에서 개가를 올렸지만 동시에 연구 분야를 상대적으로 등한시했어요. 인류를 경시하고 인간보다는 기계를 만드는 데만 온통 관심을 쏟았죠. 우리 자신이 만들어낸 진보라는 허수아비의 노예가 되고 말았습니

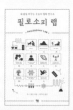

모든 단어는 이야기를 품고 있다

걸어 다니는 어원 사전

양파 같은 어원의 세계를 끝없이
탐구하는 아주 특별한 여행

마크 포사이스 지음 | 홍한결 옮김

슬픔에 이름 붙이기

마음의 혼란을 언어의 질서로
꿰매는 감정 사전

존 케닉 지음 | 황유원 옮김

여행자의 어원 사전

6대륙 65개 나라 이름에 담긴
다채로운 역사 이야기

덩컨 매든 지음 | 고정아 옮김

옥스퍼드 오늘의 단어책

날마다 찾아오는 단어가
우리의 하루를 빛나게 할 수 있다면

수지 덴트 지음 | 고정아 옮김

수상한 단어들의 지도

평범한 말과 익숙한 사물에 숨은
의미심장한 사연

데버라 워런 지음 | 홍한결 옮김

나를 이해하고 자연을 읽는 방법

자연에 이름 붙이기

보이지 않던 세계가
보이기 시작할 때

캐럴 계숙 윤 지음 | 정지인 옮김

어떻게 수학을 사랑하지 않을 수 있을까?

수학과 철학에서 찾는
이성적 사유의 아름다움

카를 지크문트 지음 | 노승영 옮김

사피엔스의 뇌

보이지 않는 마음의 원리
인간의 진실을 비추는 뇌과학 이야기

아나이스 루 지음 | 뤼시 알브레히트 그림 | 이세진 옮김

태어난 김에 물리 · 화학 · 생물 공부

슥슥 그린 편안하고 직관적인 그림 설
한번 보면 잊을 수 없는 필수 과학 기

커트 베이커, 알리 세제르, 헬렌 필처 지음 |

썰○

인간

톰 필

삶은 공

불확실한
최선의 답

빌 해맥 지음

필로소피 랩

옥스퍼드 대학
세상 모든 질문

조니 톰슨 지음 | 최

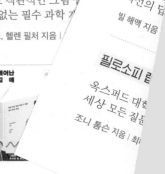

다. 영혼 없이, 이전의 문명들을 넘어서는 단 하나의 진리도 품고 있지 않은 문명을 자랑스러워하는 무지하고 자만에 빠진 우리는 무례, 혼돈, 냉소, 그리고 백치증의 미래를 향해 가고 있는지도 모릅니다.[103]

외젠 몽포르는 이러한 비관적인 고백에서 백치증이라는 표현을 놓치지 않았고 "오늘날 본질적으로 가장 중요하다"[104]고 판단한 그 '문제'에 관한 설문조사를 실행하기로 결심했다. 아나톨 프랑스가 사망한 지 얼마 안 된 상황에서 유발될 만한 논쟁을 염두에 두었음이 분명해 보인다.

1924년 10월 12일 이른 아침, "프랑스 문학계의 가장 위대한 인물"[105]이 사망하자 하원 의장 폴 팽르베Paul Painlevé는 토론을 중단시키고 이렇게 공표했다. "오늘 밤 인류의 지성 수준이 퇴보했습니다."(세계는 정말로 백치증을 향해 가고 있었을까? 아나톨 프랑스는 지지자들 덕에 일관되게 지성을 대변하는 인물로 입지를 다졌다. 따라서 그가 백치증을 모욕적인 표현으로 연결한 것은 반대파, 특히 초현실주의자를 겨냥한 바였으리라 짐작할 수 있다.) 그러나 변방 작가에서 공식성을 띤 작가로 부상한 후 정치적 좌파에서 우파로 갈아탄 아나톨 프랑스는 말년에 보인 아카데미즘과 보수주의 때문에 초현실주의자들의 대단히 폭력적인 비방문의 표적이 되어야 했다. 「시체Cadavre」라는 해부학적 제목의 비방문에는 앙드레 브르통André Breton, 드리외 라로셸, 조셉 델테유Joseph Delteil, 필립 수포Philippe Soupault, 폴 엘뤼아르Paul Éluard, 루이 아라공Louis Aragon이 참여했다. 특히 루이 아라공은 「당신은 어떤 죽음을 모욕해본 적이 있는가?」라는 글에서 아나톨 프랑스의 죽음에 대해 다음과 같이 기술했다. "나는 아나톨 프랑스를 찬양하는 자는 전적으로 타락한 자라고 생각한다."[106] 그에게 아나톨 프랑스는 '프랑스의 비열함'을 대변하는 '지성의 끔찍한 딴따라'

였다. 또 다른 익명 비방문은 아나톨 프랑스의 '프랑스적 천재성'을 증명하기 위해 뇌를 해부해보았지만 어처구니없게도 '광범위한 백치증'밖에는 발견되지 않았다며 그를 조롱했다.

민중을 덮친 백치증

외젠 몽포르는 『레마르주』를 통해 백치증이라는 주제를 이어가고 도구화하며 계속해서 새로운 세상을 규탄했다. 그에게 이 주제는 문학적 보수주의가 손쉽게 활용할 수 있는 담론이자 지난 시대가 잊혀가는 것을 안타까워하는 향수에 젖은 탄식이었던 것 같다. 그가 던진 질문을 살펴보면 그가 어떤 생각을 가지고 있었는지 더욱 잘 드러난다.

우리가 새로운 세계의 문턱을 넘은 것은 분명하다. 그 세계에서 인간은 기계에 예속된 새로운 삶을 살 것이다. 벌써 정신이 혼미하고 내일이면 백 배 더 혼미해질 텐데 이 새로운 삶에 인간은 논리적으로 대응할 수 있을까? 인간이 적응하고 버텨낼 수 있을까? 몇 세기 전부터 고정된 인간의 감각, 신체적 특성, 윤리가 그것을 허락할까? 완전히 새로운 인류가 될 전면적인 개조가 몇 세대에 걸쳐 이어지면 인간은 한 단계 더 높은 존재로 진화하게 될까? 아니면 아나톨 프랑스가 예견한 백치증이 존재감을 드러낼까? 우리 각자는 이러한 질문을 던져보았다. 여러분은 어떤 대답을 내놓을 것인가? 여러분은 아나톨 프랑스의 의견에 동의하는가? 인간의 지적 수준은 퇴보했을까? 기계나 과학의 질서에 따른 진보는 인간을 바보로 만들었을까? 우리는 백치증으로 가고 있을까? 그렇다면, 여러분이 생각하는 해결책은 무엇인가?[107]

50인의 문학·과학·예술계 인사가 몇 주에 걸쳐 설문에 응답했다. 알렉상드르 아르누, 장조르주 오리올Jean-George Auriol, 자크 뱅빌Jacques Bainville, 마르크 샤갈Marc Chagall, 마르셀 그로메르Marcel Gromaire, 발레리 라르보Valéry Larbaud, 카미유 모클레르, 살로몬 라이나흐Salomon Reinach, 폴 수데, 레옹 베르트Léon Werth 등의 이름이 눈에 띈다. 1927년 9월 호에 실린 이들의 답변에서는 '기계에 예속된 인간'의 퇴보를 한탄한 아나톨 프랑스의 비관주의가 폭넓게 공유되었음이 드러난다. 그러한 예속 상태가 인간을 자연과 갈라놓고 '영혼'을 변질시켰다는 것이다. 이에 대해 이탈리아 역사학자 구글리엘모 페레로Guglielmo Ferrero는 말했다. "증기기관차가 발명되고 세상의 불면증이 시작되었다." 반면 기계화된 세상이 인간에게 도움을 준다고 주장하는 이도 간혹 보였다. 건축가 앙리 소바주Henri Sauvage는 "인간을 노동에서 해방시키는 이상적인 기계는 인간이 지성에 삶을 할애할 수 있게 해주었다"고 했으며, 마르셀 그로메르 같은 몇몇 화가는 "우리를 더욱 자유롭고 행복하게 해주는 기계는 빛나는 강철 속에 신속함, 속도, 경제라는 조화로운 미덕을 품은 우리의 노련한 조수"라며 기계를 칭송했다. 그러나 어쨌든 근대적 인간의 "빈약한 두뇌"에서 "보편화된 기계화에 멍청하게 동참하는 인간"을 목격했다는 작가 에드몽 필롱Edmond Pilon의 견해에 대다수의 답변자가 공감했다. 따라서 "지적 수준은 분명히 퇴보했고"(작가 앙투안 알발라Antoine Albalat) 인간의 퇴화는 사실로 밝혀졌으며 "우리는 백치증을 향해 가고 있지 않다. 이미 도달해 있기 때문"(시인 카미유 모클레르)이라 신랄하게 비평하기도 했다.

이에 따르면 액체가 높은 곳에서 낮은 곳으로 흐르는 것과 같은 일종의 사이펀 작용이 일어난다. 즉 출판물과 도서의 전파가 증가하면 문

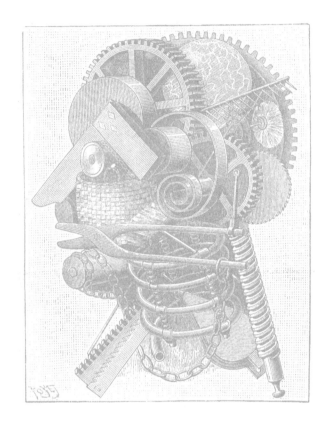

화, 사유, 상식, 비판정신은 퇴보한다. "물질적 진보는 독창성을 퇴화시키며"(정치가 샤를 브룅Charle Brun) "과학의 수혜를 받은 이는 이내 그 희생자가 되기 마련"(언론인 에두아르 쥘리아Édouard Julia)이기 때문이다. 그러므로 엘리트층은 백치증 경향을 보이는 '민중'보다는 그 흐름에서 자신을 비교적 더 잘 지킬 수 있었으리라. 쥘리아의 말대로 "화성과 지구처럼" 서로를 무시하는 이 두 세계는 대립하는 가운데서 "일찍이 우리가 겪은 가장 심각한 도덕적 위기"(외젠 몽포르)를 만들어냈다. 그들은 이러한 위기의 징후가 명백한 '백치증의 보편화'로 나타나리라고 단언했다.

우리가 그 흐름에서 빠져나올 수 있을까? 이를 딛고 다시 일어설 수 있을까? 일각에서는 다시 생각해보기 시작했다. 작가 장 르브로Jean Lebrau는 "농부의 미덕으로 돌아가자"고 했고 선교를 위해 외지로 떠난 상징주의 시인 파구스Fagus와 비평가 오리옹Orion은 "세계가, 프랑스가 다시 기독교로 재무장해야 한다"고 주장했다. 작가 에두아르 뒤자르댕 Édouard Dujardin은 격변에 역행하는 방식으로 "진보, 과잉진보, 초과잉진보 모두를 없애버릴 혁명"을 제안했다. 그렇지만 어떤 것도 해결책이 되지는 못했다. 시인이자 저널리스트인 루이 마르솔로Louis Marsolleau는 "우리는 흐름을 막을 수 없다"고 자조했다. 사회적 백치증은 기계와 가속화하는 세상에 열광하는 '민중'을 덮치는 '질병'이라는 점에서 알프스 백치증과 유사해 보였기 때문이다. 카미유 모클레르는 이것을 "삶의 현대적 환경이 유발한 뇌신경의 불균형"이라 규정했고, 폴 수데는 "우리 신경체계의 고장"이라 표현했다. 한편에서는 "터무니없이 분주한 삶, 너무 빠른 교통수단, 대도시의 소음이 인간 내면의 시계를 망가트렸다"고 한탄했고 또 한편에서는 이를 "우리 모두를 덮친 뇌의 무능함"이라고 진단했다.

야수파 화가 오통 프리에스Othon Friesz는 결국 이 암울한 미래, "백치증 환자와 반쯤 미친 사람의 미래" 앞에서 생각해볼 만한 유일한 해결책은 시골에서의 삶이라고 주장했다. 빈정거리는 것이 아니라, 알프스 백치증 환자는 그때부터 완전히 전도된 상황에서 되살아났다. 본래 백치증 환자가 소수이고 오지에 존재했다면, 이제 이들은 다수이며 도시에 존재한다. 본래는 뒤처져 있고 느리며 역사의 진보에서 맨 뒤꽁무니에 있던 존재였던 백치증 환자는 이제 신경질적이고 재빠르며 과잉된 진보 사회에 속함으로써 바보가 되었다. 백치증은 의학적인 질병이었지만 이제 사회에서 흔히 볼 수 있는 현상이다. 또한 지금은 자본주의 체제의 폭주로 인해 세상에서 피할 수 없는 쇠퇴의 징후가 되고 말았다. 우리는 점점 더 많은 백치증 환자를 마주치게 될 것이다. 문학, 연극, 영화의 비현실적인 장면에 어김없이 나타나는 좀비처럼 그들은 이 세상을 잠식할 것이다.

신경과학자 **파트릭 르무안**

광인으로 가득한 어리석음의 역사, 멍청이로 가득한 광기의 역사

*Histoire de la connerie
dans un monde de fous
ou
Histoire de la folie
dans un monde de cons*

이 책을 엮은 장프랑수아 마르미옹이 내게 정신의학에 관련된 어리석음의 역사를 주제로 글 한 편 써보지 않겠냐고 제안했을 때, 퍼뜩 든 생각은 이랬다. '정신의학자로서 자서전을 써보라는 말인가?' 그러고 보니 못할 것도 없었다. 우리는 늘 누군가의 바보이지 않은가? 다행히 그는 내가 다루었으면 하는 주제를 지체 없이 설명해주었고 그제야 나는 한숨을 돌렸다. 정신질환자와 분별없는 정신과 의사(정신과 의사는 이미 분별이 없으니 동어반복일 수도!)의 역사를 소개하고, 바보 같다고들 여기는 이 질환에 임상적으로 접근해 광기와 그 치료자(의사)들이 안고 있는 중대한 문제를 검토해달라는 요청이었다. 나는 적잖이 당황했다. 내 전공 분야에서 관련 사례라면 주체할 수 없을 정도로 많기 때문이다!

유달리 바보 같은 짓을 하는 정신질환자를 처음 겪어본 건 1970년대다. 나는 의대생으로 리옹의 대형 정신병원에서 실습인턴으로 일하고 있었다. 그러던 어느 날, 내 차가 느닷없이 먹통이 되었다. 자동차 정비공은 고개를 갸우뚱거리더니 연료통에 물이 고인 걸로 보아 모터가 녹슨 것 같다고 설명했다. 자동차 정비소에는 똑같은 고장 증세로 자동차를 고치러 온 같은 과 간호사가 있었다. 나는 혹시 차가 고장 난 원인이 뭔지 아느냐고 그에게 물었다. 그러자 그는 병원 환자 중에 무척 특이한 망상 증세를 보이는 조현병 환자가 있다는 말을 했다. 로켓이 행성을 왕복할 만큼 기가 막히게 강력한 연료 성분이 자기 소변에 함유되어 있다고 믿는 환자였다. 그래서 단지 애정을 표현하기 위해, 자기가 좋아하는 모든 사람의 연료통에 소변을 보았다는 것이다(당시에는 차량 연료통이 자동차 열쇠로 잠기지 않았다)! 자동차 연료비를 아낄 수 있도록, 어떤 의미에선 호의를 베푼 셈이었다…. 간호사의 말은 사실로 드러났다. 차가 보름 동안 움직일 생각을 하지 않는 것이었다! 나는 수업료를 톡톡히 치르고 나서야 조현병 환자가 다른 정신질환자들만큼이나 지독히 바보 같을 수도 있다는 것을 깨달았다. 미래지향적이고 창의적인 길을 제시하는 비범한 천재이며 기묘하고 열정적인 광기를 드러내는 낭만주의 시대 조현병 환자의 이미지는 그 일로 인해 내 머릿속에서 와장창 깨져버렸다. 어쨌거나 조현병 환자를 더 이상 낭만주의 시대 사람이 아닌 '21세기 사람'으로 생각하게 해준 계기였다. 두 번째로 확인한 사실은 정신과 의사도 바보 같은 짓을 저지를 수 있다는 것! 한 번 실수는 병가지상사라 하지 않았던가!

그래서 나는 내 전공 분야의 역사적 사례를 통해 가히 바보 같은 일들(또는 그렇지 않은 일들)을 찾아보려 했다. 기대는 빗나가지 않았다!

정신과 의사로는 빵점이었던 히포크라테스

히포크라테스는 '겨울이나 여름 등 계절적 특성'에 따라 발생하는 여성의 계절성 우울증을 상세하게 연구하고 제시한 바 있다. 그렇다 해도 역사 최초의 신경의학 전문가인 그의 일화를 보면, 그도 때로 얼마나 바보 같은 짓을 저질렀는지를 알 수 있다. 때는 기원전 5세기, 활기찬 항구도시 압데라가 배경이다. 그 도시에는 데모크리토스라는 철학자가 있었는데 사람들 신경을 무척 거슬리게 했다. 일하는 사람들을 쳐다보면서 발작적으로 끊임없이 웃음을 터뜨렸기 때문이다(내가 압데라 사람은 아니지만, 당시 사람들 입장에서 볼 때 역시 약간 짜증나는 사람이었던 것 같다).

고대 로마 시인 유베날리스에 따르면, 그는 사람들을 마주칠 때마다 참지 못하고 웃음을 터뜨렸다. 그래서 압데라 사람들은 그를 진찰하고 가능하면 치료하기 위해 당대 가장 저명한 전문가인 히포크라테스를 코스Kos섬에서 초빙해 왔다. 히포크라테스는 광기에 관한 글을 쓰고 있는 데모크리토스를 만났다. 왜 급작스럽게 웃음이 터지는지 히포크라테스가 묻자, 데모크리토스는 보통 선과 악이라는 두 가지 이유 때문이라고 답했다. 그러나 잘 알려지지 않은 이유가 또 있었다. 지금의 시각으로 말하자면 그는 '비이성적인 사람들, 요컨대 허무하기 짝이 없는 세상사를 감내하고 고통 받으며 우주 끝까지 여행하기를 부추기는 소비사회(현대적인 삶이라는 표현 대신 소비사회라는 구식 표현을 쓴 것을 양해해주시리라 믿는다)에서 주체적으로 행동하지 못하는 어리숙한 존재들' 때문에 웃음이 터져나온다고 고백했다. 결국 그의 논리에 설득된 히포크라테스는 데모크리토스야말로 건강한 정신의 소유자이며 실상 치료가 필요한 쪽은 압데라 사람들이라고 천명했다!

이런 결론을 듣고 압데라 사람들이 어떤 반응을 보였는지, 히포크라테스의 말에 수긍을 했는지… 별로 궁금하지는 않지만 압데라 사람들이 히포크라테스에게 왕진비를 지급했는지에 대해서는 역사적 문헌이 없어 알 길이 없다. 압데라 건강보험공단은 이에 대해 많은 자료를 남겨놓지 않았기 때문이다. 그렇지만 이 일이 많은 논쟁을 불러왔으리라는 것은 미루어 짐작하고도 남는다!

공인된 전문가의 관점에서 볼 때, 히포크라테스는 정신과 의사가 아니었기 때문에 광증 상태에 있는 사람들이 보여주는 밑도 끝도 없는 확신을 의심할 준비가 되어 있지 않았던 것 같다. 그런 환자들은 누구라도 설득할 수 있다. 어느 시대든, 무엇에 관한 것이든 심지어 가장 위대한 의사도 설득할 수 있다. '나만 빼고 다 미쳤다!' 이것이 바로 그들의 신조다! 나도 의사를 바보로 만들 수 있는 그 능력자 환자들을 식별하지 못한다. 그만큼 그들의 지적 영민함은 가볍게 볼 수 있는 것이 아니다!

양극성 장애, 정말 싫고 끝내줘

내가 보기에 데모크리토스가 양극성 장애를 앓고 있었을 가능성은 여러모로 농후해 보인다.

- 그는 매우 풍부한 창의성을 보여주었다. 보통 조울증 환자에게서 관찰되는 증상이다.
- 느닷없이 터져 나와 끊임없이 지속되는 웃음은 유쾌한 웃음이 아니라 냉소, 즉 압데라 사람들의 생업을 모욕하고 조롱하는 비웃음이었다. 광증이 있는 환자는 타인을 조롱하는 데 남다른 능력이 있기 때문에 입원해서도 다른 환자(그리고 의료진)의 원성을 살 수밖에 없다. 내가 기억하는 어느 환자는 자기가 별로 좋아하지 않는 진료과장의 대머리에 관한 노래를 지어서 부르고 다녔다. 또 시시콜콜한 병원 사정을 다 알아서 인턴과 간호사가 그렇고 그런 사이라느니, 저 옷은 어떤

환자에게 '빌린' 옷이라느니, 저 간호조무사는 가짜로 병가를 썼다느니 하는 말을 공공연하게 떠벌리고 다녔다.

- 다른 사람들보다 자신이 우월하다는 확신, 이 경우 압데라에서 자신이 가장 정상적인 사람이라는 데모크리토스의 확신은 과대망상이다! 그리고 과대망상이 또 다른 과대망상, 즉 자신이 그리스에서 가장 위대한 의사라는 확신과 만났을 때 그 결과는… 히포크라테스의 매우 부적절하고 멍청한 진단으로 나타났다!

양극성 장애를 앓는 환자들은 이 질환의 긍정적인 측면을 발견해내기도 한다. 미국 힙합 가수이자 킴 카다시안의 남편이었던 카니예 웨스트는 양극성 장애를 앓고 있기에 더욱 강렬하고 창조적인 삶을 살 수 있다고 고백했다. 앨범 〈Ye〉 겉표지에 이렇게 적을 정도였다. "나는 양극성 장애가 싫어, 그건 정말 끝내줘I hate being bi-polar, it's awesome!" …조울증 환자는 형용모순어법을 구사한다! '핸디캡이 아니라 끝내주는 능력'이라고 그는 단언했다. 미국 가수 데미 로바토도 이렇게 말했다. "저는 양극성 장애가 좋아요. 그 때문에 식이장애, 마약 중독, 알코올 중독

광인으로 가득한 어리석음의 역사, 멍청이로 가득한 광기의 역사

까지 생겼지만요. 양극성 장애에서는 흔한 일이죠." 치료받지 않은 환자 절반이 결국 자살을 택하는 이러한 정신질환을 찬양하는 것 또한 지독한 바보짓 아니겠는가!

네 번째 체액은 도대체 어디에

히포크라테스로 다시 돌아와 그가 주장한 체액 이론을 살펴보자. 이제 독자들은 이 위대한 인물도 오진을 내릴 가능성이 있음을 알아챘을 것이다(어떤 의사라고 그렇지 않겠는가?). 그러나 진보의 길을 가로막고 수많은 죽음을 야기한 이 최악의 이론은 19세기까지 지배적인 이론으로 위세를 떨쳤다. 그렇지만 지금의 시각에서 볼 때 그 이론적 근거는, 뭐랄까…. 어떻게 표현해야 좋을지 모르겠다. 이론의 대략적인 요지는 이렇다. '세계는 4원소, 즉 물, 불, 흙, 공기로 구성되어 있고 모든 인간의 신체에는 그중 두 가지 성질이 결합되어 있다(물=냉+습, 불=온+건, 땅=냉+건, 공기=온+습).' 예를 들어 남자의 신체는 뜨겁고 건조한 성질(태양의 성질)의 결합이고 여자의 신체는 차갑고 습한 성질(당연히 달의 성질!)의 결합이다. 히포크라테스는 이러한 4원소설을 발전시켜 각각에 대응하는 4체액설을 제시했다. 이에 따르면 공기는 피, 물은 점액, 불은 황담즙, 흙은 흑담즙에 각각 대응한다. 모든 질병은 한 가지 체액의 과잉이나 결핍 같은 불균형으로 인해 발생하기 때문에 모자란 체액은 보충하고, 과잉된 체액은 배출시켜서 체액의 균형을 맞춰주는 치료방식을 적용해야 한다. 그런데 내가 보기에 흥미로운 것은(또는 거슬리는 것은! 모든 것은 순간의 내 기분에 달려 있으니까), 혈액, 점액(림프), 황담즙, 이 세 가지 체액은 인체에 존재하는 반면, 내 전공 분야와도 관련되어 있으며 땅에 해당해서 (어쩔 수 없이!) 냉과 습의 성질을 가진 흑담즙 또는 우울증 melancholia(그리스어로 melanos＝검은, cholia＝담즙)은… 비장에서 배출된다는데… 사실 인체에 존재하지 않는 체액이라는 점이다! 그렇지만 이런 오류 덕분에 사혈, 하제下劑,* 그리고 부작용의 위험이 따르는 여러 치료에 희생되는 환자가 더 이상 발생하지 않게 되었다! 서양의학이 2,500년 정도 제자리걸음을 하게 된 것도 이 4체액설 때문이었다. 그나마 중국의학이 내세운 오행론이 더 나은 이론이 아니어서 천만다행이었다. 실제로 동양의학과 서양의학은 어리석음에 관해서라면 우열을 가리기가 힘들 지경이다.

어리석음을 넘어선 가학적 의학

아이디어의 근거는 단순했다. 광증은 충격으로 인해 발병하기 때문에 또 다른 충격을 주기만 하면 모든 것을 다시 제자리로 돌려놓을 수 있다는 것이다! 고양이 오르간이 충격을 줄 수 있었던 시대에는 통용되는 생각이었을지도 모른다. 고양이 오르간은 프랑스의 작곡가 장바티스트 베케를랭Jean-Baptiste Werckerlin이 1549년에 구상해 본래는 카니발 행진에서 구경꾼들을 즐겁게 해줄 목적으로 발명되었다. 이 악기는 각각의 음마다 수고양이들이 일렬로 배열되어 있고 각 건반은 고양이의 꼬리와 연결되어 있어 누를 때마다 바늘이 고양이의 꼬리를 찌르게 되고 고양

---

* 장의 내용물을 배설시킬 목적으로 사용되는 약제.

이가 고통스러운 비명을 질러 음색을 만들어낸다. 음악을 좋아하는 광증 환자는 이를 보고 정서적 충격을 받아 순간적으로 치유가 된다. 적어도 정신과 의사의 머릿속(그리고 지갑 속)은 치유가 될 것이다!

간혹 그나마 조금 덜 놀라운 방법도 존재하긴 했다. 정신이상자를 느닷없이 센강이나 론강의 차가운 물속에 빠트리는 것이다. 그래서 오텔디외 병원Hôtel-Dieu**이 강변에 지어진 것일까…. 그래도 카디아졸***흥분요법, 말라리아 요법****, 전두엽 절제술 같은 충격요법은 어느 정도 용인할 수도 있다. 그나마 그런 요법에는 어리석음이 없기 때문이다. 대신 가학적 의학이 어리석음의 빈자리를 채운다. 미국의 몇몇 정신과 의사가 그러한 가학성의 정점을 찍었다. 그들은 얼음 깨는 송곳을 환자의 눈꺼풀 사이에 넣고 망치를 두드리는 방식의 전두엽 절제술을 실행했다. 이 수술을 받은 불운한 1만 3,000여 명(전두엽 절제술을 받은 미국인 4만 명 중 약 3분의 1에 해당하는 수치다)의 정신착란 환자를 비롯해 우울증 또는 강박증 환자들은 결국 식물인간이 되고 말았다. 마취는 전기 쇼크로 이루어졌다. 그 모든 처리에 10분밖에 걸리지 않았기 때문에 환자들은 시커멓게 멍든 눈을 하고 수술실에서 제 발로 걸어 나갔다. 기가 막힐 노릇 아닌가!

<hr />

** 고아와 극빈자를 위해 설립된 프랑스의 자선병원.
*** 중추신경 특히 숨뇌에 대한 흥분제로 조현병 치료에 쓰였다.
**** 일부러 말라리아균을 체내에 주사해 고열에 시달리게 한 후 증상의 호전을 바라는 요법.

정신분석 요법은 어땠을까

프로이트는 온갖 신경증의 원인으로 부적절한 성적 발달을 지목했고, 그 자신이 실제로 경험한 그 유명한 오이디푸스 콤플렉스를 원형原型의 반열에 올려놓으며 이런저런 주장을 떠벌렸다. 그러나 빈약한 인류학 지식으로 인해 그는 세상에 3인 가족(엄마, 아빠, 아기)만 있는 것이 아니고 오이디푸스 콤플렉스가 성립 불가능한 문화가 존재할 수 있다는 사실을 간과하고 말았다. 또 그는 거미의 다리가 여덟 개이고 이것이 곧 성행위를 연상시키기 때문에 거미공포증은 원초적 장면(프로이트 학술 용어에 따르면 부모의 성행위를 일컫는다)에 대한 공포에서 기인한다고 주장했다. 그야말로 이 글의 주제에 꼭 들어맞는 주장이 아닌가! 진심 어린 설명과 온천욕을 통해 신부전과 부종을 앓는 환자 일부를 치료했다는 19세기 독일의 정신과 의사 게오르그 그로덱Georg Groddeck을 빼다 박은 그의 제자들 중 일부도 현실과는 정말로 동떨어진 행보를 보였다! 또 이 주제를 다룰 때 브루노 베텔하임Bruno Bettelheim이 빠지면 섭섭하다. 아동심리학자이자 교육자인 그는 자폐증이 부모의 비속살해 욕구로 인해 발생하는 정신질환이라고 주장해 자폐아를 양육하는 많은 부모가 극심한 죄책감에 시달리게 했다.

인지행동치료는 어땠을까

인지행동치료의 시작은 유난히 험난했다! 미국의 심리학자 존 왓슨John Watson은 11개월이 막 지난 아기를 대상으로 쥐 실험을 실행했다. 왓슨은 아기와 쥐를 매트리스 위에 함께 놓고 아기가 쥐를 만질 때마다 망치로 강철을 쳐 큰 소리를 냈다. 아기는 소리에 반응해 울기 시작했다. 이러한 과정을 몇 차례 반복했고 이후 아기는 쥐만 봐도 공포를 느끼고 동물을 혐오하게 되었다. 더 이상은 말을 아끼겠다….

신경과학은 어땠을까

신경과학의 일부 이론적 근거는 황당하기 짝이 없다. 예컨대 1970년대 말에는 조현병 환자의 뇌에서 베타엔돌핀이 과잉생성되는 것을 검지할 수 있다고 생각했기 때문에, 신장 투석으로 환자의 몸을 정화하면 치료가 가능할지도 모른다는 아이디어가 나오기도 했다. 언제나 더 발전하길 바랐고 여느 젊은 신경정신과 의사처럼 멍청했던 나는 그 이론을 믿었고 그 '아이디어'를 실행에 옮겨보기로 했다. 나는 용케도 실험 방식에 변화를 주면서 환자들을 관찰했다. 즉, 오랫동안 정신질환을 앓고 있는 환자 5명을 대상으로 2주 동안은 진짜 투석을, 나머지 2주 동안은 가짜 투석(플라시보 효과)을 진행했다. 결과는 어땠을까? 두 경우 모두 기간에 관계없이 치료 효과가 매우 긍정적으로 나타났다. 진짜 과학은 때로 바보 같은 아이디어를 넘어설 수 있다는 것이 증명된 것이다! 웬일로 나는 그때 딱 한 번 어리석음을 피해 갈 수 있었다….

의학의 모든 분야가 그렇듯이 정신의학은 엉뚱한 아이디어와 이치에 안 맞는 행위가 함께해야 앞으로 나아갈 수 있다. 의학을 진보시킨 것은 한마디로 어리석음이었다. 다행히도 이제 그런 무모한 행위가 벌어질 일은 없지 않겠는가?

문학 연구자

작가 조너선

댄디는
멍청이였을까

Qu dandysme
et de la bêtise

댄디즘은 동시대인의 어리석음을 들추어내기 위한 하나의 수법이었을까? 그렇다고 할 수 있다. 댄디를 표방하는 사람은 멍청하고 아둔한 군중의 어리석음을 드러낼 요량으로 독특하게 치장한 자신을 뽐내면서 주변 사람들과는 거리를 두려 한 것처럼 보이기 때문이다. 댄디는 군중의 부화뇌동하는 행태에 맞서 철저하게 독창성을 내세웠다. 댄디가 드러내는 우아함과 섬세한 세련미는 물질주의와 실용주의에 찌든 동시대인의 천박함과는 어울리지 않았다. 자유분방한 태도로 드러나는 댄디즘은 무례하게 행동하고 관습을 무시하면서 끊임없이 도발을 감행하는 일종의 저항이었다.

우스꽝스러움에서 기괴함까지

그러나 댄디의 외양은 대중을 현혹하기에 심각한 한계가 있었다. 댄디즘은 그 자체로 많은 사람에게 일견 과장되고 터무니없으며 비웃음을 사는 행동으로 보였기 때문이다. 꽃미남, 귀여운 남자, 허세남, 한량[108] 등 우아함을 갈구하는 댄디즘의 선구자들은 이상야릇한 언동과 지나치게 치장한 옷차림을 좋아하는 세속적인 사람들이었다. 그들은 몸치장과 몸가짐으로 다른 사람과 차별화되려고 과장과 도발도 서슴지 않았다. 부자연스럽고 교태 부리는 듯한 그들의 태도는 놀라움과 웃음을 유발했다. 실망스러워하며 냉소하는 태도, 경박스러움, 무례하고 건방진 오만함이 냉정함을 드러내는 댄디의 방식이었다. 정해진 공통의 예의범절을 거스르는 그 '비윤리적인' 태도는 냉담함 그 이상의 무엇이라 할 만했다. 그렇기에 샤토브리앙은 다른 사람들과 마찬가지로 이런 글을 쓸 수 있지 않았을까. "오늘날 댄디는 의기양양하고 우아하며 거만한 태도를 드러내야 한다. … 머리에 모자를 쓰고 소파 위를 구르면서 그 앞에 놓인 의자에 앉은 숙녀의 면전에 자신의 부츠를 쭉 뻗으며 자신의 독자적 특성을 뽐낸다."(『영국문학론Essai sur la littérature anglaise』)

눈에 띄는 댄디의 특성은 빛나는 머리칼, 황금구로 장식한 지팡이, 말아 올린 커프스, 노란 장갑, 곱게 다듬은 손톱, 중세풍 수염, 가냘프고 고운 손, 작은 발이었다. 또 언제나 아름답게 세공한 작은 소금병을 몸에 지니고 다녔으며 시가를 즐겨 피우고 차와 영국에 관한 모든 것을 좋아했다. 런던의 온갖 사교클럽 이름에 빠삭했으며 쉰 벌이 넘는 재킷과 서른 점 넘는 넥타이를 가지고 있었다. 승마를 즐기고 내기와 사냥을 좋아했다. 댄디는 비스포크 테일러(맞춤 양복장이)가 눈에 띄는 원단을 보여주면 다른 누구도 비슷한 옷을 입을 수 없도록 그 원단 전부를 사들였다. 이것이 바로 1840년에 독일 신문『데어 아들러Der Adler』가 멋쟁이로 묘사한 댄디의 모습이다.『멋쟁이 생리학Physiologie du lion』의 저자는 댄디를 추구하는 이들은 나이나 유행에 관계없이 늘 같은 모습을 고수했다며 다음과 같이 기술했다. "당신의 팽스네pince-nez 승마채찍, 그리고 반짝이는 구두 광택에 영광 있으소서! 유행의 끔찍스러운 변덕 앞에서 내일은 오늘과도 어제와도 완전히 다른 모습을 보여주소서. 그러나 오 프랑스의 신사여, 오 방탕한 이여, 오 오만한 청년이여, 대혁명 시대의 멋쟁이여, 오 한량이여, 오 댄디여, 오 매력적인 이여, 당신 무리들이 결코 쇠락하지 않고 영원하기를. 아멘…!"

댄디는 할 일 없이 빈둥거리며 자신의 외모를 뽐내고, 방탕한 데다 조금도 지적이지 않으며(1866년 8월 23일, 공쿠르 형제의 표현에 따르면 "비할 바 없이 텅 빈 머리에 순전한 겉멋"), 지루해 보이는 지고의 예술에 열중하고 로니에트Lorgnette**를 즐겨 사용하며, 여성에게 질문을 던지고는 대답도 안 듣고서 뒤돌아 가버린다. "거드름, 허영, 교만, 무례는 댄디의 특성이다. 용납할 수 없을 만큼 오만하고 아주 우스꽝스럽게 우쭐한 태도를 드러낸다. 이렇게 만사에 냉소적인 사람의 눈에는 모든 것이 고리타분하게 보일 뿐이다."(피에르 라루스의 『19세기 세계대백과사전Grand Dictionnaire universel du XIXe siècle』)

이런 피상성은 어리석음으로, 진실한 감정에 대한 불감증으로 해석되었다. 보들레르는 『근대생활의 화가Le peintre de la vie moderne』에서 이러한 작위적 태도를 '어리석음의 나르시스'라고 표현했다. 으스대며 거리를 걷는 댄디의 모습은 사고의 부재와 외양에서 드러나는 덧없음이 자신의 아름다움을 성공적으로 표현하는 데 필수임을 보여주는 듯했다. 공쿠르 형제 역시 댄디를 비난하며 이렇게 한탄했다. "두개골까지 가르마를 탄 저 머리들."(1860년 8월 24일, 『공쿠르 형제의 일기Journal』).

쓸데없이 화려한 댄디의 액세서리(넥타이, 지팡이, 로니에트, 시가, 부츠,

* 콧등에 걸치는 형식의 안경.
** 손에 쥐는 테가 달렸고 한쪽에 긴 손잡이를 단 멋내기용 안경.

장갑 등)에 드러난 오만은 숱한 풍자의 대상이었다. 극작가 라비슈Eugène Marin Labiche, 페이도Georges Feydeau, 메이악H. Meilhac, 알레비L. Halevy는 희곡을 통해, 소설가 스탕달은 소설을 통해 '거드름 피우는 태도'를 묘사하며 댄디를 조롱했으며, 낭만파 문인이었던 뮈세Alfred de Musset도 코르셋을 입은 듯한 그들의 옷차림을 비웃었다. 타인과 자신을 구분 짓기 위한 어이없고 부자연스러우며 쓸데없이 복잡한 치장은 어리석은 오만함과 우스꽝스러운 허영으로 여겨졌다. 발자크는 이러한 멍청이들이 파리를 재미있게 만들어준다고 썼다.[109] 그의 소설 『외제니 그랑데*Eugénie Grandet*』에서 댄디 샤를 그랑데는 짐가방 속에 여러 벌의 멋진 조끼, 유행하는 깃과 넥타이 여러 개, 가장 유명한 비스포크 테일러 중 하나인 뷔송 양복점에서 맞춘 양복 두 벌을 몰래 챙겨둔다. 여기에 승마용 채찍과 음각 무늬 권총이 더해지면 '댄디의 조잡한 장신구', '파리지엥다운 허세'의 완성이었다. 발자크는 에세이 『우아한 삶에 대해*Traité de la vie élegante*』에서 댄디즘을 혹독하게 비판했다. "댄디를 표방하는 남자는 규방의 장식품, 극도로 창의적인 꼭두각시가 되고 만다. 그는 말이나 카나페 위에서 포즈를 취할 수 있고 지팡이 끄트머리를 깨물거나 빠는 행동을 하지만… 결코 사유하는 인간이 될 수는 없다! 패션에서 패션밖에 볼 줄 모르는 사람은 멍청이일 뿐이다."

극단으로 치우친 지나친 꾸밈새는 망측해 보였고, 경박한 태도는 불가피한 노화로 인해 더욱 기괴해지며 구경거리로 전락했다. 댄디의 비윤리적이며 반사회적이고 엉뚱하며 야릇하고 유별난 측면은 영국의 영향이라고들 했다. 작가 바르베 도르빌리는 이렇게 썼다. "기상천외함, 그것은 영국 땅의 또 다른 과실이자 상품이다. 그러나 그것은 다른 방식으로, 즉 무절제하고 야만적이며 무분별한 방식으로 생산된다. 그것은 이미 정해진 규칙에, 때로는 자연에 저항하는 개인의 혁명이다. 이 지점에서 우리는 광기에 도달한다." '안락의자에서 포즈를 취하는 어여쁜 여인처럼' 소파에 몸을 기댄 댄디의 여성스러운 교태는 '망측한' 부도덕성을 더욱 두드러지게 하는 추잡스러운 행동이었다.

저항이라는 고행길

그렇지만 댄디의 외양 너머에서 우리는 진짜 댄디의 진실된 철학과 보들레르가 「자정의 성찰L'examen de minuit」이라는 시에서 표현한 '황소의 머리를 한 어리석음'에 저항하는 사회적 전략을 엿볼 수 있다. 부화뇌동하는 군중에 맞서는 저항의 방편으로 드러낸 냉정하고 무례하며 거만한 태도는 부르주아 계급을 당혹스럽고 어리둥절하게 하려는 데 목적이 있었다. 빌리에 드릴라당Auguste Villiers de l'Isle-Adam이 시인으로서 주장한 바이기도 하다. "우리는 어리석음에 빠짐으로써 어리석음에 저항하기로 결심했다. 우리는 엄청난 것들에 대해 말하게 될 것이다."

19세기 예술 연구자 쥘리엥 자네타Julien Zanetta의 뛰어난 논문[110]에서 한 구절 빌려 온다면 "배에 기름이 잔뜩 낀 부르주아, 선술집에서 거드름을 피우는 놈팽이, 보수 신문 칼럼에 거만과 교만을 드러내는 작가, 뻔한 말을 늘어놓는 떠버리 정치인, '선입견의 베개를 베고 잠들기'를 행복해하는 자, 진보의 추종자, 그 추종자의 논리에 경도되는 군중"에 댄디는 저항한 것이다.

앞서 본 발자크의 소설에서 샤를 그랑데는 용모, 복장을 비롯해 황금구 지팡이, 회색 장갑(때에 따라 '노란 장갑'), 금색 체인으로 고정한 시계 같은 액세서리로 '그 온갖 어리석음에 거드름을 조화시킨' 나머지 우스워지고 만 젊은 남자의 초상을 구체적으로 그려낸다. 샤를 그랑데 주변의 시골 사람들은 댄디의 귀족적인 태도, 로니에트를 들고 무언가를 유심히 바라보는 세련된 오만함 때문에 그를 탐탁지 않게 여기지만 외제니는 여기에 매혹된다. 외제니는 "데생 화가 웨스톨Richard Westall이 영국식 양장 앨범에 그려 넣은 여인, 핀덴Edward Finden이 조각한 여인의 환상적인 모습이 한 청년에게 옮겨진 듯한 세련된 관능의 감정"을 느끼며 샤를 그랑데가 선하고 우아한 사람이라고 생각한다. 조금 더 뒤로 가면, 화자는 조각가 챈트리Francis Leggatt Chantrey가 조각한 바이런의 포즈와 샤를 그랑데의 포즈를 비교하기도 한다. 발자크는 우리가 보는 것처럼 당대의 유명한 그림과 조각을 빌려와 인물을 매우 회화적으로 묘사하면서 전형적인 댄디의 인위적 아름다움을 강조하고자 했다. 부르주아 출신으로 댄디와는 거리가 멀었던 발자크였기에 댄디에 대한 묘사는 그만큼 더 신랄했다. 그렇게 샤를 그랑데는 아름다움과 여성스러움을 드러내며 발자크가 구상한 댄디에 한층 더 가까워졌다. 소설 초반에서 화자는 샤를 그랑데를 '댄디', 그보다 구세대에 속하는 그랑데 영감은 '한량'이라고 불렀지만, 하녀 나농은 그를 '여자처럼 귀엽다'고 평하고 화자조차 그가 '멋쟁이 숙녀처럼 우아하고 교태가 넘치는' 남자라고 생각한다. 그 모든 것은 인물의 매력뿐만 아니라 패션의 선도자로서 취할 수 있는 권력을 보여준다.

조지 브루멜George Brummell*은 허를 찌르는 말솜씨로 정평이 나 있었고 그것을 무기처럼 사용했다. 말의 힘으로 어떻게 그가 섭정 왕세자 웨일스 공(훗날의 조지 4세)을 친구로 삼을 수 있었는지를 보여주는 일화를 살펴보자. 브루멜은 웨일스 공과 한자리에 있을 기회를 갖게 되지만 왕세자는 경멸하듯 그를 무시하며 그의 친구에게만 말을 건넨다. 이에 브루멜은 곧장 친구에게 묻는다. "저 뚱뚱한 친구는 누군가?Who's your fat friend?" 그것은 그저 웨일스 공의 뚱뚱한 몸을 모욕하기 위한 말이 아니었다. 중요한 것은 그를 모욕하기 위해 그가 누구인지 모른 척하는 것이

---

* 1778~1840. 근대 남성 패션의 창시자이자 영국 멋쟁이 신사의 대명사였다.

었다. 브루멜은 자신을 무시하며 억압하려는 왕세자에 맞서 상황을 자신에게 유리하게 돌리고 군주를 비웃기 위해 자신의 말솜씨를 이용했다. 이 일화는 왕의 권력에 맞선 브루멜의 승리, 즉 전복된 역할과 힘의 관계를 보여준다. 이 지점에서 댄디는 왕세자보다 우위를 점한다.

브루멜은 말솜씨에서뿐만 아니라 스타일에서도 우위였다. 일례로, 브루멜과 왕의 의복 제작을 담당한 비스포크 테일러 슈바이처는 어느 남작에게 브루멜의 양복에 왕세자의 것보다 '조금a trifle' 더 좋은 원단을 썼노라고 고백했다. 『고리오 영감』의 주인공 라스티냑처럼 파리를 정복하기 위해 지방에서 상경한 발자크의 인물들은 허리를 꼭 죄는 우아한 프록코트가 우위를 점하는 데 어떤 힘을 발휘하는지 알고 있었다.

한편 보들레르에게 댄디즘이란 육체뿐만 아니라 영혼을 정화하는 일종의 신념 내지 종교였다. 누구에게도 의존하지 않는 정신적 귀족주의 때문에 고독을 피하기 어려운 댄디는 영웅주의적 고행을 통해 사회, 자연, 신에 대해 삼중의 저항을 했다. '멋쟁이의 정신을 함양하고자 하는' 욕구는 댄디를 끊임없이 저항의 길로 인도했다. 보들레르는 댄디즘을 통해 자연 상태, 이미 부여된 것, 선천적인 것에 대항해 그것을 수정하고 변장시키고 싶어 했다. 그에게 예술은 자연에 맞서 완벽, 우위, 절제라는 댄디의 이상을 실현하는 도구였다. 그는 의지와 상상력을 발휘해 자연스럽게 변화하는 삶 대신 얼어붙어 고정되어 있는 세계의 인공적 이상을 추구했다.

댄디는 속세에서 부여한 신분의 한계를 저항을 통해 초월할 수 있음을 확인했고, 타락한 신으로서 그 위력을 발휘했다. 다양한 창작활동으로 쉼 없이 자신의 동상을 조각하고 자기 작품을 다듬으며 자신을 녹여냈다.

그 점에서 지극히 냉담함을 유지하면서 다른 사람을 놀라게 하는 경악스러운 댄디의 아름다움은 압도적이다. 댄디는 가치관을 따르면서도 농락하는 한 사회에 편입된 '특별한 힘이 있는' 사람처럼 보이는 동시에 자신이 무시하는 부르주아 계급에서 소외된 사람이다. 댄디가 보여주는 모든 태도는 상스럽지 않으면서도 오만하게 어떤 특성은 강화하고 또 어떤 특성은 거부하면서 사회 구조를 해체했다. 이런 모습은 르네상스 시대 시인이자 외교관이었던 카스틸리오네가 쓴 『궁정인』*에 등장하는 '스프레차투라sprezzatura'를 떠올리게 한다. 이는 힘들게 노력하는 모습을 보이지 않으면서 최상의 우아함을 표현하는 무심한 태도를 가리키는 말이다. 바르베 도르빌리는 이를 일컬어 "모든 댄디는 무뢰한이지만 세련된 무뢰한이다"라고 표현했다.

댄디는 자신이 멸시하고 무시하는 사회의 가치관을 거스르는 몸치장을 극도로 애호하고 예찬하며, 오만함으로 사람들을 매혹시키고 거북함을 불러일으켜 오히려 사람들의 환심을 사는 전략을 구사하면서 소외된 대중의 지지를 기대했다. 보들레르는 이것을 다른 이들과 구별되기 위해 기이한 행동을 하면서 사회에 맞서는, 즉 소비주의와 대중사회의 가짜 평등주의 맞서는 '저항과 반항의 특성'이라 표현했다.

영웅주의의 저물녘

따라서 댄디는 그저 '포마드를 바른 백치'와는 거리가 먼, 자국의 문명

---

* 당시의 이상적인 궁정인의 처신을 논한 저술로 서유럽 상류사회의 교양에 큰 영향을 끼쳤다.

에 불만을 드러내는 사람이었다. 보들레르의 뒤를 이어 알베르 카뮈가 『반항하는 인간L'Homme révolté』에서 강조한 것처럼, 예술이란 댄디가 당시 사회 구조에 맞서 반항하며 드러내는 메시지였다. 테오필 고티에 Théophile Gautier••가 주장했듯이, 온갖 속박과 의무에서 벗어나 아무짝에도 쓸모없는 아름다움의 가치에 심취해 있었던 댄디의 행위는 뭔가를 기대하는 행위가 아니었다. 그 반항은 진정한 가치를 잃어버린 세상에서 정신적 노스탤지어를 더욱 부각했다. 보들레르는 댄디즘을 통해 자신이 '지는 태양'이라 표현한 당대의 정신과 사회 분위기에 반항했다. 댄디는 느닷없이 들이치는 '민주주주의 밀물' 앞에서 '데카당스 시대 최후의 영웅주의를 찬란하게' 불태웠다. 오직 예술과 아름다움만이 댄디의 근원적 갈증을 풀어줄 수 있었다. 댄디는 거부의 힘 그 자체로 일체성을 구축하고 고조하며 더욱 완벽해졌다. 댄디는 저항하면서 존재감을 드러냈다. 이에 대해 카뮈는 "댄디는 타인의 얼굴에서 존재를 발견할 때에만 존재를 확신할 수 있었다. 댄디에게 타인은 거울"이라고 썼다. 그 지점에서 우리는 사회에 저항한 댄디가 맞닥뜨린 한계를 목도한다. 평론가 필립 솔레르스Philippe Sollers는 2011년 12월 22일 자 시사 주간지 『르누벨 옵제르바퇴르』에 「댄디즘의 관념론」이라는 평론을 기고하며 댄디는 "사실상 혁명을 일으키지 않은 혁명가"라 표현했다. 어느 한편에 가담하기에는 "확신, 충성심, 어리석음"을 찾을 수 없는 세속적 개인주의자 댄디의 내면적 저항이 황소의 머리에서 어리석음을 떼어냈다고는 해도, 황소는 여전히 그 자리에 남아 있었다.

그러니 댄디의 태도에 드러나는 한계와 모순을 지적하지 않을 수 없

•• 1811~1872. 프랑스의 시인·소설가. 예술의 공리성을 배격했다.

다. 댄디는 사회를 향해 겉으로 드러나지 않는 비판을 하면서도, 사회 바깥에 있었던 것이 아니라 사회 안에 머물면서 제멋대로 행동했다. 실로 역설적이게도 댄디는 자신이 제기한 비뚤어진 상을 비추는 사회의 거울로 기능했다.

결국 댄디는 세상 속에 자리 잡고 규칙을 지키는 데는 나 몰라라 하면서 대체로 냉혹한 조소와 냉소적인 초연함을 보이며 자신이 사는 사회, 그럼에도 온전히 정당성을 인정하지 않으며 경시하는 그 사회를 조롱했다. 편집증의 극단까지 간 댄디의 우아함, 오만함, 관습에 대한 경시(와 존중), 냉정함은 19세기에 영국과 프랑스에 만연한 물질주의와 순응주의, 그리고 부르주아 계층에 대한 최후의 부정이었다. 바르베 도르빌리는 1845년 『댄디즘과 조지 브루멜』이라는 탁월한 에세이로 그 현상을 예리하게 분석했다. 이 저술은 발자크의 『우아한 삶에 대해』, 보들레르의 『근대생활의 화가』와 어깨를 나란히 하며 댄디즘에 관한 한 걸음 정제된 사유를 제시했다. 특히 그는 다음과 같이 기술했다. "댄디즘은 … 규범을 무시하지만 존중한다. 댄디즘은 규범을 어쩔 수 없이 따르면서 고통받는 동시에 앙갚음한다. 댄디즘은 규범을 피해 가면서 비난한다. 댄디즘은 규범을 압도하고 규범에 압도당한다. 이 얼마나 이중적이고 변덕스러운 특성인가!"

기행과 독창성이라는 선을 넘나들며 규범을 가지고 놀았던 댄디는 기묘한 미학적 저항을 통해 어떤 사회적 징후를 드러내고자 한 것이 아니었을까.

공연예술학자

샹탈
메이에플랑튀뢰

연극과 영화 속의 반유대주의와 호모포비아

*Antisémitisme
et homophobie ordinaires
dans le spectacle*

유대인과 게이,
그중 한 명만 알아도 그들 모두를 알 수 있다.
폴 모랑, 『쓸모없는 일기』[111]

타인에 대한 공포, 특히 유대인과 동성애자에 대한 공포는 유감스럽게
도 수 세기에 걸쳐(특히 19세기 말부터) 소수자에 대한 조롱과 소외와 배
척이라는 '어리석음'의 앤솔러지를 만들어냈다. 연극과 영화는 소수자
들의 훼손된 이미지를 전파하는 데 상당 부분 기여했다.

무대에 선 '비열한 유대인'

1886년, 프랑스 저널리스트 에두아르 드뤼몽Edouard Drumont은 1,200쪽에
달하는 『유대인의 프랑스La France juive』를 출간해(그는 이 두툼한 책을 알
퐁스 도데에게 빌린 돈으로 자비출판했다) 커다란 반향을 일으켰다. 그는 이
책에서 '근대' 반유대주의의 시작을 알렸을 뿐만 아니라 당시에 '성도착

자'로 불리던 사람들을 언급하는 것도 잊지 않았다. '떠돌이', '매국노', '변태성욕자', '히스테리 환자'…. 이는 동성애자뿐만 아니라 유대인까지 옭아맨 몇 가지 '악덕'(관용적으로 인정된 표현이다!)의 일부였다. 드뤼몽이 만들어낸 규칙을 적용해 유대인을 표현한 극작가의 명단을 읊어보자면 에드몽 드 공쿠르Edmond de Goncourt, 앙리 라브당Henri Lavedan, 알베르 기농Albert Guinon, 모리스 도네Maurice Donnay가 있다(공쿠르를 제외하면 이 이름들은 현재 모두 잊혔다. 그러나 당시에는 매우 성공한 작가들이었다!). 그런데 공교롭게도 이 명단에는 '유대교도' 작가도 포함되어 있다.

1890년, 잡지 『앙트르티엥Entretien』에서 베르나르 라자르는 유대인과 유대교도는 다르다며 다음과 같이 정의했다. "유대인은 하루 빨리 재산을 불리려는 생각밖에 없는 사람으로 사기, 거짓말, 계략을 이용해 훨씬 수월하게 재산을 축적한다. 그들은 미덕, 가난, 무욕을 경시한다. … 그런데 물욕에 절어 기품 있는 행위와 선한 의지를 증오하며 무시받아 마땅한 유대인과는 완전히 다른 존재가 있으니, 바로 유대교도다. … 모든 유대교도는 천박한 취향을 가진 결점투성이 이방인 무리와 자신이 한데 묶이는 것에 진저리를 친다."

알프레드 사부아르Alfred Savoir와 페르낭 노지에르Fernand Nozière가 집필한 반유대주의적 희곡은 대중적 인기를 구가했는데, 당대 예술계와 정치계를 모델로 삼았기에 더욱 큰 성공을 거둘 수 있었다. 연극들은 레옹 블룸Léon Blum*, 앙리 베른스탱Henri Bernstein**, 로스차일드 남작1st

---

* 1872~1950. 정치가. 불가지론자였으나 부모의 유대교를 존중했고 스스로 프랑스인이자 유대인이라고 생각했다.
** 1876~1953. 극작가. 유대인에 관련된 희곡을 써 반유대주의자들의 표적이 되었다.

Mayer Amschel, Founder of the House of Rothschild.

Baron Rothschild [*] 또는 이르쉬 남작Baron de Hirsch de Gereuth [**]을 대중의 조롱과 모욕을 받는 최고로 희화화된 인물로 구현했다. 대중은 그 인물을 '연기하는' 배우들에게 유대인에 대한 증오를 쏟아부었는데, 우연찮게도 그 배우들은 대개 유대인이었다. 그래서 〈예루살렘으로의 귀환Le retour de Jérusalem〉에서 주디트라는 밉살스런 역할을 맡은 배우 마담 시몬Madame Simone은 배우와 극중 인물을 혼동한 객석 한편에서 쏟아지는 모욕에 더해 '비열한 유대인'이라는 이중의 모욕을 겪어야 했다. 그러한 대중의 반응을 분석하고 이해하려 했던 평론가 아돌프 브리송Adolphe Brisson은 이렇게 지적했다. "주디트라는 역할은 그를 염두에 두고 집필된 것이 분명하다. 작가가 배우를 면전에 두고 그 인물을 창조했기 때문이다."

[*] 1840~1915. 영국의 유대인 출신 은행가, 정치인, 귀족. 로스차일드가의 직계 제3대 가주였다.
[**] 1831~1896. 독일의 유대인 출신 대부호.

이런 종류의 희곡을 다루는 저널리스트들은 비평을 통해 반유대주의적 요설을 쏟아냈다. 유력 문화 일간지 『코뫼디아*Comoedia*』의 국장은 사부아르와 노지에르의 희곡 「세례Baptême」가 공연되는 것을 구실로 유대인에 대한 의견을 다음과 같이 드러냈다.

유대인은 본능적으로 기생충처럼 살고 싶어 한다. 그들은 지나치게 전통에 얽매여 있으며 게으름과 필요에 의해 판에 박힌 생각만 한다. 그런데 안락함을 위해서라면 보다 새로운 다른 생각들을 금세 자신의 것으로 만들어버린다. 유대인은 지리학적으로 인도인과 검둥이 사이 그 어디쯤에 있다. 유대인은 큰 코로 냄새를 더 잘 맡을 수 있고, 큰 귀로 더 잘 들을 수 있으며, 큰 입으로 더 많이 먹을 수 있다. 그들의 손과 발은 또 얼마나 큰가. 다소 원시적이라 할 수 있는 이러한 감각의 발달은 그들이 열등한 종족에 가깝다는 것을 보여준다. … 내 목에 칼이 들어와도 꼭 다시 하고 싶은 말이 있다. 누군가 유대인에 대한 문제를 제기하면 그에게는 반유대주의자라는 낙인이 찍혀버린다. 그래서 나는 결국 이렇게 생각을 하게 된다. 언제나 이런 상황을 만들어내는 건 유대인을 혐오하는 사람이 아니라 바로 유대인 자신 아닐까 하고 말이다. 유대인은 사람들에게 박해받기를 즐기는 것 아닐까 한다.[112]

연극 무대 위에서 이러한 조롱은 은밀하게 이루어져야 했다. 프랑스 국립민중극장의 설립자이자 연출가 겸 내로라하는 배우였던 피르망 제미에Firmin Gémier는 셰익스피어의 희곡 『베니스의 상인』에 등장하는 유대인 샤일록의 이미지를 자기 방식대로 선보여 선풍적 인기를 끌었다. 훗날 여러 배우가 이를 재연하기도 했다.

제미에는 진짜 유대인처럼 보이도록 코끝을 더 도드라지게 분장했다. 또 머리에는 붉은색 곱슬머리 가발을 썼다. 유대인의 고불고불한 머리칼이 눈에 자주 띄어서다. 턱에는 두 갈래로 갈라진 턱수염을 붙였고 귀걸이를 다는 것도 빼먹지 않았다. 중동 남자들은 취향이 여성적이고 보석을 좋아하기 마련이니까. … 알록달록하고 기다란 가운을 걸치고, 챙이 없고 끝이 뾰족한 괴상한 모자를 쓰고는 자신의 모습을 확인했다. 그는 마치 홀린 듯이 거울 앞에 서서 갑자기 냉혹하게 굳어 회피하는 유대인들 특유의 시선과 깜빡거리는 눈을 흉내내어 보았다. 그리고 욕심 사납고 의심 많은 유대교도처럼 아랫입술을 쭉 내밀었다. … 준비는 끝났다.[113]

우스꽝스럽고 혐오스러운 유대인 혹은 동성애자

20세기 전환기에 희화화된 극중 유대인을 내세운 희곡 레퍼토리는 수없이 많이 등장했지만, 1906년에 연극 검열제가 폐지되기 전까진 작가들이 '동성애'를 거리낌 없이 다루기는 어려웠다. 이후에도 동성애 소재가 미풍양속을 해치는 것으로 받아들여지긴 했어도 부도덕한 이야기는 눈 깜짝할 사이에 팔려나갔기 때문에 야릇한 동성애자를 등장시킨 희극 공연이 허다했다. 대중은 열광한 반면, 평론가들은 언짢아하며 "이런 연극의 허무맹랑하고 불쾌한 묘사"[114]를 비판했고 "그런 이야기는 희곡 작가가 다룰 것이 아니라 의사가 다루어야 하는 것 아닌지", "그렇게 사실적으로 묘사를 해야만 하는지, 악덕을 드러내고 힐난함으로써 오히려 대중에게 퍼트리는 것은 아닌지"[115] 물었다. 다른 평론가들은 "가증스러운 악행", "추잡한 행위", "더욱 해로운 감정", "정신이상자, 동성애자, 병든 자들"[116]이라는 표현을 서슴지 않으며 혐오감을 드러내고 비난을 퍼부었다. 평론가 에밀 마스Emile Mas는 한술 더 떠, 평생 동안 반대해왔던 검열제를 부활시키자고 주장하는 글을 『코뫼디아』에 기고했다.

극장 책임자, 배우, 평론가가 대중의 요구를 다 받아주고 또 대중이 스스로 거기에 저항할 만한 힘이 없다면, 언젠가 필요한 경우엔 국가가 통제 방안을 강구해야 한다. 국가라면, 연인이나 정부情婦에게나 할 법한 말들이 두 남자 사이에서 오가는 장면을 혐오하지 않고 버틸 수 있을 것이다! … 참으로 역겨운 것이 있다면, 그것은 바로 두 남자의 짝짓기다![117]

그렇지만 작가들은 인물들을 희화화하는 데 노력을 아끼지 않았고, 장면 연출에는 우스꽝스러운 디테일이 넘쳐흘렀다.

실내는 거주인들에게 기가 막히게 잘 어울리는 사치스럽고 퇴폐적인 스타일로 꾸며져 있었다. … 슈바벤 공작의 친구들은 바인베르크 궁전에 무사히 도착했다! 해변에 온 것 같은 저 차림새란! 맙소사! 상상을 초월하는 파스칼의 세일러복은 부르주아들을 기절초풍하게 만들 것이다! 저토록 얌전하게 강보에 싸인 작은 강아지를 안고 있는 아토스의 복장은 또 어떤가. 남작부인의 알록달록하고 요란하기 짝이 없는 저 복장은 또 어떤가. … 로베르 콜레트 씨는 멋깨나 부린다는 슈바벤의 공작이다. 그의 작품에 등장하는 인물은 막스 엘데르의 인물과 쌍벽을 이룬다.[118]

피르망 제미에 같은 일부 연출가가 자기 작품에 등장하는 유대인을 보석으로 치장시키고 여성스러운 남자로 보이게 했다면, 동성애자를 묘사한 작가들은 당시 대중이 '유대인의 프랑스 유입'을 떠올릴 수 있도록 극중 동성애자 인물에게 '외국인' 성을 붙여주었다. 극작가 피에르 사바티에Pierre Sabatier는 "우리는 우리나라에 들어온 외국인들 때문에 피해를 본다. 그게 바로 내 연극이 전달하고자 하는 바"라고 천명하며 자신이 창작한 '동성애자'에게 '기어코' 젊은이들을 타락시키는 자라는 오명을 씌우고 유대인을 떠올리게 하는 이름을 붙여주었다. 그렇게 해서 평론가들은 그들의 비평에 유대인과 동성애자에 대한 증오를 한꺼번에 녹여낼 수 있었고 그런 공동체의 속성인 '온갖 악습'으로부터 프랑스 '민족'의 명예를 회복시켜주려 했다.

연극의 시대는 갔다,[119] 영화를 향해 만세!

1920년대 말, 그리고 1930년대에 들어 프랑스 영화계는 대체로 연극의 주제와 클리셰를 답습한 작품을 선보였다. 이를테면 영화의 주인공은 '유대인 억양'으로 이런 대화를 나눈다. "왜 영극을 포기하는 거야? 영화를 만들려고? 아냐, 당신은 절대 영극을 포기할 수 없어. 난 말이야, 영극 작품을 살 거야. 그리고 실력 있는 각색가를 구해서 각색을 할 거야."(마르셀 파뇰Marcel Pagnol의 영화에 등장하는 인물의 대사다.)[120]

배우 마르셀 달리오의 『나의 광란의 날들』[121]에서도 당시 '상스럽다'고 여겨지던 '유대인'의 억양이 관객을 웃기는 방편으로 사용되었다는 사실을 확인할 수 있다. 주베Jouvet가 연출한 〈르 코르세르Le Corsaire〉에서 제작자로 분한 달리오는 러시아의 포그롬(유대인 박해)을 피해 망명한 아버지의 억양을 흉내 내보겠다고 나서며 이렇게 말한다. "파리에 있는 제작자가 다 유대인인데 유대인 억양을 흉내 낸 말투로 연기 못 할 이유가 있나요?" 이 아이디어는 대박을 쳤다. 그리고 달리오는 이렇게 고백했다. "억지로 노력하지 않고는 한마디도 할 수 없었어요. 주베 감독은 몹시 흡족해하는 것 같았죠."

영화 감독과 시나리오 작가는 대중을 끌어모으기 위해 굳이 상상력을 발휘할 필요가 없었다. 연극의 구태의연한 방식을 모방하되 풍자라는 요소를 덧붙이기만 하면 됐기 때문이다. 풍자의 단골 대상은 별의별 악습을 이유로 비난받는 유대인 영화 제작자였다.

'순진한 척하는 반유대주의' 희극은 대중으로부터 큰 인기를 끌었다. 영화 감독 겸 제작자 앙드레 위공André Hugon의 '레비 시리즈'는 결론에 이르지 못하는 '유대인 문제'를 '오락적'으로 다룬 매우 상징적인 작품이다. 유대인 상인 집안인 레비가 이야기를 담은 이 프랑스 코미디 영화의 등장인물들은 "언뜻 봐선 혐오스럽지만 우스운 외양"[122]을 하고 자잘한 이익을 얻으려 거짓말을 일삼는 비열한 수전노다. 그들은 처음에는 상인이었다가 곧이어 은행가가 된다(그러기 위해 이름을 바꾸고 '교황으로부터 백작 작위'를 받는다).[123] 그들은 돈을 위해서라면 가족쯤은 쉽게 희생시킬 수 있다.

'레비 시리즈'는 〈레비와 씨〉(1930), 〈레비 갤러리〉(1931), 〈조향사 모세와 살로몬〉(1935), 〈마드무아젤 레비의 결혼〉(1936), 〈무슈 베고니아〉(1937)까지 총 다섯 편으로 구성되어 있다.

"〈레비와 씨〉는 제작자 베르나르 나탕Bernard Natan의 기대보다 더 큰 성공을 거두었다. 영화는 개봉과 동시에 엄청난 관객을 끌어들였고 올해 영화 중 가장 큰 수익을 냈다. 이에 고무된 나탕은 위공에게 〈조향사 모세와 살로몬〉의 모험을 잇는 속편을 구상해보라고 제안했다." 『르피

가로』1930년 10월 26일 자에 실린 이 기사는 시리즈의 시나리오가 유대인 제작자의 아이디어에서 나왔다는 점을 넌지시 언급함으로써 위공이 반유대주의자라는 비난을 피해 갈 수 있게 한다. 그러나 위공은 "구르비치 박사의 아이디어"를 토대로 시나리오를 썼다고 하며 '레비 시리즈' 중 세 편을 단독으로 찍었다. 유대인 제작자 나탕은 훗날 비극적인 삶 끝에 아우슈비츠 강제수용소에서 사망했다.

대중은 열광했지만 유력 매체들은 영화를 탐탁치 않아 했다. 영화 전문 주간지 『시네몽드Cinémonde』는 그런 식의 '유대인 조롱'을 비판하는 데 지면의 반 페이지를 할애했다. 당시에도 그런 '순진한 척하는 반유대주의'가 사람들의 신경을 거슬렀다는 것을 알 수 있는 대목이다. "유성영화 〈레비와 씨〉는 오랫동안 유대인에게 씌워진 고정관념, 즉 물질을 탐하고 장사에 탁월한 유대인이라는 진부한 통념을 배우들의 입으로 전달한다."[124]

'레비 시리즈'의 마지막 편 〈무슈 베고니아〉는 '순진한 척하는 반유대주의'가 반유대인 프로파간다로서 얼마나 큰 역할을 했는지를 보여주는 작품이다. 이 영화는 반유대주의를 풍자한 삽화를 그려 넣은 영화 팸플릿과 함께 1943년에 재상영되기도 했다. 이쯤 되면 이 영화의 진정한 의도가 무엇이었는지 되묻지 않을 수 없다.

더 세련되고 음흉한 혐오

한편 아벨 강스Abel Gance나 마르셀 레르비에Marcel L'Herbier와 같은 거장 감독의 극영화는 동성애 혐오와 반유대주의 클리셰를 의뭉스럽게 전파했다는 점에서 훨씬 더 음험했다. 그들은 유대인과 동성애자를 우스꽝스럽게 묘사하는 대신, 사람들의 무의식에 내재된 유대인의 이미지를 교묘하게 영화 속에 녹여냈다.

레르비에의 영화 〈돈L'Argent〉에 등장하는 유대인 은행가는 세계의 부를 거머쥐고 있다. 구형으로 된 접객실 벽에는 그가 소유한 온갖 것이 그려져 있다. 그는 곁을 절대로 떠나지 않는 자그마한 하얀 독일 스피츠(개들마저 '외국산'이다) 두 마리를 데리고 거대한 사무실 구석에 틀어박혀 지낸다. 그는 개들을 품에 안고 쓰다듬으며 먹이를 준다. 냉정하고 야박한 그의 행동은 꾸며낸 듯 부자연스럽다. 자신의 입술을 톡톡 두드려 닦고 계란을 먹을 때는 새끼손가락을 우아하게 위로 뻗친다. 우유를 따라 마실 때도 마찬가지다. 레르비에의 카메라는 구석에 숨어 눈에 띄지 않으려 애쓰지만(은행가의 외양에는 어떤 '유대인'적 특성도 드러나 있지 않다. 과장된 코 모양도, 이국적 의상도, 꽃도, 보석장식도 없다) 그가 '진짜' 프랑스인으로 대변되는 은행가 사카르와 대립할 때에는 비로소 기이하고 위협적인 모습을 드러내며 유대인을 '끄집어냈다'. 한편 강스의 〈세상의 끝La Fin du monde〉에 등장하는 은행가 숌부르크는 전쟁을 일으키기 위해 무기상 베르스테르와 손을 잡는다. 당연히 이 두 유대인은 부도덕하고 타락한 인물로 묘사된다.

훌륭한 연기력을 뽐내는 배우가 (의상이나 외양을 우스꽝스럽게 꾸미지 않고) 연기한 이 인물들은 국가의 안보를 위협하는 음모를 꾸미고 프랑스 사회를 타락시키는 위험한 존재로 묘사되면서 대중의 의식에 '다름'에 대한 공포와 증오를 서서히 주입하는 데 큰 역할을 했다. 영화에 등장하는 유대인과 동성애자는 통속극과 가벼운 희극에 등장하는 기존의 희화화된 인물과 전혀 다른 측면을 드러냈다. 비평가 피에르 브리송

Pierre Brisson은 이러한 묘사 방식에 대해 '웃음'은 '카페 콩세르'*에 남겨 두고 '사실적인' 묘사는 극영화로 가져와야 한다는 이론을 제시하며 다음과 같이 기술했다.

진짜 악마에 씐 사람들은 일종의 주술에 가담하고 있다. 그들은 암흑이 자기 세계를 에워싸고 은폐하며 보호해주기를 바란다. 그들에게 필요한 것은 불명예와 자기들만의 비밀이다.[125]

* 술과 음료를 즐기면서 음악과 공연을 관람할 수 있는 유흥장의 일종으로 18세기 중엽 이후 파리에 등장해 20세기 초반까지 번창했다.

언어학자

마리 트렙스

다채로운 인종차별적 모욕의 역사

Un mal, des mots :
histoire des injures racistes

프랑스는 인종차별적인가? 순진한 건지 위선을 떠는 건지 모를 이러한 질문은 최근에 떠오른 화두처럼 보이지만 실상은 그렇지 않다. 오래전부터 역사가 혼돈(전쟁, 식민 지배, 정치적·경제적 이유에 의한 이민, 종교 분쟁이나 문화적 대립) 속에 휘말릴 때마다 인종차별적 성향은 더욱 위세를 떨쳤다. 인종차별적 성향은 대수롭지 않은 것에서 폭력적인 것에 이르기까지 다양한 말로 표현되어 왔다. 수 세기에 걸쳐 생성된 인종차별적 모욕의 레퍼토리는 그렇게 집단의 기억 속에 자리 잡게 되었다.

그놈: '못생긴 여자'에서 '미개인'까지

인종차별적 성향이 고착될 수 있었던 이유는 인종차별적 표현과 전파 방식이 그만큼 교묘하고 다양했기 때문이다. 중세시대에 기독교 성화聖畵는 반유대교 사상을 퍼트렸다. 19세기 신문은 풍자만화나 대중적 판화로 반유대주의를 전파했다. 19세기 후반과 20세기에 성행한 식민지에 관한 이국적인 노래는 세대를 거듭하며 프랑스인의 의식 속에 젖어들었다. 다소 거친 유희용 가락, 영웅 칭송가, 이국적인 낭만주의로 장

르를 바꾸어가며 노래는 아시아인, 북아프리카 아랍인, 아프리카인에 대한 고정된 이미지를 전파했고 마치 광고처럼 즐겁고 정다우며 온정 넘치는 새로운 형태의 인종주의를 만들어냈다. 또한 20세기에 파리에서 열린 대규모 행사들(1931년 국제 식민지 박람회, 그리고 특히 1941년의 '유대인과 프랑스' 전시)은 식민지의 민족들과 유대인에 대한 인종차별적 고정관념을 대중에게 공식적으로 침투시키는 계기였다.

다양한 '인종'이 존재하며 어떤 인종은 다른 인종보다 더 우월하다는 확신은 1930년대에는 대다수에게 용인되었지만 제2차 세계대전 이후에는 국제사회의 비난의 대상이 되었다. 그럼에도 불구하고 최근에는 '인종차별적 발언의 자유'를 실천하는 모습을 심심치 않게 목격하게 된다. 이미지는 어디에서나 전파되고 그 속도는 전광석화처럼 빠르다.

2013년 파리. 우리는 "그눙Guenon(긴꼬리원숭이), 가서 바나나나 까드시지"라는 발언을 듣게 된다. 2013년 '마니프 푸르투스(동성결혼법 폐지 요구)' 시위가 벌어지는 동안 동성결혼 법제화를 주도한 흑인 여성 법무장관 크리스티안 토비라Christiane Taubira를 향해 한 소녀가 내뱉은 발언이었다. 법무부 장관에게 인종차별적 언사를 한 이 아이의 부모는 RTL 라디오 방송의 인터뷰에 초대되어 심경을 밝혔다. 그들은 손에 바나나 껍질을 든 딸의 모습에 대단히 놀라며 이렇게 말했다. "저희는 인종차별주의자가 아닙니다. 제 딸은 기린을 말하듯이 긴꼬리원숭이라고 말했을 거예요." 정말로 그랬을까…?

긴꼬리원숭이가 인종차별적 모욕의 역사에 발을 들여놓은 건 17세기였다. 암컷 침팬지는 비유적으로 '못생긴 여자'(1640)를, 이후에는 '창녀'(1686)를 지칭했다. '창녀'를 지칭하는 속어는 일반적으로 대구, 암캐처럼 동물 이름이 많다. 그런데 긴꼬리원숭이를 활용한 부정적 표현(추함, 더러움, 비도덕적 행동)에는 '미개함'이 덧붙는다. 19세기 중반에 피부색이 검은 여성에게 가해진 모욕은 인종차별로 받아들여졌다. 식민 지배의 잔재를 보여주는 모욕적 언사인 '긴꼬리원숭이'는 20세기에 와선 아랍이나 아시아 여성들에게까지 적용되면서 더욱 기세가 등등해졌다. 그런데 21세기에 긴꼬리원숭이를 다시 만나게 되다니, 얼마나 당혹스러운 일인가.

방불라: '큰 북'에서 '난봉꾼'까지

2017년 2월. 테오 사건(파리 외곽에서 경찰 네 명이 22세의 흑인 청년을 곤봉으로 구타한 사건)에 관한 텔레비전 토론 중, 경찰 노조 측 토론자가 '방불라Bamboula'라는 표현에 대해 "그 정도는 써도 괜찮잖아요"라고 발언했다. 그러자 이 프로그램의 진행자이자 저널리스트 카롤린 루는 즉시 반박했다. "아뇨, 괜찮지 않습니다."

아프리카어에서 나온 '방불라'는 오늘날 왜곡되어 쓰이는 대표적인 단어다. 이 말은 포르투갈령 기니어로 큰 북을 가리키는 'Ka-mombulon'에서 파생되었다. 프랑스 식민 치하의 세네갈 회사로 파견된 미셸 자졸레 들라쿠르브Michel Jajolet de la Courbe가 1685년 출간한 『아프리카 해안가에서 보낸 쿠르브 씨의 첫 번째 여행Premier voyage du Sieur de la Courbe fait à la coste d' Afrique』에서 'Ka-mombulon'이라는 단어를 사용했다. 여행의 본래 목적은 교역을 위해 세네갈을 견학하는 것이었으나 쿠르브 씨는 그 과정에서 새로운 언어와 문화를 접하게 되었다. 이 단어에 처음부터 나쁜 의도가 있었던 것은 아니다. 이후 1714년 아시니(현재의 코트디부아르) 기행문에서 그 단어는 'Bamboula'로 형태가 바뀌어 다시 등장했다. 프랑스어에 편입된 이 단어는 외래어가 토착화될 때 당연스레 거치는 수순대로 여성형을 부여받고* '방불라 북소리에 맞춰 추는 검둥이들의 춤'이라는 새로운 뜻을 갖게 되었다.

그런데 19세기 식민지 상황에서 더 큰 시련이 닥쳐왔다. 이제 '방불라'가 모든 과격하고 원시적인 춤을 지칭하게 된 것이다. 1914년에서 1918년 사이에 이 말은 홍청망청 노는 파티를 지칭하는 군대 은어가 되었고 'faire la bamboula(홍청망청 놀다)'라는 관용구가 생기기에 이르렀다. 1936년, 비속어와 은어의 권위자인 사전학자 가스통 에스노Gaston Esnault는 'faire bamboula(방탕한 생활을 하다, 홍청망청 놀다)', 'faire la bombe(진탕 먹고 떠들다)', 'se soûler comme un nègre(검둥이처럼 고주망태가 되다)'라는 표현에 대해 논한 바 있다. 사람들은 여기서 그치지 않고 남성을 조롱하는 데도 이 단어를 사용하기 시작했다. 세네갈 원주민 부대의 보병을 지칭하는 속어로도 쓰였고, 나중에는 식민 지배의 간섭을 뜻하는 단어로도 쓰였다. 그 때문에 무척이나 대비되는 흑인 이미지가 퍼져나가기 시작했다. 세계대전을 주제로 30만 부를 찍어낸 프랑스 주간지 『일뤼스트라시옹*Illustration*』(1843~1944년 발행)은 용맹함을 드러내는 세네갈 원주민 보병의 호감 가는 이미지와 프랑스에 복종하는 미개한 흑인의 이미지를 교묘하게 대비하면서 흑인의 이미지를 날조해냈다. 삽화에 표현된 흑인은 미개함(식인 풍습, 동물적 성본능)과 인간성(공감, 웃음)이 공존하며 때로 불쾌한 유머의 대상(독일 동성애자를 괴롭히는 흑인)이 되기도 했다.

현재 'faire la bamboula'라는 표현이 여전히 일상적으로 사용되고 있

---

* 프랑스어의 모든 명사는 남성명사와 여성명사로 구분된다.

다고 해서 여기에 내포된 인종차별적이고 흑인 비하적인 의미가 사라지는 것은 아니다. 일부 사전에 이러한 사실이 분명히 적시되어 있음에도 이 표현은 계속해서 살아남아 있다.

유팽: '비열한' 유대인

2006년 1월, 유대인 청년 일란 할리미가 파리 교외에서 납치되어 감금당한 채로 처참한 고문을 당한 뒤 사망하는 사건이 발생했다. 이런 끔찍한 일을 벌인 자들은 유수프 포파나가 이끄는 일명 '야만의 갱단'에 참여한 20여 명의 무리였다. 그들은 유대인인 할리미가 부유할 것이라고 생각해 몸값을 받아내려 했다고 자백했다. 피의자들은 범행 동기로 지목된 유대인 혐오를 철저하게 부인했지만 여론이 악화되는 상황에서 재판관들은 이를 반유대주의에 근거한 범행이라고 결론지었다.

이 사건에서도 피의자들은 유대인에 대해 '유팽Youpin'이라는 경멸적 표현을 사용했다. 1867년에 창간된 잡지 『르탐탐Le Tam Tam』에서 풍자만화가 알프레드 르프티가 1878년에 제시한 '유팽'은 단번에 유대인을 경멸하는 표현으로 자리매김했다. '유대인'을 의미하는 히브리어 'Yêhûdi'의 변형으로 추정되는 이 단어는 반유대주의 정서가 강했던 19세기 후반에 유대인에 대한 새로운 고정관념(의심적은 재산 축적, 세계시민주의, 기존 사회로의 은밀한 편입…)을 등에 업고 빠르게 퍼져나갔다. 그 이전에는 종교에 근거한 반유대주의적 표현으로 '유대 민족' 또는 '유대교 신자'를 일컫는 히브리어를 사용했다.

민족적, 문화적, 종교적 집단을 지칭하는 모든 숭고한 표현이 경멸적인 표현(대개 '비열한')과의 결합만으로도 간단히 모욕적인 표현으로 탈바꿈할 수 있다. 그런 교묘한 방법을 굳이 쓰지 않더라도 '아랍인'이나 '유대인'처럼 단어 자체에서 무의식적으로 즉시 전달되는 고정된 이미지들이 퍼져나갈 때, 그 단어 자체가 곧 모욕의 표현이 된다. 오늘날 바로 그런 일들이 벌어지고 있지 않은가.

폴라크: '걸도는' 동유럽 이민자

'폴라크Polaque'는 폴란드어 'polak'을 차용한 단어로 1512년 프랑스어에 처음 등장했다. 폴란드인을 일컫는 이 단어가 경멸과 모욕의 말로 사용되기 시작한 것은 19세기 전환기에 폴란드인들이 잇달아 프랑스로 이주하면서부터다. 20세기에 와서 폴란드 이주민의 유입은 더 증가했는데, 1920년대부터 노동력이 부족한 프랑스의 요청에 따라 북쪽에서는 석탄 광산, 동쪽에서는 철광 및 제철 산업에 폴란드인이 대거 투입되었기 때문이다. 1930년대 대공황기에 폴란드인은 프랑스 노동자의 경쟁자나 다른 언어, 투박한 언행 때문에 융화되지 못하는 사람으로 취급되었다. 더 심하게는 범죄자, 알코올 중독자 혹은 공산주의자라는 조롱과 함께 골치 아픈 사람들로 여겨지기도 했다. 폴란드 이민자들의 이름을 흉내 낸 접미사 '-ak'을 조합한 단어가 등장하면서 결정적으로 이 단어에 경멸적 의미가 부여되었다. 20세기 내내, 그리고 그 이후에도 폴란드인에 대한 틀에 박힌 부정적 이미지들이 전파되는 데는 이 단어가 기여한 바가 크다.

21세기 초부터 폴란드인들이 다시 등장하는데, 이번에 'polak'은 이런저런 풍자의 대상이 되었다. 1920년대 폴란드 이민자들의 환영은 '폴란드 배관공'이라는 표현과 함께 다시 나타나기 시작했다. 그런데 이제 이슈가 된 건 유럽의 경제였다. 유럽연합 차원에서 역내 서비스 시장 개방을 위해 담당 집행위원의 이름을 딴 '볼케슈타인 디렉티브'에 관한 토론이 시작되었기 때문이다. 이 토론이 벌어진 2005년에서 2006년 사이에 동유럽 이주노동자에 대한 서유럽인의 반감은 극에 달했다. 그렇게 서유럽 보호무역주의자들은 '폴란드 배관공'이라는 표현을 통해 외국인 혐오를 드러내기 시작했다. 이후 이 표현은 자국의 노동을 '훔치는' 외국인의 입국을 허용한 유럽연합의 규제 철폐를 상징하게 되었다.

비코와 크루야: 알제리인을 향한 모욕

북아프리카 아랍인에 대한 경멸적이고 인종차별적인 속어는 알제리 식민 지배 상황에서 나타나기 시작해 식민지 해방에 이르기까지 격동의 세월을 거치며 계속해서 늘어갔다. 북아프리카 원주민, 아랍 사람을 가리키는 '비코Bicot'는 앙투안 카뮈Antoine Camus의 『깃발의 보헤미안: 아프리카의 군대 형태Les bohêmes du drapeau: Types de l'armée d'Afrique』(1863)에서 언급되는 '아르비코arbicot'에서 어두음이 소실된 단어로 'arbicot'라는 단어 자체가 '아랍인'을 뜻하는 'arbi'에서 파생했다. 알제리 점령 기간 동안 이 군대 은어는 계속해서 인종적 표현으로 탈바꿈했다. 알제리에 식민지가 건설되자 '비코'는 알제리인들을 모욕하는 단어로 사용되기 시작했다. 이후 독립전쟁 상황(1954~1962)에서 이 단어는 더욱 빈번하게 사용되었다. '비코'는 프랑스로 이주한 북아프리카 아랍인들과 함께 프랑스에 유입되었고 상대를 멸시하거나 모욕하는 인종차별적 표현으로 굳어지며 여기저기서 마구잡이로 사용되었다. 이후 이 표현을 사용하는 일은 점점 더 드물어졌지만 'secoue-bicot'라는 표현이 파생되기도 했다. 이 표현은 프랑스에 이주한 수많은 북아프리카 출신 이주노동자가 담당해야 했던 고된 작업을 떠오르게 한다. 'Secoue-bicot(진동하는 비코)'는 '착암기'를 뜻하기 때문이다….

'크루야Crouillat', 북아프리카 아랍인을 뜻하는 무척이나 모욕적인 이 표현은 알제리 식민 지배에서 비롯했지만 여기 내포된 심각한 인종주의는 알제리 독립전쟁 이후 더욱 극단적으로 표출되었다. 다른 모욕적 표현들이 알제리 전쟁이 벌어지던 19세기 말에 등장한 데 반해 '크루야'는 1918년에 프랑스에 나타났다. 언어학자 알베르 도자Albert Dauzat는 『장교와 사병을 대상으로 한 전쟁 은어 조사L'argot de la guerre: D'après une enquête auprès des Officiers et Soldats』에서 'Crouïa: 외인부대의 병사'라고 기록해놓았다. 그러니까 '크루야'는 제1차 세계대전 기간에 프랑스 군대의 병력을 보강하기 위해 아프리카 군대에 속한 알제리 원주민 보병대가 프랑스에 파견되면서 함께 유입된 표현이다.

'Crouïa'는 '형제'를 뜻하는 아랍어 'khuya'에서 파생되었다. 애초에는 예절의 표현이자 애정이 담긴 호칭이었다. 안타깝게도 병사들끼리의 은어로 그 의미가 변질되었지만 말이다. 게다가 단어의 마지막 유성음이 대체로 묵음인 프랑스어에서 이 말은 모욕적 표현을 손쉽게 만들어낼 빌미를 마련해주었다. 'Crouille'와 'Crouillat'에 쓰인 접미사 '-ouille'를 이용해 모욕적인 수많은 은어와 속어가 생겨났다. 'magouille(뒷거래)', 'merdouille(실패하다)' 같은 단어가 대표적 예다. 예의의 표현이었으나 모욕적인 말이 된 '크루야'는 이제는 거의 사용되지 않는다.

완곡어법으로는 해결되지 않는다

외국인을 혐오하는 모욕적 발언은 법적으로 처벌할 수 있다. 그러려면 그 발언이 인종차별적 모욕에 대한 규정에 정확하게 부합해야 한다. 그런데 문제는 대개 증명하기가 쉽지 않다는 것이다. 일례로 유명 향수 기업 겔랑의 장폴 게를랭Jean-Paul Guerlain 회장은 2010년 10월 15일, 프랑스 2채널의 한 프로그램에 출연해 당시 새로 출시한 삼사라 향수 개발에 관한 질문을 받자 이렇게 대답했다. "이번에는 정말 깜둥이처럼 일만 했습니다. 깜둥이들이 그렇게 열심히 일하는지는 잘 모르겠지만, 어쨌든요…." 이 발언으로 게를랭은 벌금 6,000유로를 물어야 했다. 여기서 문제가 된 것은 '깜둥이'라는 표현도, 노예를 연상시키는 '깜둥이처럼 일한다'는 표현도 아닌 '흑인들은 게으르다'는 고정관념이었다.

공적으로나 사적으로 인종차별적 발언을 하면 처벌을 받는다고는 하지만, 인종주의는 물론이고 관련한 언어적 표현도 여전히 건재하다. 인종차별적 발언은 이제 출판물을 비롯한 시청각 매체와 인터넷을 통해 공적 장소에서 행해진다. 전파와 저장의 속성이 있는 이러한 매체들은 사적인 공간에서 자기도 모르게 내뱉은 모욕적 발언을 퍼트리고는 사라지지도 않는다.

인종에 관련된 애매한 농담은 이제 동네 카페나 인종차별주의자 삼촌이 참석한 저녁식사 자리에서만 들을 수 있는 것이 아니다. 더 심각한 건 이러한 구역질 나는 발언들이 소셜 네트워크에도 너무나 많이 등장한다는 점이다. 그런데 이 지점에서 인종차별적 발언에 대한 회피 전략이 실행된다. 사람들은 처벌받을 수 있는 제재의 덫을 교묘하게 빠져나간다. 인종주의와 반유대주의 선봉자들이 차별적 발언의 고정 레퍼토리를 약삭빠르게 피해 가며 에둘러 표현한다고 해도, 예전부터 인종차별적 문화를 경험한 모든 이에게 실상 인종차별적 발언과 다름없이 들린다면 그것이 인종차별적 모욕이 아니고 무엇이겠는가. 인종차별적 발언에 신중을 기하는 척하려고 사람들이 자주 쓰는 레퍼토리가 있다. '내가 인종차별주의자는 아니지만…'으로 시작하는 이런 말들은 우스갯소리로 들릴 수도 있지만 사실 이데올로기적 성격이 드러나는 발언이다. 그것이 바로 디외도네Dieudonné* 나 장마리 르펜Jean-Marie Le Pen**이 구사하는 화법이 아니겠는가.

마찬가지로 에둘러 표현한다는 견지에서 더 올바른 표현을 무의식적으로 강구하게 되기도 한다. 검둥이라는 단어 대신 쓰이는 흑인이라는 말조차 이제는 인종차별적 소지가 있는 표현으로 여겨진다. 그래서 흑인을 유색인종으로, 유대인을 이스라엘인으로 대체해 표현하려는 시도가 있었다. 그러한 시도는 예전에도 있었지만 지금과 다른 것은 그때는 그런 표현을 공식적으로 권고하지는 않았다는 것이다. 그러나 이제 '가시적 소수', '다문화 가정 출신' 같은 표현을 공식적으로 권장한다. 인종차별적 표현을 피하려고 누구나 자신만의 완곡어법을 궁리해낸다. 어느 인류학자가 유색인종을 '외양이 다른 사람들'로 표현한 것처럼 말이다….

이런 현상은 관습적으로 사용되는 표현의 인종차별적 함의를 비판하고, 차별로 의심되는 단어를 교묘하게 피한다고 해서 인종주의를 피해 갈 수 있는 것은 아니라는 걸 거침없이 지적한다. 그러나 이런 현상

* 1954~. 반유대주의 행보로 논란을 불러일으키고 있는 프랑스 코미디언.
** 1928~. 프랑스 극우 민족주의자로, 극우파 정당 국민전선의 창립자이며 전 총재다.

은 정치적 공정성Political Correctness˚으로 올바른 도덕의식을 확보했다고
믿는 프랑스 사회가 그러한 '역겨운 표현들' 때문에 얼마나 곤혹을 치렀
는지를 보여주기도 한다. 어쨌거나 그러한 혐오적 표현은 여전히, 그것
도 굳건히 존재하고 있다. 물론 그런 표현들은 어쩌다 갑자기 생긴 것이
아니라 프랑스 사회가 '다름'에 이런저런 방식으로 대처했던 여러 사건
에서 비롯되었다. 설정한 목적에 도달하기 위해 다름이 허깨비에 불과
하다 해도 언제나 어디서나 그 다름을 앞세우고 낙인을 찍기만 하면 되
었던 것이다. 바로 그것이 어리석음이 아니고 무엇이겠는가?

오늘날 논란이 된 '순혈 프랑스인Français de souche'이나 파리 외곽에
서 거리낌 없이 은어로 사용되는 '개 같은 순혈놈Souchiens' 같은 표현은
이제 모욕적이라고까지는 못 하더라도 최소한 경멸적이고 멸시적이며
빈정거리는 표현이라고 할 수 있다. 그런 표현이 많지는 않다. 그중 대
부분은 (역시 논란이 되고 있는 표현인) '이민 온 프랑스 청년'들이 1990년
대에 만들어 파리 외곽의 집단주택단지에서 사용하기 시작했다. '갈리
아인', '백설공주', '프랑카위'˚˚, '금발 머리', '분칠한 얼굴', '파테-리예
트'˚˚˚와 같은 모든 백인혐오 표현은 이민자에 대한 혐오 표현이 만들
어진 방식과 맥을 같이한다.

극우 전문 연구자 장이브 카뮈Jean-Yves Camus의 말을 부분 인용하며
이 글을 마치려 한다. 설령 인종차별적 표현이 처벌받거나 근절된다고

˚   차별적인 언어의 사용 및 행동을 피하자는 원칙으로 특히 다민족국가인 미국 등에서 차별과 편견
을 없애는 것이 올바르다는 의미에서 사용하는 용어. 흔히 'PC'로도 줄여쓴다.
˚˚   알제리 독립 이전에 알제리 출신 프랑스인이 본국의 프랑스인을 가리키던 용어.
˚˚˚   고기 등을 으깨어 만드는 전형적인 프랑스 음식이다.

해도, 크넬^{****}이 '동조의 표시'로, '법적으로 용인되는 형태의 편견'으로 암암리에 사용되는 사회라면 누가 그것을 막을 수 있겠는가?

경영과학자
로버트 서튼과의 대담

멍청이가
리더가 될 때

Silicon Valley
quand les connards
sont a la barre

교수님은 기업의 멍청이Asshole를 연구하는 데 집중하고 계신데요. 리더 자리에 있는 사람들이 어째서 멍청이가 되는 걸까요?

서튼 인간이 악마같이 되거나 밑바닥을 드러내는 상황을 만들고 싶으면 어떻게 하면 되는지 알려드릴게요. ❶ 우선 누군가를 계속 압박하고 늘 경계태세를 갖추게 하세요. 그럼 그에게서 점점 공감도, 배려도, 친절도 기대할 수 없게 될 거예요. ❷ 잠을 못 자게 하세요. 실제로 많은 경영자들이 무척 적게 자죠. ❸ 끊임없이 주변에 '나는 이겼고 당신은 졌어' 식의 경쟁을 부추기고 리더의 행동을 비판 없이 받아들이며 그의 뜻대로만 끌려가는 직원들을 두세요. 진실을 말하는 것이 무엇보다 중요하다고 목소리 높여서 주장해봤자, 연구 결과들을 보면 어쨌든 기업의 리더는 언제나 아첨을 더 좋아한다는 것을 알 수 있어요. 그러면 직원 입장에서는 리더에게 나쁜 소식을 전해줄 위험을 감수하지 않아도 되고 그 때문에 비판을 받지는 않을까 걱정하지 않아도 되니까요! 리더는 원하든 원하지 않든 비굴한 아첨꾼들에게 둘러싸여 있죠….

바로 이게 합리적인 사람이 어떻게 고질적인 멍청이가 될 수 있는가에 대한 답변이에요. 그렇지만 경제적으로나 유명세로 성공하고 싶다면 계속해서 멍청이로 있을 수는 없어요. 굴복시켜야 할 사람과 곁에 두어야 할 사람을 식별하는 전략을 세워야 해요. 그래서 주변에 나를 차분하게 만들어주고 나 자신과 남에게서 나를 보호하는 데 도움을 주는 직원을 가까이에 두는 것이 더 좋겠죠. 제가 사는 미국의 끔찍한 대통령 도널드 트럼프를 좀 보세요. 그의 변호사 마이클 코언은 트럼프 대통령을 상대로 하루가 멀다 하고 들어오는 소송에 대응하기 위해 수백 번도 넘게 거짓말을 해야 했다죠. 과학적 연구 결과를 보면 어떤 경우에는 위협이 효과가 있다는 걸 알 수 있어요. 권력이나 부가 크다면 더욱 효과적일 거고요. 성희롱과 모욕적 언동을 일삼은 하비 와인스타인이나 트럼프 대통령이 이런 경우라 할 수 있죠. 하지만 그들은 어느 때고 결국 대가를 치르게 될 거예요. 분명히 해두지만 그들의 권력이나 부에 상관없이 그런 야비한 멍청이들은 인간으로서 그저 루저일 뿐이에요!

그렇다면 말씀하신 견해는 정치계에서나 실리콘밸리에서나 유효한 것일까요?

서튼 권력을 행사하면서 타인을 무시하는 방식에서 우리는 공통점을 발견할 수 있어요. 우리 모두 때로는 비열한 멍청이가 될 수 있다는 것을요. 물론 어떤 사람에게서는 이러한 모습이 더 자주 나타나죠! 어떤 회사의 직원 모두가 상사를 트럼프와 완벽하게 똑같은 가증스러운 멍청이라고 말한다면 우리는 그들을 신뢰할 수 있겠죠…. 누군가는 자아도취적이고 권모술수에 능하며 더 많은 이득을 얻는 데만 급급하죠. 어떤 상황에서는 타인을 완전히 무시해버릴 수 있어요. 그런데 정치나 경영을 하는 사람들이 처한 환경은 이런 태도를 드러내기에 특히 유리해요. 여담이지만, 저는 다보스에서 세계에서 가장 유명한 인물들의 사진을 정기적으로 찍는 사진사를 만난 적이 있었어요. 그는 제게 푸틴이 무척 친절했다고 했어요. 그가 사진을 찍어본 최악의 멍청이는 프랑스 정치인이었다고 하더군요.

권력이 누군가를 멍청이로 만드는 것일까요, 멍청이들이 권력을 더 갈망하는 것일까요?

서른 심리학 연구를 보면 권력을 더 많이 가질수록 공감능력은 줄어들고 개인적 욕구는 늘어난다는 것을 명확하게 알 수 있어요. 그렇지만 조금 더 깊이 생각해보면 권력은 자제심을 느슨하게 풀어주기 때문에 진짜 인성이 더 쉽게 드러나게 한다는 것을 알 수 있어

요. 그래요, 멍청이가 권력을 차지할 때도 있지만 멀쩡한 사람도 권력을 갖게 되면 멍청이가 될 수 있어요. 권력은 사람을 타락시키기도 하지만 이미 존재하고 있던 어리석음을 거리낌 없이 드러나게 해주기도 하니까요. 저랑 조금 친분이 있는 실리콘밸리의 두 억만장자를 예로 들어볼게요. 링크드인의 창업자 리드 호프먼은 정말로 호감가는 사람이에요. 들어오는 부탁을 비서들이 계속해서 걸러내야 할 만큼 친절한 사람이죠. 진정한 인격이 성공을 통해 더 부각된 경우라 할 수 있어요. 반대로 페이스북 창업자 마크 저커버그는 성공한 뒤의 모습이 그리 아름답지는 않았죠. 여러 투자자의 이야기를 들어보면 그는 아주 탐욕스러워진 것 같더군요. 그에게서 아주 깊은 인상을 받았었는데, 굉장히 실망스러웠어요. 페이스북 창업 초창기에 몸담았던 여러 사람을 아는데, 회사 분위기가 예전과는 많이 달라진 것 같다고 하더군요.

정말로 마크 저커버그가 멍청이가 되었다면 대통령이 되는 데 오히려 득이 되지 않을까요?

서튼 아, 그는 절대로 대통령이 될 수 없을 거예요! 적이 너무 많거든요. 이상한 사람이지만 꽤나 비상한 사람이기도 하죠. 다른 리더들과는 다르게 여성성을 강점으로 내세우는 셰릴 샌드버그 같은 사람을 옆에 두고 자신의 약점을 보완하려고 하니까요…. 하지만 그것도 이제 더 이상은 통하지 않는 듯해요.

권력이 남자들처럼 여자들도 멍청이로 만들 수 있나요?

서튼 그에 관한 여러 연구가 있지만 제 생각을 말해볼게요. 남녀를 막론하고, 사업에서 성공을 거두려면 멍청이가 되어야 한다는 법은 없어요. 그런데 경력을 쌓으려면 어려운 결정을 내려야 하고 다른 사람의 결과물에 부정적인 피드백을 해야 할 때도 있으며 무능력한 사람들을 해고해야 할 때도 있을 거예요. 그런데 성차별은 여성에게 불리해서, 그러한 행동을 하는 여성은 '멍청한 놈asshole'이라는 욕보다는 '개 같은 년bitch'이라는 욕을 더 듣게 되죠. 그래서 성공한 나쁜 년이 되려면 여성은 친근한 모습을 드러내면서도 세심하고 은밀하게 자신의 업무를 처리해야 해요. 그렇지만 한번 그런 권력을 갖게 되면 여성도 남성처럼 고압적으로 변할 수 있어요. 오늘날 페이스북의 선봉에서 냉혹함을 드러내고 있는 셰릴 샌드버그가 바로 그 좋은 예시일 거예요.

미국 기업가 정신을 대변하는 위대한 역사적 인물 중에도 어리석음을 드러낸 예가 있나요?

서튼 어디 한번 볼까요…. 휴렛팩커드는 아니고… 워런 버핏, 찰스 멍거도 아니고요…. 그들은 기업을 쇄신하기 위해 제가 제안한 '또라이 제로 조직No Asshole Rule' 법칙을 적용했으니까요…. 굳이 꼽으라면 대규모 할리우드 영화 스튜디오 창립자인 샘 골드윈과 루이스 메이어가 있겠네요. 그들은 자신의 작은 왕국에서 모든 권력을 가진 독재자였어요. 그런데 멍청이를 상대하고 있다는 것을 알려주는 가장 좋은 지표는 바로 그가 기업에서 쥐고 있는 권력이죠. 할리우드의 두 대부는 자신이 더 건방지기를 바랐지만, 사업이 몰락해가면서 인간적으로 변해갔죠.

그럼 멍청이는 나이가 들어감에 따라 더 나은 사람이 될 수 있나요?

서튼 제 책 『참아주는 건 그만하겠습니다*The Asshole Survival Guide*』를 쓰기 위해 저는 스티브 잡스의 사례를 연구했어요. 픽사 창업자 중 한 명인 에드윈 캣멀은 25년 동안 그를 매주 만났어요. 그는 스티브 잡스가 나이 들어가며 훨씬 더 매력적으로 바뀌었고 공감능력도 더 좋아졌다고 평가했어요. 늘 경직되어 있고 툭하면 화를 내던 사람에서 정중하고 타인의 이야기에 귀를 기울일 줄 아는 사람으로 변화한 것이죠. 실리콘밸리의 CEO들이 인정한 가장 매력적이고 친절한 사람 중 하나로 꼽히는 빌 캠벨도 비슷하게 평가했어요. '코치'라는 별명으로 유명한 그는 구글 경영자들을 코칭했고 스티브 잡스와 매주 산책을 했죠. 마크 저커버그와 셰릴 샌드버그는 그 반대의 모습을 보여주고 있어요. 그렇지만 어떤 계기가 생기면 그들도 다시 초심을 찾을 수 있겠죠. 일론 머스크에 대해 말하자면, 저는 아직 그가 멍청이인지 아닌지 파악하지 못했어요. 어떤 사람들은 그를 상냥하고 사려 깊은 사람으로 평가하고 또 어떤 사람들은 그를 미치광이로 평가하더군요. 그래도 매력적인 사람인 것은 분명해요. 수면부족, 피로, 좌절이 그를 그렇게 밉살스런 사람으로 만들었는지도 몰라요. 그렇지만 그는 정말로 비범한 사람이에요….

경영자가 멍청한 데다 무능력하기까지 하면… 생각만 해도 끔찍한데요. 경영자가 출중한 능력을 보여주는 것으로 충분할까요?

서튼 경영자의 능력이 출중하면 때때로 그가 멍청한 행동을 해도 사람들이 참아줄 수 있겠죠. 저는 명석하지만 다른 사람들을 불쾌하게 하는 실리콘밸리의 엔지니어를 여럿 알고 있어요. 그들은 개방된 공간에서 일하면서도 이런저런 방법을 강구해 칸막이를 치고 구석진 장소에 있으려고 하죠. 문제는 리더가 되려면 더 이상은 혼자서 배를 모는 항해사처럼 행동할 수 없다는 거예요. 팀으로 일해야 하니까요. 그런데 그 리더가 사람들을 지치게 해 번아웃으로 몰고 가거나 그들을 무시한다면 장기적으로 볼 때 그 팀은 오래갈 수가 없어요. 그렇지만 이건 상황에 따라 달라질 수 있는 문제예요! 일부 경영자는 냉혹함이라는 특성을 드러내죠. 그들은 자신에게 반기 드는

멍청이가 리더가 될 때

것을 참지 못하고 직원들을 해고해버려요. 제가 보기에 그런 사람들을 딱히 야비한 멍청이라 규정할 수는 없어요. 오히려 유능한 리더들이라 할 수 있죠! 팀원들과 격렬한 논쟁을 자주 벌였던 인텔의 전 CEO 앤디 그로브는 그 때문에 멍청이라는 평판을 얻게 되었죠. 실제로 그는 절대 악의가 있는 사람은 아니었어요. 끊임없는 토론은 직원들 간의 경쟁을 유발하는 수단이기도 하니까요. 한편 최고의 기업들은 기업 내에서의 의견 교환에 대해 기준을 명시한 내부 규정을 마련했어요. 그런 기업에서는 정면으로 하는 지적이 어느 정도 용인되죠. 구글은 상대적으로 화기애애한 분위기를 조성한 것으로 평가받는데, 그 경우 공격은 더 교묘하게 이루어지겠죠. 킴 스콧은 『실리콘밸리의 팀장들Radical Candor』에서 어떻게 인간성을 잃지 않고 리더가 될 수 있는지를 설명했어요. 그는 이스라엘과 일본의 조직 문화를 소개했는데, 이스라엘 회사는 모두가 목청 높여 강력한 피드백을 하는 반면 일본 회사는 무언가 지적하는 것을 꺼린다는 것이었죠. 기준은 저마다 다를 수 있어요. 그런 면에서 미국에 대해 이야기하는 것이 정말 싫지만, 민주당을 지지하든 공화당을 지지하든 예의의 규칙이 10년 전과는 달라졌다는 것을 인정해야 해요. 사람들은 이제 거리낌 없이 악의를 드러내요. 놀라울 것도 없는 게, 온라인에서 우리는 상대의 눈을 마주치지 않죠. 상대를 바라보지 않는 소통은 공감을 이끌어내기 어려워요. 트럼프 대통령이 다방면으로 멍청하다는 건 이미 증명되었지만 트위터에서는 한층 더 악독한 모습을 보여주었던 것만 봐도 그렇죠.

우리는 소셜 네트워크를 사용하면서 점점 더 멍청이처럼 행동하게 되는 걸까요?

서튼 당연하죠! 우리가 전화가 아닌 얼굴을 마주 보고 이야기했다면 저는 다른 방식으로 생각을 전달했을 거예요. 선생님이 지루해하고 있는 걸 볼 수 있었을 테니까요. 그리고 제 말을 중간에 자르지 못해서 난감해하고 있다는 것도 알아차렸겠죠….

어휴! 이렇게 짓궂은 분이셨나요….

서튼 기대해보시죠!

결국, 교수님도 멍청이가 될 때가 있다는 말씀이신가요?

서튼 그럼요, 하지만 자주는 아니에요! 제 학생들이 저를 멍청이로 여긴다고 생각하지 않아요. 하지만 몇몇 학생과 있을 때는 저도 평정심을 잃곤 해요. 그래서는 안 되는 거였는데, 저도 인간이니 별 수 없었죠. 5년 전의 일일 거예요. 아주 버릇없는 학생이 하나 있었는데 수업 중에 쓸데없는 말을 던지곤 했어요. 성적도 형편없었고 게으른 데다 끊임없이 문제를 일으켰죠. 그 학생은 제가 본 중 최악의 리포트를 과제랍시고 제출했고 저는 그에게 화를 내고 말았어요. 그날 저는 정말로 불쾌한 개인 메일 한 통을 받고는 무척 속이 상했죠. 그 학생이 학과장에게 저에 대해 항의했다는 내용이었어요. 학과장님은 제 행동을 용납할 수 없다며 말씀하시더군요. "그 학생이 무슨 잘

못을 했든 그건 중요하지 않습니다. 개인적으로 사과 편지를 쓰도록 하세요." 저는 그렇게 했고 학과장님의 말이 옳았어요. 그게 우리에게 요구되는 사회적 규범이죠. 요컨대, 우리 모두는 우리의 악한 면을 끄집어내려 하는 사람들 때문에 실수를 저지를 수 있어요. 하지만 그렇다고 해서 그들을 하찮게 취급해서는 안 되는 거죠.

인터뷰 정리 장프랑수아 마르미옹

인간은 원래
폭력적일까

SOMMES-NOUS
VIOLENTS DEPUIS
TOUJOURS ?

인간은 '본래' 폭력적이다?(폭력과 공격성의 개념을 혼동하는 경우가 많다. 공격성은 내재된 성격으로 무의식적이고 본능적이며 자기 생존을 위한 반응이다. 그러나 폭력은 대개의 경우 집단이나 그 지배계급에 의해 발생한다.) 태초 이래 인간은 단 한시도 반목하지 않은 적이 없다? 설마, 그럴 리가! 이런 주장들에 대해서는 최대한 신중하게 접근해야 한다.

먼저 전쟁이 역사학계와 역사 편찬에서 지배적인 위치를 차지하고 있다는 사실을 짚고 넘어갈 필요가 있다. 전쟁 영웅들과 정복을 과시하는 왕들의 무용담을 풀어놓은 역사책의 초반에서부터 우리는 전쟁을 맞닥뜨리기 때문이다. 전쟁은 지난 수천 년간 인간의 역사를 빚어냈다. 그렇게 전쟁은 17세기 영국 철학자 토머스 홉스가 『리바이어던 *Leviathan*』(1651)에서 발전시킨 '만인의 만인에 대한 투쟁'의 개념에 힘을 실어주었다.

그렇다면 전쟁은 인류 초창기에 정착된 것일까?

폭력의 기원, 카니발리즘

전쟁이 인류 공동체에 내재된 것이라면 우리 조상들은 딱 지금의 우리만큼만 폭력적이었을 것이다. 이러한 주장을 뒷받침하기 위해 민족학자들은 여러 민족을 대상으로 실행한 연구를 근거로 제시했다. 그렇지만 민족학이 제시한 토착민의 전쟁이 곧 조상 대대로 내려온 관습이 지속된 결과라고 단정할 수는 없다. 고대에 전쟁이 존재했다는 것을 증명하고 그 원인을 파악하려면 반드시 고고학적인 근거가 필요하다.

그런데 오늘날에도 사람들은 여전히 선사시대 인류가 대체로 폭력적이었다고 인식하고 있다.

가장 오래된 폭력의 흔적은 카니발리즘이라는 특이 상황에서 포착할 수 있다(가장 오래된 카니발리즘 흔적은 7만 8,000년 전의 것으로, 스페인 아타푸에르카 동굴에서 호모 안테세소르가 행한 것으로 관찰되었다). 여러 선사유적지에서 발견된 인골에서 탈골, 발골, 골절, 그을음의 흔적이 관찰되었는데 이는 식인 풍습이 존재했음을 증명해준다. 이러한 풍습은 네안데르탈인, 초기 현생인류(호모 사피엔스)처럼 구석기 시대 이동생활을 하던 여러 수렵채집 사회에서뿐만 아니라 신석기 시대의 농업목축 사회에서도 지속되었다. 그러나 인간이 인간의 신체에 가한 식인 행위의 증거는 많은 의문을 불러일으킨다. 식인 후에 남은 잔여물은 희생제의 증거였을까 아니면 특별한 장례 의식이 실행된 증거였을까? 인골이 발견된 식인의 희생자는 같은 공동체 소속이었을까(즉 족내 식인일까), 아니면 공동체와 관계없는 사람이었을까(즉 족외 식인일까)? 식인의 희생자는 식인 행위가 이루어지기 전에 살해당했을까? 이러한 의문에 대한 해답은 대부분 물음표로 남아 있다. 어쨌든 여러 선사시대 유적지가 발

굴되면서 카니발리즘이 존재했다는 것이 증명되긴 했으나, 그 기간(약 80만 년 이상)에 대비해보면 그리 흔한 일은 아니었다.

카니발리즘 외에 폭력이 입증된 사례를 살펴보면 1만 2,000년 이상 거슬러 올라가 구석기 시대의 수백여 구 유골 중 약 12구에서 폭력 행위로 발생한 상흔, 즉 둔기로 머리를 강타당한 흔적이라든지 나무나 돌 같은 예리한 물건에 찔린 흔적이 발견되었다. 이러한 상처 중 일부는 매우 치명적이었던 반면 대부분의 상처에는 치유된 흔적이 남아 있었다. 즉, 상처로 인해 사람들이 죽지는 않았던 것으로 보인다. 따라서 그러한 상흔들은 실질적인 전투에서 발생한 것이 아니라 (특히 사냥 같은) 사고나 개인 간의 분쟁에서 발생한 것으로 보는 것이 타당하다.

고고학 자료에 근거해 보면 구석기 시대에 공동체 내 분쟁은 드문 일이었고 공동체 간 분쟁도 거의 없었던 듯하다. 그 시대에는 인구가 많지 않았고(구석기 시대 유럽의 인구는 약 수천 명으로 추정된다) 각 집단은 먹을거리가 풍부한 거대한 영토에 흩어져 살았기 때문에 충돌했을 가능성이 희박한 데다 생존하려면, 특히 번식으로 후손을 확보하려면 소규모 공동체들이 서로 화목하게 지내야 했기 때문이다.

집단 폭력은 구석기 시대 말(기원전 1만 3,000년경 서아시아 지역)부터 이루어진 공동체의 정착생활에서 시작된 것으로 보인다. 몇몇 사람(여성, 남성, 모든 연령대의 아동)의 유골은 몸에 박혔던 화살촉과 함께 발견되었으며, 그 시기의 유골 중 일부에는 머리에 강력한 타격 또는 투창의 충격으로 발생한 상흔이 남아 있었다.

게다가 기원전 1만 년에서 6,500년 전에 그려진 스페인 레반트 동굴 벽화의 몇몇 그림에는 약 15명으로 구성된 활 쏘는 무리가 양 진영으로 나뉘어 전투하는 (구석기 시대의 동굴 벽화에서는 볼 수 없던) 장면이 재현되어 있다. 그렇지만 유적지 두 곳(수단 북부 국경과 맞닿은 이집트 유적지와 케냐 북서부 타나룩 '117번' 유적지)을 제외하면 다른 유적지에서는 무기의 흔적 없이 유골만이 발견되었다. 이는 희생자가 전투가 아닌 공동체 내부의 불화 때문에 발생했음을 증명해주는 사례다.

폭력 행위를 증명하는 고고학 유적은 환경의 변화(온난화), 경제의 변화(동식물의 예속화, 새로운 토지의 탐색, 식량의 잉여 및 저장), 사회 및 공동체의 변화(정착생활, 인구폭발, 엘리트와 특권계급의 등장), 마지막으로 종교의 변화(여신이 남신으로 대체됨)처럼 성격이 다른 수많은 변화가 일어난 신석기 시대로 갈수록 조금씩 증가한다. 원인으로는 여러 가지를 꼽을 수 있는데, 그 당시 혹은 신석기 시대 내내 이어져 내려온 풍조와 관련 있을 것으로 추정한다. 다시 말해 희생자의 유골을 통해 우리는 두 공동체 간에 전투가 있었거나 어떤 위기(인구, 통치, 전염병)가 극한에 달해 비극이 닥쳤음을 알 수 있다. 인신공양(수많은 민족학·고고학 연구가 식인으로 이어진 인신공양이 농업의 발전 및 확대와 종종 관계되었음을 보여준다), 때로 식인 행위를 동반하는 장례의례(생 폴 트루아 샤토 지역 레물랑 유적지, 드롬 지역의 르구르니에 유적지, 오랭 지역의 디드나임 유적지 등 다수의 고고학 자료를 살펴보면 기원전 4,500~3,500년경 장례를 치를 때는 노예를 인신공양했다는 사실을 알 수 있다),[126] 속죄의례, 보속의례*, 건축의례가 실행되었다는 사실 또한 알 수 있다.

고고학 자료에 따르면 일찍이 사회 구조의 근본적인 변화를 일으켰던 '포식'에서 '생산'으로의 경제 변화가 전쟁의 확산에 결정적인 역할을 한 것으로 보인다(의외로 자원이나 새로운 토지를 획득하기 위한 공동체 간 경쟁은 전쟁 확산에 별로 중요한 요소가 아니었다. 같은 맥락에서 이주민과 토착민, 즉 초기 농업목축인과 최후의 수렵채집인 간 전쟁을 증명할 만한 자료 역시 매우 미미하다). 동물 사육과 식물 재배를 통해 식량을 생산하면서 야생 자원을 활용할 때와 달리 잉여물이 발생하게 되었고 이것은 이내 '소유'의 개념을 탄생시키며 불평등을 불러왔다.

축적된 식량은 곧바로 탐욕을 자극해 공동체 내부의 불화를 일으켰을 뿐만 아니라 잠재적 노획물을 확보하기 위한 공동체 간 전쟁의 빌미를 제공했다.

---

* 죄로 인한 나쁜 결과를 보상하기 위한 의례.

신석기 시대에 유럽에서 (동굴벽화와 무덤에서 볼 수 있듯) 지배계급과 전사계급이 등장한 것이 그 증거다. 이러한 변화 역시 농업목축업이 중심이 된 사회에서 위계질서를 탄생시켰고, 엘리트 계급과 특권계급, 전사와 전쟁포로(농업은 공동체가 제공하는 노동력보다 더 풍부한 노동력을 필요로 했다. 그때부터 전쟁포로는 노예가 되었고 노예는 마치 가축처럼 자손을 퍼트리며 공동체의 확대에 기여했다)를 차례로 출현시켰다.

설상가상으로 자기만의 이익과 경쟁을 추구하는 엘리트 계급의 등장은 권력을 쟁취하기 위한 내부 반목과 공동체 간 전쟁을 촉발시켰다. 사회의 위계질서는 지배자와 노예를 가르는 사회적 분열뿐만 아니라 여성에 대한 폭력의 형태로 드러나는 성차별을 불러일으켰다. 가부장제가 등장하고 남성우위 사회가 이루어지면서 여성의 역할은 폄하되고 남성의 활동은 가치 있는 것으로 평가받았다. 특히 전쟁터에 나서는 전사의 역할은 남자아이를 위한 수많은 통과의례의 원형이 되었다.

공동체 간 전쟁이 빈번하게 발생하게 된 건 기껏해야 기원전 5500년부터였다. 기원전 3000년경부터 청동기 시대가 열리며 전쟁은 더욱 치열해진다. 금속으로 정식 무기를 만들고 귀중품(값비싼 재산이었던 도끼 등 금속제품을 보관하는 저장소)을 소유하게 되면서 이 시기에 전쟁이 하나의 제도로서 자리를 잡았다. 이렇게 전쟁과 폭력은 '문명'과 함께 하나의 몸에 머리가 둘인 샴쌍둥이처럼 동시에 확산되고 발전했다.

인간은 본래 폭력적일까

사실처럼 받아들여지는 '원초적 폭력'이라는 개념은 고고학 자료에 근거했을 땐 허구에 불과하므로 사용하지 않는 것이 마땅하다. 그렇다면 인간의 폭력성은 선천적이며 계통학적이고 존재론적이라는 가설은 어떻게 나오게 되었을까? 몇몇 인류학자는 일종의 천성적(동물적) 잔혹성이 인간의 유전자에 새겨져 있을 것이라고 주장한다.

아메리카 대륙 탐험가들은 이를 뒷받침하는 여러 이야기를 들려주었고 이후 초기 민족학자들은 끊임없이 반목하는 종족, 인류의 역사를 관통하는 수많은 전쟁에서 반복되는 잔혹 행위 사례를 제시하며 폭력이 인간의 유전자에 각인되어 있다고 주장하는 일부 연구자들에게 날개를 달아주었다. 홉스도 로마의 희극 작가 플라우투스에게 영감을 받은 『리바이어던』에서 이렇게 쓰지 않았던가. "인간은 인간에게 늑대다Homo homini lupus." 대략 2세기 후, 진화론의 아버지라 불리는 영국 생물학자이자 자연주의자 찰스 다윈 역시 인간의 악한 감정은 본능적(직관적)인 것이라고 평가했다. "우리의 악한 감정은 바로 우리의 혈통에서 비롯되었다! 개코원숭이로 가장한 악마가 바로 우리의 할아버지다."[127]

1925년에 오스트레일리아 인류학자 레이먼드 다트Raymond A. Dart는 인간은 '킬러 원숭이'의 후손이며 호모 사피엔스는 아프리카에서 벗어나 다른 거대한 이족 보행 영장류를 죽이고 유라시아를 통해 확산된 난폭한 동물이었다는 가설을 제시했다. 게다가 침팬지의 행동 관찰에서 도출된 이론은 이러한 가설에 더욱 무게를 실어주었다. 그러나 오래지 않아 비판의 도마에 오르게 된 이 이론은 고고학적 증거 부족으로 현재는 더 이상 통용되지 않는다. 설령 수컷 침팬지(부계 사회)가 폭력적, 아니 공격적이라고 해도 인간과 유전적으로 매우 흡사한 보노보(모계 사회)의 공격성은 대개의 경우 성적 활동으로 치환되었다. 대다수의 생물학자에 따르면 인간은 집단생활을 하는 영장류의 오랜 계보를 잇는 후손이며, 협동이야말로 대대로 이어져온 관습을 넘어 인간이 생득적으로 지닌 것이라고 지적했다.

그럼에도 인간이 본래 '악하다'는 믿음은 팽배해 있다. 인류학자 중에도 폭력은 인간에게 내재된 것이며 계통학적이고 존재론적인 특성이라고 주장하는 이가 많다. 과학적이라기보다 이데올로기적이라 할 수 있는 이러한 이론은 19세기에 만연했던 허구적 명제에 뿌리를 두고 있다. 예컨대 사회다윈주의는 삶을 위한 투쟁이 인간의 사회적 관계에서 자연스러운 상태라고, 즉 후천적인 것이 아니라 선천적이라고 주장했다. 인종 본질주의나 우생학 같은 이데올로기에 영향을 받은 허위적 정신 구조는 또 어떠한가. 우리는 그것이 어떻게 잘못된 방향으로 흘러갔는지 알지 않다. 홉스의 영향을 받은 듯한 지그문트 프로이트는 1912년에 다음과 같이 썼다. "원시에서 문명으로 진화하면서 인간의 공격성은 상당 부분 내면화되었을 것이다. 만약 그렇다면 인간의 내재화된 대립과 끊임없이 지속된 외부의 대립은 분명 동일 선상에 있을 것이다."[128]

신경과학자들에 따르면, 사회적 행동은 유전자와 전혀 관련성이 없다. 모든 것은 유전적 요소뿐만 아니라 환경적(사회적) 요소들이 결합해 발생하기 때문이다. 18세기부터 몽테스키외와 루소가 폭력은 '타락한 삶'에서 비롯되는 결과라고 주장한 반면 20세기 후반에 이르러서는 인간 본성에 대한 비관적인 관점이 바뀌기 시작했다. 특히 '평화로운 과거로의 회귀'를 추종하는 신루소주의자와 피에르 카를리Pierre Karli 같은 신경생리학자가 이러한 흐름을 주도했다. 프랑스 과학한림원 회원인 카

클리는 몇 가지 인지구조가 폭력적 행동에 영향을 줄지는 모르지만 가정환경과 사회문화적 환경이야말로 폭력의 중대한 발단이라고 지적했다.[129] 폭력은 유전자에 새겨져 있지 않다. 폭력은 역사적이고 사회적인 원인 때문에 발생하며 원한, 증오, 적개심과 같은 몇몇 사회적 일탈로 인해 발생한 욕구불만 상황에 대한 반응으로 해석할 수 있다. 그러므로 전쟁은 인간 조건에서 떼려야 뗄 수 없는 것이 아니라 사회와 문화의 산물인 셈이다.

고고학 자료를 통해 초기 인간사회에서 식량 특히 사냥한 고기의 분배, 협동, 품앗이, 상부상조, 시신 매장과 같은 몇몇 행동이 존재했음이 밝혀졌고, 이는 사회 구성원들이 동감이나 연민, 회한과 같은 감정을 느꼈다는 사실을 뒷받침한다.

도덕적 관점이 아닌 적응의 관점에서 볼 때, 그러한 감정들은 집단의 생존에 반드시 필요한 것이었다. 기나긴 인간의 역사 내내 수많은 위기가 닥칠 때마다 공동체는 개인주의와 경쟁보다는 동감, 연민, 회한이라는 감정의 토대 위에서 더욱 굳건하게 버틸 수 있었다. 동물적인 '악한 본능'에 맞설 수 있는 인간의 도덕적 품성은 수백만 년 전부터 내려오는 이러한 감정에서 비롯되었으므로 문명의 산물이 아닌 진화의 산물이라 할 수 있다(따라서 그 모든 종교보다 훨씬 이전부터 존재했다).

그러나 타인이 자신보다 열등하거나 어리숙하다고 느낄 때, 동감은 악의와 잔혹함의 이빨을 드러낼 수 있다.[130] 그렇게 희생양을 만드는 비뚤어진 타자성의 결과로, 인간은 타인을 이방인이자 적으로 여기며 이데올로기적 폭력을 만들어내지 않았는가.[131]

뻥상 캅드퀴

전쟁이란
얼마나 어리석은
짓인지

« Quelle connerie la guerre »

"전쟁이란 얼마나 어리석은 짓인지." 자크 프레베르가 제2차 세계대전 중 브레스트 포격을 떠올리며 쓴 시 「바르바라」의 한 구절이다.[132] 전쟁에 대해 이렇게 솔직하고 전면적인 거부감을 드러내는 것으로 충분할지도 모른다.

그렇지만 동시에 1938년 9월에 벌어진 유명한 일화를 떠올려볼 수도 있을 것이다. 당시 몇몇 사람들은 뮌헨회담이 평화를 가져올 것이라고 믿었다. 르부르제 공항에 프랑스 총리 에두아르 달라디에가 도착하자 군중들은 일제히 환호했다. 장폴 사르트르는 그 장면을 그의 소설 『자유의 길』에서 다음과 같이 묘사했다.

비행기가 착륙했다. 달라디에는 간신히 기내에서 나와 계단에 발을 내딛었다. 그는 창백하게 질려 있었다. 엄청난 함성이 들려왔다. 사람들은 폴리스 라인을 뜯어버리고는 바리케이드를 밀치고 내달리기 시작했다. 밀란은 술을 한잔 마시고 웃으며 말했다. "프랑스를 위해! 영국을 위해! 우리의 자랑스러운 동맹을 위해!" 그러더니 유리잔을 벽에 힘껏 던져버렸다. 군중은 소리쳤다. "프랑스 만세! 영국 만세! 평화 만세!" 그들은 국기와 꽃다발을 들고 있었다. 달라디에는 한 계단을 내려오더니 멈춰 섰다. 그는 기가 막힌 듯 군중을 바라보았다. 그는 외무부장 레제에게 다가가 입속말로 중얼거렸다. "저런 멍청이들 같으니!"[133]

평화란 얼마나 어리석은 짓인가?

평화를 원한다면 전쟁을 준비하라

'평화를 원한다면 전쟁을 준비하라Si vis pacem, para bellum.' 이 격언은 4세기와 5세기의 전환점에 쓰인 베게티우스의 『군사론』에 나오는 한 구절이다. 드물기는 하지만 16세기부터 이런 격언의 흔적이 발견된다. 18세기 프랑스의 외교관이었던 브로글리 공작Charles-François de Broglie은 프랑스 외교관 장루이 파비에Jean-Louis Favier와 1773년 공저로 출간한 『유럽 정치 체계에서 프랑스 현 상황에 대한 이론적 분석Conjectures raisonnées sur la situation actuelle de la France dans le système politique de l'Europe』에서 자신이 전략적으로 우수하다고 평가한 이 라틴어 격언에 대해 다음과 같은 장광설을 늘어놓았다.

그러므로 평화, 보존, 인류의 정신 안에서만 감히 이 유명한 명제 '평화를 원한다면 전쟁을 준비하라'를 말할 수 있다. 사실상 언제나 전쟁을 준비하고 있어야만, 감히 그 가치를 매길 수 없는 굳건한 평화라는 특혜를 오랫동안 누릴 수 있을 것이다.

따라서 이 명제를 이렇게 뒤집어 보는 것도 가능하다. '전쟁을 원한다면 평화를 준비하라Si vis bellum, para pacem.' 그리고 빠른 시일 내에 전쟁을 일으키는 가장 확실한 방법은 우리가 되는대로 평화 상태라고 부르는 그 상태에 머물러 있는 것이다. 그것은 곧 간신히 방어하는 데 만족할 정도로 형편없는 보병대와 함께하는 것이나 마찬가지다.

이 사이비 라틴어 인용구는 논거로 자주 활용되었는데, 문구에 드러나는 모순이 권력자에게 아주 좋은 구실을 만들어주었기 때문이다. 이 인용구는 프랑스 제3공화국 하원과 상원의 토론에서도 어김없이 등장했다. 그 가운데서도 가톨릭계 정당 소속의 하원 의원 드니 코샹Denys Cochin이 1913년 프랑스의 군국주의 정책을 옹호하기 위해서 했던 발언을 살펴보자.

전 유럽은 현재의 정책으로 막대한 군비증강에 열중하고 있습니다. '평화를 원한다면 전쟁을 준비하라'는 문구는 결코 실행된 적이 없었으며 강조된 적도 없었습니다. 이 문구를 해체해보면 한편으로는 '전쟁을 준비하라'는 문구를 발견할 수 있습니다. 저는 이것이 그렇게 많은 인력과 비용을 요한다고 생각하지 않습니다. 그에 비례해 '평화를 원한다면'이라는 문구는 이제 더 이상 통용되지 않는다고 생각합니다.

이에 대해 모두가 마음 깊이 공감하고 있으며, 군비증강에 동의하는 국민은 평화를 지키기 위해 더 강해져야 한다고 믿고 있습니다. 대다수가 이에 동의하고 있습니다. ("옳소! 옳소!")

호전적인 정신이 영원히 사라질 것이라는 말일까요? 그렇게 생각하지 않습니다. 다만 문명의 편에서 그 정신이 다른 형태를 취하고 있다고 믿습니다.

여기서, 또 다른 자리에서도 말한 바 있지만 저는 우리가 모로코에서 벌였던 전쟁, 러시아나 영국이 아시아에서 벌였던 전쟁 등이 전투 중에 유럽의 사상, 즉 문명과 자유와 진보한 사상을 전파했다고 확신합니다. 저는 문명과 식민지를 위한 이러한 새로운 전쟁이 유럽 내에서 동족상잔의 전쟁을 끝내줄 것이라 믿고 또 희망합니다.

한마디로 저는 호전적 정신이 사라지지 않는데도 라살Antoine Charles Louis de Lassalle*과 같은 위대하고 용맹한 전사들이 더 이상 나타나지 않는다면, 영웅으로 칭송받아 마땅한 또 다른 형태의 사람들, 예컨대 몰Henri Moll** 대령과 같은 전사들이 그 자리를 대신해야 한다고 생각합니다. (박수 소리)

프랑스는 하루가 다르게 힘을 키워가는 다른 강대국들에 맞서 이대로는 자신의 위치와 힘을 유지할 수 없습니다. 그런 견지에서 우리 모두는 노력을 기울여야 할 것입니다. 저 또한 이러한 노력에 동참하리라 굳게 결심했습니다. 그러나 이 모든 노력의 결과는 가시적이어야 하며 우리가 그토록 무거운 짐과 커다란 노력을 요구한 국민에게 이렇게 말할 수 있어야 합니다. 우리는 국민 여러분 덕에 더욱 강해졌음을 느낍니다. 아니, 적어도 국민 여러분을 위해 많은 것을 얻을 수 있었습니다. 우리는 명확하게 우리의 뜻을 말했고 국민 여러분의 이익을 지키는 것을 등한시하지 않았습니다.

어리석음은 이미 준동하고 있었다

1880년대 말에 등장한 '군비경쟁'이라는 표현은 그 이전에 다른 유럽의 언어에서는 찾아볼 수 없는 것이었다. 1888년 12월 프랑스에서는 전쟁

---

* 1775~1809. 프랑스혁명 전쟁과 나폴레옹 전쟁에 참전했던 장군.
** 1871~1910. 20세기 초 아프리카 식민지 분쟁에서 큰 공을 세운 군인.

에 투입할 막대한 예산이 표결에 부쳐졌다. 프랑스는 국가 안보라는 미명하에 무장을 해야 했다. 평화는 전쟁을 위한 최후의 보루였다. 그 후 몇 년은 느리게 흘러갈 뿐이었다. 비난에도 불구하고 말이다. 1900년 파리 만국박람회 당시, 얀 블로흐Jean de Bloch는 팔레드콩그레 및 스위스 부스에서 전쟁을 고발하기 위해 끔찍하다는 말이 절로 나오는 30여 점의 그림을 전시했다. 관람객들에게는 "미래의 전쟁, 그것은 무엇인가?"라는 제목의 소책자가 제공되었다. 폴란드 출신 은행가로 러시아의 철도 개발 사업에 투신했던 그는 경제를 통해 전쟁에 접근하려 했다.

진보의 수단으로 사용되어 인류의 역사에 유례없는 번영의 시대를 가져다 줄지도 모를 막대한 경제력을 군비경쟁에 낭비하는 것을 완전히 없애지는 못하더라도, 평시에 전쟁 준비에 투입되는 비용을 줄일 수는 없을까요? 모든 경제학자가 이런 제안에 고개를 끄덕일 것입니다. 그런데 과연 그런 결과에 도달할 수 있을까요? 단호하게 불가능하다고 말하는 비관주의가 훨씬 더 많을 것입니다. 그러나 세계에서 가장 강력한 러시아의 군주는 헤이그 만국평화회의를 소집하면서 "군비경쟁은 불공정하고 불합리한 것"이라고 말했습니다.

낙관주의가 조금 지나쳤을까. 니콜라이 2세*는 당시에는 보기 드문 경우였지만 그렇다고 군주들 중 가장 강하게 평화를 주장하는 인물은 아니었다. 그러나 1899년 제1회 헤이그 만국평화회의가 그의 주도로 개최된 것만은 사실이다.

---

* 1868~1918. 러시아 로마노프 왕조의 마지막 황제로 1894년 즉위해 1917년 러시아혁명으로 퇴위하기까지 23년간 재위했다.

얀 블로흐는 대중을 설득할 수 있다고 믿었기에 만국박람회를 이용해 전쟁의 재앙을 피해보려 했다.

결국 무장평화는 그 자체로 가면을 쓴 전쟁에 다름 아니며, 유럽에 만연한 이러한 상황이 두 가지 측면에서 유럽에 부담을 줄 수 있다는 것을 증명하는 사실들이 모두 여기 있습니다. 먼저 무장평화는 대부분의 유동자본을 흡수해버릴 것입니다. 요컨대 국가 적립금 전체가 군비에 투입된다는 것입니다. 또한편으로 무장평화는 교역, 산업, 생산의 주체들에게 자본이 투입되는 것을 가로막을 것입니다. 또한 세금을 삭감할 수도 없게 만들 것입니다. 그렇게 되면 사회주의와 아나키즘이 기승을 부릴 것입니다. 그리고 결국 현 사회의 질서는 풍비박산이 나고 말 것입니다.

예측은 예측일 뿐이었다. 사람들은 평화를 원했지만 어리석음은 이미 준동하고 있었다.

평화주의, 유토피아의 탄생

1937년, 장 게에노Jean Guéhenno*는 자서전 『40세 사나이의 일기Journal d'un homme de 40 ans』(1934)에서 이미 전쟁이나 마찬가지였던 전쟁 전 시기를 다음과 같이 회상했다.

* 1890~1978. 프랑스의 소설가·평론가로 제1차 세계대전 후 문예·사회 비평으로 활약했다. 잡지 『유럽』의 편집자였고, 항상 노동자 편에 섰다고 평가받는다.

당시 나는 1890년에서 1914년에 F시*에서 출간된 모든 주간지를 다 읽어 보고 싶었다. F신문, F비평, '르 프티 F'까지 말이다. 그것은 정보가 가득한 하나의 시련이었다. 그렇다, 거기에는 우리가 아는 그대로의 세계 역사가 있었다. 너무나 어설프게 적혀 있는 '유럽 상황 개관'을 들여다보았다. "작성자 F"라고 적힌 이 자료는 심지어 자신이 순진하다는 것을 알지도 못하는 하위 계층의 순진함과 상위 계층의 책략이 우리 기만과 무능의 역사를 어떻게 만들어 냈는지를 보여주고 있었다.

나는 이제 전쟁이라는 것을 알기 때문에 공포를 느끼지 않고 그 신문들을 다시 읽을 수 있었다. 1895년 청일전쟁, 1896년 에티오피아 전쟁, 1897년 ~1898년의 수단 전쟁, 1900년 8국 연합군과 중국의 전쟁, 1904년 러일전쟁, 1905년 모로코 전쟁, 1911년 바르바리 전쟁, 1912년 발칸 전쟁. 20년 동안 일부 지역의 영토는 언제나 피로 물들어 있었다. 우리의 상상력이 부족했다. 우리는 그런 피의 역사를 알아차리지 못했다. 행성들 사이에서 돌고 있는 지구는 여기저기서 터져 나온 내홍으로 고통받아왔다. 상처가 여기저기서 헤집어졌다. 베이징 정변, 뤼순항 전투, 봉천전투, 이스탄불 차탈자 전쟁, 국공내전과 식민지 전쟁이 쉴 새 없이 일어났다. 백인들은 자신의 임무를 완수했다. 작성자 F는 "네빌 체임벌린의 비열한 열정"을 규탄했다. 그러나 그는 프랑스가 "세상 끝까지 프랑스의 빛을 전달해줄 권리를 행사해야 한다"고 말한 젊은 총리의 현명한 발언을 인용하며 감탄해 마지않았다. 우리는 알지도 못한 채로 그러한 폭력과 위선의 제도 안에 갇혀버린 것이다. 그것이 바로 국가가 우리의 애국심과 의무감에 기대려 한 이유다.

---

* 작가가 태어난 도시인 푸제르Fougères를 가리키는 표현으로 그는 절대로 도시 이름 전체를 언급하지 않았다.

1914년 7월 29일 저녁, 장 조레스Jean Jaurès[**]는 브뤼셀의 대형 공연장 시르크루아얄에서 마지막 연설을 했다. 온전한 연설문이 남아 있지는 않지만 여러 증언을 수집해 벨기에 역사학자 장 스탕게르스Jean Stengers는 다음과 같이 재구성했다.

제가 사는 동네에서 행복한 연인이 지나가는 것을 볼 때마다, 심장이 뛰는 사람의 옆을 지날 때마다, 위대한 모성애로 빛나는 여인의 옆을 지날 때마다 우리 눈앞에 나타날 준비를 마친 죽음의 신이 걸어 다니는 형상이 보이는 듯합니다!

제가 가장 애통하게 생각하는 것은 외교의 무능함입니다.

… 그러나 위기가 사라지고 폭풍우가 잦아든다면, 그때 국민이 잊지 말고 이렇게 말해주기를 바랍니다. 전쟁의 유령이 반년마다 그의 무덤에서 나와 우리를 공포에 떨게 하는 것을 막아야 한다고요.

모든 인류를 지켜내기 위해 우리는 평화와 정의의 과업을 완수해야 합니다!

제1차 세계대전이 끝나고 우리는 그렇게 믿고 싶어 했다. 어쨌거나 일부 국민은 그랬다. 그렇지만 평화주의는 대체로 유토피아처럼 인식되었다. 1928년 당시 외무부 장관이었던 아리스티드 브리앙Aristide Briand은 상원 의사당에서 감히 평화를 수호한 사람들이 겪어야 했던 끝없는 조롱에 대해 언급했다.

[**] 1859~1914. 프랑스의 위대한 사회주의자이자 정치가로 꼽힌다. 1914년 양일간 개최된 인터내셔널 브뤼셀 임시대회에 참석하고 돌아온 다음 날인 7월 31일, 라울 빌랭이라는 극우파 청년의 총을 맞아 암살당했다.

여러분, 관례에 따라 저는 주브넬 의원님 쪽을 향해서 말하겠습니다. 저는 의원님께 인류는 평화를 기회로 삼은 적이 거의 없었다는 것을 말씀드리고 싶습니다. 어떤 시대든 평화에 대해 말한 사람은 누구도 크게 지지를 얻지 못했습니다. 사람들은 그를 조롱하고 무시했습니다. 그들은 냉소와 비웃음의 행렬 한가운데를 걸어가야 했습니다. 그것이 진실이고 그것이 역사였습니다. 국가는 어땠습니까. 대부분의 국가가 가장 손쉽게 적용해온 문구, 여러분도 잘 아실 것입니다. '평화를 원한다면 전쟁을 준비하라.' 그래서 그 방식은 옳았습니까? 저는 이제 역사의 페이지들을 넘기고자 합니다. 제가 거의 매 페이지에서 찾아낸 온갖 피의 흔적을 놓고 판단해보건대 그 방식은 결코 효과적이지 않았습니다!

브리앙은 국제연맹League of Nations*을 믿어보려 했다.

우리가 자랑스럽게 여겨야 할 한 제도가 평화조약을 통해 탄생하게 되었습니다. 바로 국제연맹입니다. 저는 이 제도가 훌륭하다고 생각하므로 모든 노력을 이 제도의 발전에 쏟아부을 것입니다. 이 제도는 여전히 비판의 소지가 있고 지금으로서는 이 제도에서 기대할 수 없는 결과를 바라는 건지도 모릅니다. 이 제도 안에서 지속적으로 단결해 행동하고 실천해야 합니다. 여러분, 이 제도의 한 축을 맡고 계신 여러분은 그런 조건이 얼마나 실현되기 어려운지를 아실 겁니다. 그러나 이 제도는 그 자체로 역사상 최초로 국민 간에 평화재판소의 역할을 할 것입니다. 이제 이 제도 덕분에 비정상적 상황, 일시적 흥분 상태, 지도자의 억제되지 않는 자기애적 충동으로 고통받는 국민은 없어질 것이

---

* 제1차 세계대전 이후 설립된 국제평화기구로 국제연합, 곧 UN의 전신이다.

라 기대합니다. 무력 충돌이 일어난 것을 인지하기도 전에 예전처럼 어느 날 갑자기 그런 혼동에 휘말리는 일은 없을 것입니다. 이제 우리는 토론을 하고 그 문제를 재판에 회부할 수 있습니다.

1932년 제네바에서는 무기감축에 관한 회의가 열렸다. 회의에 앞서 몇 개월간 여러 건의 청원서가 배포되었고 그중에는 다음과 같이 군비감축을 위한 프랑스 여성연합의 청원서도 있었다.

> 대국제여성연합Grandes Associations Féminines Internationales은 우리와 뜻을 함께해 아래에 서명한 4,000만 이상의 여성을 대표해 1932년 2월 제네바에서 군비감축회의가 개최되는 것을 진심으로 환영하는 바다.
> … 회의가 성공적으로 치러져 전 세계가 서로를 신뢰하고 세계 경제 상황이 호전되어, 필연적으로 세계를 새로운 재앙으로 몰고 갈 위태로운 군비경쟁이 억제되기를 바란다.
> 회원국이 국민의 커다란 희망을 좌절시키지 말기를, 최초이자 중대한 무기감축 문제에 대해 아무런 결정도 내리지 않은 채 회의가 해산되지 않기를 바라마지않는다.

개별적인 청원서를 따져보면 50만 명 이상이 이 청원서에 서명했다. 경제논리 역시 그러한 군비지출의 비합리성을 지적하는 데 선두에 섰다. 1937년 샤를 티펜Charles Tiffen은 『군비경쟁과 공공재정 *La course aux armements et le finances publiques*』을 집필하며 한 이론을 지지했다. 도입부에서 그는 이미 동시대의 상황을 인정했다.

현시대 공공 분야에서 매우 눈에 띄는 사실 중 하나는 이제 막 시작된 새로운 군비경쟁이다. 실제로 국방비는 대부분의 국가에서 같은 속도로 증가하고 있다. 우리는 군비경쟁의 특성인 필연적이고 막대한 지출의 증가를 더 이상 무시할 수 없다.

이러한 군비경쟁으로 발생하는 지출은 무엇보다도 그 자체로 강제적일 수밖에 없다. 실제로 군비지출은 평시에도 대단히 중대한 국가적 특성을 드러내며, 더 엄밀히 말하면 '국방의 성격'을 나타낸다. 하물며 옳건 그르건 위협이 있다고 판단하면 국가는 전시상황과 마찬가지로 모든 재정적 검토사항을 뒤로 미뤄두고 모든 재정을 군비에 투입한다. 이것이 바로 군비경쟁으로 벌어지는 일들이다. 각 국가는 결국 진짜 위험이나 잠재적인 적의 위험뿐만 아니라 타국의 전반적인 군사적 수단 강화만으로도 위협을 느낀다. 이것이야말로 진정한 심리전의 확산이 아니고 무엇이겠는가. 이러한 심리전 때문에 국가는 최우선으로 고려해야 할 이득, 즉 국방을 위해 다른 모든 이익을 희생한다.

그러나 이탈리아의 파시스트, 그보다 더한 독일의 나치 그리고 일본과 같은 호전적 강대국에 맞선 국제연맹의 평화주의는 빛 좋은 개살구일 뿐이었다.

군비경쟁, 끝나지 않는 레이스

1945년 이후에는 유엔 역시 평화를 수호하고 그러한 무모한 군비경쟁을 자제시키기 위해 노력을 기울였다. 유엔헌장 제11조는 다음과 같이 규정하고 있다. "총회는 군비축소 및 군비규제를 관리하는 원칙을 포함해 국제 평화와 안전 유지에 필요한 협력에 관한 일반원칙을 심의한다."

1952년에는 유엔군축위원회UNDC가 설립되었다. 1957년 12번째 회기에서 총회는 '군비경쟁의 위험, 특히 현대 무기의 살상 효과에 대한 대국민 의식화를 위한 정보 전달 단체행동' 결의안 1149를 채택했다. 다음의 사항들을 고려한 결과였다.

핵과학과 그 외 현대 기술의 진보로 군비경쟁은 전 세계를 위협하는 유례 없는 파괴의 위험을 유발하고 있다. 모든 국가의 국민은 이러한 상황을 인식하고 있어야 한다. 군비규제에 관한 모든 조약을 위해 부분이든 전체든 적절한 국제적 차원의 통제가 반드시 필요하다. 따라서 국민이 모든 종류의 현대식 무기의 효력과 효율적인 통제정책을 포함한 군비감축 협약의 실행 필요성을 인식할 수 있도록 조치해야 한다. 그때부터 유엔의 후원하에 세계적으로 정보를 공유하기 위해 효과적이고 지속적인 행동을 조직할 방식이 강구되어야 할 것이다. 그러한 행동은 모든 이데올로기적·정치적 고려사항을 배제한다.

세계의 군비경쟁에 제동을 걸기 위한 이런 무용한 시도는 이 외에도 얼마든지 많다. 1966년에는 스웨덴에 국제평화연구소가 설립되었다. 연구소는 매년 연례보고서를 발간했는데 내용은 항상 똑같았다. 군비가 매년 조금씩 더 증가했다는 것이다.

위험은 확산했다. 쿠바 미사일 위기°가 일어나고 2년 후인 1964년 제작된 스탠리 큐브릭의 영화 〈닥터 스트레인지러브〉는 이런 비상식적

° 1962년 10월 22일부터 11월 2일까지 소련의 탄도미사일을 쿠바에 배치하려는 시도를 둘러싸고 미국과 소련이 대치해 핵전쟁 발발 직전까지 갔던 국제적 위기.

상황을 풍자적으로 비난했다. 이 영화를 보고 몇몇 멍청이는 정신을 차렸을까?

1980년대 초는 유럽의 중거리 핵미사일 배치로 인해 긴장감이 한층 더 증폭된 시기였다. 독일 팝 그룹 '네나Nena'는 1983년 〈99개의 풍선99 Luftballons〉이라는 노래를 발표하며 두 진영 간의 지속적인 대립을 전 세계로 확장하는 위험의 부조리를 고발했다.

> 아흔아홉 해의 전쟁
> 승자를 위한 자리도 남아 있지 않았네.
> 국방장관들도 더는 남아 있지 않았고
> 전투조종사들도 남아 있지 않아
> 오늘 내가 한 바퀴 돌아보니
> 온 세상은 폐허가 되어버렸네.
> 풍선 하나를 찾았지.
> 당신을 생각하며 날려 보내네.

냉전의 종말은 그 어떤 것도 변화시키지 못했다. 아주 최근에도 그런 일은 여전히 벌어지고 있다. 2019년 3월, 인도의 나렌드라 모디 총리는 인도가 '우주 초강대국' 반열에 올랐다며 이렇게 자축하지 않았던가?

인도의 과학자들이 지상에서 300킬로미터 떨어진 저궤도 인공위성을 격추하는 미사일 실험을 성공시켰습니다. 우리의 목표는 전쟁 분위기를 조성하려는 것이 아니라 평화를 구축하는 것입니다. 이 미사일은 다른 어떤 나라도 향하지 않을 것입니다. 인도에 매우 자랑스러운 순간이 아닐 수 없습니다.

평화를 지키려면 무장하고 또 무장해야 한다. 끝나지 않는 레이스다.

2018년 유엔안전보장이사회 상임이사국을 차지한 5개국 중 4개국은 세계 5대 무기 수출국(미국, 러시아, 프랑스, 중국, 독일)에 해당하는 국가였다. 평화를 추구하면서 세상을 무장시키는 무장 평화, 그것은 딜레마가 아니다. 국가들의 위선일 뿐이다.

역사가 **마르크 페로**

20세기의
맹목

L'aveuglement
au XXᵉ siècle

> 통치란 예견하는 것이다.
>
> 오귀스트 콩트Auguste Comte *

역사 속에서 가장 걸출하고 어마어마한 바보짓을 꼽으라면, 눈에 띄는 다른 사례(전쟁, 혁명 따위)를 굳이 포함시키지 않더라도 단연코 폴 발레리Paul Valéry **가 1930년에 들춰낸 유럽의 바보 같은 짓을 꼽을 수 있다.

유럽은 학문을 정립했고 이는 학문에 몰입한 사람들의 삶을 변화시키고 힘을 키워주었다. 그런데 학문의 성격상 그것은 대부분 전달될 수 있다. 또 학문은 결국 보편적 방식과 수단으로 귀결된다. 학문이 어떤 사람에게 제공한 수단은 다른 모든 이들도 획득할 수 있다. 거기서 끝이 아니다. 그러한 수단은 생산을 증가시킨다. 그것도 다량으로 말이다. 기존에 거래되던 물건들에 더해 전파나 모방으로 발생하는 욕망과 욕구로 인해 수많은 새로운 물건이 등장한

* 1798~1857. 프랑스의 실증주의 철학자이자 사회학자로 '사회학'이라는 명칭을 처음 쓰면서 이 분야를 본격적으로 개척했다.
** 1871~1945. 프랑스의 시인, 비평가. 유럽정신과 유럽통합을 강조한 사상가이기도 하다.

다. 그것을 획득한 사람들에게는 새로운 물건의 애호가와 구매자가 되기 위한 필수적인 지식들이 요구된다. 새로운 것들 중에서도 최신 무기에 대한 지식들 말이다. … 그렇기 때문에 300년 전부터 유럽이 우위를 점했던 힘의 인위적인 불균형은 급속도로 사라지고 있다. 가공하지 않은 통계적 특성에 근거한 불균형이 다시 나타나고 있다.

　… 역사를 통틀어 유럽이 학문 분야에서는 서로 비교하고 결합하고 견주며 연합하려 했으면서도 정치와 경제 분야에서는 서로 경쟁한 일보다 더 멍청한 짓은 없었다는 것을 훗날 보게 될 것이다. … 서구의 분쟁을 장거리로 이송할 뿐인 그런 경쟁은 유럽을 필연적으로 아류의 자리로 되돌려놓는다. 유럽 지성의 내부적 연구와 의견 교환을 통해 일류로 끌어올려졌지만, 유럽 대륙의 규모 때문에 정해진 그 아류의 자리로 말이다. 유럽은 자신의 사상에 걸맞은 정책을 가져본 적이 없다.[134]

마지노선의 추억

그 당시 우리는 짧은 반바지를 입고 다녔다. 자크 리고와 나는 파리 카르노고등학교 4학년 같은 반 친구였다. 그해 우리는 신문에서 우연히 이런 제목의 기사를 보았다. "마지노선은 모뵈주Maubeuge[***]를 지나지 않을 것이다."

'뭐지…. 그럼 그들이 프랑스혁명 전쟁 네르빈덴 전투의 오스트리아군처럼, 아니면 1914년 독일군처럼 벨기에를 통해서 프랑스를 침공할

[***] 벨기에에 인접한 프랑스의 도시.

수 있다는 말 아닌가?'

우리는 분개했다. 그리고 설명 따윈 없었다.

얼마 후에야 우리는 마지노선을 거기까지 연장하기에는 '비용이 너무 많이 든다'는 소식을 접했다.

그 후, 또 다른 단편적인 정보들이 조금씩 새어 나왔다. 벨기에 국경 방면에 요새선을 구축하면 프랑스는 요새선의 방어를 고수할 것이고 그렇게 되면 벨기에는 프랑스에게 어떠한 군사적 지원도 받을 수 없을 터였다. 이러한 상황은 독일군에게 벨기에를 제일 먼저 공략할 좋은 명분을 주기 때문에 벨기에는 자국 국경 방면의 요새선 구축을 원하지 않는다!

이러한 논쟁은 다음과 같은 상황을 의미했다. '라인강으로 형성된 방어선이 이미 존재하는데 마지노선을 이중으로 구축할 필요가 있겠는가? 벨기에 국경과 바다 사이에 작은 보루 몇 개를 쌓는 것으로도 충분할 것이다.'

몇몇은 탱크와 비행기가 부족하다고 판단했다. 페탱 원수는 특히 비행기가, 드골 장군은 탱크가 부족하다는 파였다. 그러나 1930년대에 누가 그 말에 귀를 기울였겠는가?

그런데 프랑스는 벨기에에 마지노선 연장을 위한 비용을 분담하자고 제안했다. 그것도 프랑스 국경에 구축될 마지노선을 위해서 말이다! 벨기에가 이를 거절하자 프랑스는 당황했다.

그다음은 우리가 알고 있는 대로다. 독일군 기갑부대는 아르덴숲*을 통과해 결국 프랑스를 침공했다.[135]

---

* 벨기에 남동부, 룩셈부르크, 프랑스 북동부에 걸쳐 있는 고원 삼림지대.

히틀러에 관한 오해

1938년, 프랑스 총리 달라디에는 뮌헨에서 돌아온 자신을 향해 환호하는 프랑스인들을 보고 "멍청이"라고 중얼거렸다고 한다.[136] 자신이 히틀러를 회유해 평화를 가져올 거라고 굳게 믿고들 있었으니 말이다(당시 신문기사의 사진들이 증명한다). 네빌 체임벌린Neville Chamberlain**의 동의하에 타협에 이른 회담의 전말을 알았기에 내뱉은 말이다.

내가 1943년 그르노블대학교에 다닐 당시 동기였던 에두아르 달라디에의 아들 피에르가 확인해준 만큼 그 이야기는 사실이다.

프랑스와 영국이 독일과 맺은 뮌헨협정은 5년 동안 유지된 '비겁자 정치'의 종착역이었다. 독일의 베르사유조약 파기 및 재군비, 라인란트 재무장, 오스트리아 합병, 스페인내전 중이던 프랑코군의 지원을 위한 독일군의 게르니카 융단폭격, 수데텐란트 지역***의 향방을 걸고 독일이 체코에 가한 압력… 독일의 이 모든 위협에 프랑스와 영국은 무기력한 모습만을 보여주었다. 프랑스와 영국의 연합정책은 불을 보듯 뻔했다. 수데텐란트 지역을 히틀러에게 양도하라고 프랑스와 영국이 설득해오리라 예감한 체코슬로바키아 대통령 에드바르트 베네시Edvard Beneš가 자신이 국민들 앞에서 위신을 잃지 않도록 대놓고 압력을 넣어달라고 두 나라에 직접 요청할 정도였으니 말이다.

프랑스인들은 협정이 조인되었으니 이제 평화가 왔다고 믿었다. 체임벌린이 그에 대한 조항을 보란 듯이 내놓았기 때문이다. 그 당시 프랑

** 1869~1940. 영국 총리로서 뮌헨회담을 개최해 독일과의 무력 충돌을 피하고자 했고 히틀러에 대한 유화정책으로 영국의 평화를 유지하고자 했다.

*** 소수의 독일인이 거주하던 체코 내 지역으로 뮌헨회담 이후 독일에 할양되었다.

스에서는 (전쟁 학살은) '더 이상 그만'하라는 구호가 모든 이의 신조였다. 게다가 인민전선이 권력을 잡으면서 노동자 계층은 마침내 억압에서 해방되었다고 느끼고 있던 참이었다(주 40시간 근무, 유급휴가, 결사의 자유 등).

다른 한편에는 공산주의의 부상을 염려하는 평화주의자가 있었고 그들은 다시 연합하기를 바랐다. 그래서 히틀러를 회유하고 새로운 영토를 불하하자는 입장을 취했다. 그것이 바로 이탈리아의 중재 아래 어떤 대가를 치르더라도 전쟁을 피하고자 한 달라디에의 유일한 제언이었다. 그러나 그(멍청이)는 히틀러가 원한 것이 새로운 영토의 할양이 아니었음을 눈치채지 못했다. 히틀러가 원한 것은 전쟁이었다. 리벤트로프Joachim von Ribbentrop*는 무솔리니의 사위 갈레아초 치아노에게 이렇게 털어놓았다. "우리는 전쟁을 일으키려 하네."

언제나 타협을 통한 평화를 바란 달라디에가 이끈 '기묘한 전쟁'**은 바로 그 뒤의 일이었다. 이후 영국과 프랑스는 스탈린에게 공격당한 '약소국 핀란드'를 지원할 파병 계획을 세웠다. 1939년 9월 폴란드가 침공당할 때는 꼼짝도 하지 않으면서 말이다.

"그렇지만 우리가 지금 전쟁 중인 나라는 독일입니다!" 연합군 회의에서 영국이 프랑스에 재차 강조했던 말이다.

히틀러의 인종차별적 광기를 '어리석음'이라 부를 수 있을까? 또 히틀러는 '열등한 인종'인 러시아인들이 나치 독일의 중전차 티거를 성냥

---

* 1893~1946. 독일의 정치가. 외무장관으로서 오스트리아 병합, 수데텐란트 획득, 체코 병합, 독소 불가침 조약을 이루어내며 제2차 세계대전을 발발시켰다.
** 선전포고를 한 후에도 영국·프랑스와 독일의 실질적 전투가 없던 1939~1940년 시기. '가짜 전쟁'이라고도 불린다.

갑처럼 불태워버릴 중전차 T-34를 보유했을 거라고 상상이나 했을까? 그 또한 그저 당황할 수밖에 없었을 것이다.

얼마 후 히틀러는 '유대인과 흑인의 나라' 사람들에게, 즉 미국에 전쟁을 선포했다. 루스벨트 대통령은 그제서야 전쟁을 준비했다. 미국의 헌법은 선전포고를 금지했기 때문이다.

스탈린 동지의 빗나간 예상

스탈린의 가장 하찮은 잘못이라도 찾아내기 위해 신경을 곤두세우는 사람조차, 분석가도, 증언자도, 심지어 생존자도 그의 다음과 같은 어리석음을 발견하기는 어려웠을 것이다. 하지만 그럴 만도 했다.

스탈린은 첩자 리하르트 조르게Richard Sorge가 도쿄에서 보내온 메시지를 믿지 않았다. 메시지에는 독일의 공격이 언제 있을지, 독일 국방군의 주요 공격 방향이 어디인지에 대한 정보가 들어 있었다. 후에 그 정보가 정확했다는 것이 밝혀졌지만 당시 스탈린은 그 정보를 믿으려 하지 않았다.[137] 크렘린궁에 워낙 많은 정보가 전달되고 있었기 때문에 더욱 신중을 기했을 테지만, 그보다 스탈린은 그 메시지가 소련과 독일의 관계를 단절시키려고 영국이 꾸민 일종의 작전이라 생각했다.

한편으로 그는 그러한 작전에 휘말리지 않도록 필요한 일을 했다. 체코에서 독립한 크로아티아 공화국을 인정하는 한편 독일에게 공격받고 점령당한 유고슬라비아는 지원하지 않았다. 바로 '뮌헨의 겁쟁이' 정책이었다. 이에 대해 히틀러는 스탈린이 마치 '뱀 앞의 토끼'와도 같다고 평했다. 스탈린은 심지어 영국과의 전쟁에서 히틀러를 대놓고 지지하는 이라크의 라시드 알리Rachid Ali 정부까지 인정해버리는 지경에 이르렀다. 정보기관, KGB의 전신인 내무인민위원회KNVD, 세계공산주의연합, 그리고 지지자들로 구성된 네 개의 정보 수집망을 통해 소련은 독일 국방군이 결국 공격을 감행할 것이라는 정보를 입수했다. 그러나 스탈린은 조르게를 (독일 대사를 유혹한) '기둥서방'으로 취급하는가 하면, 더 심하게는 (볼셰비키의 반대파라는 점에서 충분히 의심쩍은) 예전의 멘셰비키가 보낸 첩자로 여기며 그가 수집한 정보를 불신했다. 그러나 실제로 1941년 6월 독일이 침공하면서 스탈린의 분석과 계산은 틀렸음이 증명되었다. 그는 전쟁이 발발한 것보다 자신의 예상이 빗나간 것을 더욱 애석해했다.

그러나 이러한 실수가 심각한 결과를 초래하지는 않았다. 그저 스탈린의 감정이 상했을 뿐이었다. 그는 처칠에게 이렇게 토로했다. "우리가 스스로 발등을 찍었습니다. 한두 달은 시간을 더 벌 수 있을 거라고 생각했어요." 소련군은 독일군의 초반 공격에 당연히 참담함을 맛보았다. 그러나 가을장마로 온통 진흙탕이 된 소련 땅에서 독일군은 당황할 수밖에 없었고, 소련의 붉은 군대는 그 틈을 타 영토를 탈환할 수 있었다.

구소련의 근시안적 공포정치

1930년대, 소련에서는 스탈린의 폭정이 시작되었다.[138] 1938년에 벌어

---

* 실질적으로 영국의 영향권에 있던 이라크의 반영 민족주의자로, 수상이 되면서 영국인의 출입을 금지하고 독일에 군사기지를 내주었다.

진 '대숙청'은 1934년 스탈린의 측근 세르게이 키로프의 암살을 계기로 일어난 이른바 공산당 내 '불순분자'에 대한 피의 숙청을 말한다. 그런데 사회주의혁명당 좌파의 봉기 이후 첫 번째 숙청이 벌어진 것은 내전과 외세의 개입이 한창이던 1918년부터였다. 그들은 농민에 대한 처우(토지 불하와 수확물 징수)에 반대하며 체카(공안경찰)를 정치적으로 이용했고 레닌이나 트로츠키 추종을 금지했다. 볼셰비키에 대한 테러 이후 쿠데타는 완전히 무력화되었다. 이에 따라 사회주의혁명당 좌파에 대한 숙청과 함께 대대적인 기소가 이루어졌다. 그다음으로는 반동분자(붉은 혁명을 인정하지 않는 이)들과의 공모가 의심되는 사회주의혁명당 우파와 외국인에 대한 기소가 이루어졌다. 그다음에는 중범죄를 저지른 멘셰비키에 대한 기소가 이루어졌다. 사회주의를 너무 일찍 밀어붙였다며 레닌의 정책을 비판했기 때문이다. 그러한 중죄는 용서받을 수 없었다. 레닌 사후에는 쿨라크, 즉 부농(착취자)들이 표적이 되어 숙청당했다('농사지은 밀을 노동자에게 분배하지 않았기 때문'이다). 그다음으로 두말할 나위 없는 적인 트로츠키주의자와 스탈린 체제 비판자가 숙청되었다. 우크라이나에서 일어난 대기근과 이후 또다시 벌어진 숙청에 대해서는 여기서 굳이 언급하지 않겠다.

이러한 조치들의 여파로, 정권은 산업화에 착수하고 우랄산맥이나 시베리아에 대단지를 조성하는 과정에서 엘리트가 부족한 상황에 처하게 되었다. 그것은 스타하노프 운동** 지지자들의 능력 밖 일이었고 콜호스*** 편성에 열중한 이들에게 가능한 일은 더더욱 아니었다…. 고도

** 구소련에서 노동 생산 능률을 높이기 위한 방책으로 벌인 노동력 착취 운동.
*** 소련의 농업 집단화에서 생겨난 여러 집단농장의 총칭.

의 기술력을 보유한 엘리트가 부족한 상황을 인식한 스탈린은 1938년 다음과 같은 법령을 공포했다. "엘리트의 고용에 더 이상 지원자의 과거 이력이나 출신을 문제 삼지 않는다. 중요한 것은 오로지 학력 수준이다." 따라서 멘셰비키도 무슬림도 유대인도 소련인도 과거의 노조원도 지원자가 될 수 있었다. 이내 당의 계획은 다시 순조롭게 진행되었다⋯. 흠잡을 데 없는 기술력을 가진 이 새로운 엘리트층이 스탈린의 당에 가입해 있으면서도 어느 날 당이 행사하는 독점적인 권력을 불법이라고 규정하지만 않았더라면 말이다. 그리고 몇십 년이 흐른 후, 그들은 몇몇 KGB 요원 및 개혁당 지도층과 결탁해 페레스트로이카*의 기수로 앞장섰다!

스탈린에게 감사해야 할 일이 아니겠는가!

혁명에 관한 지식인들의 순진한 착각

소련 정권의 초반 상황에 대해서는 거의 알려진 게 없다 해도 과언이 아니다. 1919년 파리로 망명한 혁명가 율리 마르토프Julius Matrov**가 볼셰비키 체제가 자행한 공포정치 문제를 거론했을 때, 그가 이른바 "증언을 믿을 수 있는 유일한 투사"[139]였는데도 사람들은 야유를 보냈다. 반면 이러저런 국제회의에 참석하기 위해 소련으로 간 볼셰비키 혁명 지

---

* 1985년 이후 정치·경제·사회·외교 분야에서 스탈린주의의 병폐를 없애기 위해 시작된 소련의 사회주의 개혁 이데올로기.
** 1873~1923. 한때 레닌과 함께 활동했으나, 1903년 러시아 사회민주노동당 제2차 대회에서 레닌과 대립했고 멘셰비키의 지도자가 되었다. 1919년에 국외로 추방되어 독일에서 사망했다.

지자들은 왕 같은 대우를 받았다. 호화로운 호텔을 비롯해 이발소나 식당에서까지 무료로 융숭한 대접을 받았고 '저명인사'가 되었다.

역사학자이자 러시아 전문가인 피에르 파스칼Pierre Pascal 교수는 그 시대로부터 30년 후 자신의 분별없음을 다음과 같이 회상했다.

공포정치는 끝났다. 사실상 그것은 존재한 적도 없는 것 같았다. 프랑스인인 나는 공포정치가 무엇을 의미하는지 정확하게 알고 있었다. 그렇지만 그런 공포정치를 집행한 무시무시한 특수위원회(체카)가 절제되고 온화하며 친절한 모습을 보일 때마다 나는 늘 미소를 지을 수밖에 없었다. 그럼에도 나는 서방세계에서 그토록 많은 논평을 쓰게 만든 이 피의 공포정치가 얼마나 많은 희생자를 냈는지 알아보고 싶었다. … 총살형을 당한 9,641명 중 2,400명은 관습법을 위반한 사람들이었다. 그들은 혼란스러운 시기에 교화의 가능성이 없는 위험한 부랑배로 취급받았다. 특히 부르주아는 항의할 자격도 없었을 것이다. … 소련은 범죄자는 처벌이 아닌 교화로 다스려야 한다는 원칙에 근거해 노동과 교육 프로그램을 강제했다. 모스크바 변두리에는 이미 부티르카 선별 수용소가 있었다. 이 수용소는 강제노역 수용소, 노동 수용소, 여성 수용소, 정신이상자 수용소로 구분했다. 그렇게 모든 지역에 노동 수용소가 마련되었다. 수용자는 만여 명에 이르렀다.[140]

스탈린의 과오를 나열하고 비판한 흐루시초프 보고서와 1956년 헝가리혁명••• 이후, 많은 지식인이 모스크바를 버리고 새로운 우상인 피

••• 부다페스트 대학생과 시민이 소련군의 철수와 헝가리의 민주화를 요구하면서 벌인 반정부 집회. 소련군의 무자비한 진압으로 수많은 사상자가 나왔다.

델 카스트로와 마오쩌둥을 발견해냈다. '쿠바혁명'에서 피델 카스트로와 체 게바라의 성공은 쿠바를 방문한 이들이 '권력을 잡은 청년들, 여성 해방, 모든 것이 음악이 되는 곳'이라는 기억만을 간직할 만큼 축제와도 같은 것이었다. 미국의 위협에 당면한 쿠바가 소련처럼 급진적인 모습을 보여주고 나라 전체를 하나의 감옥으로 만들 때에도 사람들은 그 체제가 겪는 변화를 직시하려 하지 않았다. 그렇게 계속해서 쿠바를 찬양하던 사람들이 쿠바를 버린 것은 카스트로가 1968년 소련의 프라하 침공이 정당하다고 인정했을 때였다.

마오쩌둥에 대한 예찬은 그보다 일찍 시작되었지만 더 오래 지속되었다. 시몬 드보부아르는 국공내전에서 마오쩌둥이 이끄는 공산당의 승리 후 중국을 방문했고 마오쩌둥의 공산주의를 칭송하며 『대장정La longue marche』에 이렇게 썼다. "물론 중국이 낙원은 아니다. 하지만 객관적으로 볼 때, 중국은 역사적으로 특별히 감동적인 순간을 구현하고 있다. 바로 사람이 사람의 마음을 얻기 위해 자신의 내재에서 탈피하는 순간이다."

롤랑 바르트가 중국을 방문했을 때는 우연히도 린뱌오林彪* 와 관련된 피비린내 나는 대규모 숙청이 이루어지고 있었다. 그런 상황에서도 그는 당시를 이렇게 떠올렸다. "그 이름마저도 유쾌한 방울 소리처럼 울린다. … 내가 그리워하는 건 커피도, 샐러드도, 가벼운 연애도 아니다." 바르트는 마음을 즐겁게 하는 사람과는 좀처럼 만나기 힘든데 그런 이와 함께할 수 있다고 기뻐했다. 예를 들면 '한 귀여운 남자 점원'이 잡은

* 1907~1971. 정치가이자 군인으로 1959년 루산 공산당회의에서 마오쩌둥을 지지해 후계자로 지목되었지만 결국에는 국가 주석 자리를 두고 마오쩌둥과 대립하다 사망했다.

손길에서 느껴지는 깊고 부드러운 감촉을 좋아했다. 저명한 중국 전문가 시몬 레이Simon Leys는 이것이 '추행'이 아닐지 자문한다.[141] 혹은 어리석음일 수도….

이번에는 '혁명의 새로운 지렛대'가 된 호메이니가 기다리고 있다. 호메이니가 보여준 것은 이슬람 부흥의 시작이 아니었다. 잠재되어 있다가 밖으로 모습을 드러낸 것은 이슬람주의**였고 곧 자살테러로 이어졌다. 이슬람주의는 총리까지도 혁명이 국가를 쇄신하리라 믿었던 이란혁명의 한가운데서 나타났다. 국가나 사회에서 종교를 없애고자 한 세기 훨씬 전부터 교회에 맞서 싸웠던 모든 마르크스주의자를 비롯해, 좌우를 막론하고 그것은 공화주의자들에게 굉장한 딜레마였다.

미셸 푸코***는 이슬람혁명에 대해 다음과 같이 썼다.

"당신은 무엇을 원하십니까?" 폭동이 일어난 직후, 나는 며칠 동안 테헤란과 곰 지구를 산책하며 오직 이 한 가지 질문만을 떠올렸다. 나는 정치인들에게 이 질문을 던지는 것이 조심스러웠다. 이따금 이슬람 문제에 관심을 가진 종교인, 학생, 지식인과 오랫동안 토론하는 것이 더 좋았다. 또 때로는 예전에 게릴라로 활동했던 사람들과 토론을 하기도 했다. 그들은 1976년 무장 투쟁을 포기하고 완전히 다른 방식으로, 즉 전통적 사회 내부에서 그들의 투쟁을 이끌어나가기로 결심한 사람들이었다. "당신은 무엇을 원하십니까?" 이란에 체류하는 동안 나는 '혁명'이라는 단어는 단 한 번도 들은 적이 없었다. 대신 다섯 번에 네 번 정도는 '이슬람 정부'라는 대답을 들었다. … (우리가 『쿠란』

** 현대 무슬림 사회에서 원리주의적인 해석에 입각해 이슬람 신정 국가를 건설하려 하는 범운동.
*** 현대 프랑스 철학의 대표적인 사상가로 1970년대 말 호메이니가 이끄는 혁명에 열광했다.

에서 발견할 수 있는) 전체적인 방향성은 다음과 같다. 이슬람은 노동을 높이 평가한다. 어떤 것도 노동의 결실을 빼앗아 갈 수 없다. 모두가 가져야 하는 것(물, 땅)은 누구도 소유해서는 안 된다. 자유는 다른 사람에게 피해를 주지 않는 선에서 존중되고 실천해야 한다. 소수자는 보호받아야 하고 다수에게 피해를 주지 않는 한 의지에 따라 자유롭게 살아갈 수 있다. 남성과 여성은 동등한 권리를 누린다. 다만 그 둘의 타고난 차이는 인정해야 한다.[142]

이것이 바로 푸코가 의심쩍어한 부분이었다. '그러한 생각들은 이미 존재하고 있었기' 때문이다. 사람들은 그에게 대답했다. "맞아요, 우리는 당신보다 먼저 그 생각을 했답니다." 푸코는 그들이 아마도 '새로운 정치적 영성'을 찾는 중이었을지도 모른다고 결론지었다.

20년이 흘러 알카에다가 워싱턴과 뉴욕을 타격했을 때 세계는 하나가 되어 미국이 지배하는 세계화에 유감을 표명했지만, 실상은 서로 다른 감정을 느끼고 있었다. 대부분의 서방세계는 새어나오는 기쁨을 감추기 바빴고('미국은 당할 만했다'), 스스로를 식민 해방 이후 세계화의 진정한 피해자라고 여기는 이들, 특히 이슬람 민족들은 기쁨을 만끽했다. 그들은 당연히 세계무역센터의 희생자를 애도했지만 자살테러를 저지른 주동자들 역시 추모했다. 반미주의로 하나가 된 이러한 기쁨은 현실의 한 측면을 가리고 있다. 오래전부터 이슬람주의의 진짜 내용은 이미 드러났기 때문이다. 그들의 목적? 그들은 이슬람교를 현대화하려던 것이 아니라 현대성을 이슬람화하려 했다···. 그리고 미국의 깃발이 꽂힌 자리에 이슬람의 깃발을 꽂으려 했다.

이러한 지성인에게서 우리는 무엇을 발견할 수 있나? 무분별? 경솔함? 아니면 어리석음?

내 어리석음의 고백

1955년 12월 17일 자 알제리 오랑의 지역신문 『오랑 레퓌블리캥*Oran républicain*』에는 "전쟁을 종식하고 인권과 시민의 권리를 다 함께 수호하기 위해 프랑스 정부가 모든 알제리인, 유럽인, 무슬림으로 구성된 대표단과 접촉할 것"을 촉구하는 성명서가 실렸다. 이 성명서에는 171명이 서명을 했고 그중 114명은 유럽인으로 절반은 교사, 4분의 1은 의사나 변호사였다. 또 57명은 무슬림으로 대부분이 상인, 의사, 교사, 변호사였다. 알제리 작가 모하메드 딥Mohammed Dib도 참여했다. 이렇게 창설된 알제리연대운동Mouvement fraternité algérienne은 두 공동체를 진정으로 대표하는 최초의 단체였다. 이런 움직임은 전무후무한 것이었다.

알제리혁명이라는 이름으로 국가 권력을 구현하고자 한 알제리민족해방전선[*]과의 비밀 협상 후, 기 몰레Guy Mollet[**]가 1956년 2월 6일 반전주의자들을 만나기 위해 알제리로 왔다. 당시 알제리연대운동의 서기장으로 추대된 나는 의장인 뒤랑 박사, 알제리민족해방전선의 대표자로 나선 내 친구 모하메드 벤나메드와 함께 알제로 가는 기차에 올랐다. 모하메드는 내 앞을 지나가는 척하며 내게 말을 걸었다. "그런데 말이야, 마르크, 자네 베르코르산에서 마키(레지스탕스)로 활동했었다며? 왜 우리에게 말해주지 않았나…."

"그랬지. 하지만 그르노블대학교에서 나만 그랬던 건 아니어서…."

그는 끈질겼다. "그러지 말고 그때 이야기 좀 해주게."

---

[*] FLN. 무력전투 방식으로 독립을 쟁취한다는 목표 아래 1954년 10월 10일 결성되었다.

[**] 1905~1975. 프랑스의 정치가로 1958년 드골의 재출마를 도와 국무부 장관으로 입각했다. 알제리 문제 해결 후 드골의 독재에 반대 입장을 취했다.

나는 그에게 몇 마디 들려주었다. 지뢰를 어떻게 피했는지, 은신처는 어땠는지, 어떻게 들키지 않았는지…. 성가시기 짝이 없었다.

공산주의자들은 대표단에 들어오기를 거부했지만 어쨌거나 회담 자체는 승인했다. 회담은 순조롭게 진행되었다. 그리고 지하저항단체에 합류한 모하메드는 그 자리에 나타나지 않았다. 회담에서 그의 부재를 보고, 그리고 기 몰레와의 비밀협상과 면담이 실패로 돌아간 후 나는 불현듯 깨달았다. 왜 모하메드가 베르코르산에서의 레지스탕스 활동에 관심을 가지며 내게 그런 질문들을 던졌는지 말이다. 그는 알고 있었던 것이다. 상황이 나쁘게 돌아가면 오랑 지역에서 벌어지는 전쟁에 참전해야 한다는 것을….

나는 그가 그렇게 꼬치꼬치 캐물었던 이유를 짐작하지 못하고 바보처럼 행동하고 말았다. 이렇게 나 역시 내가 저지른 멍청한 짓 하나를 여기서 고백한다. 이 글에서 어리석음의 예시로 끌고 나온 사람들에 대해 표현할 수 있는 최소한의 염치이기 때문이다.

어리석은 프랑스의 아프리카 식민사

Les conneries en Histoire
de la colonisation :
le cas de l'Afrique française

식민지 역사의 어리석음은 개념의 부족과 현실 인식의 부재에서 비롯한다. 여기서는 최근의 서양 식민지, 즉 18세기 막바지에 시작되어 19세기 후반에 가속도가 붙은 아프리카 식민지의 역사를 다루어보고자 한다. 유럽 열강이 소모적인 정복전쟁에서 손을 떼기 위해 아프리카 대륙의 식민지 분할을 결정한 베를린회의(1884~1885)는 아프리카 식민지 역사의 전환점이 되었다. 1880년부터 1960년까지의 '식민지 제국주의'가 탄생한 것이 바로 이때였다.

백인 식민지, 개발 식민지, 정복 식민지

식민화를 이해하려면 우선 영토를 정복하고 그 영토와 민족에 대한 헤게모니를 장악하는 소수의 식민 개척자에 대해 알아보아야 한다.

우선 분위기가 우호적인 식민지가 일부 존재했는데, 이런 곳들을 '백인 식민지'라 한다. 백인 식민지 중에는 북아메리카나 오스트레일리아처럼 때로 식민지 지배자의 수가 훨씬 더 많은 곳도 있었다.

다음으로 '개발 식민지'는 열대기후 지역에 있는 대다수의 식민지를 말한다. '원주민(어원학적 의미로 자신의 땅에서 태어난 사람)'이라 불리는 본래의 거주민이 대다수였지만 그들은 권력을 탈취한 외국의 정복자에게 굴복해야 했다. 남아프리카, 케냐, 알제리 같은 아프리카 지역에 거류하는 식민지 지배자는 매우 소수였다. 한편 여러 구실을 내세우며 1830년부터 시작된 프랑스의 알제리 식민 지배는 근대 식민 역사 가운데서도 가장 지독하게 어리석은 경우로 손꼽힌다. 알제리 식민 지배는 프랑스 사회에 다방면으로 영향을 끼쳤고 프랑스는 여전히 거기에서 빠져나오지 못하고 있다.

마지막으로 '정복 식민지'는 칭기즈칸에서 로마에 이르기까지, 그 외에도 세계사에서 보편화된 영토 확장의 절차라 할 수 있다. 정복 식민지는 오랫동안 정당한 것으로 인식되었는데, 심지어 극히 드문 경우를 제외하면 식민지 역사를 다루는 전문가들조차 그렇게 생각했다. 식민지 지배자는 '이교도'를 기독교도나 이슬람교도로 개종시켜 문명화한다는 명목 아래 식민지 지배를 정당화했다.

영웅담이 어리석은 민낯을 드러내기까지

지배당하던 민족이 결국 해방될 때 문제는 복잡해진다. 19세기 초반에 이루어진 라틴아메리카의 독립이 좋은 예다. 아프리카의 '식민지 해방'은 1950년대부터 시작되어 1990년에야 끝났다(1990년에 나미비아가 남아프리카공화국에서 독립했다). 시대는 바뀌었고 노예제는 부도덕한 것이 되었다. 제2차 세계대전부터 모든 민족은 자유를 누릴 권리를 갖게 되었고 식민화의 정당성을 주장하는 논리는 그때부터 경제 '개발' 논리에 밀려나기 시작했다. 요컨대 식민 지배는 더 이상 관심의 대상이 아니었다.

바로 이 시기에 역설적이게도 역사의 어리석음은 눈덩이처럼 불어났다. 너나 할 것 없이 탐험가와 모험가의 '식민지 영웅담'은 한 목소리로 예찬하면서 그 어리석음에 대해서는 입도 뻥끗하지 않았다. 이론의 여지가 없던 '식민화의 정당성'에 의문부호가 찍히는 순간부터 '식민주의 옹호자'와 '반대자'(프랑스 제3공화국 시대의 용어로, 1950년대에 '식민주의자'와 '반식민주의자'로 바뀌었다) 간의 편향적인 어리석음이 축적되기 시작했다.

알제리와 관련해 치명적으로 어리석었던 두번째 점은 1925년부터 1927년까지 알제리 총독을 지낸 모리스 비올레트Maurice Viollette의 의견을 귀담아 듣지 않은 것이다.[143] 그는 전혀 개혁적이지는 않았지만 정무적 판단에는 능한 정치인이었다. 그는 프랑스인이 알제리에 잔류할 수 있는 유일한 방법으로서 모든 알제리인에게 시민권을 부여하자고 제안했다. 그러나 제안은 받아들여지지 않았고 그는 결국 자리에서 물러나야 했다. 프랑스 인민전선의 국무장관이었던 그는 최소 2만 5,000명 (1916년부터 프랑스 식민지가 된 세네갈 4개 코뮌에 거주하는 흑인 시민의 수를 합친 것보다 적은 수)의 알제리인으로 구성된 선거인단을 만들기 위해 블룸-비올레트Blum-Viollette 법안을 발표했지만 1936년에 식민지 개척자들의 맹렬한 반대에 부딪혀 표결에 부치는 데 실패했다. 십 년 전이라면 받아들여졌을지도 모를 이 법안은 프랑스 식민 지배에 반대해 알제리 민족주의가 거세진 1947년에는 용납되지 않았다.

그때부터 프랑스 제국주의는 어리석은 민낯을 드러냈다. 역사학자 자크 마르세유[144]가 지적한 것처럼 거세진 제국주의적 민족주의 여론에 취한 당시 프랑스 정부(제4공화국)는 1947년 영국 식민지의 노른자격이던 인도의 독립이 식민지 시대의 종말을 알리고 있음을 미처 깨닫지 못했다. 그리고 식민지 제도는 이내 비난의 화살을 맞아야 했다. 그 사실을 받아들이기까지 프랑스는 세 차례의 '민족해방' 전쟁(인도차이나 1946~1954년, 알제리 1956~1962년, 카메룬 1952~1962년)을 치러야 했다.

식민 지배에 대한 평가와 논쟁

식민지 '영웅담'은 오래도록 지속되었다. 제1조에 노예제와 노예무역을 '반인권범죄'로 규정한 '토비라Taubira법'이 일찍이 국회에서 만장일치로 통과되었음에도, 식민주의 옹호자들은 이 법에 강한 거부감을 드러냈다. 그런데 토비라법 제2조에는 '민감한' 사안이라는 이유로 그동안 (특히 초등교육에서) 배제되었던 식민 지배에 관한 교육을 공교육에 포함시켜야 한다는 내용이 명시되어 있었다. 그러자 이에 맞서 식민 지배의 향수에 젖은 사람들은 '식민 지배, 특히 북아프리카 식민 지배의 긍정적 측면' 역시 공교육에 포함시켜야 한다는 법안을 2005년 2월 통과시켰다. 그때까지 정치계에서 거의 다루지 않던 식민 지배나 노예제의 역사가 정치적으로 이용당하는 것을 용납할 수 없었던 역사학자들의 항의가 빗발쳤다. '진보' 성향의 역사학자 제라르 누아리엘Gérard Noiriel과 미셸 리오사르시Michel Riot-Sarcey가 2005년 6월에 창설한 '역사의 공적 활용 감시위원회'는 식민 지배의 '긍정적 측면'을 부각하자는 주장에 반기를 들었다. 한편 역사학자 르네 레몽René Rémond이 같은 해 11월에 창설하고 그의 사후에 피에르 노라Pierre Nora가 이끌어 가고 있는 중도 성향의 역사학회 '역사에 대한 자유'는 가소법(인종주의·반유대주의 범죄행위

방지를 위한 법률, 1990년 제정)[145], 토비라법(식민 지배 시절의 반인도적 행위 부인에 대한 처벌 규정, 2001년 제정), 1915년 아르메니아인 집단학살 인정법(2001년 제정)[146], 프랑스 식민 지배의 긍정적 측면 인정법(2005년 제정)[147]까지 역사에 끼어드는 온갖 '기억법'이 역사학자의 표현의 자유를 침해할 수 있다며 강도 높게 비판했다.

　그 결과 역사학자와 정치인이 '긍정적' 또는 '부정적'인 식민 지배 평가에 대해 찬반을 표명한 문제적 저작을 앞다투어 발표하기도 했다. 일반 대중을 겨냥해 역사학의 윤리규정 위에서 아슬아슬하게 줄타기하며 도덕과 지식을 버무려놓은 그 글들의 어리석음에 어안이 벙벙해질 따름이다. 관찰자의 주관적 관점이 개입될 수밖에 없는 인문학은 '자연'과학에 비해 경험적 성격이 강하기 때문에 이를 보완하려면 자료의 활용과 그 해석에 훨씬 엄격한 기준이 적용되어야 한다. 그러한 저작 대다수는 영광스러운 '국가의 역사', 특히 식민 지배에 관련된 역사를 통해 국가의 권위를 드높여야 한다며 한목소리를 냈다. 역사학자들의 이러한 논쟁적 에세이는 짧은 시간 동안(2005~2007) 마구 쏟아져 나왔다.[148]

과거사에 대한 '반성' 문제

니콜라 사르코지 대통령이 대중을 향해 '반성'이라는 표현을 사용했을 때, 모든 것이 정점으로 치달았고 상황은 걷잡을 수 없이 혼란스러워졌다. 『공산주의 흑서』[149]에서 영감을 받은 역사책 『식민주의 흑서』[150]가 논쟁에 불을 붙였다. 집필 목적은 서문에서 뚜렷하게 드러났다. 식민화는 정복하고 지배하는 권력, 나아가 독점적인 권력을 생성하기 때문에 여느 독재정치처럼 필연적으로 권력의 남용을 야기할 수밖에 없다는 것이었다. 반대자들은 이 책이 식민화에 관련된 '모든' 주장을 남용하고 있다며 비아냥거렸다.

2006~2007년 당시 프랑스 대선 후보였던 사르코지는 선거운동의 분위기를 고조하고자 식민지 이슈를 선점했고, 자신의 경쟁자들은 식민지 역사를 비난하는 데만 골몰한다며 그들을 공격했다. 식민 역사에 대한 모든 비판적 해석은 프랑스의 명예에 대한 도덕적 공격으로 받아들여졌다.

자, 이제 어리석음의 정점을 향해 가보자. 2007년 7월, 대통령 당선 직후에 사르코지 대통령이 발표한 그 유명한 담화(당시 비서실장 클로드 게앙이 작성했다)를 떠올리지 않을 수 없다. 세네갈을 방문한 사르코지 대통령은 다카르대학교 대강당에 모인 학생들과 교수들 앞에서 "아프리카인은 역사 안에 제대로 들어온 적이 없다"고 말했다. 빈약하기만 했던 아프리카에 대한 연구가 식민지 독립 이후 눈에 띄게 증가하고, 수면 아래로 잊혔던 지난 역사의 깊이가 드러난 상황에서 프랑스 대통령의 그런 발언은 그곳에 모인 청중을 어이없게 할 뿐이었다. 이 일화는 프랑스의 소위 '아프리카 전문' 역사학자들과 아프리카 출신 연구자들이 수 세기 전부터 만연한 '미개하고 역사 없는 아프리카'라는 편견의 '유리벽'을 넘어서지 못했음을 여실히 보여준다.

한편 프랑스 의무교육이 시작된 19세기 말에 역사학자 에르네스트 라비스Ernest Lavisse가 집필해 초등교육과정 역사 교과서로 쓰인 『라비스 프랑스사Petit Lavisse』는 교과서의 허울을 쓴 '민족주의 소설'에 불과하다며 반대 진영의 비판을 받았다. 그러한 역사는 이제 영어권(하위 주체 연구와 포스트식민주의 연구)에서 시작된 연구 경향, 더 최근에는 포르투갈-

스페인어권(탈식민주의 연구)에서 이루어지고 있는 역사 분석으로 인해 케케묵은 과거의 이야기가 되었다.

포스트식민주의와 탈식민주의 시대에도 여전한 프랑스 제국주의

마지막으로, 여러 역사학자와 사회과학 연구자가 드러낸 심각한 어리석음은 포스트식민주의와 탈식민주의 개념의 분석과 사용을 필사적으로 가로막은 것이다. 그들은 모호하고 악의적인 주장을 일삼으며 그러한 개념을 사용하는 데 쌍수를 들고 반대했다. 관련된 연구저작의 원문을 꼼꼼히 살펴볼 생각도 없이 프랑스 내에서 제기되는 비판만을 신뢰했기 때문에, 정작 그런 저작들을 외국어 원문으로 읽어본 사람은 소수에 불과했다. 1978년 팔레스타인 출신 사상가 에드워드 사이드Edward Said는 '오리엔탈리즘'이란 서양인들이 구축한 식민지적 시선이었다는 주장을 내세운 『오리엔탈리즘』[151]을 발표하며 영어권 국가에서 센세이션을 일으켰다. 이 책은 프랑스에서 1980년부터 번역이 되긴 했지만 2005년에 재번역해 출간되기까지 사람들의 관심 밖에 있었다. 그 당시 미국의 연구자들은 끈기 있게 포스트식민주의를 연구했고 그에 합당한 결과물을 도출해냈다. 요컨대, '탈식민' 역사를 기술하기 위해서는 식민 지배자들이 만든 개념을 배제할 필요가 있다는 것이다. 이에 대해 프랑스 연구자들은 오랫동안, 최소한 2010년대까지 부정적인 반응을 드러냈다.

그런 와중에도 서벌턴Subaltern*의 연구 가치를 알아본 몇 안 되는 사람들이 있었으니, 그중 하나가 프랑스 정치학자 장프랑수아 바야르Jean-François Bayart다. 그는 1980년부터 『아프리카 정치Politique africaine』라는 개혁적인 잡지를 발간하기 시작했는데, 제1호의 주제가 '하위 주체에 의한 정치'였다.

거의 같은 시기인 1988년, 콩고 출신 철학자 발렌틴 무딤베Valentin Mudimbe(미국 듀크대학교)는 프랑스인과 프랑스어권 인구의 자양분이 된 유럽 중심주의 사관 아래 이루어진 수십 년, 나아가 수 세기에 걸친 연구를 "식민지 도서관"[152]이라고 비판하며 서구 아프리카니즘의 해체를 시도했다.

이러한 비판 역시 '남반구' 출신의 연구자에게서 시작되었다. 그리고 안타깝게도 무딤베의 뛰어난 저작은 프랑스에서 여전히 번역되지 않고 있다. 프랑스가 식민지 문제에 관해 허점투성이 견해를 드러내는 것만 봐도, 프랑스 역사가 여전히 '탈식민지화'에 이르지 못하고 있음을 알 수 있다. 사뭇 근엄하고 진지한 프랑스 연구자들은 여전히 자기 견해만으로도 충분하다 믿고 있다. 또한 '자기만의 생각'을 앞세우면서 외국 연구자들은 이를 어설프게 흉내 내고 있을 뿐이라고 폄하하기 바쁘다. 이 주제에 관해 간결하고도 강력하게 흥미로운 주장을 제시했던 해당 분야 전공 교수들의 비판적 저작[153]은 이제 자취를 감추었다. 포스트식민주의 연구는 잘해봤자 '무용한 것' 잘못하면 '무익한 것'으로 취급받기 십상이기 때문이다.

* 지배계급에서 벗어난 하위 주체들을 일컫는다. 이하 '하위 주체'로 옮겼다.

뿌리 깊이 박힌 인종주의

오늘날에도 과거와 비슷한 어리석음이 재현되었다. 프랑스 지식인들에게 새로운 '골칫거리'로 다가온 이론인 '탈식민주의'에 관해서다. 이 개념은 중남미 연구자들이 정립했고 개발도상국의 페미니스트 연구자들이 발전시켰다. 그런 가운데서 아프리카 디아스포라(아프리카 대륙과 해외 거주 아프리카 출신 이주민)에 관해 펼쳐진 논쟁[154]은 어리석음의 극치를 보여준다.

'식민주의와 근대성'이라는 용어를 바탕으로 만들어진 신조어 '식민성'은 식민 지배가 끝난 후에도 인종·경제·젠더·인식체계의 위계가 잔상으로 남아 탈식민지화가 온전히 이루어지지 못하는 현상을 말한다.[155] 특히 유색인종이 당하는 차별은 마르크스주의만으로는 더 이상 충분히 설명이 되지 않기 때문에 계급이라는 요소에 젠더와 '인종'이라는 요소가 추가되어야 한다. 각종 혐오의 총체인 것이다! 인종의 개념이 여기에 포함되는 것이 부적절하다고 할 수도 있겠지만, 인종주의가 여전히 뿌리 깊이 박혀 있다는 사실은 변하지 않는다. 이에 관해, 다양한 학문적 지향성을 가진 각계의 프랑스 지식인들은 젠더는 '모두에게 적용될 수 있는 것'이므로 남성과 여성에 대한 구분 없이 생각해야 한다는 어처구니없는 주장을 펼쳤다. 뿐만 아니라 탈식민주의는 차별적이고 문화주의적이며 다름을 강조하는 본질주의적 '집단주의'에서 출발했다고 강조하며 고매한 어리석음을 드러내기도 했다.

그런데 납득할 만한, 확증된 사실이 있다. 프랑스 사회에서 여성의 지위는 단지 사회계급뿐만 아니라 인종과 젠더에 의해서도 결정된다는 것이다. 탈식민성은 고정되어 있는 것이 아니다. 그것은 서로 교차하며 사회계급, 젠더, 인종에 관련한 억압이 교집합을 이룰 때 비로소 인식될 수 있다. 다만 탈식민주의를 옹호하는 이들은 반대자들처럼 자기 견해만을 고집스럽게 주장해서는 안 될 것이다.

역사가는 문학가도 철학가도 아니다. 그들은 실용적이고 경험적인 학문을 한다. 그렇기 때문에 포스트식민주의나 탈식민주의에 관한 글은 (때로 논란이 되더라도) 유용한 수단과 방법이 될 수 있다. 다양한 이론과 주장을 비교하고 연관시키며 공유하는 방식으로 역사를 다시 바라볼 수 있게 해주기 때문이다. 지식은 인종, 문화, 언어를 뛰어넘어 연구자 간에 국제적인 의견교환과 토론이 통섭적으로 이루어질 때에 비로소 빛을 발한다. 그러한 혁신적 환경에서는 어떤 사상이나 의견을 배제하는 것 자체가 어리석음으로 취급받을 것이 분명하다. 역사에서 복잡성을 피해 갈 수는 없다. 식민주의 연구에 관해서라면, 우리가 가야 할 길은 아직도 멀기만 하다.

역사학자　질 페라귀

어리석음과 테러리즘

Connerie et terrorisme

2005년 UN 연설에서 코피 아난 사무총장은 동어반복으로 단순하게 테러리즘을 정의했다. "테러리스트는 테러리스트가 하는 행동으로 식별할 수 있다"는 것이었다. 테러리즘에 대한 객관적 정의를 찾지 못해서 다른 형태의 폭력과 테러리즘을 구분하기 위해 상식에 호소하고 있다는 점이 흥미롭다. 그렇다면 바보에게도 같은 방식을 적용해볼 수 있지 않을까? 바보짓은 바보가 저지르는 행동으로 식별할 수 있다…고 말이다. 그러나 그렇게 되면 우리는 어리석음과 테러리즘의 공통되고도 가장 교묘한 덫, 즉 상대주의의 덫에 빠지게 된다. 테러리즘은 어리석음처럼 객관적 정의를 내릴 수 없는 것이기 때문이다.

이성 대신 힘으로 얻으려 하기

"우리는 언제나 누군가의 멍청이다." 테러리즘에도 적용할 수 있는 이 유명한 격언은 현상의 특수성을 파악할 수 있게 해준다. 실제로 멍청이들과 마찬가지로 테러리스트들은 미묘하게 다른 방식으로 자신을 그 자체로 인정하려 들지 않는다. 예외적인 경우를 제외하면 자신이 바로 멍청이나 테러리스트라고 인정하는 경우는 극히 드물다. 행동지침서 『혁명가의 교리문답』(1869)을 지은 혁명가 세르게이 네차예프Sergei Gennadievich Nechaev는 1873년 1월 관습법 위반자로 기소된 데 반박하면서 기세등등하게 러시아 법정에 섰다. 1970년대의 과격 극좌파 전사들은 체 게바라 이론에 경도되어 스스로를 도시 게릴라로 규정했다. 지하디스트들은 자신을 신의 전사, 믿음의 전사라고 생각한다. 국가주의를 표방하는 각종 기관의 요원들은 자신이 국가의 미래를 위해 일하는 우국지사라고 생각한다.

어리석음처럼 테러리즘도 주관적인 영역에 속하는 문제다. 누군가를 멍청이나 테러리스트로 규정하는 것은 정당성을 박탈하는 방식의 하나다. 요컨대 그것은 수사학적 무기다. 그래서 이라크-레반트의 IS 무장단체는 자신을 포격하는 연합군의 조종사, 더 넓게는 자신에게 전쟁을 선포한 국가들이야말로 진짜 테러리스트라며 인질 살해를 거리낌 없이 정당화하는 프로파간다를 앞세운다. 바보 같은 짓에 열중한 멍청이처럼 테러리스트는 어느 정도 자신의 적법성을 주장한다. 그래야 자기 행동에 정당성을 부여할 수 있고 적을 테러리스트로 규정할 수 있기 때문이다.

그렇지만 상대주의는 좋게 볼 수만은 없는 접근방식이다. 그저 관점의 문제라며 멍청이에게 하듯 테러리스트에게 면죄부를 주는 꼴이 될지도 모르기 때문이다. 테러리스트의 범행 동기에 이론의 여지가 있다면 테러라는 방법을 택한 것이 어리석다고 할 수 있을까? 어리석음과 테러리즘의 관계를 성찰해보면 결국 테러리즘의 다양한 목적(전략, 전술, 정책)을 들여다보게 되고, 그로써 그 어리석은 정도를 평가할 수 있다. 물론 테러리즘 자체를 어리석다고 생각할 수도 있다. 이와 같은 견지에서 아나키스트였던 표트르 크로포트킨Peter Kropotkin *은 1891년 무정부공산주의 계열 신문인 『반역자』에서 "다이너마이트 몇 킬로그램으로는 절대 국가를 전복시킬 수 없다"며 사실상 프로파간다를 비판했다. 이는 곧 아나키스트의 테러리즘을 비판한 것이었다. 몇 년 전까지만 해도 정치적 폭력의 원칙을 고수했던 이론가의 이러한 자각은 자신의 어리석음을 고백한 것에 다름 아니며 테러리즘의 특성 자체에 대한 문제 제기였다.

....
테러리즘의 곁에 도사린 어리석음

테러리즘의 문제는 쉽게 정의가 안 된다는 데 있다. 공포와 혁명이 결합한 이데올로기로 봐야 할까? 정치적 폭력을 행사해 권력이나 정부를 전복하는 전술로 봐야 할까? 아니면 바람직하지는 않지만 효과적인 커뮤니케이션의 방식으로 봐야 할까? 어쨌든 그것은 이성으로 얻을 수 있는 것을 힘으로 얻으려 하는 그저 그런 어리석음의 다른 얼굴이라 할 수 있다. 그러나 역사는 정복자와 테러리스트에 의해 쓰이고 권력을 잡은 그들은 구원자가 된다. 식민지 기간 정복자와 비시 정부에 의해 테러리즘으로 규정된 프랑스 레지스탕스 활동, 이스라엘 시온주의 무장단체 이르군이나 알제리민족해방전선 같은 민족주의 조직의 활동은 테러리스트의 방식이 어떤 상황에서는 유효하다는 것을 보여준다. 게다가 테

---

* 러시아의 혁명가이자 지리학자. 혁명단체에 가입해 공산주의적 무정부주의자로서 문필·선전 활동을 하다가 체포·투옥되었다.

러리즘은 소수파의 전유물이 아니다. 테러리즘이라는 단어(그리고 아이디어)는 1795년 국가의 비호하에 프랑스 국민공회(1792~1795)를 테러리스트로 규정한 영국 공법학자 에드먼드 버크Edmund Burke의 펜대에서 탄생했기 때문이다.** 이후로 테러리즘은 20세기에 등장한 전체주의 체제의 중심에 자리를 잡았다. 그러므로 정치적 폭력은 도덕적으로 논란의 여지가 있다고 해도 그것을 실용적으로, 심지어 마키아벨리즘(목적을 위해 수단을 가리지 않는 것)에 입각해 사용한다면 결과론적으로 그 자체가 어리석은 건 아니라고 생각할 수 있다. 그러므로 테러리즘을 멍청한 행위로 간주하려면 행위의 적법성이나 효율성이 아닌 그 방식이나 양태를 먼저 살펴보아야 할 것이다…. 그렇다 해도 결국 테러리스트는 어리석다는 결론에 이르겠지만. 모든 단체가 그렇듯 테러 단체(또는 그렇게 추정되는 단체. 테러리즘이라는 개념이 얼마나 유동적인지 우리는 이미 보지 않았는가) 또한 행위가 본의를 저버리는 상황에 빠질 수 있기 때문이다.

악마가 디테일에 있는 것처럼, 어리석음은 테러의 주변부에 도사리고 있다. 수많은 실제 사례가 이를 이미 명확하게 증명해주었다. 용어의 현대적 의미를 고려할 때, 초창기 테러 중 하나를 꼽으라면 1800년 10월 10일 자코뱅파가 제1집정관 나폴레옹 보나파르트를 공격하려 한 '오페라 모의'가 좋은 예시가 될 것이다. 자코뱅파 내부에서는 나폴레옹에 칼을 겨눌 지원자를 찾지 못해 암살 모의에 함께할 사람을 충원하려 했다…. 과거 행적은 확인도 안 한 채로 말이다. 그들은 결

** 버크는 영국 보수주의의 대표적 정치이론가로 명성을 떨쳤으며 프랑스 대혁명 식의 급진적인 혁명이나 개혁을 반대했다. 그는 프랑스혁명을 분석하며 로베스피에르의 공포정치 등 당시 나타났던 여러 유형의 폭력을 테러리즘이라고 표현했다.

국 경찰을 모의자로 선택했다. 심지어 테러는 한 번만 이루어지지 않았다. 암살자가 결국 무기를 암살 주동자에게 겨누었기 때문이다. 풋내기들의 어리석음이라 할 수 있으려나….

거의 성공할 뻔했던 또 다른 암살 시도 다음 날 나폴레옹이 저지른 바보짓은 훨씬 더 결정적이었다. 그 결과가 현재까지 영향을 미치고 있기 때문이다. 그 사건은 1800년 크리스마스 이브에 생니케즈가에서 벌어졌다. 나폴레옹은 마차가 지나는 길에 놓인 화약통 두 개가 폭발하는 것을 가까스로 피했고 아직 정체가 밝혀지지 않은 음모자를 '테러리스트'로 규정했다. 그는 공포정치를 옹호하는 자코뱅파가 자신의 목숨을 앗아가려 했다고 확신해 '테러리스트'라는 용어를 사용했지만,* 잘못된 판단을 내렸다는 것을 깨닫기까지는 오랜 시간이 걸리지 않았다. 암살 시도는 흥분한 공화파가 아닌 왕당파가 모의한 것으로 밝혀졌기 때문이다. 진실이 뭐가 중요하겠는가…. '테러리스트'라는 단어는 이제 이데올로기에 관계없이 정치적 폭력을 부추기는 사람들을 가리키는 말이 되었으니 말이다.

어리석은 테러리즘의 연대기

테러리즘은 19세기 내내 맹위를 떨쳤다. 제정 러시아 시대에는 보다 공정한 세상을 지지하는 사람들조차 차츰 정치적 폭력에 도취되었다. 일

---

* 프랑스어에서 'La Terreur'라고 하면 공포정치 그 자체를 의미하기도 하지만, 로베스피에르가 집권했던 시기를 일컫는 의미로 쓰이기도 한다. 이러한 폭력적인 정치형태에서 테러리즘이라는 단어가 파생되었다.

례로 젊은 혁명가 드미트리 카라코조프Dmitry Karakozov는 1866년 4월 차르를 암살할 계획이라는 대자보를 상트페테르부르크 이곳저곳에 붙였다…. 그러나 그는 권총을 제대로 다루지 못했고 계획은 수포로 돌아갔다. 테러의 중요한 조건 중 하나인 비밀을 그렇게 공공연하게 드러냈으니 이 사건을 어리석음의 연대기에 넣어도 무리가 없을 것이다. 무장한 자기 사진을 인터넷에 포스팅해 결국 모두에게 알려질 위험을 감수하는 수많은 애송이 테러리스트는 테러를 실행하기도 전에 체포되거나 발각되고 만다.

어쨌거나 그들은 교훈을 얻었다. 19세기 말 프랑스 아나키스트들은 그들 중에서 처음으로 멍청이 짓을 저지른 프랑수아 코에그니슈타인François Claudius Koënigstein, 일명 라바숄Ravachol의 사례를 반면교사 삼아 신중하게 임무를 수행했다. 라바숄은 1892년에 파리 행정관들의 집에 잇따라 테러를 자행해 악명을 떨친 인물이었다. 그런데 그는 테러 목표가 몇 층에 사는지도 정확히 파악하지 않은 채 되는대로 건물에 폭탄을 설치하는 어처구니없는 실수를 저지르고 말았다. 계획의 중요성을 실감하게 해주는 소소한 어리석음이다.

테러리즘에서 대충이란 있을 수 없다. 그런데도 몇몇 과격한 행동가는 준비를 거의 하지 않은 채 테러를 저질렀으니 놀라운 일이 아닐 수 없다. 예컨대 위장도 없이 공범자의 차량을 이용해 누군가를 납치한다면 분명 멍청한 짓 아니겠는가. 무솔리니에게 반대한 주요 인사 자코모 마테오티Giacomo Matteotti**를 납치했던 특공대원은 1924년 6월 10일 그

***

** 1885~1924. 이탈리아의 사회주의자. 농민운동을 조직하고 개량적 사회주의를 실천했다. 통일사회당의 서기장이 되어 의회에서 파시스트의 폭력 행위에 대한 비난 연설을 하고 암살당했다.

렇게 해서 순식간에 꼬리를 밟히고 말았다…. 그로 인해 무솔리니 정부는 큰 타격을 받았고 침체의 늪에 빠졌다. 그러나 무솔리니는 실수를 전화위복으로 삼아 국가테러를 진압하고 전체주의의 길로 들어섰다.

일본적군*의 사례는 시사하는 바가 크다. 1973년 7월 20일 일본과 팔레스타인 연합 특공대의 JAL 항공 하이재킹은 실수와 모순투성이였다. 우선 특공대의 수장이 공교롭게도 수류탄을 조작하다가 갑자기 죽게 된다. 그런데 테러 계획을 파악하고 있는 사람은 그가 유일했다…! 비행기 승객 대다수는 일본인이었고 생존한 네 명의 테러리스트 중 단 한 명만이 일본어를 할 수 있었다. 그 한 명의 테러리스트 오사무 마루카는 최악의 상황을 피하기 위해 승객들을 안심시키기는커녕 모두 죽여버리겠다고 위협하며 극도의 불안으로 몰고 갔다…! 비행 계획도 협상 전략도 없이 비행기는 리비아의 벵가지 공항까지 떠돌아다녔다. 그곳에서 테러리스트들은 결국 별다른 요구도 하지 않은 채 승객들을 바깥으로 내보냈고 비행기를 폭파시켰다. 이 전대미문의 실패로 팔레스타인민족운동은 인질극을 포기하는 결정을 내려야만 했다.

일본적군이 실행한 또 다른 테러 역시 멍청이 순위표에서 빠지면 섭섭하다. 1974년 9월 13일, 일본적군은 네덜란드 헤이그의 프랑스 대사관에서 인질극을 벌였다. 그러나 테러 요원이 예정된 시간에 대사관에 도착하지 않았고 테러 준비가 미흡해 상황은 더욱 혼란에 빠져들었다.

한편 계획은 테러 그 자체만이 아니라 도주에도 해당하는 문제임을 보여주는 사례도 있다. 2015년 1월 샤를리 에브도 총기난사 테러 당시, 테러리스트 중 한 명이 테러에 사용한 차량 안에 신분증을 두고 나왔다

---

* 일본의 제국주의에 반대해 1969년 조직된 일본의 공산주의 무장단체.

는 사실에 사람들은 경악하지 않을 수 없었다. 그 덕분에 비교적 일사불란하게 테러리스트들을 추적할 수 있었지만 말이다.

헛소동으로 끝나버린 인간 폭탄

엉성하기 짝이 없는 테러 계획뿐만 아니라 무기나 폭탄을 제대로 다루지 못하는 상황 또한 멍청한 일이다. 어설픈 테러리스트의 역사를 논할 때마다 어김없이 등장하는 시드 아흐메드 그람은 2015년 실수로 자기 다리에 총을 쏘아서 구조 요청을 할 수밖에 없었다. 현장에 도착한 구조대는 그가 이미 여성 한 명을 죽였고 테러를 저지를 준비를 하고 있다는 것을 재빨리 알아차렸다. 그는 어리석음의 기다란 목록에서 꼴찌 자리를 차지해야 할 것이다.

1866년에 발명된 다이너마이트는 비효율적인 총칼 테러의 시대를 종식시키며 테러리즘의 기술적 전기를 마련해주었다. 그러나 폭탄의 제조에는 화학적 지식이 필요했기에 번번이 사고가 발생했고 그 과정에서 테러리스트는 자신의 신체 일부를 잃기도 했다. 일례로 런던으로 망명한 프랑스의 아나키스트 마르샬 부르댕Martial Bourdin은 1894년 2월 15일, 파리 테러를 준비하기 위해 어설프게 폭탄을 조작하다가 폭발시켜버리고 말았다. 짧은 역사에도 최근까지 자살폭탄 테러가 드러내는 몇몇 실책은 이 분야에도 상식이 요구된다는 것을 보여준다. 지하디스트 리처드 레이드는 2001년 12월 22일 파리-마이애미 비행기에 탑승해 폭탄이 설치된 자신의 신발에 불을 붙이려고 했다. 그러나 신발을 너무 오래 신고 있었던 나머지 축축해진 폭탄은 무용지물이 되었다. 우마르 압둘무

탈라브는 폭탄을 팬티 속에 숨기고 2009년 12월 25일 암스테르담-디트로이트 비행기에 탑승했다. 그러나 폭탄은 그의 바짓가랑이 사이에서 터져버리고 말았다.

한편 순교자를 꿈꾸던 자가 삽시간에 멍청이가 되어버리기도 한다. 테러에 사용할 무기가 제대로 작동하지 않는 상황에서 순교자와 멍청이를 가르는 이 선은 미묘하기 짝이 없으며, 대개 기술적인 문제나 순간적으로 깨어난 생존 본능과 관련이 있다. 2015년 11월 파리 테러의 주동자 중 하나인 살라 압데슬람이 좋은 예시다. 그는 허리에 찬 폭탄이 작동하지 않아서 결국 도망치기로 결심했다. 그의 변호사가 한 말은 후대에 길이 남을 것이다. "그는 몰렌베크*의 하찮은 멍청이이며 … 한없이 텅 빈 재떨이처럼 어리석은 인간입니다."(『리베라시옹Libération』, 2016년 4월 26일 자)

테러리즘이 (폭력, 불법, 공개적 행위를 모두 포함한 까다로운 행위이기에) 일정 부분 어리석음으로 점철되어 있다고는 하지만, 안티 테러리즘이라 해서 실수를 저지르지 않았을 리 없다. 이란-콘트라 사건(1985~1986)이 명백하게 보여준다. 미국 정부는 법적으로 금지되어 있음에도, 또 그토록 유명한 머피의 법칙을 무시하며 비밀리에 이란에 무기를 판매했고 그 대금의 일부를 니카라과의 콘트라 반군에 지원했다. 한편 레바논에 억류된 미국인 인질 사건에서는 양쪽 모두 어리석음을 드러냈다. 위기관리라는 관점에서 볼 때, 해결책을 찾기 위해 레바논으로 파견된 영국인 협상가를 납치해버린 인질범들의 결정에는 정말로 할 말이 없다…. 이것은 협상가로 파견되었다가 1987년 1월 20일에 납치된 테리 웨이트

---

* 벨기에 브뤼셀 외곽의 도시. 2000년 이후 유럽에서 일어난 여러 테러 사건 범인의 연고지였다.

Terry Waite가 겪은 비극이다.

　유감스럽게도 테러리즘의 역사에서 행위자에게만 어리석음의 굴레를 뒤집어씌울 수 없다. 공공의 차원, 즉 미디어에 노출되는 폭력의 쇼 비즈니스는 사람들을 선동하고 그로 인해 적잖은 어리석음을 유발하곤 한다. '공감 결여'로 드러난 어리석음의 방대한 자료를 세세하게 살펴볼 필요도 없이, 프랑스 시인 로랑 타이아드Laurent Tailhade의 운명을 떠올려 보기만 해도 충분히 이해할 수 있다. 아나키스트의 테러가 빈번하게 발생하던 시대에 그는 이렇게 말했다. "훌륭한 행위라면 희생자가 좀 나온 다고 해도 무슨 상관이란 말인가." 아이러니하게도 그는 자신의 도발 때문에 운명이 내린 벌을 받게 되었다. 1984년 4월 4일 파리의 포요Foyot 레스토랑에서 벌어진 테러로 한쪽 눈을 잃게 되었으니 말이다. 결말은 돌이킬 수 없다. 미셸 오디아르Michel Audiard ˙˙의 말처럼, 멍청이들이 모든 것을 대담하게 실행에 옮긴다고 해서 유능한 테러리스트가 되는 것은 아니다.

˙˙ 1920~1985. 프랑스의 작가, 영화 감독, 언론 비평가.

기후변화 전문가
조지 마셜과의 대담

세상을 구하기엔 우리가 너무 어리석은 걸까

Sommes-nous trop cons pour sauver le monde ?

*
*
*

지구온난화를 막기 위해 일상에서 우리의 행동을 변화시키는 것이 그토록 어려운 이유는 우리의 뇌가 이러한 위협을 인지하도록 프로그래밍되어 있지 않기 때문이라고 하셨는데요. 우리가 그러한 위협을 이제껏 경험해보지 못했기 때문일까요?

마셜 우리가 이런 종류의 문제를 경험해본 적이 없다는 건 맞는 말이에요. 인간은 끊임없이 자신이 관심을 가져야 한다고 생각하는 것을 선택하죠. 다른 어떤 동물도 그렇게 하지 않아요. 그래서 인간은 늘 자신을 공격하는 것에, 다시 말해 물리적 위험에 무척이나 신경을 곤두세워요. 그런데 공교롭게도 그 반대급부로, 인간은 그러한 영역에 속하지 않는 위협에는 관심을 두지 않아요. 그래서 늘 존재했던 위협에는 민감하게 반응하지만 이제껏 보지 못한 기후라는 위협은 자각을 못 하는 것이죠.

게다가 지구온난화는 인간에게 개별적으로 영향을 주지 않아요. 이 위협은 모두에게 관련되어 있기 때문에 특별히 개인이 그 문제에 관심을 가져야겠다고 생각하기가 어려워요. 지구온난화는 미래에 인류가 맞닥뜨릴 문제, 특히 미래 세대에게 영향을 미칠 수 있는 문제예요. 점점 더 많은 사람이 무슨 일인가 벌어지고 있다는 걸 인정하고 있지만 그로 인해 인류가 고통을 받게 될 것이라고는 상상도 하지 않아요. 이러한 현상은 인류가 이 문제에 물리적인 거리를 두고 있다는 것을 보여주죠. '지구온난화는 다른 누군가의 문제이고 다른 나라의 문제이며 다른 시대의 문제'라고 생각하는 거예요.

이는 또한 심리학자이자 노벨상 수상자 대니얼 카너먼Daniel Kahneman이 주장한 것처럼 인지 편향에서 비롯된 현상이기도 해요. 요컨대 인간은 습관을 변화시킨다는 사실에서 불편함만을 인식하고 거기에서 얻을 수 있는 이득은 인식하지 못한다는 것이죠. 그래서 인간은 불편함을 피할 궁리만 하는 거고요….

게다가 환경에 의미를 부여해줄 수 있는 서사를 만들려고 해도 지구온난화는 그렇게 흥미로운 서사가 아니에요. 환경에는 인류를 해치려는 명확한 적이 존재하지 않으니까요. 반면 흥미로운 서사는 인간이 자기 가치와 문화를 수호해 완전한 승리를 이룰 때까지 하나로 똘똘 뭉치게 하죠. 그래서 테러의 위협은 사람들의 관심을 끌기가 훨씬 쉬워요. 그 서사에는 테러리스트라는 적이 있고 그들은 우리에게 악의를 품고 있으며 악당이고 우리를 위협하죠. 그래서 그들을 무찌르기 위해 하나로 뭉쳐야 하고요.

그렇지만 지구온난화는 외부의 적이 아니에요. 또 누구도 지구온난화를 악의적으로 꾀하지는 않죠. 도널드 트럼프가 제아무리 멍청하다 해도 이렇게 말하지는 않을 거예요. "그거 알아? 내가 지구온난화를 무시해서 수많은 사람을 죽일 거야!" 기후변화 회의주의자들조차 누구에게 일부러 해를 끼치지는 않아요. 그렇기 때문에 인간은 이성적으로는 지구온난화가 인류의 미래와 지구상의 수많은 생명체를 파괴할 것이라고 생각하면서도 감정적으로는 그 문제에 이입하지 못하는 거예요.

인류가 지구온난화에 관심을 가지려면 그로 인해 실질적 고통을 받아야 할 것 같은데요. 신체적 고통이나 일상생활에서 겪는 고통 같은 것들이요. 그렇지만 그때는 너무 늦은 거 아닐까요?

마셜 맞아요! 인류는 지금부터 50년 후에 우리에게 일어날 문제들을 예측해야 해요. 기후에 관련된 매우 중대한 변화가 시작되었는데도 인류가 그 때문에 겪는 고통은 거의 없죠. 적어도 서양에서는요. 저는 제 책 『기후변화의 심리학: 우리는 왜 기후변화를 외면하는가 *Don't even think about it*』에서 명백히 온난화 때문에 발생한 태풍 샌디와 같이 주요한 기상이변의 피해자들을 인터뷰했어요. 그렇지만 그들이 그런 일을 겪었다고 해서 전보다 더 크게 지구온난화에 관심을 갖지는 않았어요! 기상이변으로 재난이 발생한 지역에서 이루어진 설문조사나 연구를 보면, 지구온난화에 이미 관심을 가지고 있던 사람들은 그런 재난을 겪고 난 후 기후변화를 한층 더 실감하고 더 관심을 갖게 된 반면, 지구온난화에 관심이 없던 사람들은 재난을 겪고도 크게 바뀌는 것이 없다는 것을 알 수 있죠. 그들은 그저 이렇게 말하는 거예요. "뭐, 날씨가 그렇게 안 좋을 때도 있는 거지!" 그게 다예요. 인간은 자신을 방해하는 것을 무시해버리는 어마어마한 능력이 있어요. 심지어 자신이 틀렸다는 증거를 발견해도 자신이 옳다고 주장하기 위해 논지의 방향을 바꿔버리고 말죠.

지구온난화를 우리 뇌가 관심을 기울일 만한 서사로 만들려면 어떻게 표현해야 할까요? 거짓말도 불사해야 할까요?

<hr>

마셜 여러 측면에서 지구온난화의 서사에서 가장 유혹적인 거짓말은 '그런 일은 일어나지 않는다'고 하는 거예요! 바로 그것이 권력을 이용해 인류의 자유를 제한하려 하는 극우 정치인과 비열하게 그저 자기 주머니를 채우는 데만 급급한 과학자가 내뱉는 헛소리죠! 미국, 캐나다, 오스트레일리아에서 앞으로 일어날 현상이고 독일에서는 이미 득세한 현상이죠. 극우주의는 거기에 열광하고 있어요. 그들은 위협받고 있다면서 악의를 품은 적을 만들어내요 어리석음에 대해 논해야 한다면 그보다 더 훌륭한 예시는 없을 거예요!

그렇지만 사람들이 지구온난화를 의식하고 진실임을 적시에 이해할 수 있게 하려면 지구온난화에 대한 서사를 만들고 단순화하며 거짓말도 불사해야 할까요? 그래야 더 효과적이지 않을까요?

<hr>

마셜 저는 기후변화 협회에서 일하고 있어요. 유럽에서 지구온난화에 관한 홍보 캠페인을 선도하는 단체죠. 지구온난화에 관한 흥미로운 서사를 구상하기 위해 많은 시간을 할애하고 있어요. 저는 사람들이 다양한 근거를 통해 지구온난화를 의식한다는 것을 확인했어요. 누가 말했는가? 누가 신뢰할 만한 사람인가? 사람들은 그걸 따져요. 제 책에서는 양치기 소년과 늑대에 관한 이솝 우화를 예시로 들었어요. "늑대다! 늑대다! 늑대가 양을 다 잡아먹는다!" 마을에서는 늑대를 잡을 준비를 하지만 늑대는 나타나지 않죠. 소년은 재

미로 또 여러 번 거짓말을 반복해요. 나중에 늑대가 진짜로 나타났지만 누구도 소년의 말을 믿지 않았고 소년은 결국 늑대에게 잡아먹혀요. 늘 똑같은 말을 반복하고 늘 잘못된 얘기만 하는 이 소년을 사람들은 더 이상 믿지 않게 된 거예요. 저는 이 이야기에서 두 가지를 깨달았어요. 첫 번째는 "곧 세상에 종말이 온다!"라고 외치는 것에 신중해야 한다는 거예요. 그러면 사람들은 이렇게 말할 테니까요. "종말은 무슨!" 두 번째는 이야기의 전달자가 누구냐에 신경 써야 한다는 거예요. 제일 중요한 요소이기도 하고요. 환경 문제를 이야기하는 사람은 신뢰감을 줄 수 있어야 하고 다양한 대중들의 눈높이를 고려할 줄 알아야 해요. 서사의 핵심은 다음과 같아요.

"바로 그런 문제가 우리가 누구인지를 규정해 줍니다. 우리는 그런 문제를 중요하게 여기는 사람들입니다. 그런 문제에 맞서면서 우리는 우리의 존재 이유를 입증할 수 있을 것입니다." 다만 서사는 대중의 눈높이에 따라 달라져야 하죠.

> "곧 세상에 종말이 온다!"라고 외치는 것에 신중해야 한다는 거예요. 그러면 사람들은 이렇게 말할 테니까요. "종말은 무슨!"

일례로 저는 신심이 깊은 사람들과 함께 일한 적이 많아요. 무슬림에게는 이렇게 말해야 했어요. "우리 무슬림은 자신을 자랑스럽게 여긴다. 우리는 알라를 사랑하고 무함마드를 사랑하며 그가 우리에게 명령한 모든 것을 사랑한다. 『쿠란』은 우리에게 자신의 창조물을 잘 보살펴야 한다고 설파한다. 우리가 지구온난화에 맞서 싸워야 한다면 그건 바로 무슬림의 의무이기 때문이다. 그것이 바로 우리를 뭉치게 하는 힘이다. 지구온난화는 우리의 신성한 땅에, 무슬림의 세상에 유해하다. 그러므로 우리는 우리 중에서 가장 취약한 것을 보호해야 한다…." 그렇지만 보수주의자와 기후변화 회의주의자를 상대할 때는 그들에 맞게 서사를 바꾸어야 해요. "기후변화는 우리 재산에 피해를 입힌다. 우리는 집을 마련하기 위해 열심히 일했다. 그런데 그 집이 기후변화로 파괴될 수 있다. 있을 수 없는 일이다. 정말로 그래서는 안 된다! 우리가 얼마나 열심히 일해서 마련한 집인데! 지금도 우리는 사느라 뼈가 빠지는데 기후변화로 발생하는 비용은 우리의 빚을 더욱 증가시킬 것이다. 그리고 우리 아이들이 그 대가를 치르게 될 것이다…." 우리는 캐나다 석유산업계를 대상으로 캠페인을 한 적도 있어요. 그때는 또 이렇게 이야기를 시작했죠. "우리 지역이 이렇게 발전할 수 있었던 것은 여러분 덕분입니다…." 서사에 관련된 사람들에 대해 감사와 존중을 표현하는 것은 정말로 중요해요.

그러면 거짓말을 하라는 것이 아니라 진실을 각색하라는 것인가요?

마셜 그렇죠. 우리가 만들어낸 서사의 밑바탕에는 가치, 정체성, 긍지가 있어요. 한편으로 지구온난화를 이야기할 때 대개는 인간이 지구에 피해를 입히고 있다는 식의 표현을 하기도 하죠. "그렇게 하는 것은 나빠요, 그런 생활방식은 틀렸어요, 여러분은 그 큰 차로, 휴가 때 만들어낸 탄소발자국으로, 또 고기를 소비하면서 이 세상을 망치고 있어요!" 환경보호론자의 이러한 비판적 발언에는 결국 이런 대답만이 돌아올 뿐이죠. "아니요, 나는 잘 살고 있어요!" 특히 프랑스

에서 환경보호론자가 사람들에게 안 좋은 것을 먹고 있다고 하면 사람들은 이렇게 반박할 거예요. "당신이 뭔데 내가 먹는 것에 대해 논하죠?" 프랑스에서는 연대, 공화국의 가치, 생활방식의 존중, 질 좋은 와인 같은 이야기를 하면서 환경 문제를 논하는 게 더욱 효과적일 거예요…. 한마디로 프랑스에서는 프랑스에 적합한 논거를 발전시켜야 한다는 것이죠!

보편적 메시지가 아닌 해당 지역의 상황에 맞는 메시지를 전달해야 한다는 것인가요?

마셀 그렇죠. 보편적 메시지는 인류가 하나로 뭉쳐야 한다, 협력해야 한다는 정도에서 그치겠죠. "이것은 지구상의 모든 사람이 맞닥뜨린 위협입니다! 우리는 협력해서 대응해야 합니다!"라고 말할 수 있겠죠. 그렇지만 이런 메시지는 사실 설득력이 별로 없어요. 정치와 문화에 관련된 문제를 국제적으로 성찰할 수 있는 사람들은 극소수이기 때문이죠. 지리적 차원에서 대다수 사람이 가장 크게 인식하는 영역은 국가일 거예요. 그렇다고 해도 공동체, 국적, 신념, 나이에 따라 메시지는 또 달라져야 할 거고요. 엄마들을 대상으로 한다면 이렇게 메시지를 바꿀 수도 있죠. "아이 엄마인 우리가 지구온난화에 관심을 기울여야 하는 이유는…."

그럼 어떤 공동체를 가장 먼저 설득해야 할까요?

마셀 우선 가장 부유하고 가장 강한 권력을 가진 사람들부터 설득해야 해요. 그렇지 않으면 국가의 지도자를 설득해야 하고요. 그렇지만 이 부분은 저도 자신이 없어요. 마크롱 대통령을 보세요. 탄소세를 도입하고는 수많은 반대자와 노란 조끼 시위*에 부딪혔잖아요. 마크롱은 대통령이니 설득 면에서 가장 중요한 사람이라 할 수 있죠. 그가 지구온난화 문제를 직시하게 된 것은 분명 아주 고무적이었죠. 그렇지만 그와 함께 이끌어갈 사람이 누가 있을까요? 결국 모든 것이 좌절되고 말았어요. 따라서 모든 사람이 함께 참여하는 것이 더 중요하다고 생각합니다.

이른바 GAFA, 그러니까 구글, 아마존, 페이스북, 애플 같은 미국 내 거대 플랫폼 기업 수장들에게는 이렇게 말할 수 있지 않을까요? "저기요, 당신은 단지 돈 때문에 거기 있는 게 아니에요! 당신은 사람들에게 경각심을 일깨워주고 세상을 구할 수도 있는 자리에 앉아 있잖아요!"

마셜 동감해요. 구글 임원들은 지구온난화에 관심을 갖고 있어요. 빌 게이츠 역시 기후변화 재단에 많은 돈을 기부했고요. 그렇지만 의미 있는 성과를 내지는 못한 것 같아요. 결국 각계각층의 모든 사람들의 참여가 있을 때에만 상황을 진전시킬 수 있으니까요. 정부 정책, 친구나 가족 간의 대화까지 모든 것이 다 필요하죠…. 흡연과 지구온난화를 비교해보면 재미있을 거예요. 저는 제 인생 대부분의 시간 동안 담배를 피웠어요. 일을 많이 할 때는 더 많이 피웠죠. 필

---

* 2018년 11월 에마뉘엘 마크롱 프랑스 대통령의 유류세 인상 발표에 반대하면서 시작돼, 점차 반정부 시위로 확산되었다.

터 없는 지탄과 골루아즈 블루를 피웠어요. 독한 담배를 좋아했죠! 그런데 1940년대에 영국에서는 담배와 암의 관련성에 관한 연구가 진행되기 시작했어요. 처음에 연구 결과가 나왔을 때는 과학 잡지에 실리지 못했어요. 사람들이 믿지 않았으니까요! 10년 뒤 해당 연구가 실질적으로 증명되면서야 금연 캠페인이 시작되었죠. 그래도 담배 소비량은 계속 증가했어요. 1970년대에는 기록적인 수치까지 올라갔죠! 하지만 그런 정보들 덕에 한 세대 전체가 결국 흡연의 해악을 자각하게 되었고 사람들은 그때까지 해야 한다고 생각지 않았던 것을 더 많이 해나가면서 대처했죠. 담배의 경우 가히 문화적인 혁명이라 할 만했어요. 그 핵심 요소는 전문가나 의사의 의견도 아니고 공식적인 권고도 아닌 가까운 사람들의 영향력이었죠. 아이들은 아버지에게 이렇게 말했죠. "아빠 제발 담배 좀 끊어요! 아빠가 죽을까 봐 걱정돼요!" 또는 담배를 많이 피우고 폐암에 걸려 사망한 친구나 지인의 영향도 있었죠. 실내에서 흡연을 하지 못하게 하는 장소가 늘어난 것도 일조를 했을 거고요…. 기후변화도 친구들이 예시를 보여주거나 토론을 제안하는 순간 설득이 시작될 수 있어요.

제 세대에 등장한 가장 큰 변화는 여성의 지위, 젠더 문제, 반인종주의였어요. 여전히 갈 길이 멀긴 하지만, 일례로 제가 어릴 때 영국에서는 호모포비아가 굉장히 심했어요. 그렇지만 지금은 웨일스의 후미진 농촌 지역에서도 동성애를 자연스럽게 받아들이죠. 제 아들이 다니는 학교에서는 모두가 자연스럽게 게이 친구를 인정해요. "뭐가 문제죠? 걔는 원래 그런 애예요!" 하면서요. 그런 커다란 변화를 이끈 건 홍보 캠페인이나 법 규정이 아니었어요. 사람들이 그저 이제 그런 얘기를 해도 괜찮다고 안심할 수 있었던 거죠.

그렇지만 호모포비아가 사라진 것은 그것이 현실에서 직접 만날 수 있는 문제였기 때문이기도 해요. 그것은 우리가 일상에서 늘 마주치는 뼈와 살이 있는 사람에 관한 문제이니까요. 지구온난화는 완전히 다른 이야기에요. 모두가 자신은 상관없다고 생각하고 그 일이 언제 일어날 거라고 정해진 것도 아니니까요….

　　그래요. 그 점이 문제의 해결을 어렵게 하고 있죠. 그런데 생각해보면 처음에는 동성애자의 인권 개선 문제도 풀리지 않을 것처럼 보였잖아요. 행동은 쉽게 바뀔 수 있어요. 그리고 여러 신뢰할 만한 징후를 볼 때, 결국 사람들은 지구온난화에 자신이 관계되어 있음을 인식하고 그에 대해 발언하게 될 거라고 생각해요. 지금 문제를 심각하게 받아들이는 사람은 20퍼센트에 불과해요. 나머지는 그저 침묵을 지키고 있죠. 지구온난화 같은 건 존재하지 않는다는 듯이 행동하면서요. 너무나 거대한 침묵이죠. 사람들을 각성시킬 수 있는 방법을 찾는 수밖에 없어요. 그게 제가 말할 수 있는 전부예요. 동성

애자의 권리를 쟁취하던 때처럼 행동하고 앞으로 나서야 해요.

거대 산업계에 대해서는 냉소적으로 비판하는 전략을 써야 할까요? "당신들은 환경을 짓밟으면서 괴물처럼 이득을 축적하고 있다"고 말하는 것이 좋을까요?

마셜 저는 그렇게 말하는 것이 냉소적이라고 생각하지 않아요! 설득 대상이 무엇에 가치를 두고 있는지를 고려한 대화의 방식일 뿐이죠. 저는 은행업계에서 컨설턴트로 일하고 있는데, 그들의 첫 번째 목표는 돈이 아니에요. 그들이 무엇보다 중요시하는 것은 무언가를 구축하는 거예요. 즉 시장을 창조하는 것이죠. 아마존 CEO 제프 베이조스Jeff Bezos는 물론 부자가 된 것이 행복하겠지만, 그의 가장 큰 만족감은 자신이 그런 거대한 세계적 기업을 일구어냈다는 데에서 올 거예요. 지구온난화에 대응하는 것이 실질적으로 막대한 이득을 가져다줄 수 있으리라고 저는 확신해요. 그러니 거대 기업의 CEO들에게 이렇게 말할 수 있겠죠. "대표님이 환경 문제에 뛰어들지 않는다면 분명 저 뒤로 뒤처지게 되실 겁니다. 좋은 평판을 잃게 되실 겁니다." 지구온난화는 현재 기업들에 영향력을 행사하고 있죠. 그에 따른 해결책도 나오고 있고요. 모든 자동차 회사가 발빠르게 전기차 개발에 뛰어들고 있잖아요. 이를 비롯한 수많은 변화는 경제적인 이유에서 출발한 것이었어요. 산업계는 지구를 구하기 위해서 그렇게 한 게 아니라 시장의 흐름을 따라간 것뿐이죠. 그렇게 하지 않으면 도태되고 말 테니까요. 단지 문제는 그런 흐름이 여전히 빠르게 진행되지 않는다는 데 있죠!

그러면 우리도 소비자로서 해야 할 역할이 있겠네요. 지구에 도움이 되는 상품을 구매하면 그런 상품의 생산을 촉진할 수 있을 테니까요. 그것이 소비자 차원에서 지구온난화 저지에 기여하는 가장 효과적인 방법일까요?

마셜 우리 각자가 가장 손쉽게 할 수 있는 방법을 생각해본다면, 어쨌거나 지구온난화에 대해 자주 언급하는 것이 가장 중요하고 좋은 방법일 거예요. 가령 이렇게 말하는 거죠. "지구온난화는 현재 문제고 이게 내가 할 수 있는 일이야. 내가 지구온난화에 연관되어 있다고 느끼는 이유는 이거야." 또 "아니, 겨울인데 춥지가 않아서 티셔츠를 입었어, 이게 무슨 일이지?"라고 하는 누군가에게는 이렇게 대답할 수 있겠죠. "지구온난화 때문이야. 심각한 문제지." 물론 생활방식도 중요해요. 전기자동차를 사는 것, 좋은 일이죠. 하지만 전기자동차를 왜 샀는지 다른 사람들에게 설명하는 것이 더 중요해요. 제 주변에는 보수적인 농장주가 많은데요. 저는 그들에게 제가 휴가를 어떻게 보냈는지를 이야기해주었어요. 기차를 타고 이탈리아 여행을 한 이야기를 들려주었죠. 그러면서 이렇게 말했어요. "정말 재미있었어요. 파리에서 하루를 보내고 이탈리아에 아침에 도착하는 밤 기차를 탔어요. 정말 끝내주는 여행이었어요. 비행기를 타고 여행하는 것보다 비용도 훨씬 적게 들었고요. 저에게 그 선택은 정말 중요했어요. 저는 지구온난화를 걱정하는 사람이니까요." 이런 대화는 지구온난화를 알리는 데 매우 효과적이죠.

지구온난화에 대한 인식이 보편적으로 확산될 때까지 기다리지 말고 각자가 할 수 있는 자리에서 할 수 있는 것을 하고 모범을 보여야 한다는 것이군요?

마셜 명확하게 해두어야 해요. 각자가 할 수 있는 만큼의 변화를 이끌어내는 것도 중요하지만 사람에 따라 정치적 경향이 다 다르잖아요. 행동파라면 이렇게 말하겠죠. "채식주의자가 되느라 시간을 낭비하지 마세요. 그런다고 바뀌는 것은 아무것도 없어요. 중요한 건 정치적으로 행동하는 것입니다." 그렇지만 또 어떤 사람은 이렇게 말하겠죠. "그렇지 않아요. 정치인은 모두 썩었어요. 가장 중요한 것은 먹거리를 바꾸는 것입니다." 그리고 또 산업에 종사하는 어떤 사람은 이렇게 말할 거예요. "환경에 관련된 비즈니스를 창출하고 제품을 만들어야 합니다." 그런 의견들 모두가 다 옳아요! 그 모든 것이 다 필요하고 우리 각자가 할 수 있는 최선을 다하면 되는 것이죠. 저는 디젤차를 운전해요. 왜냐고요? 전기차가 더 비싸니까요. 그렇지만 저는 가능한 적게 운전하려고 노력해요. 저는 제가 할 수 있는 것들을 찾아서 하고 있어요. 그리고 그에 대해 사람들과 대화를 하죠. 그게 바로 사람들을 설득할 수 있는 근거가 되니까요!

현재까지의 상황을 긍정적으로 보시나요? 만약 그렇다면 문제는 결국 해결될 것이고 당황할 필요도 없겠죠. 하지만 그렇지 않다면 우리가 노력한다 해도 아무 소용없는 것 아닌가요!

마셜 그 질문은 네, 아니오로 간단하게 대답할 수 있는 문제가 아

니에요. 대신 이렇게 말해볼게요. 인류는 어쨌든 이 문제에서 벗어나게 될 거예요. 그것은 의심의 여지가 없어요. 인류는 다른 어떤 것보다 더 오래 살아남을 거예요. 진짜 문제는 살아남은 인류의 세상이 어떨지, 얼마나 고통받을지를 알아야 한다는 것이에요. 시기를 놓치지 않고 기후변화에 대응하는 문제에 관해서라면 저는 긍정적인 답변을 할 수가 없어요. 그에 대한 대응은 한 세대가 더 필요할 것 같으니까요. 저는 미래에 대해서는 회의적이에요. 그렇다고 그게 제가 하는 일에 영향을 주지는 않아요. 제가 하는 일이 그럴 만한 가치가 있는 일인가를 자문해볼 때마다 항상 제 대답은 '그렇다'니까요. 우리의 대응은 20년 정도 뒤쳐져 있고 그 대가를 치르게 될 거예요. 그렇지만 이제라도 가능한 한 신속하게 대응해야 해요. 그 결과가 기대한 만큼 나오지 않을 것 같아서 걱정이기는 하지만요. 게다가 수많은 파괴의 대가로 지구 온도 상승 제한도 1.5도가 아닌 2도로 바꾸어야 하게 될 거예요.

인류가 아직 인식하지 못하고 있는 또 다른 잠재적인 전 지구적 재앙이 있을까요?

마셜 지구온난화가 미치는 가장 큰 영향은 기후가 아니라 사회적 측면에 관련되어 있어요. 일례로 강이 말라버리면 국가 전체가 영향을 받게 되고 국민들은 절망에 빠질 것이며 이웃 나라와 전쟁을 일으킬 수도 있어요. 충분히 가능한 일이죠. 특히 중동 지역에서는요. 이것은 단지 제 의견만이 아니라 미 국방성, NATO, 군 전문가들의 의견이기도 해요. 역사적으로도 인간은 극심한 스트레스를 받을 때

겁이 많아지고 불안해하다가 결국 미친 짓을 저질렀죠. 인간의 본성에는 양면성이 있어요. 한편으로 인간은 협동적이고 관대하며 이타적이죠. 태풍과 해일이 일어나면 사람들은 서로를 도울 거예요. 그렇지만 다른 한편으로 상황이 악화되면 인간은 서로 폭력을 휘두를 수도 있죠.

기후변화가 일으킬 문제 중 하나는 우리가 희생양을 찾으려 할 것이라는 데 있어요. 홀로코스트가 그렇게 시작되었잖아요. 완벽한 열패감을 맛본 독일인들은 공격할 거리를 찾아야 했죠. 비록 해결책과는 거리가 멀었어도요. 우리는 이미 극우 정치인들에게서 그런 현상을 목격하고 있어요. 자신이 무력하다고 느끼는 사람들이 극우 정당에 표를 던지는 추세가 전 세계적으로 일어나고 있잖아요. 지구온난화가 그런 현상을 확대하는 데 일조할까 봐 무척 걱정이 됩니다.

인터뷰 정리 장프랑수아 마르미옹

한걸음 더 크리스티앙 뒤케누아

호모 쓰레기쿠스의 기나긴 역사

Homo detritus:
la longue histoire de nos déchets

"바다로 쏟아지는 800만 톤 이상의 플라스틱"[156], "중국의 폐기물 수입 금지 선언에 선진국들 패닉"[157], "폐기물 불법투기, 관련법 비웃듯 갈수록 증가"[158], "독점 취재: 프랑스 전역에 쌓여가는 방사성 폐기물"[159]…. 언론에 등장하는 이런 제목만 봐도 동네 골목에서 전 세계적 차원에 이르기까지 쓰레기로 인해 발생하는 문제가 어디까지 확장되고 있는지를 확인할 수 있다. 우리는 아직 드러나지 않은, 혹은 이미 알려진 오염 문제뿐만 아니라 모두가 머지않아 고갈될 것임을 아는 자원의 낭비에 관한 문제를 안고 있다. 그런데 쓰레기의 역사를 되짚어 보지 않고 '어쩌다 우리가 여기까지 오게 되었는지'를 이해하지 못한다면 이처럼 복잡한 문제를 온전하게 파악하기는 불가능하다. 어떤 쓰레기는 인간이 만들어낸 것이 아니지만, 어떤 쓰레기는 인간이 '발명'한 것임을 역사는 드러낸다. 쓰레기는 우리가 오늘날 왜 이런 상황에 처하게 되었는지를 이해하게 해주며, 인간이 생산하고 소비하는 방식이 어떻게 진화해왔는지도 알려줄 것이다.

인간의 수와 함께 늘어난 신진대사 폐기물

모든 생명체가 그렇듯이 인간은 신진대사 폐기물, 즉 신체기관의 생명 유지에 필요한 화학반응의 부산물을 배출한다. 일례로 우리는 탄산가스 (또는 이산화탄소), 익히 알려진 CO_2를 매일 1킬로그램가량 내뱉는다. 또한 우리는 소변으로 신진대사 폐기물을 내보낸다. 특히 단백질과 미네랄의 물질대사로 생성되는 질소를 함유한 폐기물, 요소尿素를 내보낸다. 오늘날 우리 각자는 선사시대나 역사시대 사람들과 비슷한 양의 신진대사 폐기물을 배출한다. 그렇지만 현재 전 세계 인구는 76억 명에 달한다. 구석기 시대에는 몇십만 명, 신석기 시대에는 고작 몇천만 명이었으니 선사시대 인구와 비교해보면 그 수가 엄청나게 증가했음을 알 수 있다. 선진국에서 대소변을 곧바로 자연에 방류하지 않는다 해도, 전 세계 인구로 따져보면 이런 종류의 배설물이 포함된 오수가 매년 7,000억 리터씩 강과 바다로 흘러들어가고 있다.[160] 특히 개발도상국에는 오수 처리장이 부족하기 때문이다. 이러한 오수의 방류는 현재 하천과 연안에 막대한 악영향을 미치고 있다.

패총에서 일회용품 더미까지, 소비에 따른 폐기물

다른 동물들이 그렇듯이 인간도 식품 소비로 발생하는 쓰레기를 배출한다. 음식물, 뼈, 껍질, 채소 섬유질에 이르기까지 인간의 신체기관이 소화하지 못하는 모든 것은 쓰레기가 된다. 수렵채집 생활을 하든, 농업을 하든, 목축을 하든, 현대 도시생활을 하든 예외는 없다. 섭취할 수 없는 이러한 물질들은 뼈로 도구를 만든 것처럼 오래전부터 여러 다른 용도로 사용되었다. 인간의 특성 중 하나가 온갖 도구와 물건을 제작하는 것이었기에 그렇게 물건들이 사용되고 소비될 수 있었다. 그러나 그런 물건이 더 이상 쓸모가 없어지면서 쓰레기로 전락한다.

한편 고고학자들은 대개 생활의 흔적이 고스란히 남아 있는 쓰레기 더미에서 과거의 비밀을 탐구한다. 많은 예가 있지만 그중 하나가 기원전 8000년 무렵부터 해양자원을 이용했던 수렵채집인이 남겨놓은 수천, 수백만 개의 조개껍데기 더미, 패총이다. 패총은 인간이 정주했던 전 세계 해안가 곳곳에서 발견되었다. 해양자원을 식량으로 이용했기에 만들어진 패총의 크기는 가히 언덕이라 할 수 있을 정도의 규모를 자랑한다. 때로 넓이 수백 미터, 높이 수십 미터에 이르는 패총이 발견되기도 한다. 패총은 무엇보다도 홍수를 막는 제방 역할을 해주었기 때문에 주거에 유리한 조건을 만들어주었고 사망한 사람을 매장하는 터전이 되어주기도 했다. 그래서 패총은 고고학자에게뿐만 아니라 기후학자에게도 정말로 귀중한 정보의 보고다. 동일한 유적지에서 서로 다른 시대의 조개껍데기가 상당량 발견되는 경우가 있는데, 조개껍데기의 줄무늬를 통해 기후 변동에 관한 정보를 획득할 수 있다. 기후학자들은 그것을 가지고 정확한 통계를 작성해 과거에 일어났던 기상 현상을 매우 정교하게 재현해볼 수 있다.

구석기 시대 이후, 대략 1만 2,000년 동안 정주생활, 농업, 목축, 도시화, 문명화, 진화, 생활방식의 혁명이 잇달아 일어났고 그에 따라 쓰레기도 쌓여만 갔다. 어떻게 간단하게 요약해야 할까? 복잡성과 다양성이 커졌고, 특히 앞서 언급했듯이 인구가 폭발적으로 증가했다. 20세기

후반에 '소비사회'가 등장하면서 우리는 각자가 엄청난 양으로 소비한 것들로 인해 한쪽으로 완전히 기울어버린 시소 위에 앉아 있다고 할 수 있다. '더 많이 소비하고 더 많이 버리기'는 이제 우리의 신념이 된 듯하다. 건전지를 비롯해 기저귀, 화장지, 볼펜, 면도기, 플라스틱 병, 비닐봉지, 물티슈에 이르기까지 일상적으로 쓰이는 많은 물건들이 '한 번 쓰고 버리는' 일회용이다. 몇 달, 며칠, 때로는 단지 몇 분 사용하는 물건들은 다 쓰이기도 전에 쓰레기 하치장이나 소각장으로 보내진다. 그게 아니면 하천으로, 그다음엔 바다로 보내진다.

소위 선진국이 가장 먼저 맞닥뜨렸던 이러한 현상은 경제 세계화와 함께 지구 전반으로 빠르게 확산되었다. 인구 증가와 더불어 1인당 평균 소비가 지속적으로 증가하면서 지구는 언제 터질지 모르는 시한폭탄이 되었다고 해도 과언이 아니다. 우리가 이런 속도로 소비를 계속한다면 자원은 금세 고갈될 것이고 그 자리는 쓰레기가 메꾸게 될 것이다. 오래전에는 자원이 쓰레기로 치환되는 이러한 현상이 지각되지 않았지만 몇 해 전부터는 직접적으로 관찰되고 있다. 바다의 실태는 특히 충격적이다. 어민은 산업형 어업 때문에 설 자리를 잃었고 바다에는 플라스틱 폐기물들이 쌓여갔다. 그 폐기물은 하루가 다르게 해양생태계 전체를 잠식하고 있다.

오늘날 프랑스에서 소비로 발생하는 쓰레기 중 가장 큰 비율을 차지하는 건 각자의 쓰레기통에서 나오는 생활 쓰레기다. 여기에 대형폐기물과 재활용 쓰레기가 더해진다. 이 모두를 합치면 매년 약 3,000만 톤, 즉 1인당 450킬로그램의 쓰레기를 배출한다. 그중 음식물 쓰레기는 1인당 연간 20킬로그램, 환산하면 대략 50끼분의 식사이며, 포장재는 1인당 연간 75킬로그램을 배출한다. 매년 가정용 가구 폐기물은 200만 톤 이상, 가전 및 전자제품 폐기물은 100만 톤 이상 배출된다. 그렇지만 소비로 발생하는 모든 폐기물이 쓰레기통이나 재활용 쓰레기장에만 있는 것은 아니다. 일례로 더 이상 사용하지 않는 자동차는 매년 200만 톤 이상 발생한다. 수거된 것만 따져도 이 정도다.

　이러한 낭비의 심각성을 깨닫고 분리수거와 재활용 정책이 점진적으로 실행되고 있다. 그러나 중요하고 시급하며 우선적으로 해야 할 것은 발생하는 쓰레기의 양을 줄이는 것이다. 소비로 발생하는 쓰레기를 줄이는 것은 당연히 소비자가 해야 할 몫이다. '낭비 제로' 운동으로 이름을 바꾸는 것이 더 나을 듯한 '쓰레기 제로' 운동은 자원을 더욱 검소하게 사용하고 쓰레기를 더 줄이는 다른 소비의 형태가 가능하다는 것을 보여주고 있다. 그러나 소비자들이 신경 써야 하는 쓰레기는 이뿐만이 아니다. 뒤에 등장하는 쓰레기에 대해서도 알아볼 필요가 있다. 전혀 하찮게 볼 쓰레기가 아니기 때문이다.

슬래그에서 토목 쓰레기까지, 생산에 따른 폐기물

소비를 하려면 이전에 당연히 생산, 제조, 제작의 과정이 있어야 한다. 그런데 원자재 채취부터 가공에 이르기까지 전 과정에서 폐기물이 발생한다.

　다시 시간을 거슬러 기원전 200만 년 전 구석기 시대로 가보자. 돌로 도구를 만든 초기 영장류 '호모 하빌리스'는 자갈을 깎아 '뗀석기'라는 도구를 만드는 능력이 있었기 때문에 '도구를 사용하는 인간'이라는 뜻의 이름을 갖게 되었다('호모'가 붙는 영장류에 앞서 대형 유인원류가 돌을 깎아 도구를 제작했다는 증거가 점점 더 많이 발견되고 있다). 이후 점점 더 복잡한 석기(인류가 돌을 이용해 만든 문명의 도구 일체를 일컫는다) 시대가 오래도록 이어졌으며 '사피엔스'를 포함한 여러 인간종이 진화했다. 이러한 집중적인 제작 활동은 당연히 쓰레기의 발생이라는 피할 수 없는 결과를 불러왔다. 돌 깎는 기술을 재현해보는 실험고고학으로 1킬로그램의 도구를 제작해보았을 때, 재료의 품질, 자르는 기술, 만들고자 하는 도구의 형식에 따라 다르지만 파편의 형태로 1.5~10킬로그램의 폐기물이 발생한 것으로 추정할 수 있었다. 물론 이런 폐기물은 환경을 전혀 오염시키지 않았다. 움직이지 않는 이 폐기물은 그저 도구를 만드는 작업장에 쌓여갈 뿐이었다.

기원전 약 9000년부터 농업과 목축 활동이 세계 여러 지역에서 산발적으로 나타나기 시작했다. 농산자원의 생산은 짚단 같은 식물 폐기물을 발생시켰다. 이것은 주로 땅에 매립하거나 재료로 이용했다. 한편 목축은 유기 폐기물인 가축 분뇨를 발생시켰다. 여기에 부패한 건초더미와 일상적으로 배출되는 신진대사에 따른 폐기물, 즉 반추동물이 내뱉는 이산화탄소와 메탄이 더해졌다. 신석기 시대와 역사시대에 발생한 폐기물의 양을 추정하는 것은 어렵지만 현재의 상황에 근거해 추정해보면, 젖소에서 1리터의 우유를 생산할 때는 1.5~2킬로그램의 분뇨가 발생하고 1킬로그램의 소고기를 생산할 때는 500~650킬로그램의 분뇨가 발생한다. 신석기 시대부터 전통적 농업에 가축의 분뇨를 비료로 사용했다는 사실은 이미 증명되었다.[161] 그러나 지난 10여 년간 산업화된 집약적 목축은 이산화탄소와 메탄으로 인한 온실가스 효과는 그렇다 치더라도 특히 수질에 엄청나게 큰 영향을 미쳤다.

농업과 목축업의 출현으로 석기 시대가 끝나자 세계 여러 지방에서 철기 시대가 시작되었다. 청동으로 도구를 제작하는 기술은 기원전 5000년부터 전파되었고 특히 기원전 3000~1000년의 청동기 시대에 비약적으로 발전했다. 그런데 금속의 제작 역시 대량의 폐기물을 발생시켰다. 광석을 채취하기 위해서는 땅과 모암*을 굴착해야 했다. 그리고 채취된 암석에서 순수한 금속을 추출하거나 암석을 초고온에서 달구어 철을 생산하기 위해 산화철을 환원해야 했다.

이러한 가공과정에서 발생하는 폐기물을 슬래그slag라 하는데, 이 슬래그의 양은 광석의 금속 함유량에 따라 매우 크게 차이가 난다. 예컨대 금속 함유량이 10퍼센트인 광석(그리스·로마 시대에 얻을 수 있었던 광석에 비교하면 매우 높은 함유량)에서 구리 1킬로그램을 생산하면 30~40킬로그램의 폐기물이 발생하며 그중 10킬로그램이 슬래그다. 철광석의 금속 함유량은 대개 더 풍부한데, 철기 시대부터 중세시대 말까지 사용된 괴철로塊鐵爐** 같은 것을 이용해 철 함유량이 30~50퍼센트인 철광석에서 철 1킬로그램을 생산하면 5~10킬로그램의 폐기물이 발생한다.

그리스·로마 시대에 이루어진 금속의 생산 및 제련 활동은 쌓여 있는 슬래그의 형태로 많은 흔적을 남겼다. 그것은 오늘날도 여전히 발견되고 있다. 철기 시대에서 기원후 6세기까지 대규모 구리광산이 개발되었던 요르단의 페이난Wadi Faynan 지대가 바로 그 경우다. 산업단지의 원형이라 할 수 있는 페이난 지대의 규모는 1,000헥타르 이상으로 대략 250개의 광산, 10여 개의 광석 처리장과 제련소가 있었던 것으로 추정

---

* 토양 모재의 원료로 풍화를 받지 않는 암석을 말한다.
** 용광로보다 온도가 훨씬 낮아서 효율적인 철 생산을 하지는 못했다.

된다. 그곳에서는 8,000년이 넘는 기간 동안 2만 톤 이상의 구리가 생산되었고 20만 톤 이상의 슬래그가 쌓였다. 지금까지도 그 땅에서는 19세기 산업지대 토양에서보다 더 높은 납과 구리 성분이 검출될 정도다. 심지어 극지방의 빙산, 콜럼버스 발견 이전의 아메리카를 비롯해 지중해와 페르시아, 중국에 이르기까지 세계 여러 지역에서 당시에 번성했던 제련소에서 대기로 흩어진 금속성 오염물질의 흔적이 발견된다…. 그때부터 산업혁명이 시작되었다고 해도 과언이 아닐 듯하다.

그럼 이제 산업혁명에 대해 이야기해보자. 우리는 보통 환경오염과 쓰레기 발생의 주범으로 산업혁명을 지목한다. 맞는 말이다! 18세기 말부터 시작된 재화의 생산은 몇십 년 만에 폭발적으로 증가했다. 생산을 위해서는 막대한 양의 원자재 가공이 필수적으로 뒷받침되어야 했는데 이러한 가공은 초기에는 석탄, 이후 석유와 그 부산물의 연소로 얻는 엄청난 양의 에너지를 통해 이루어졌다. 당연한 수순으로, 생산에서 발생한 폐기물 양도 그에 따라 폭발적으로 증가했다. 이제 우리는 고작 몇 킬로그램의 소비재를 생산하기 위해 몇십 킬로그램의 폐기물이 배출되는지 알지 않나.

반대로 우리가 아직 잘 모르는 것은 19세기 전반에 걸쳐 자원만큼이나 쓰레기가 산업에 폭넓게 사용되었다는 점이다. 폐기물 수거를 통해 이룬 진정한 경제 시스템 덕분에 종이로 가공할 수 있는 파지를 비롯해 유리, 금속 등 상당량의 자재가 회수되었다. 도축을 하고 남은 폐기물은 아교와 젤라틴으로 가공했고 멜빵과 고무밴드까지도 고무로 재생했다. 그러나 막 꽃을 피우려던 이러한 선순환 경제는 19세기 말에서 20세기 초에 져버리고 말았다. 자원을 집약적으로 신속하게 소비재로 가공하고 재활용할 수 없는 쓰레기로 버리는 것에 만족하는 단조로운 경제가 시작되었기 때문이다.

오늘날 극도로 정교한 공정을 거쳐 추출되는, 매우 다양한 자재가 뒤섞여 복잡하게 생산되는 소비재는 고대에 금속을 생산할 때보다 훨씬 더 많은 엄청난 양의 쓰레기를 발생시킨다. 특히 원자재가 매장되어 있는 곳은 점점 더 접근하기가 어려워졌고 그 양은 더 적어지고 있다. 일례로 15그램짜리 단순한 칫솔 하나를 만드는 데 1.5킬로그램의 폐기물이 발생한다. 비율로 환산하면 1 대 100의 비율로 폐기물이 발생하는 것이다. 전자제품의 경우에는 심지어 1 대 500이다. 150그램의 스마트폰 한 개를 생산할 때는 75킬로그램의 폐기물이 발생하며, 3킬로그램의 컴퓨터 한 대를 생산할 때는 1.5톤의 폐기물이 발생한다. 물론 폐기물 발생량만이 유일한 문제는 아니다. 폐기물의 구성 성분 역시 문제다. 이를테면 중금속이나 내분비 교란 물질은 잠재적 오염원으로서 그 재활용에 기술적 걸림돌이 될 수 있다.

소비로 발생하는 폐기물에 비해 생산으로 발생하는 폐기물이 양적으로 얼마나 엄청난지를 단번에 깨달을 수 있는 몇 가지 중요한 수치를 제시해보겠다. 프랑스에서는 공식적으로 매년 3억 4,500만 톤의 쓰레기가 배출된다. 여기에 2014년부터는 더 이상 집계가 되지 않는, 거의 같은 양의 농산 폐기물을 더해야 한다. 3억 4,500만 톤의 폐기물 중 약 2억 5,000만 톤은 건축·토목 분야의 폐기물이고, 6,500만 톤은 산업과 가내 수공업, 서비스와 공동체 관련 활동에서 배출되는 폐기물이다. 가정에서 나오는 폐기물은 '겨우' 3,000만 톤밖에 되지 않는다. 그러므로 가정 폐기물은 매우 거대한 빙산의 일각일 뿐이다. 프랑스에서 집계한 이 수치에는 우리가 사용하는 소비재를 대량으로 생산하고 있는 아시아 등 세계 다른 지역에서 발생하는 폐기물이 반영되어 있지 않다. 또 원자재가 채굴되는 아프리카 같은 지역에서 발생하는 폐기물의 양도 포함되어 있지 않다. 이런 요소들까지 다 고려한다면 빙산의 크기는 우리가 생각하는 것보다 훨씬 더 거대할 것이다.

에너지 문제와 방사성 폐기물

마지막으로 에너지에 대해 알아볼 필요가 있다. 생산에 필요한 모든 재료를 가공하려면 에너지가 반드시 필요하기 때문이다! 다시 산업혁명 시대로 돌아가보자. 19세기에 1킬로그램의 석탄을 추출할 때, 이 에너지'원'은 평균 7킬로그램의 쓸모없는 광석, 즉 폐기물을 발생시켰다. 1킬로그램의 석탄을 태우면 약 10킬로와트의 에너지가 생겨나고 3.5킬로그램가량의 이산화탄소, 1킬로그램의 탄소가 배출된다. 20세기부터 전 세계적으로 인류의 주요한 에너지'원'은 석유였다. 1킬로그램의 석유를 연소시키면 약 12킬로와트의 에너지가 발생하고 3킬로그램의 이산화탄소, 830그램의 탄소가 배출된다. 1킬로그램의 석유를 추출하는 데 발생하는 폐기물의 양을 추산하기는 매우 어려운데 원유 채굴지에 따라 그 양이 대단히 달라지기 때문이다. 굴착 후 남는 폐기물, 시추용액이나 수압파쇄*로 발생하는 폐기물이 원유 채굴로 발생한다. 시추용액에는 윤활제나 산, 또는 살충제와 같이 수많은 화학 첨가제가 포함되어 있다. 수압파쇄로 발생하는 오염된 물의 양은 석유갱 한 곳당 2,000여만 리터에 달한다. 또한 원유 1킬로그램을 정유하기 위해서는 냉각, 압축, 세척,

---

* 물과 모래, 화학약품을 사용해 다공성 바위를 부수어 원유를 채굴하는 방식.

증기 생산과 같이 여러 공정을 거치며 수십 리터의 물을 투입해야 한다.

원자력 에너지도 완벽한 '청정'에너지가 아니다. 우라늄 1킬로그램이 핵분열하면 탄소를 전혀 발생시키지 않고 2만 킬로와트의 에너지를 공급할 수 있지만, 우라늄 1킬로그램을 채굴할 때 2톤 이상의 암석 폐기물이 발생하고 화학적 정련 절차를 거치면서는 매우 심각한 오염을 일으키는 약 700킬로그램의 폐기물이 발생한다. 그리고 핵분열이 일어나고 나면 90퍼센트의 우라늄과 그 외 핵분열 생성물, 플루토늄, 마이너 악티니드*와 같은 방사능 물질로 구성된 '사용 후 핵연료'가 발생한다.

이 사용 후 핵연료에서 다시 새로운 연료를 추출하려면 재처리 공정을 거쳐야 하는데 특히 우라늄과 플루토늄 산화물을 섞어서 만든 혼합산화물, MOX를 추출할 수 있다. 모든 산업공정이 그렇듯이 재처리 공정 역시 폐기물을 발생시킨다. 마지막 공정에서는 대부분 핵분열 생성물로 구성된 매우 강한 방사성 폐기물이 남는다. 양적으로는 핵연료의 1퍼센트 미만에 해당하지만 방사능과 반감기를 고려하면 관리와 보관에 엄격한 주의가 요구되는 폐기물이다. 방사성 폐기물을 장기적으로 관리하기 위한 해결책은 여전히 찾지 못한 상태다. 그리고 이 문제에 대해 논하자면 이야기가 길어지기 때문에 다음 기회를 기약하겠다!

이 글을 마치기 전에 명확히 해두고 싶다. 오늘날 프랑스인 1명은 중세시대 파리 주민 12명, 신석기 시대 농업목축인 16명, 구석기 시대 수렵채집인 30여 명분에 맞먹는 쓰레기를 배출하고 있다. 무엇보다도 쓰레기의 성분은 우리를 둘러싼 환경에 더욱 큰 문제를 일으킬 위험을 내포하고 있다. 1970년에서 오늘날에 이르기까지 반세기만에 전 세계

---

* 주기율표 악티니드 계열에서 우라늄·플루토늄을 제외한 원자번호 92번 이상의 원소.

인구를 기준으로 고체 쓰레기의 발생은 50억 톤에서 150억 톤으로 증가했다. 인구 증가와 생활방식의 변화를 고려할 때 이러한 추세를 저지하는 아무런 노력도 기울이지 않는다면 쓰레기 배출량은 2050년에는 250억 톤, 2100년에는 450억 톤으로 증가할 전망이다. 자원의 낭비 측면에서나 지구환경에 미치는 영향에서나 이러한 상황을 더 이상 지속할 수 없다는 것을 우리는 알고 있다. 온실가스 감축을 위해 '인위적인 조치를 취하지 않겠다business as usual'는 전략은 자폭 행위나 다름없다. 오늘의 우리는 내일의 역사를 쓰기 시작해야 한다. 현실을 직시하고 행동해야 할 때는 바로 지금이다.

세계사학자 **뱅상 캅드쀠**

세계화는
어리석은 짓일까

La mondialisation
est-elle une connerie ?

인류가 이렇게까지 전 세계적으로 존재해야 할까? 물론 이런 질문은 당황스러울 수 있다. 그런데 특히 프랑스에서는 우리가 겪고 있는 모든 악의 근원으로 세계화를 지목하는 게 흔한 일이다.

그렇다면 세계화가 어리석은 짓이었다고 규정하고 탈세계화를 지지해야 할까? 세계화가 수 세기에 걸쳐 여러 다양한 요인이 영향을 미친 복잡한 절차를 거쳐왔다고 생각해보면, 그런 의문 제기 자체가 터무니없는 것 아닐까? 그러기 위해서는 우선 과거의 모든 정복전쟁과 모든 여행, 탐험, 모험, 이동하고 전달하기 위해 실행한 모든 진보를 평가해야 할 것이다. 요컨대 인간들 사이의 거리를 좁혀주고 더 광대한 사회 구조 안으로 인간을 통합시켜 준 그 모든 것을 평가해야 한다는 말이다. 그것이 과연 의미가 있을까?

250년 전의 해묵은 질문

18세기 지식인 사회에서는 선발시험에서 질문을 던지는 관례가 있었다. 일례로 1780년 레이날Guillaume-Thomas Raynal 수도원장은 리옹아카데미 지원자들에게 다음과 같은 질문을 했다. "아메리카 대륙의 발견은 인간에게 이득이었을까, 해악이었을까? 이득이었다면 그것을 보존하고 발전시킬 수 있는 방법은 무엇인가? 해악이었다면 그것을 개선할 수 있는 방법은 무엇인가?" 이 질문에 걸린 상금은 1,200리브르*였다. 이 질문은 세계화에 대한 그의 회의감에서 비롯되었는데 그의 저서 『두 인도의 유럽 식민지와 교역에 관한 철학적·정치적 역사*Histoire philosophique et politique des établissements et du commerce des Européens dans les deux Indes*』도 입부를 보면 1770년부터 그가 품은 생각이 잘 표현되어 있다. 그런데 다음 문장을 보면 그는 세계화 진행에 열광하기도 했다.

전 인류와 특히 유럽인에게 신대륙을 발견하고 희망봉을 거쳐 인도에 가는 것만큼 흥미로운 사건은 없을 것이다. 그로 인해 교역, 국가 권력, 관습, 모든 민족의 산업과 정부 차원에서 하나의 혁신이 시작되었다. 가장 멀리 떨어진 지역에 사는 사람들에게는 바로 이러한 순간이 절실했다. 적도 아래 지역의 생산물이 지구 정반대 지역에서 소비될 것이다. 북쪽의 산업은 남쪽으로 이동할 것이다. 동양의 직물로 만든 옷을 서양인이 입을 것이며 사람들은 어디를 가도 의견, 법률, 풍습, 치료약, 질병, 미덕과 악덕에 관해 서로 정보를 교환할 것이다.

그렇지만 다른 한편으로 그는 유보적인 입장을 보였다.

모든 것은 변화했고 또 변화해야 한다. 그러나 과거의 혁신들과 그 뒤에 일어난 혁신들은 인간에게 득이 될까? 인간은 언젠가 그 혁신을 통해 더 큰 안

---

* 781년부터 1795년까지 프랑스에서 사용된 통화 단위.

정감과 미덕과 기쁨을 맛보게 될까? 그런 혁신은 인간을 더 나은 존재로 만들어줄 수 있을까? 아니면 인간을 그저 변화시킬 뿐일까?

철학자이자 가톨릭 부제였던 코르넬리우스 드포Cornelius de Pauw는 1777년 베를린에서 『미국인에 대한 철학적 연구 또는 인간의 역사를 쓰기 위한 흥미로운 보고서』를 출간해 당시 커다란 반향을 불러일으켰다. 그는 다음과 같이 세계화를 단호하게 비판했다.

인간에게 아메리카 대륙의 발견보다 더 기념비적인 사건은 없었다. 현재에서 가장 멀리 떨어진 시대로 거슬러 올라가봐도 이에 견줄 만한 사건은 전혀 없다. 그리고 실제로 자연의 혜택을 입지 못해 모든 것이 퇴화하거나 흉측하게 변해버린 이 지구의 절반은 가히 위대하고 엄청난 장관이라 할 수 있다. 고대의 물리학자는 하나의 행성이 이토록 다른 두 개의 반구를 품고 있으리라고 감히 상상이나 했을까? 하나의 반구는 세상에 나타나자마자 밤과 심연으로 사라졌고 몇 세기가 흐른 후 또 다른 반구가 이를 마치 통째로 삼키듯 정복하고 굴복시켰다.
지구의 양상과 국가의 운명을 바꾸어놓을 이러한 놀라운 혁신은 잠시뿐이었다. 필연적으로 이러한 혁신에는 믿기 힘들 만큼 공격과 방어의 균형이 전혀 존재하지 않기 때문이다. 모든 힘과 모든 불공정은 유럽인의 편에 서 있었다. 아메리카 원주민에게는 나약함만이 있었다. 그래서 그들은 그저 몰살되고 전멸될 수밖에 없었다. 그것이 우리의 운명에 불행을 초래하는 수단이었든, 그토록 많은 범죄와 과오에 뒤따른 필연적인 결과였든, 그토록 굉장하고 그토록 불공정한 신대륙의 정복이 인류가 겪은 가장 큰 불행인 것만은 확실하다.

… 유린과 낭자한 피의 화신이 우리의 정복자들보다 언제나 앞서 나간다면, 지구의 일부분을 파괴해 제작한 지리부도 따위는 구입하지 말자. 열씨온도계로 뉴기니섬의 기후를 알아본답시고 파푸아 원주민들을 학살하지 말자.

그토록 뻔뻔스러운 정복을 한 후에도 우리에게 부족한 절제를 행하지 않는다면 우리가 얻을 수 있는 영광은 이제 더 이상 없다. 모든 것을 알기 위해 어디든 침략하는 광기를 멈춰야 한다.

모든 지원자가 레이날 수도원장과 의견이 같지는 않았지만, 시험 응시자들은 그가 던진 질문에 다양한 답변을 제시했다. 결국 어떤 답변도 상금을 따내지 못했다. '아메리카 대륙의 발견'이 어리석은 일이었다고 말하지는 못하더라도 그의 말 자체에는 동의할 수 있을 것이다. 비록 학교에서 배운 것과는 다르다고 해도 말이다.

세계주의와 자유주의

그러면 반대로 생각해보자. 모든 인간이 연결되어 있지 않고 서로 떨어져 분리되어 있으며 별개로 사는 세상을 상상해보는 것이다. 일어나지 않을 가능성을 상상해보는 것만 해도 아찔하다. 이러한 가설은 공허해 보일 수 있다. 통합된 세계는 이미 거기에 있고 어떤 방법으로도 시간을 되돌릴 수는 없기 때문이다. 그렇지만 사후가정 접근을 활용하면 세계화의 지리학적 메커니즘을 더 쉽게 이해할 수 있을 것이다. 한발 나아가 인류가 왜 그런 세계화에 뛰어들게 되었는지도 다시 살펴볼 수 있을 것이다. 우리는 왜 세계화를 지지하게 되었을까?

오늘날, 세계주의는 (신)자유주의의 동의어로 여겨진다. 세계주의라는 용어는 1960년대부터 다소 비판적인 의미로 사용되기 시작했고, 1999년 G7에 반대해 시애틀에서 일어난 집회와 2001~2003년 포르투알레그리 세계사회포럼이라는 맥락에서 나타난 대안세계화의 개념에선이 용어를 이율배반적이라고 규정했다.

종종 자유주의자들조차 세계주의가 일부는 과도하다며 거리를 두는모습을 보인다. 2018년 12월, 다보스 포럼 의장이자 설립자 클라우스슈바프Klaus Shwab는 『피가로』와의 인터뷰에서 세계화와 세계주의를 반드시 구분해야 한다고 강조했다. 세계주의를 배제하려고 애쓰면서 그는다음과 같이 자신의 의견을 피력했다.

세계통합주의에서 주장하는 세계화란 하나의 시스템으로 세계를 통합하고 경제적으로 상호 의존하며 협력하는 것을 말합니다. 반면 자유주의와 개인주의에 기반한 세계주의 또는 세계시민주의는 모든 결정사항을 신자유주의 논리에 따라 실행하는 것을 말합니다. 저는 절대로 세계주의를 지지하지 않습니다. 1996년에 저는 어느 사설에 세계화조차도 옹호할 수 없다고 썼습니다. 우리가 세계화의 포괄적 측면을 고려하지 않는다고 해도 세계화가 실패로 돌아가지는 않을 겁니다. 다만 심각한 정치적·사회적 장애물에 부딪히게 되겠죠.

＊ '만약 …했다면 …했을 텐데'와 같이 어떤 사건을 경험한 후에, 일어날 수도 있었지만 결국 일어나지 않았던 가상의 대안적 사건을 생각하는 접근방식.

미묘한 차이가 있지만 2017년 5월 마르셀 고셰Marcel Gauchet[**] 역시 비슷한 입장을 드러냈다.

> 민족국가를 쓰러뜨리려 하는 급진적 세계주의는 전면적 민족주의만큼이나 비상식적인 것입니다. '개방'과 '폐쇄'의 경계선은 제가 보기에 믿을 만한 것이 못 돼요. 완전히 개방된 사회는 그저 그 사회가 사라지는 것을 의미하고, 반대로 사회의 완전한 폐쇄는 상상할 수 없는 일이니까요. 현실적으로 그 둘 사이를 조정하는 것이 문제겠죠.

세계주의는 우리의 원수

그런데 세계주의는 전면적인 개방정책을 비난하기 위해 극우 진영에서 주로 사용한 용어였다. 일례로 2018년 3월 마린 르펜Marine Le Pen[***]은 자신이 대표로 있는 당의 새로운 이름 '국민연합'을 소개하는 자리의 연설에서 마크롱 대통령의 "상냥하고 자신감에 넘치는 세계주의"를 비판하며 "세계주의와 이슬람주의가 세상을 지배하려 한다"고 거침없이 주장했다. 이슬람 혐오증은 이렇게 '범세계화 혐오증'이나 '국제화 혐오증'과 함께 나타났으며 불안하게 공존하고 있다. 그의 관점에서는 경제적인 위기보다 더 절박한 위기는 정체성의 위기였다. 외세의 위협에 저항하는 것은 '문명의 과제'였다. 게다가 이러한 표현이

[**] 1946~. 철학자이자 역사학자로 현재 프랑스사회과학고등연구원 명예연구소장이다. 프랑스의 대표적 지성으로 손꼽힌다.

[***] 1968~. 프랑스의 대표적 극우 정치인으로, 국민전선을 창당한 장마리 르펜의 딸이기도 하다.

사용된 지는 비교적 오래되었다. 프랑스 극우 성향 기자 얀 몽콩브르 Yann Moncombre는 『세계주의의 세 가지 축과 그 비밀들La trialatérale et les secrets du mondialisme』(1980), 『저항할 수 없는 세계주의의 부상L'irrésistible ascension du mondialisme』(1981)이라는 두 권의 논설집을 잇달아 출간했다. 두 번째 논설집의 추천사에 앙리 코스통Henry Coston[*]이 기술한 것처럼, 몽콩브르는 "마치 구호단체처럼 보이는 은밀하고 탐욕스러우며 냉혹한 권력의 중개자일 뿐인 이 은밀한 사회의 정체를 폭로"했다. 이 지점에서 세계주의에 대한 비난은 명백하게 반유대인적이고 반프리메이슨주의적인 음모론이라 할 수 있다. 국민연합의 전신인 극우 정당 국민전선은 1992년, 자크 로비셰Jacques Robichez[**]의 주도하에 『세계주의, 그 환상과 현실Le mondialisme: mythe et réalité』이라는 책을 출간했다.

2018년 9월, 대서양 반대편에서 트럼프 대통령은 유엔총회에 참석해 국제형사재판소International Criminal Court[***]에 대한 미국의 모든 지지를 철회한다고 밝히며 다음과 같이 천명했다.

국제형사재판소는 정의, 공정, 적법한 절차에 관한 온갖 원칙을 위반하면서 모든 국가의 시민들에게 전 세계적 차원에서 권한을 행사하고 있습니다. 우리는 우리가 선출하지도 않았고 누구도 인정하지 않는 국제 관료에게 미국의 주권을 결코 넘겨주지 않을 것입니다.

미국은 미국인이 통치합니다. 우리는 세계주의 이데올로기를 거부하고 애

---

[*] 1910~2001. 프랑스의 기자. 나치 독일 협력 전력이 있는 반유대인주의자였다.

[**] 1914~1999. 문학, 희곡 전문가이자 소설가로 국민전선의 학술 자문 위원장을 역임했다.

[***] 집단살해죄, 인도에 반한 죄, 전쟁범죄 및 침략범죄 등 가장 중대한 국제인도법 위반 범죄를 저지른 개인을 처벌할 수 있는 최초의 상설 국제재판소. 2002년에 설립되었다.

국주의 정책을 수용할 것입니다.

책임을 완수해야 하는 국가들은 전 세계적 차원에서 자신들의 주권에 드리운 위협, 즉 세계 거버넌스뿐만 아니라 또 다른 형태의 강제와 지배에서 비롯한 위협에 저항해야 할 것입니다.

이러한 이데올로기가 확산되고 있다는 것을 증명이라도 하듯, 뉴질랜드 크라이스트처치 총기난사 사건의 범인 크리스토퍼 폴 해슨은 2017년 6월 2일 자 서신에 이렇게 썼다. "자유주의와 세계주의 이데올로기는 전통을 가진 민족들, 특히 백인들을 파괴하고 있다. 폭력이 아니면 맞서 싸울 방법이 없다." 그에게 세계주의는 맞서 싸워야 하는 적이었다.

한편 2015년 베르나르 뮈에Bernard Muet는 '세계의 시민Citoyens du Monde'이라는 단체를 대표해 '세계주의'가 그런 용법으로 쓰이는 것에 우려를 표명했다. 그는 그것을 하나의 일탈이라고 간주했다.

우리가 그 개념을 명확히 해 세계주의에 관한 표현을 수정하지 않는다면 세계의 시민은 그들이 가진 유용한 실천적 사상논쟁, 바로 '세계화'에 관한 사상논쟁을 할 수 없게 되지는 않을까 우려가 됩니다. 그러므로 초국가적 민주주의를 확립하고자 하는 우리의 바람을 이해시키는 것이 좋을 듯합니다. 물론 그것은 아직 너무나 먼 이야기이지만 인본주의, 인간해방, 사회문제에 중점을 둔 우리의 사상을 명확히 밝혀야 한다고 생각합니다. 물론 그렇게 하기 위해서는 일부 국내법에 위배될 수도 있는 초국가적인 기관을 설치해야 하겠지만요….

사람들에게 거의 알려지지 않은 '세계의 시민'은 1949년, 제2차 세계대전 이후에 프랑스에서 설립된 단체다. 로트Lot주의 4분의 3, 특히 카오르Cahors, 피작Figeac을 비롯해 피레네조리앙탈Pyrénées-Orientales과 부슈뒤론Bouches-du-Rhône에 위치한 여러 도시는 스스로를 상징적인 '세계화의 영토'라 밝히며 '세계화'를 선언했다. 1975년 출간된 『세계주의 전서Somme modialiste』에서는 세계주의를 "전 세계 인구의 연대에서 출발해 공통에게 적용되는 법과 제도를 수립하는 것을 목표로 하는 사상과 행위의 총체"라고 정의했다.

같은 해 5월 21일 언론 오찬모임에서 발레리 지스카르 데스탱 대통령은 현재진행형인 세계화를 과감하게 수용하며 다음과 같이 자신의 의견을 밝혔다.

세계주의란 모두와 잘 지내는 것을 의미하지 않습니다. 그렇지만 가능하면 모두와 잘 지내는 편이 더 나을 수 있겠죠. 세계주의는 동시대의 세계가 맞닥뜨린 현실을 고려하지 않고 여기저기에 좋은 말만 해주는 핑크빛 정책이 아닙니다. 세계주의를 원하든 원하지 않든, 몇 가지 문제는 세계적 차원에서 풀어야만 한다는 사실을 인정해야 합니다.

세계주의에 대한 음모론과 오해

1975년 6월 10일과 11일 양일에 걸쳐 프랑스 상원 회의장에서 '원자재, 에너지, 식량, 세계적 문제에 대한 세계적 해법'에 관한 심포지엄이 열렸다. 그로부터 넉 달 후 파리아카데미 학장 로베르 말레Robert Mallet의 주재하에 세계주의 상임위원회Comité Permanent Mondialiste가 창설되었다.

세계주의는 전 세계의 연대를 장려하고 문화와 민족의 다양성을 존중하면서 공통의 법과 제도를 창설하려는 사상과 행위의 총체입니다. 세계주의는 인류의 새로운 정치 체계를 제시하기 위해 노력하고 있습니다. 이는 국가 주권의 소관에 있는 일부분을 세계연방기관에 이양하는 것을 전제로 하며 여기서 인류의 운명을 위협하는 문제들을 해결할 수 있을 것입니다.

1977년, 세계주의 상임위원회에 속해 있던 두 위원, 루이 페릴리에 Louis Perillier와 장자크 L. 뒤르Jean-Jacques L. Tur는 '크세주' 총서*의 하나로 『세계주의Le mondialisme』를 출간했다. 저서는 2부로 나뉘었다. 1부에서는 '문제들의 세계화'에 관한 목록을 제시했다. 다시 말하지만 저개발의 비극, 자원 문제, 고도 발전에서 비롯되는 위험과 같은 '세계화의 문제들'이 아닌 '문제들의 세계화'다. 2부에서는 미래를 위한 해결책으로 세계주의를 내세웠다. 인권의식의 개선, 인종주의에 대한 투쟁, 소수자 보호, 분쟁의 평화적 해결, 효율적인 자원관리를 위해 세계 연방주의가 필요하다는 주장이었다. 책에서는 "세계주의는 일종의 휴머니즘이다"라는 문장에 방점을 찍었다. '가톨릭'이라는 형용사에서 '보편적'이라는 본래의 의미를 떠올리며 심지어 '세속적 에큐메니즘**'을 주장하기도 했다.
그렇다면 세계주의는 가톨릭교의 화신이란 말인가?
실제로 우리는 그러한 바람에 대한 근거와 엄밀한 의미에서의 종교적 측면에 대해 자문해볼 수 있을 것이다. 모든 인류를 유일하고 동일한 사회로 뭉치게 하려는 목적은 무엇일까? 70억 명의 인구가, 아니 오래

---

* 프랑스의 대표적인 문고본 시리즈로 몽테뉴의 '나는 무엇을 아는가Que sais-je?'라는 말에서 표제를 따왔다.
** 에큐메니즘은 교파와 교회를 초월해 기독교를 하나로 통합하려는 세계교회주의 운동이다.

지 않아 100억 명 이상이 될 모든 인구가 함께 살아가기를 바라는 것은 왜일까?

1905년, 아나키스트 지리학자 엘리제 르클뤼Elisée Reclus[*]에게 세계는 인류의 '신조'였다.

> 대륙과 바다, 그리고 우리를 감싸고 있는 대기를 정비하는 것, 지구상에 있는 '우리의 정원을 가꾸는 것', 식물과 동물과 인간의 삶을 윤택하게 하기 위해 환경을 재배치하고 통제하는 것, 세계와 하나가 되어 연대하는 인류를 마침내 자각하는 것, 우리의 근원, 우리의 현재, 가까이에 있는 우리의 목적, 멀리에 있는 우리의 이상을 한눈에 알아보는 것, 바로 그것이 진보다.

오늘날 우리는 세계화한 인류에 의해 아직 파괴되지 않은 일부 '외따로 떨어진' 부족들을 보호하려 애쓴다. 잘못된 우리 신념의 증거자인 그들에게 우리는 세상의 한가로운 부분에 그들이 살아갈 장소를 마련해준다. 인류가 무리를 지어 흩어져 살았던 것은 분명한 사실일 것이다. 그렇지만 세계화는 세계주의자들의 작업이 아니며 어떤 음모의 결과도 아니다. 인류가 세계로 나아가는 일은 원래 지구 표면에 흩어져 있던 인간들이 사회를 이루어 융화한 것처럼 우리가 공유한 오랜 역사에 새겨져 있다. 설령 우리가 중개자를 꺼린다 해도, 우리가 직면한 세계적인 문제들은 탈세계화된 세계에서는 해결책을 찾기 어려울 것이다. 이제 인류는 마땅히 연대해야만 한다.

---

[*] 1830~1905. 파리코뮌 참가 뒤 유배형에 처해지자 탈주하여 브뤼셀의 자유대학에서 비교지리학 강의를 맡으면서 무정부주의 활동을 했다.

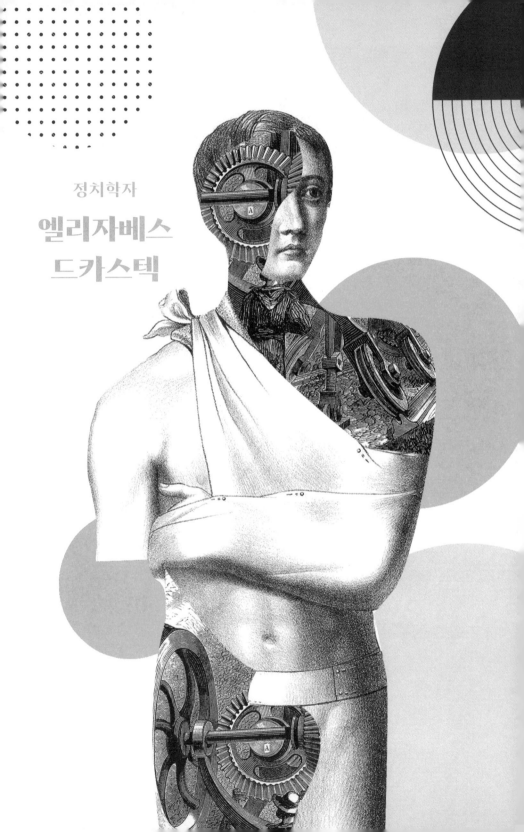

정치학자

**엘리자베스
드카스텍**

트랜스휴머니즘, 어리석음의 미래일까

LE TRANSHUMANISME
EST-IL L'AVENIR DE LA CONNERIE ?

트랜스휴머니즘이 가야 할 길은 아직 멀기만 하다. 진보에 대해 더 커다란 자신감을 드러낼 필요가 있다. 기술이 지구뿐만 아니라 거기 사는 사람들까지 파괴하고 있는 것 같아 보이는 마당에 기술에 모든 것을 베팅하는 것을 어떻게 용인해야 할까?

인간을 '다시 디자인'한다는 트랜스휴머니즘에 관해 모두 각자 자기 방식대로 의견을 표명한다. 트랜스휴머니즘을 유토피아, 맹신, 우상 숭배, 나아가 바보짓으로 보는 견해도 있다. 쏟아지는 비판은 트랜스휴머니즘의 전망을 어둡게 한다. 인간 조건의 미래를 이론화하려는 이 사조에 장래성은 없을까? 아니면 그것은 어리석음의 미래일까?

계몽주의의 대척점에 선 트랜스휴머니즘

"파렴치한 걸까, 멍청한 걸까?" 트랜스휴머니즘에 매우 비판적인 시각을 드러낸 『트랜스휴머니즘의 환상과 불행 *Leurre et malheur du transhumanisme*』의 저자 올리비에 레이Olivier Rey는 이렇게 자문했다.[162] 마크 오코넬Mark O'connell은 이보다는 덜 비판적이지만, 『기계가 된다는 것 *To be a machine*』

에서 '기술로부터 벗어나려고 기술을 절대적으로 이용하는 모순'을 역설했다.[163] 트랜스휴머니즘을 조롱하는 것은 참으로 쉬운 일이다. 트랜스휴머니스트는 신기술의 이용을 권장하지만 인공지능은 비판한다. 그들은 뇌의 기능과 차원을 향상하기를 원하지만 뇌를 탈취당하는 브레인재킹brainjacking은 두려워하며[164] 죽음을 피하기 위해 냉동인간 보존 회사를 설립해놓고 시신들 가운데서 살아간다…. 더욱 모순적인 점은 트랜스휴머니스트들이 스스로 그토록 비난하는 인지 편향의 덫에 걸려든 것처럼 보인다는 것이다. 실제로 옥스퍼드대학교 철학과 교수이자 1998년 최초로 '트랜스휴머니스트 선언'을 주창한 닉 보스트롬Nick Bostrom은 인지능력 향상에 관한 사유를 방해하는 인지 편향을 비난한 바 있다.[165] 그는 미지의 것, 새로운 것에 대한 두려움을 발생시키는 현상유지 편향[166]이 인간의 인지능력 향상으로 취할 장점과 이득을 객관적으로 판단할 수 없게 한다고 주장했다. 그러나 그가 이런저런 편향을 내세우며 주장한 논거의 칼끝은 결국 자신을 향한다. 기술의 이용 가치를 판단할 때 사회와 공동체에 미치는 영향은 깡그리 무시하고 오직 개인에게 이득이 되는 요소만을 고려하는 이들의 또 다른 편향을 어떻게 정당화할 수 있다는 말인가?

본래 트랜스휴머니즘은 사회의 어떤 정치조직도 고려하지 않고 개인의 권리만을 중요시하는 기묘한 영역이었다. 이 사조의 뿌리에는 자유 지상주의가 있다. 그래서 트랜스휴머니스트의 사상은 국가가 행하는 규제의 역할을 무시하고 각자의 신체적·정신적 능력을 향상하려는 개인의 다양한 권리를 수호하자는 데 근거를 둔다. 사회학자 니콜라 르데베덱Nicolas Le Dévédec의 연구에 따르면, 트랜스휴머니스트가 옹호하는 개인의 개선 가능성은 그러한 점에서 사회의 개선 가능성에 중점을 두는 계몽주의와는 완전히 반대되는 개념이라 할 수 있다. 르드베덱은 사회의 개선 가능성에 대한 인간적이고 정치적인 모델이 어떻게 기계적이고 생명공학적인 트랜스휴머니즘으로 변화할 수 있었는지 고찰해보려 했다.[167]

1998년 최초의 '트랜스휴머니스트 선언'이 발표되고 몇 해가 지난 후, 이 흐름에 사회민주주의가 끼어들면서 트랜스휴머니즘의 궤도가 수정되기에 이르렀다. 특히 2004년 『시티즌 사이보그*Citizen Cyborg*』를 출간한 미국의 사회학자 제임스 휴즈James Hughes와 옥스퍼드대학교 인류미래연구소 교수 앤더스 샌드버그Anders Sandberg가 주창한 이 수정된 사상은 신기술에 접근할 때 윤리적 관점을 더욱 강조했다. 프랑스 트랜스휴머니스트운동AFT도 여기에 가담했다.

실망스럽게도 트랜스휴머니즘의 앞날에는 불길한 기운이 더해졌고 트랜스휴머니즘에 관한 사상은 혼란에 빠졌다. 진보에 무한한 신뢰를 보내는 것을 달갑지 않아 하던 시기였기에 트랜스휴머니즘은 앞으로 나아갈 수 없었다. 과거의 편견을 비판하는 데 몰두한 트랜스휴머니스트들은 미래에 실존적 위험이 발생할 수 있음을 예측하지 못했다. 그러는 동안 인공지능 혁명이 일어났다. 그리고 20년 후, 슈퍼인텔리전스가 인간을 '다시 디자인'하는 것을 염려하며 가장 앞장서 고발한 사람들은 트랜스휴머니스트였다. 그들은 특권을 가진 관찰자로서 이에 신속하게 반응하며 신기술이 인류에게 가져올 실존적 위험을 비난하는 고발자로 태세를 전환했다. 트랜스휴머니즘의 선두에 서 있던 닉 보스트롬은 전성기에는 인지 편향을 비판했으면서[168] 이제는 인간을 능가할 만큼 강력해진 인공지능의 위험을 자각해야 한다고 목소리를 높였다. 형태적 자유*의 예찬론자로 알려진 앤더스 샌드버그는 '브레인재킹'의 위험과 뇌를 알고리즘에 연결해 뇌를 해킹할 새로운 가능성을 비판하는 논문을 발표했다. '브레인재킹'이란 '두뇌의 뉴런에 전기 펄스를 보내는 부품을 악용해 뇌파나 신호를 제어하고 환자의 반응 정보를 제어하는' 해킹 방법이다. 이러한 기술을 통해 인간의 인지 및 감정 상태, 심지어 의지까지도 제어할 수 있다고 한다.

진화의 주변에서 서성대는 인간

냉동인간 보존이니, 불멸이니, 뇌를 하드디스크에 다운로드한다느니 하는 표현은 트랜스휴머니트 작가들이 즐겨 쓰는 망상에 가까운 생각들이다. 그렇지만 그 생각이 인간 조건에 대한 흥미로운 관점을 제시한다는 것도 간과해서는 안 될 것이다.

이러한 생각들이 우리의 눈길을 끄는 것은 확실하다. 철학자 질베르 오투아Gilbert Hottois[169]는 거기에 내포된 참신한 철학적 근거를 발견했다. 미래에 관한 그의 발언에 따르면 "윤리적 의식을 동반한 인체의 기계화는 인간과 그 후손에게 최선의 선택이 될 수 있다".[170] 인간 조건에 대한 이러한 인식 확장과 다각적 검토의 범위는 최초로 인류가 나타난 시기부터 다가올 몇백만 년 후까지 확대된다. 거기에 간과할 수 없는 다윈의 진화적 관점에서, 아니 그보다는 인간과 기술의 공진화coevolution라는 관점에서 21세기 인간은 그저 큰 흐름의 한 단계에 지나지 않는다는 생각이 함께한다. 트랜스휴머니스트는 인간의 특성에 대해서는 특별

* 기술적으로 가능한 어떤 신체형태든 선택할 자유를 일컫는 트랜스휴머니즘 용어.

히 고려하지 않은 채 인간과 기계의 공진화 과정을 가속화하고자 했다. 그들이 인간과 기계의 공진화를 지지한 가장 큰 이유는 생물학적 조건에 따른 인간의 고통을 완화하기 위해서였다. 인간을 재디자인하는 한이 있더라도, 심지어 진화의 흐름에서 빗나가게 되더라도 그 목표에 가닿고자 했다. 더 효율적이고 나은 삶을 위해 트랜스휴머니스트는 생물학적 우연을 버리고 스스로 선택하는 길을 걷고자 했다. 원하는 대로 자기 몸을 변형하는 것, 그것이 바로 트랜스휴머니즘이 선택한 길이었다.

그들은 인간의 능력 향상을 위해 방대하고 광범위한 기술 이용의 정당성을 단번에 인정하도록 유도했다. 트랜스휴머니즘이 사회의 탈정치화라 비판받는 것도 그 때문이다. 그 탈정치화는 다음과 같은 주요한 두 가지 논거에 근거하고 있다.

- 모든 인간에게는 자신을 개선할 방법이 허용되어야 한다. 화학적인 것이든 인체에 기기를 삽입하는 것이든, 사이보그나 인조인간으로 개조하는 것까지도 허용되어야 한다.
- 기술 이용은 역사의 흐름이다. 그것이 진보가 나아가야 할 방향이며 인간이 다른 수 없이 받아들여야 할 운명이자 숙명이다.

반대편에는 트랜스휴머니즘을 원하지 않거나 인간 고유의 특성을 상실할까 염려하는, 생명윤리를 금과옥조로 여기는 보수주의자가 버티고 있다. 보수주의자들의 주장에 따르면 '자연 그대로의 것', 즉 인간이 개입하지 말아야 할 영역에 침범하는 건 인간에게 이롭지 않다. 그들은 철학적 이유나 종교적 이유를 들어, 그리고 '자연의 지혜'라는 이유를 들어 '자연 그대로의 것'을 받아들여야 한다고 주장한다. 미국 철학자 마이클 샌델은 『생명의 윤리를 말하다』[171]에서 인간의 조건은 자연이 준 선물이기 때문에 인간은 그것을 문제 삼기보다는 겸허하게 받아들여야 한다고 지적했다. 그러므로 자연을 그대로 존중하는 것은, 처음 생겨날 때 우리가 개입하지 않았고 우리에게 재량권도 없는 선물에 대한 도덕적 의무라는 것이다.

샌델은 아이로 대변되는 자연의 선물을 '휴브리스'와 대립시킨다. 휴브리스란 자연을 제어하고 지배하고자 하는 인간의 오만이다. 독일 철학자 위르겐 하버마스는 『인간이라는 자연의 미래』에서 태어날 아이의 유전형질을 변형시키려 하는 '자유주의적 우생학'의 적용을 비판했다.[172] 그는 다른 사람이 자신의 존재를 자기들 의도에 따라 변형시켰다는 것을 알고도 인간이 행복한 삶을 영위하는 것은 불가능하다고 일갈했다.

종교적 관점에서 보면 신이 자연을 창조했으므로 인간은 그의 창조물을 존중해야 한다. 절대적 교리가 있고[173] 비타협적이며 공개적 토론을 꺼리는 원칙에 근거한 종교와는 달리, 트랜스휴머니즘은 공개적 토론에 항상 문을 열어놓고 있다. 그 점에서 트랜스휴머니즘은 종교와 조금도 닮은 점이 없다. 오히려 미신과 더 닮았는지도 모른다. 종교적 측면에서 트랜스휴머니즘의 입장을 수용하기는 어렵기에 일부 종교와 트랜스휴머니즘의 관계는 여전히 껄끄럽다. 트랜스휴머니즘은 인간을 온전히 상대주의적 관점에서 바라본다. 인간에게는 본질도, 존엄성도 없다. 종교와 부딪히는 트랜스휴머니즘의 또 다른 문제는 고통, 특히 궁극의 고통이라 할 수 있는 죽음의 고통을 거부하는 점이다. 반대로 가톨릭 교리는 예수의 강생과 단단히 엮여 있는 '고통받는 존재'라는 조건을 받아들이지 않으면 인간다운 삶을 사는 것은 불가능하다고 설파한다.

세속적 사상에서 트랜스휴머니스트의 '믿음을 가지라'는 말은 독일의 계몽주의 철학자 칸트의 '너 자신의 지성을 스스로 사용할 용기를 가지라!'는 말을 애처롭게 반복하는 것 같다. 앞의 말은 오늘날 기술에 대해 맹목적이라 할 만한 신뢰를 가지라고 권유한다. 반면 칸트의 말은 당시의 미신적 대상과 그에 대한 공포에 맞서 용기를 품고 세상의 다면성을 사유해보라고 권한다.

....
비인간적 인간

무엇보다도 트랜스휴머니즘은 현대 사회에 만연한 강력한 개인주의의 징후로 해석될 수 있다. 동시에 사회는 공공과 민간의 영역을 막론하고 학습과 직업 생활에서 효율 추구를 제도화하고 있다. 따라서 이러한 무한한 효율성의 추구로 인해 인간성이 이기적이고 비인간적인 개인성에 얼룩지는 것을 막으려면 성찰이 필요하다. 여기서 말하는 인간성이란 인간 공동체 자체를 의미하는 것이 아니라 동족에 대한 자비와 연대의 표현이다.

트랜스휴머니즘이 위험한 이유는 집단 무의식을 잠식할 수 있기 때문이다. 그래도 꼭 악마의 변호인 역할을 해야 한다면(달리 말해, 트랜스휴머니즘을 옹호해야 한다면) 인간을 그저 단순한 정보의 총체로 한정한 역사학자 유발 하라리[174] 때문에, 혹은 디스토피아적 SF 작품의 막대한 영향 때문에 인간성에 대한 사유가 더욱 위태로워졌다고 반박할 수 있을 것이다. 『멋진 신세계』나 『1984』 같은 소설, 〈2001: 스페이스 오디세이〉 같은 영화가 없었다면 우리는 기술과 미래에 대해 공통된 이해 방식을 가질 수 없었을 것이다. 빅 브라더, HAL*, 소마** 같은 진정한 문화적 테마는 한 세대 전체에 걸쳐 막대한 영향을 끼쳤다. 그런데 이렇게 영향을 받은 세대 역시 2000년대에 들어서는 생명윤리를 중시하는 보수주의와 기술 진보주의의 양 진영으로 갈렸다. 민주주의의 미래를 논한 미국의 철학자 프랜시스 후쿠야마Francis Fukuyuma는 1992년 출간된 명저 『역사의 종말The end of history and the last man』에서 자신이 『멋진 신세계』를 읽고 얼마나 큰 영향을 받았는지 고백했다. 더 최근 영화로는 대규모 유전자 조작을 다룬 〈가타카〉나 인지 및 뇌의 능력을 향상시키는 내용의 〈루시〉도 있다.

진화하는 인간 조건에 대한 사유가 한 축에 있다. 인간 조건에서 벗어나는 문제가 또 다른 한 축에 있다. 트랜스휴머니즘에는 이 두 가지 축이 병존한다. 중요한 건 트랜스휴머니즘의 주창자라면 언제든 토론에 응할 준비가 되어 있어야 한다는 것이다. 어떤 경우에도 자신의 주장을 굽힐 수 없다고 생각해서는 안 된다. 그 점에서 트랜스휴머니즘이라는 이데올로기는 인간 조건에 관한 공공의 토론에서 무시되어서는 안 될 매우 중대한 토대다. 그 문제에 관해 치열하게 토론하는 것이 이제 우리에게 남은 숙제다….

* 〈2001: 스페이스 오디세이〉에 등장하는 인공지능.
** 『멋진 신세계』에서 세계국 인간들이 주기적으로 지급받는 가상의 마약으로 슬픔과 고통과 고독을 잊게 해준다.

어리석음, 역사의 원동력

La connerie, un moteur de l'histoire

역사를 추동하는 강력한 원동력은 무엇일까? 그에 대한 답변은 아쉽지 않을 만큼 많다. 차례대로 꼽아보자면 위인들의 역할, 계급투쟁, 사상, 폭력과 전쟁, 기술의 진보를 들 수 있다. 최근 한 탁월한 역사학자는 연속된 인지혁명을 인류 역사의 근본적인 추동력이라 주장하며 에세이 분야에서 큰 성공을 거두었다. 바로 『사피엔스』[175]의 저자 유발 하라리인데, 그는 인간의 특성 자체를 인류 역사의 원동력으로 간주했다. 왜 아니겠는가? 그러나 그는 여기서 인지혁명과 떼려야 뗄 수 없는 다른 주요한 요소를 고려하지 않았다. 바로 어리석음이다. 이 영역에서 우리는 판단 오류, 이데올로기, 재앙을 불러온 선택, 몇몇 무분별한 열광(증오, 분노, 원한) 등을 발견할 수 있다.

이런 요소들이 역사의 흐름에 미치는 영향을 어떻게 무시할 수 있겠는가?

우리는 다음의 역사적 사실들을 통해 어리석음이 역사의 원동력이라는 가설을 탐구해볼 것이다. 그저 흥미로워 보여서? 아니다. 이 주제는 정말로 진지하게 탐구할 가치가 있다. 이는 독점적 견해도, 완성된 이론도 아니다. 다만 우리가 인간 행동에 관심을 가질 때 무시할 수 없는 하나의 작업가설*로 이해한다면 적당할 것이다.

마지막으로 여기에 쓰인 '어리석음'이라는 표현은 인류의 역사에서 발견되는 여러 형태의 일탈, 무분별, 그릇된 생각, 오만, 도를 넘은 욕망과 같은 여러 과오를 조금은 거칠고 강력한 표현으로 통합한 것임을 분명하게 밝혀둔다.

앞일을 살피지 않는 무분별

"사람들은 역사를 만들지만 자기가 뭘 만들었는지 모른다." 마르크스에게 영감을 받은 프랑스 사회학자 레이몽 아롱Raymond Aron이 한 말이다. 이 표현은 다른 형태로 되풀이되었다. 프랑스의 철학자이자 사회학자 에드가 모랭Edgar Morin은 각각의 결정은 예기치 않은 결과를 낳으며 때로는 누구도 원치 않은 일련의 사건들을 일으킨다는 '행동생태학'의 개념을 발전시켰다. 제1차 세계대전은 이를 가장 잘 보여주는 사례다. 1914년 6월 28일 벌어진 프란츠 페르디난트 대공의 암살과 그로부터 한 달 후에 일어난 제1차 세계대전(6,500만의 군사가 동원되었고 2,000만 명의 시민과 군인이 사망했으며 비슷한 수의 부상자가 발생했다)의 발발 사이에 유럽 주요국의 지도자들은 누구도 그 최종 결과를 예상하지 못한 일련의 선택을 했다. 바로 역사학자 크리스토퍼 클라크Christopher Clark가 『몽유병자들The Sleepwalkers』에서 보여준 바다.

이러한 행위들이 불러온 최종 결과에서 드러나는 무분별은 역사의 흐름에 (여기서는 무지함으로 간주되는) 어리석음이 개입했다는 가장 명

---

* 연구를 손쉽게 진행하기 위한 수단으로 세우는 가설.

징한 증거들 중 하나다. 레바논 출신 역사학자 나심 니콜라스 탈레브 Nassim Nicholas Taleb는 그에 대한 원칙을 『블랙 스완Black swan』에서 다음 과 같이 일반화했다.

그저 단순하게 1914년 제1차 세계대전이 터지기 하루 전날, 여러분이라면 여러분이 이해하고 있는 세상에서 앞으로 그런 일이 벌어질 거라고 상상이나 할 수 있었겠는가. … 1933년 히틀러의 지지자들은 홀로코스트를 상상하지 못 했다. 2003년 이라크 전쟁을 일으키면서 조지 부시와 매파는 그것이 이슬람 무장 단체가 활개를 치는 데 훌륭한 빌미를 제공할 것이라고 상상이나 했겠 는가. 오늘날 모든 사람들은 가당치 않은 이유로 결국 그 지역에 재앙을 불러 온 전쟁을 일으킨 것을 후회하고 있다.

그릇된 이데올로기

이데올로기 역시 '역사를 추동하는 어리석은 힘'이다. 마르크스의 유물 론과 거리를 두었던 영국 경제학자 존 메이너드 케인스는 역사에 큰 영 향을 미치는 건 대개 그릇된 이데올로기였다고 설명하며 '사상이 역사 를 만든다'고 썼다(그는 특히 경제 문제에 집중했다).

인간은 자기기만에 빠지는 엄청난 능력이 있다. 인간은 비범한 기 술을 개발하고 유토피아를 현실화하기 위해서만이 아니라[176] 파괴적인 이데올로기를 구상해내는 데까지 창조적인 상상력을 발휘했다. 20세기 는 참담한 결과를 불러온 여러 사회적 유토피아가 시도되던 하나의 거 대한 실험실이었다. 공산주의, 파시즘, 신자유주의가 이 시기에 등장했다. 이데올로기는 '그릇된 생각'일지언정 사람들을 끌어당기는 강력한 힘을 발휘하기도 한다. 종교는 집단적 믿음의 또 다른 형태로서 역사에서 결정적인 역할을 했고 또 앞으로도 그러리라는 데 누구도 이의를 제기하지 않는다. 모세나 예수, 무함마드가 없었다면 세상은 어떻게 되었을까? 종교적 믿음이 그릇된 생각에 불과하다니 신앙 없는 사람이나 할 법한 말이라고 화내는 이가 있을지 모르겠다. 맞는 말이다. 그러나 누구도 '신이 존재하는가?'라는 궁극적인 질문에 답을 할 수 없으므로 두 가지 가설이 성립한다. 첫째, 신은 존재하며 전 우주에서 가장 특별한 진리다. 둘째, 신은 존재하지 않으며 종교는 역사를 통틀어 가장 멍청한 사기다. 이 두 번째 가설을 완전히 배제할 수는 없다.

거대함을 바라는 오만

오만, 학술용어로는 휴브리스. 이는 역사의 흐름에 큰 영향을 미치는 어리석음의 또 다른 형태다. 그것은 거대함에 대한 열망이다. 열망의 근원은 힘, 권력, 부, 특권을 향한 수컷들끼리의 경쟁이다. 그리고 힘에 대한 열망은 수많은 미친 짓을 감행하게 했다.

 군주, 왕, 파라오, 기업가, 은행가가 자신들의 힘을 과시하기 위해 하늘을 향해 우뚝 세운 기념비, '오만의 탑'들을 보자. 가장 유명한 탑은 쿠푸*의 피라미드다. 쿠푸는 그토록 높은 피라미드를 축조하며 하늘에

---

* 이집트 고왕국 제2대 파라오. 자신의 무덤으로 밑변 230미터, 높이 146.5미터의 최대 피라미드를 남겼다.

더 가까이 닿고 싶다는 명분을 내세웠으나 실상 선왕들보다 더 높은 피라미드를 짓고 싶을 뿐이었다. 거대한 기념비를 축조하려는 이 무모한 경쟁은 고대 문명 전체를 관통하며 모든 거대 문명에서 관찰된다. 메소포타미아, 이집트, 페르시아, 히타이트, 그리스, 로마, 중국, 인도, 앙코르, 마야, 잉카, 아스테카에 이르기까지 최고 권력자는 권력을 드러낼 궁전, 사원, 피라미드를 건축하며 힘을 과시하는 데 열중했다.

중세시대에 건축에 몰두한 주교들 또한 이웃 교구보다 더 높은 첨탑이 있는 대성당을 짓고 싶어 했다. 공식적인 명분은 신을 찬양하기 위해 첨탑을 높이 올려야 한다는 것이었지만, 높은 첨탑은 인간의 세속적 욕망의 결과이기도 했다. 이에 대해 프랑스 역사학자 조르주 뒤비Georges Duby는 이렇게 썼다. "대성당의 크기와 장엄함은 건물을 지은 주교나 사제의 오만한 자존심을 드러낸다."[177]

프랑스 중북부 우아즈주 보베Beauvais의 주교는 기독교 세계에서 가장 높은 첨탑을 건축하기로 결심했다. "첨탑을 세울 겁니다. 첨탑이 서고 나면 그걸 본 사람들이 우리를 미쳤다고 생각할 정도로 높은 첨탑을요." 1569년에 세워진 대성당 첨탑의 높이는 153미터에 달했다. 그렇지만 첨탑이 서 있었던 기간은 고작 4년이었다. 예수승천대축일 미사가 끝난 후, 우르르 쾅쾅 요란한 소리가 났고 단 몇 초 만에 첨탑과 종이 무너져 내렸다. 이후 첨탑은 절대로 재건되지 않았다.

　르네상스 시대의 신흥 귀족도 유럽에서 두각을 드러냈다. 이후로 부르주아가 거대한 건축물을 세우는 경쟁에 돌입했다. 역사는 반복되었다. 이탈리아의 귀족 가문은 언제나 더 높은 탑을 올린 궁전을 짓기 위해 경쟁했다. 그런 궁전이 토스카나에 우후죽순처럼 생겨났다. 13세기 피렌체에는 160채의 탑이 세워졌고 그중 일부는 높이가 70미터에 달했다. 건축가의 능력을 시험에 들게 한 여러 건축물이 다 지어지기도 전에 무너져 내렸다. 5세기가 지난 후, 자본주의의 열풍이 아메리카 대륙을 덮쳤고 점점 더 높이 올라가는 마천루가 경쟁적으로 건설되었다.

　고대의 멘히르*든 베르사유 궁전이든 건축물을 세우는 주요한 동인은 오만, 야망, 질투, 이웃에 대한 증오 등 매우 저속한 것들이었다. 거대한 건축물의 비범함은 그 목적이 비합리적일 때에야 비로소 드러날 수 있었다.

....
과도한 사치 취향

도를 넘는 욕망, 즉 사치 취향. 이것도 분명 인간의 역사를 추동한 어리석음의 하나다. 이탈리아가 낳은 세계적 역사학자 카를로 마리아 치폴라Carlo Maria Cipolla(『인간의 어리석음에 관한 법칙』의 저자이기도 하다)는 『중세 경제 발전에서 후추의 역할』로 훌륭한 증거를 제시했다. 그는 대항해 시대는 지식의 갈증이나 모험의 열망 같은 동기 때문이 아니라 무엇

---

* 원시인이 거대한 자연석을 써서 만든 석주.

SPICES.

보다도 세상 반대편에서 생산되는 향신료(후추, 정향, 육두구)를 얻어 유럽 귀족의 식탁을 풍성하게 하기 위해 시작되었다고 주장했다. 더 광범위하게 애초에 국제 관계에서 탄생한 자본주의는 커피, 차, 비단, 향신료, 도자기와 같은 사치품을 거래하기 위해 발전했다는 것이다.

사치가 역사의 원동력이다? 이러한 현상은 다른 시대에서도 관찰할 수 있다. 일례로 야금술은 실용적인 목적에서, 즉 도구나 무기를 만들기 위해 시작된 것이 아니었다. 인류 최초로 채굴되고 가공된 금속인 구리는 실제 도구로 사용하기에는 너무 부드러웠다. 그래서 구리는 수백 년간 보석과 장신구를 만드는 데 쓰였다. 유리도 마찬가지로 용기나 창문으로 사용되기 한참 전에는 구슬로 만들어졌다.

인류의 수많은 위대한 발명품이 실용성보다 사치 취향 때문에 탄생했다. 초기의 자동차는 한 지점에서 다른 지점으로 가기 위한 교통수단이 아니라 부유한 사람들이 부를 과시하는 수단이었다.[178]

비극적 열정

혁명은 역사를 이해할 때 우선적으로 고려되는 요소 중 하나다. 프랑스혁명이 수많은 이론의 해석 대상인 것도 그 때문이다. 어떤 이론은 사상(앙시앵 레짐의 몰락에 결정적인 역할을 한 계몽주의)이 프랑스혁명에 결정적인 역할을 했다고 주장하고, 또 어떤 이론에 따르면 현실적인 이유(경제 위기와 민중의 빈곤) 때문에 프랑스혁명이 발발했다고 한다. 또 어떤 이론은 사회의 주도권을 잡으려 한 신흥 부르주아 계급의 등장을 혁명의 원인으로 보기도 하고, 정치(소수의 반란세력이 권력을 장악한 것)를 프랑스혁명의 가장 큰 원인으로 지목하는 이론도 있다.

그런데 오늘날 역사학자들은 감정의 역할을 강조한 새로운 역사 해석을 제시한다. 일례로 미국 역사학자 티모시 태킷Timothy Tackett은 프랑스혁명기의 공포정치가 1792년 파리를 뒤덮은 공포 분위기에서 비롯되었다고 지적했다. 당시 파리는 외국 군대가 코앞까지 진격해 혁명파를 위협했고 반혁명파가 다시 권력을 잡고 복수할 것이라는 소문이 파다하게 퍼져 있었다. 이러한 공포 분위기는 눈엣가시였던 반혁명파를 숙청하기 위한, 1792년 9월 학살* 같은 피비린내 나는 사건이 발생하는 데 유리하게 작용했다.

분노, 공포, 증오나 원한 같은 감정이 소문에 의해 선동되었다. 물론 주로 반란세력이 조작한 소문이었다. 이것은 종교전쟁에서 르완다 대학

---

* 파리에서 수많은 죄수가 학살된 사건. 왕정이 전복된 뒤에 이루어진 파리 시민의 집단적 의사표시로서 프랑스 혁명에서 '첫 번째 공포정치'로 불릴 만큼 중요한 사건이다. 당시 민중은 정치범들이 반혁명 음모에 가담하기 위해 감옥에서 봉기를 일으킬 계획을 세우고 있다고 믿고 공격 및 살해를 감행했다.

살에 이르기까지, 1930년대 파시즘의 부상에서 오늘날 포퓰리즘의 도약에 이르기까지 역사의 다른 수많은 암울한 사건에 적용할 수 있는 분석이다. 동서고금을 막론하고 지도자들은 '비극적 열정'을 가지고 노는 법을 완벽하게 알고 있었다.

자, 이제 요약해보자. 무분별, 그릇된 이데올로기, 오만, 사치 취향과 비극적 열정은 역사의 원동력을 이해하는 데 무시할 수 없는 요소다. 이를 또 다른 형태의 '어리석음'이라 부를 수 있다면, 어리석음은 분명 역사를 추동하는 원동력 중 하나일 것이다. 어리석음이 역사의 유일한 원동력이라는 말이 아니다! 다만 그에 대해 충분히 생각해야 한다는 말이다. 윈스턴 처칠도 자신의 방식대로 이렇게 말하지 않았던가.

인간사에서 어리석음의 지분은 늘 악의 지분보다 크다.

주석

• • •

어리석음의 기원을 찾아서

1 이 장의 참고문헌은 다음과 같다.

P. Clastres, *La société contre l'État-Recherches d'anthropologie politique*, Éditions de Minuit, 1974.

J.-P. Demoule, *Les dix millénaires oubliés qui ont fait l'histoire: Quand on inventa l'agriculture, la guerre et les chefs*, Fayard, 2017.

J.-P. Demoule, D. Garcia & A. Schnapp (dir.), *Une histoire des civilisations: Comment l'archéologie bouleverse nos connaissances*, La Découverte, 2018.

M. Sahlins, *Âge de pierre, âge d'abondance: L'économie des sociétés primitives*, Gallimard, 1976.

J. Scott, *Homo Domesticus: Une histoire profonde des premiers États*, La Découverte, 2019.

어리석음, 인간만의 특성일까

2 A. E. Parrish, S. F. Brosnan & M. J. Beran, "Do you see what I see? A comparative investigation of the Delboeuf illusion in humans (Homo sapiens), rhesus monkeys (Macaca mulatta), and capuchin monkeys (Cebus apella)", *Journal of Experimental Psychology: Animal Learning and Cognition*, 41, pp. 395–

405, 2015. Illustration issue de l'article.

3 A. E. Parrish & M. J. Beran, "When less is more : Like humans, chimpanzees (Pan troglodytes) misperceive food amounts based on plate size", *Animal Cognition*, 17, pp. 427-434, 2014.

4 I. Barbet & J. Fagot, "Perception of the corridor illusion by baboons (Papio papio)", *Behavioural Brain Research*, 132 (1), pp. 111-115, 2002. Illustration issue de l'article.

5 T. Imura, M. Tomonaga & A. Yagi, "The effects of linear perspective on relative size discrimination in chimpanzees (Pan troglodytes) and humans (Homo sapiens)", *Behavioural Processes*, 77(3), pp. 306-312, 2008.

6 A. E. Parrish, C. Agrillo, B. M. Perdue & M. J. Beran, "The elusive illusion: Do children (Homo sapiens) and capuchin monkeys (Cebus apella) see the Solitaire illusion?", *Journal of Experimental Child Psychology*, 142, pp. 83-95, 2016. Illustration issue de l'article.

7 T. Gilovich, R. Vallone & A. Tversky, "The hot hand in basket-ball : On the misperception of random sequences", *Cognitive Psychology*, 17, pp. 295-314, 1985.

8 T. C. Blanchard, A. Wilke & B. Y. Hayden, "Hot-hand bias in rhesus monkeys", *Journal of Experimental Psychology : Animal Learning and Cognition*, 40(3), pp. 280-286, 2014.

9 M. Allritz, J. Call & P. Borkenau, "How chimpanzees (Pan troglodytes) perform in a modified emotional stroop task", *Animal Cognition*, 15, pp. 1-15, 2015.

10 E. Drozda-Senkowska, "Connerie et biais cognitifs" in J.-F. Marmion (sous dir.), *Psychologie de la connerie* (pp. 83-96), Éditions Sciences Humaines, 2018.

11 E. J. Bethell, A. Holmes, A. MacLarnon & S. Semple, "Cognitive bias in a

non-human primate : Husbandry procedures influence cognitive indicators of psychological well-being in captive rhesus macaques", *Animal Welfare*, 21, pp. 185-195, 2012.

12 E. J. Bethell, A. Holmes, A. MacLarnon & S. Semple, "Evidence that emotion mediates social attention in rhesus macaques", *PLoS ONE*, 7(8): e44387, 2012.

어리석은 인류의 네 가지 에피소드

13 자신에 대해 너무 진지하게 생각하는 원숭이의 이야기에 대해서는 다음을 참조하라. L. Testot, *Cataclysmes: Une histoire environnementale de l'humanité*, Payot, 2017. 이 이야기는 유발 하라리의 『사피엔스』(2015)로 완결된다.

14 M. Sahlins, *Âge de pierre, âge de l'abondance: L'économie des sociétés primitives*, 1972, trad. fr. Gallimard, 1976.

15 이 과정에 대한 설명을 보려면 다음을 참조하라. J. C. Scott, *Homo domesticus: Une histoire profonde des premiers États*, 2017, trad. fr. M. Saint-Upéry, La Découverte, 2019.

16 C. Theofanopoulou *et al.*, "Self-domestication in Homo sapiens : Insights from comparative genomics", *Plos One*, 18 octobre 2017. 이 이야기는 다음으로써 완결된다. R. Wrangham, *The Goodness Paradox: How evolution made us more and less violent*, Profile Books, 2019.

17 T. Phillips, *Et merde ! Comment l'histoire montre que l'erreur est humaine*, 2019, trad. fr. G. d'Amico et L. Videloup, Vuibert, 2019.

18 법인의 정신병리학적 본질을 이해하는 데 도움을 준 P.-H. Gouyon에게 감사드린다.

19 다큐멘터리 영화 〈자본 권력The Corporation〉(2003) 또는 다음 책을 참조하라. J. Bakan, *La Corporation: La soif pathologique de profit et de pouvoir*,

Transcontinental, 2004.

파라오 시대의 멍청이

20 E. Hornung, "Der ägyptische Mythos von der Himmelskuh", *Orbis Biblicus et Orientalis*, 46, 1982.

21 M. Broze, *Les aventures d'Horus et Seth dans le Papyrus Chester Beatty I, Mythe et roman en Égypte ancienne*, "Orientalia Lovaniensia Analecta 76", Peeters, 1996.

22 P. Vernus, *Sagesses de l'Égypte pharaonique*, Actes Sud, 2001.

23 P. Grandet, *Contes de l'Égypte ancienne*, Éditions Khéops, 2005, pp. 43-63.

24 E. Wente, *Letters from Ancient Egypt*, Society of Biblical Literature, 1990, p. 140, n° 179.

25 P. Vernus, *Affaires et scandales sous les Ramsès*, Pygmalion éditions, 1993, pp. 101-121; P. Grandet, *Ramsès III Histoire d'un règne*, Pygmalion éditions, 1993, pp. 146-147.

26 P. Grandet, *Les Pharaons du Nouvel Empire : une pensée stratégique (1550-1069 av. J.-C.)*, Éditions du Rocher, 2008, pp. 202-230.

인도 신화의 멍청이

27 D. D. Shulman, *The King and the Clown in South Indian Myth and Poetry*, Princeton University Press, 1985. 다음도 참고하라. L. Siegel, *Laughing Matters: Comic Tradition in India*, University of Chicago, 1987.

28 R. Deliege, "Les Mythes d'origine chez les Paraiyars (Inde du Sud)", *Homme*, n° 109, pp. 107-116, 1989.

29 https://www.indiatimes.com/news/india/from-ganesha-s-surgery-to-internet-in-mahabharat-times-here-are-most-epic-quotes-by-ministers-344534.html

30 https://www.theguardian.com/world/2014/oct/28/indian-prime-minister-genetic-science-existed-ancient-times

31 W. Doninger O'Flaherty, "La bisexualité dans la mythologie de l'Inde ancienne", *Diogène*, vol. 4, n° 208, 2004, pp. 58-71.

어리석음에 관한 고대 중국의 고찰

32 『맹자』 「등문공 하」 54장.

33 『논어』 「양화」 16장.

34 『논어』 「선진」 18장.

35 『논어』 「위정」 9장.

36 『논어』 「공야장」 21장.

37 『맹자』 「공손추 상」 2장.

38 『한비자』 「오두」.

39 『한비자』 「외저설 좌상」.

40 『여씨춘추』 「자지」 14장.

41 『한비자』 「외저설 좌상」.

42 『노자』 20, 38, 65장 참조.

43 『장자』 외편 「천지」.

44 『장자』 외편 「천운」.

불교는 어리석음을 어떻게 볼까

45 J.-S. Bérubé, *Comment je ne suis pas devenu moine*, Futuropolis, 2017.

46 M. Kock, *Yoga: Une histoire-monde*, La Découverte, 2019.

47 Brian Victoria, *Le Zen en guerre: 1868-1945*, Seuil, 2001.

48 B. Faure, *Bouddhismes, philosophies et religions*, Flammarion, 1998.

49 Marion Dapsance, *Qu'ont-ils fait du bouddhisme? Une analyse sans concession du*

bouddhisme à l'occidentale, Bayard, 2017.

그리고 신은 명청이를 창조했다

50 이 장의 참고문헌은 다음과 같다.

C. Michon et D. Moreau (dir.), *Dictionnaire des monothéismes*, Seuil, 2013.

F. Lenoir et Y. Tardan-Masquelier (dir.), *Encyclopédie des religions*, Bayard, 2000.

고대 그리스의 명청이

51 M. Détienne et J.-P. Vernant, *Les ruses de l'intelligence: La mètis des Grecs*, Flammarion, 2009 [1974].

52 헤시오도스, 「신통기」.

53 헤시오도스, 「일과 날」.

54 P. Borgeaud, "Le rustre", in Jean-Pierre Vernant (dir.), *L'Homme grec*, Seuil, 1993, pp. 263-279; F. Hartog, *Mémoire d'Ulysse: Récits sur la frontière en Grèce ancienne*, Gallimard, 1996.

55 I. M. Konstantakos, "Aspects of the figure of the agroikos in ancient comedy", *Rheinisches museum für philologie*, 148-1, 2005, pp. 1-26.

56 P. Borgeaud, *op. cit.*

57 『니코마코스 윤리학』 1128a9.

58 L. Jerphagnon, "Platon et les Elithioi", *Revue de Métaphysique et de Morale*, 76, 1971, pp. 24-31.

59 *Idem.*

60 D. Lenfant, *Pseudo-Xénophon. Constitution des Athéniens*, Les Belles Lettres, 2017.

61 D. Levystone, "La constitution des Athéniens du pseudo-xénophon. D'un

despotisme à l'autre", *Revue Française d'Histoire des Idées Politiques*, 21-1, 2005, pp. 3-48.

62 *Idem.*

63 디오게네스 라에르티오스, IV, 8.

64 디오게네스 라에르티오스, VI, 6.

65 크세노폰,『소크라테스의 회상』, I, 2, 9.

66 크리톤, 48c.

67 P. Guillon, *La Béotie antique*, Les Belles Lettres, 1948; F. Hartog, *op. cit.*

68 아리스토파네스,「아카르나이의 사람들」, 738절.

69 데모스테네스, XVII, 23.

70 유베날리스,『풍자시집』10장 50절; 키케로,「아티쿠스에게 보낸 편지」, 4장 16절.

71 「고기에 관해」, 995e.

72 P. Guillon, *op. cit.*

73 「프로타고라스」346c.

성차별의 파란만장한 연대기

74 I. Jablonkla, *Des Hommes justes: Du patriarcat aux nouvelles masculinités*, Seuil, 2019.

75 다음을 보라. *Histoire de pionnières*, éd. Sciences Humaines, 2018.

76 B. Dumézil, *La Reine Brunehaut*, Fayard, 2008.

77 É. Viennot, *Et la modernité fut masculine*, Perrin, 2016.

78 D. Crouzet, "Catherine de Médicis, Machiavel au féminin?", *Sciences Humaines* n° 295, *Les grands mythes de l'histoire de France*, 2018.

79 D. Godineau, "Olympe de Gouges", in C. Bard et S. Chaperon (dir.), *Dictionnaire des féministes*, Puf, 2017.

80 É. Badinter, "Émilie du Châtelet: Une femme dans tous ses états" in *Histoires de pionnières*, *op.cit.*

81 O. Gazalée, *Le Mythe de la virilité*, Robert Laffont, 2017.

82 O. Gazalée에서 재인용.

계몽주의와 멍청이의 대결

83 J. d'Alembert, *Discours préliminaire des éditeurs de 1751 et articles de l'Encyclopédie introduits par la querelle avec le Journal de Trévoux*, Paris, 1999 et poche Champion 2011.

84 다음을 참조하라. *D'Alembert et la mécanique de la vérité dans l'Encyclopédie*, 1999, p. 380 sqq.

85 *Mémoire pour servir à l'histoire des Cacouacs*, Genève, 1968.

86 J. d'Alembert, *Mélanges de Littérature, d'Histoire et de Philosophie*, Classique Garnier, 2018, pp. 196-197.

87 "Imbécile", VIII, 565.

88 "Connexion", III, 889a.

19세기, 의학적 어리석음의 엘도라도

89 E. Apert, *L'hérédité morbide*, 1919, p. 1.

90 A. Viaud-Conand, "Castrons les Apaches", *Chronique médicale*, 15 avril 1909, p. 242; C. Richet, "La sélection humaine", *Eugénique et sélection*, 1922, p. 54.

91 C. Féré, *L'instinct sexuel*, 1899, p. 104.

92 Dr Cazalis. 다음에서 인용. C. Valentino, *Le secret professionnel en médecine*, 1903, p. 29.

93 이 장의 참고문헌은 다음과 같다.

S. Barles, *La ville délétère*, Champ Vallon, 1999.

A. Carol, *Histoire de l'eugénisme. Les médecins et la procréation*, Seuil, 1995.

O. Faure, *Histoire sociale de la médecine (xviii e-xxe siècles)*, Anthropos/Economica, 1994.

J.-B. Fressoz, "Circonvenir les circumfusa. La chimie, l'hygiénisme et la libéralisation des ≪choses environnantes≫: France, 1750-1850", *Revue d'histoire moderne & contemporaine*, 2009/4 (n° 56-4), pp. 39-76.

J. Léonard, *La médecine entre les pouvoirs et les savoirs*, Aubier, 1981.

1920년대를 덮친 백치증의 공포

94 A. de Baecque, *Les Crétins des Alpes*, Librairie Vuibert, 2018.

95 L. Trotski, *La Révolution espagnole et ses dangers*, Paris, 1931, p. 7.

96 A. Sirven, *Les Crétins de province*, Paris, 1865.

97 C. Bertola, *Les jurons, le corps et les corps de métier*, Presses universitaires de Genève, 2016.

98 A. Landot, "Bachi Bouzouk et autres Tonnerres de Brest: des insultes géographiques", *Les Géographies de Tintin*, Éditions du CNRS, 2018.

99 A. Algoud, *Dictionnaire amoureux de Tintin*, Plon, 2016, p. 188; 같은 저자, *Le Petit Haddock illustré*, Casterman, 1988.

100 É. Brami, *Céline, Hergé et l'affaire Haddock*, éd. Ecritures, 2004.

101 "Allons-nous vers le crétinisme?", *Les Marges*, n° 159-160, septembre-octobre 1927.

102 P. Cardon, "Les Marges, 1926: la querelle André Gide-Eugène Montfort", *Cahiers Gai Kitsch Camp*, n° 19, 1993.

103 니콜라 세귀르Nicolas Ségur와의 인터뷰. 다음에서 재인용했다. *Les Marges*, *op. cit.*, pp. 6-7.

104 *Ibid.*, p. 7.

105 P. Souday, "La mort d'Anatole France", *Le Temps*, 14 octobre 1924.

106 *Un cadavre*, imprimerie spéciale de Cadavre, 1924, p. 4.

107 *Les Marges, op. cit.*, p. 7.

댄디는 멍청이였을까

108 다음을 보라. *Dictionnaire du dandysme*, (sous dir. A. Montandon), Honoré Champion, 2016.

109 "10년 전부터 영국은 프랑스에 소소한 단어 두 가지를 선물해주었다. 겉멋을 부리는 사람들을 일컫는, 꽤나 저속한 어원의 '멋 부리는 왕당파', '튀지 않고는 못 배기는 건달', '우아한 체하는 한량'에 이어서 등장한 '댄디'와 '우아한 멋쟁이'라는 단어다. (중략) 예술작품과 하찮은 물건을 동시에 탐하는 이 우아한 멋쟁이가 파리를 재미있는 곳으로 만들어 주면, 시골 사람들은 그 재미를 쉽게 포기하지 못한다." H. de Balzac, *Albert Savarus*, in *OEuvres complètes*, A. Houssiaux, 1855, I, 419.

110 J. Zanetta, "Les parias nombreux de l'intelligence", *En attendant Nadeau*, été 2018.

연극과 영화 속의 반유대주의와 호모포비아

111 Paul Morand, *Journal inutile tome II*, Gallimard, 2001, p. 234.

112 G. de Pawlowski, *Comoedia*, 7 juin 1913.

113 P. Gsell, *Le Théâtre*, Grasset, 1925.

114 P. Brisson, *Le Temps*, 27 avril 1929.

115 R. Wisner, *Carnet*, 5 mai 1929.

116 Fonds Rondel, Bnf8-Rf-57807의 언론 리뷰선(選)에서 인용.

117 É. Mas, *Comoedia*, 27 avril 1929.

118 피에르 사파티에의 연극에 관한 막스 프랑텔Max Frantel의 글. *Comœdia*,

1933. 4. 8.

119 다음의 반유대주의 저서 2부 2장의 제목을 인용했다. Lucien Rebater, *Les Tribus du cinéma et du théâtre*, Nouvelles éditions françaises, 1940.

120 다음 책에서 재인용했다. J.-P. Jeancolas, *Le Cinéma des Français, 15 ans d'années trente (1929-1944)*, éditions Nouveau Monde, 2005, p. 106.

121 Dalio, *Mes Années folles*, Jean-Claude Lattès, 1976.

122 F. Garçon, *De Blum à Pétain*, éditions du Cerf, 1984, p. 175.

123 *Moïse et Salomon parfumeurs*, SCEN 1788-B529, La Cinémathèque française.(시나리오)

124 R. Girard, "Une Farce sur les Juifs", *Cinémonde* n° 107, 6 novembre 1930.

125 P. Brisson, "Chronique des spectacles", *Le Figaro*, 27 novembre 1938.

인간은 원래 폭력적일까

126 Beeching A. *et al.*, "Le Gournier : historique des recherches et présentation d'un "grand site" chasséen en vallée du Rhône", *D.A.R.A.* 34, 2010, pp. 187-205.

127 Charles Darwin note écrite en 1837 sur une page d'un de ses carnets cité dans P. H. Barrett, *et al.* (dir.), *Charles Darwin's Notebooks*, 1836-1844: …, British Museum (Natural History), Cambridge University Press, 1987, p. 123.

128 *Totem et Tabou*, 1912 cité dans R. Corbey "Freud et le sauvage" in *Des sciences contre l'homme*, Vol. II : *Au nom du bien*, C. Blanckaert dir., *Autrement, Sciences et société*, 1993, pp. 83-103.

129 P. Karli, *Les racines de la violence: Réflexions d'un neurobiologiste*, Odile Jacob, 2002.

130 F. de Waal, *Le Singe en nous*, Hachette, "Pluriel", 2011.

131 이 장의 참고문헌은 다음과 같다.

B. Boulestin, *Approche taphonomique des restes humains: Le cas des mésolithiques de la grotte des Perrats et le problème du cannibalisme en préhistoire récente européenne*, Oxford, BAR International Series 776, 1999.

J. Guilaine et J. Zammit, *Le sentier de la guerre: Visages de la violence préhistorique*, Le Seuil, 2001.

C. Jeunesse, *Pratiques funéraires au Néolithique ancien : sépultures et nécropoles danubiennes*, Errance, 1997.

L. H. Keeley, *Les guerres préhistoriques*, Perrin, coll. Tempus, 2009.

전쟁이란 얼마나 어리석은 짓인지

132 Jacques Prévert, "Barbara", *Paroles*, Gallimard, 2007.

133 J.-P. Sartre, *Le Sursis: Les Chemins de la liberté* II, Gallimard, 1945.

20세기의 맹목

134 P. Valéry, *Regards sur le monde actuel*, 1931의 서문. H. Laurens, *L'Empire et ses ennemis*, Le Seuil, 2013에서 재인용.

135 이에 관해서는 다음을 참조하라. J.-B. Duroselle, *La Décadence*, Imprimerie nationale, 1981; 같은 저자, *L'Abîme, ibid.*, 1982; R. Frankenstein, *Le Prix du réarmement français, 1935/1939*, Publications de la Sorbonne, 1982; M. Ferro, *Pétain*, Fayard, 1987, 같은 저자, *Pétain en vérité*, Tallandier, 2013, p. 59.

136 *Idem*; C. Galeazzo Ciano, *Journal politique (1939-1941)*, vol. 2, La Baconière, 1946.

137 A. Nekritch, *L'Armée rouge assassinée*, Grasset, 1968; J.-J. Marie, *Staline*, Fayard, 2001; N. Werth, *Histoire de l'Union soviétique*, Puf, 2001. 앞의 두 주석의 내용도 참조할 것.

138 L. Schapiro, *Les Bolcheviks et l'opposition*, 1957; N. Werth, P. Rotman, F.

Aymé, *Goulag, une histoire soviétique*, Arte Ed., Seuil, 2019; G. Rittersporn, *Anguish, Anger and Folkways in Soviet Russia*, Univ. of Pittsburgh Press, 2014. 앞 주석의 작품들도 참조할 것.

139 국립문서보관소 현장보고서, F7 12891. M. Ferro, *L'Occident devant la révolution soviétique*, Complexe, 1991에서 인용.

140 P. Pascal, *En Russie rouge*, Librairie de l'humanité, 1921. 15년 후에 수용자는 수백만 명이 되었다. 이에 대해서는 다음을 참조할 것. F. Kupferman, *Au pays des soviets*, rééd, Tallandier, 2007; S. Coeuré et R. Mazuy, *Cousu de fil rouge: Voyage des intellectuels français en Union soviétique*, CNRS, 2012; E. Morin, *Autocritique*, Seuil, rééd. 2012. 자유롭게 자기 생각을 표현할 때 받은 대우에 대해서는 다음을 참조할 것. F. Mourmant, *Au pays de l'avenir radieux: URSS, Cuba, Chine*, Aubier, 2000.

141 S. Leys, *Le Studio de l'inutilité*, Flammarion, 2012.

142 M. Foucault, "A quoi rêvent les Iraniens?", *Nouvel Observateur*, 16 octobre 1978. 훗날 푸코는 이에 대해 자기비판을 했지만, 논쟁의 여지는 여전히 남아 있다.

어리석은 프랑스의 아프리카 식민사

143 F. Gaspard (dir.), *Maurice Viollette, 1870-1960: de Dreux à Alger*, L'Harmattan, 1991.

144 J. Marseille, *Empire Colonial et capitalisme français: Histoire d'un divorce*, Albin Michel, 1984.

145 Loi no 90-615, 13/07/1990, tendant à réprimer tout acte raciste, antisémite ou xénophobe.

146 Loi du 29/01/2001. Article unique : "La France reconnaît publiquement le génocide arménien de 1915".

147 Loi n° 2005-158, 23/02/2005, portant reconnaissance de la Nation et contribution nationale en faveur des Français rapatriés. L'alinéa de l'article 4 concerné a été abrogé par décret le 15/02/2006.

148 다음과 같은 예가 있다. *Pour en finir avec la repentance coloniale*, D. Lefeuvre, 2006; *La France perd la mémoire*, J.-P. Rioux, 2006; *Fier d'être français*, M. Gallo, 2006; *L'âme de la France, une histoire assassinée*, M. Gallo 2007). Sur une liste plus complète cf. C. Coquery-Vidrovitch, *Les enjeux de l'histoire coloniale*, Agone, 2009, pp. 134-135.

149 Stéphane Courtois *et al.*, *Le Livre noir du communisme: Crimes*, terreur, répression, Collectif d'universitaires, Éditions Robert Laffont, 1997. 공산주의의 이름으로 자행된 잔혹한 만행에 대한 학술 기록 보고서로 저명한 프랑스 역사학자 11인의 공저로 1997년 출간되었다. 발간 2년 만에 20만 권 이상 판매되면서 프랑스 지식인 사회에 큰 반향을 불러일으켰다. 미국 하버드대학교 출판부는 이 책을 공산주의 연구의 중요 저작이라 판단해 *The Blackbook of Communism: Crimes, Terror, Repression*라는 제목으로 1999년 번역 출간하기도 했다.

150 M. Ferro (dir.), *Le livre noir du colonialisme: xvie-xxie siècle, de l'extermination à la repentance*, Robert Laffont, 2003.

151 E. Said, *L'orientalisme: L'orient créé par l'Occident*, Seuil, 2005.

152 V. Mudimbe, *The Invention of Africa. Gnosis, Philosophy, and the Order of Knowledge*, Indiana UP, 1988; *The Idea of Africa*, Indiana UP, 1994.

153 꼽자면 다음과 같다. J.-L. Amselle, *L'Occident décroché: Enquête sur les postcolonialismes*, Stock, 2008; J.-F. Bayart, *Les études postcoloniales, un carnaval académique*, Karthala, 2010; Y. Lacoste, *La question post-coloniale : une analyse géopolitique*, Fayard, 2010.

154 C. Boidin, "Études décoloniales et postcoloniales dans les débats français",

Cahiers des Amériques latines, n° 62, 2009, pp. 129-140.

155 C. Mencé-Caster et C. Bertin-Elisabeth, "Approches de la pensée décoloniale", *Archipélies*, mai 2018. https://www.archipelies.org/189

호모 쓰레기쿠스의 기나긴 역사

156 *Techniques de l'ingénieur*, 01/08/2018.

157 AFP, 21/01/2018.

158 *La Dépêche*, 12/12/2018.

159 *Reporterre*, 23/10/2018.

160 출처는 https://www.planetoscope.com/

161 A. Bogaard *et al.*, "Crop manuring and intensive land management by Europe's first farmers", *Proceedings of the National Academy of Sciences*, 110.31 (2013) : 12589-12594.

트랜스휴머니즘, 어리석음의 미래일까

162 O. Rey, *Leurre et malheur du transhumanisme*, Desclée de Brouwer, 2018. 앞의 말은 2019년 3월 27일 디드로연구소l'Institut Diderot에서 열린 컨퍼런스에서 한 말이다.

163 M. O'Connell, *To be a machine: Adventures among cyborgs, utopians, hackers, and the futurists solving the modest problem of death*, Granta Publications, 2017.

164 J. Pugh, L. Pycroft, A. Sandberg, Y. Aziz & J. Savulescu, *Brainjacking in deep brain stimulation and autonomy*, Ethics and information technology, 2018.

165 E. de Castex, *Nick Bostrom: un transhumanisme pile et face*, Blog Anthropotechnie, 10 juillet 2016. http://www.anthropotechnie.com/portait-nick-bostrom-un-transhumanisme-pile-et-face/

166 N. Bostrom, T. Ord, "The reversal Test: Eliminating Status Quo Bias in

Applied Ethics", *Ethics*, juillet 2006, no. 116, pp. 656-679.

167 N. Le Dévédec, *La société de l'amélioration: La perfectibilité humaine des Lumières au transhumanisme*, Liber, 2016.

168 N. Bostrom, *Superintelligence, Paths, Dangers, Strategies*, Oxford University Press, 2014.

169 G. Hottois, *Philosophie et idéologies trans/posthumanistes*, Vrin, 2017.

170 *Ibid.*, p. 291.

171 M. J. Sandel, *The Case Against Perfection: Ethics in the Age of Genetic Engineering*, Harvard University Press, 2007.

172 J. Habermas, *L'Avenir de la nature humaine: Vers un eugénisme libéral?*, Gallimard, 2002.

173 A. Bardon, *Les Arguments religieux dans la discussion politique: Une théorie de la justification publique*, thèse de doctorat en science politique, Institut d'études politiques, 2014.

174 "유기체는 알고리즘이고 기린, 토마토, 인간은 그저 데이터를 처리하는 다른 방식에 불과하다는 개념에 동의하지 않는 사람도 있을 것이다. 그러나 이것이 현재의 과학적 신념이며 세계를 알아볼 수 없을 정도로 바꾸고 있다는 사실을 알아야 한다." Y. Harari, *Homo deus*, 2015, p. 435.

어리석음, 역사의 원동력

175 Yuval Noah Harari, *Sapiens: A Brief History of Humankind*, Harper, 2014.

176 R. Bregman, *Les Utopies réalistes*, Seuil, 2017.

177 G. Duby, *Le temps des cathédrales*, Gallimard, 1976.

178 J.-F. Dortier, "Le luxe moteur du progrès", *Les Grands dossiers des Sciences Humaines*, n° 38, 2015.

저자 소개

• 마르틴 그루Martine Groult

프랑스국립과학연구원CNRS 명예 철학 연구원이자 '샤를 조셉 팡쿠크와 체계적인 백과전서Panckoucke et l'Encyclopédie méthodique' 연구그룹 책임자이다. 캐나다 유네스코UNESCO 석좌 프로그램 철학 분야 연구원이며 2000년부터 2009년까지 문학역사잡지 『디즈위티엠므 시에클Dix-huitième siècle』 편집장을 지냈다. 1982년부터 시카고대학교와 ARTFL(프랑스어 중요 문서 연구를 위한 미불 공동 연구) 프로젝트의 일환으로 『백과전서』 디지털화 작업을 진행하고 있다. 주요 저작으로 『달랑베르, 그리고 백과전서에서의 진리의 작동D'Alembert et la mécanique de la vérité dans l'Encyclopédie』(1999), 『백과전서 또는 영역의 창조Encyclopédie ou la création des disciplines』(2003), 『지식과 영역Savoir et Matières』(2011), 『샤를 조셉 팡쿠크와 체계적인 백과전서Panckoucke et l'Encyclopédie méthodique』(2019)가 있다.

• 오렐리 다메Aurélie Damet

파리 제1대학교 팡테옹소르본 연구교수로 인류학 및 고대사 연구소ANHIMA 회원이다. 고전기 그리스 시대 전문가이며 『일곱 번째 문, 고전기 아테네에서의 파벌 경쟁La septième porte, Les conflits familiaux dans l'Athènes classique』(2012), 『그리스와 이탈리아의 가족과 사회Famille et société dans le monde grec et en Italie』(공저, 2019)를 썼다. 고대 사회에서의 모욕, 우생론, 족벌정치, 은둔이라는 주제에 천착하고 있다.

• 장프랑수아 도르티에Jean-François Dortier

인문사회과학 잡지『시앙스 위멘Sciences humaines』, 심리학 잡지『르세르클 프시Le cercle psy』 창간자 겸 대표. 다수의 저작을 출간했으며 주요 저작으로『인류 기원 혁명Révolution dans nos origines』(2012),『인류 매뉴얼Les Humains, mode d'emploi』(2009)이 있다.

• 롤프 도벨리Rolf Dobelli

작가, 경영인. 스위스 장크트갈렌대학교에서 경영학을 공부했고 스위스 항공그룹 산하 여러 계열사에서 CEO를 역임했다. 전 세계를 돌며 강연, 토론 등을 통해 분야의 경계를 허물고 새로운 지식과 경험을 공유하는 활동을 하고 있다. 경제·문화·과학 분야 대표 지식인으로 구성된 국제단체 취리히마인즈ZURICH MINDS를 설립했고 현재는 세계적인 지식 교류 커뮤니티 월드마인즈 WORLD.MINDS 대표와 세계 최대 전자도서관 겟앱스트랙트getAbstract의 공동설립자를 맡고 있다. 주요 저작으로『스마트한 생각들Die Kunst des klaren Denkens』(2011; 걷는나무, 2012),『스마트한 선택들Die Kunst des klugen Handelns』(2012; 걷는나무, 2013),『불행 피하기 기술Die Kunst des guten Lebens』(2017; 인플루엔셜, 2018),『그런데, 삶이란 무엇인가Fragen An Das Leben』(2014; 나무생각, 2018),『그런데, 나는 누구인가Wer Bin Ich?』(2007; 나무생각, 2018),『뉴스 다이어트Die Kunst des digitalen Lebens』(2019; 갤리온, 2020)가 있다.

• 브뤼노 뒤메질Bruno Dumézil

소르본대학교 중세역사학 교수. 서양 중세 초기에 관련된 다수의 저작을 출간했다. 주요 저서로『유럽 기독교의 근원: 야만족 왕국에서의 개종과 자유Les racines chrétiennes de l'Europe: Conversion et liberté dans les royaumes barbares V-VIIIe siècle』

(2005), 『고대 고관에서 중세 귀족까지, 프랑크 왕국을 중심으로*Servir l'Etat barbare dans la Gaule franque*』(2013), 『야만족*Les Barbares*』(공저, 2016)이 있다.

• 크리스티앙 뒤케누아Christian Duquennoi

국립환경농업과학기술연구소Irstea 연구원이자 생물공정 및 폐기물 재활용 전문가. 『쓰레기, 빅뱅에서 현재까지*Les Déchets, du big bang à nos jours*』(2015)를 출간했고 『쓰레기, 생각을 바꾸라!*Déchets, changez-vous les idées!*』(2018)를 감수했다.

• 장폴 드물Jean-Paul Demoule

파리 제1대학교 팡테옹소르본 고고학 명예교수이며 프랑스 고등교육 연구소 명예회원이다. 국립 예방고고학 연구원Inrap 원장을 지내기도 했다. 프랑스, 그리스, 불가리아에서 고고학 발굴작업을 지휘했으며 신석기 및 철기 시대를 비롯해 고고학의 역사와 사회적 역할에 관한 연구에 몰두하고 있다. 30여 권의 저작을 펴냈으며 최근 저작으로는 『인도유럽어족은 어디로 갔나: 서양의 기원 신화*Mais où sont passés les Indo-Européens? Le mythe d'origine de l'Occident*』(2014), 『역사를 만든 수만 년: 농업, 우두머리, 전쟁이 발명되었을 때*Les dix millénaires qui ont fait l'histoire: Quand on inventa l'agriculture, les chefs et la guerre*』(2017), 『문명의 역사: 고고학은 어떻게 우리의 지식을 전복시키는가*Une histoire des civilisations: Comment l'archéologie bouleverse nos connaissances*』(공저, 2018), 『보물들! 고고학을 만든 크고 작은 발견들*Trésors! Les petites et grandes découvertes qui font l'archéologie*』(2019) 등이 있다.

• 앙투안 드베크Antoine de Baeque

역사학자. 프랑스 혁명기와 18세기 계몽주의 시대 전문가이며 프랑스 누벨바그영화 전문가이기도 하다. 최근 저작으로 『알프스 횡단*La traversée des Alpes*』(2014), 『소름끼치는 혁명*La Révolution terrorisée*』(2017), 『알프스 백치증 환자의 역사*Histoire des crétins des Alpes*』(2018), 『미식가의 나라 프랑스*La France gastronome*』
(2019)가 있다. 『모나 오주프, 어느 여성 사학자의 초상*Mona Ozouf, portrait d'une historienne*』(2019)을 기획·출간하기도 했다. 〈파리의 밤들, 팔레 루아얄에서 호화호텔까지*Les Nuits parisiennes, du Palais Royal au Palace*(2018), 〈마리 앙투아네트, 이미지의 변신 *Marie-Antoinette, métamorphoses d'une image*〉(2019~2020) 등의 전시를 기획했다. 현재 파리고등사범학교*Ecole normale supérieure, ENS* 예술학부 교수로 재직 중이다.

• 엘리자베스 드카스텍*Elisabeth de Castex*

정치학 박사이자 휴먼 증강 문제를 다루는 우파 성향 싱크탱크 정치쇄신재단
Fondapol 블로그(http://www.anthropotechnie.com)의 책임자로 과학위원회에서 활동하고 있다. 시앙스포 파리*Science Po Paris* 박사과정 대학원에서 'N.B.I.C. 시대의 인간조건'에 관한 세미나를 공동 진행했다.

• 비르지니 라루스*Virginie Larousse*

종교사학자. 파리 제4대학교 소르본 및 에콜 뒬루브르*Ecole du Louvre*에서 수학했다. 종교 잡지 『르몽드 데를리지옹*Le Monde des Religions*』 편집장으로 일했다. 대표작으로 『기독교 교리, 선택된 단편*Théologie chrétienne, morceaux choisis*』(2014)이 있다.

• 파트릭 르무안*Patrick Lemoine*

정신과 전문의이자 신경과학 박사. 대표작으로 『정신의학의 황당한 역사*La folle histoire des idées folles en psychiatrie et Histoire de la folie avant la psychiatrie*』(공저, 2016)가 있다.

플로랑스 마뤼에졸Florence Maruéjol

파리 쿠푸 고대이집트고등연구소 교육 담당관. 주요 저작으로 『투트모세 3세와 하쳅수트의 공동섭정Thoutmosis III et la corégence avec Hatchepsout』(개정판 2014), 『고대 이집트에 관한 100가지 질문100 questions sur l'Egypte ancienne』(2014), 『문외한들을 위한 고대 이집트L'Egypte ancienne pour les nuls』(문고판 재판, 2017), 『고대 이집트의 신들과 전례Dieux et rites de l'Egypte antique』(2009)가 있다.

장프랑수아 마르미옹Jean-François Marmion

심리학자, 과학 저널리스트. 2011년부터 심리학 잡지 『르세르클 프시Le Cercle Psy』 편집장으로 일하고 있으며 2007년부터 『시앙스 위멘』에서 활동했다. 『내 주위에는 왜 멍청이가 많을까Psychologie de la connerie』(2018; 시공사, 2020)를 비롯해 다수의 저작을 기획·출간했다.

조지 마셜Geroge Marshall

작가이자 다큐멘터리 영화 제작자. 옥스퍼드 기후 변화 대응 및 정보 네트워크 Climate Outreach and Information Network(COIN) 설립자이기도 하다. 미국 그린피스 및 레인포레스트에서 환경 캠페인을 기획하고 실행했다. 대표작으로 『기후변화의 심리학: 우리는 왜 기후변화를 외면하는가Don't Even Think About It』(2014; 갈마바람, 2018)가 있다.

샹탈 메이에플랑튀뢰Chantal Meyer-Plantureux

캉노르망디대학교 공연예술과 교수. 주요 저작으로 『샤일록의 후예: 연극 무대 위의 반유대주의Les Enfants de Shylock ou l'antisémitisme sur scène』(2005), 『연극과 영화 속의 진부한 반유대주의 및 호모포비아 표현Antisémitisme, Homophobie clichés en scène et à l'écran』(2019)이 있다. 『프랑스를 만든 외국인 사전Dictionnaire des étrangers qui ont fait la France』(2013) 집필에 참여했고 『반유대주의 세계사전

Dictionnaire mondial de l'Antisémitisme』(2015) 제7권(문학, 영화, 연극, 예술 편) 집필에 참여했다.

알랭 몽탕동Alain Montandon

철학자이자 일반문학 · 비교문학 명예교수이며 프랑스 고등교육연구소 명예회원. 90권 이상의 저작을 기획 · 출간했다. 주요 저작으로 『밤의 문학사전 *Dictionnaire littéraire de la nuit*』 제2권(2013), 『문학 퇴폐사전*Dictionnaire de la caducité des genres littéraires*』(2014), 『댄디즘 사전*Dictionnaire du dandysme*』(2016)이 있다.

폴 벤Paul Veyne

콜레주드프랑스 명예교수이며 고대 로마 전문가. 주요 저작으로 『역사를 어떻게 쓰는가*Comment on écrit l'histoire*』(1970), 『빵과 서커스*Le Pain et le cirque*』(1976), 『그리스인은 그리스 신화를 믿었을까*Les Grecs ont-ils cru à leurs mythes?*』(1983), 『이 세계는 언제 기독교화되었나*Quand notre monde est devenu chrétien*』(2007)이 있다.

자크 보클레르Jacques Vauclair

심리학자. 엑스마르세유대학교 인지 · 언어 · 감정 심리학 연구소를 설립했다. CNRS 공로훈장을 받았으며 프랑스고등교육연구소 명예회원이다. 주요 저작으로 『동물의 지능*L'Intelligence de l'Animal*』(제2판 2017), 『심리학에 관한 몇 가지 신화: 늑대소년, 말하는 원숭이, 쌍둥이 소실*De quelques mythes en psychologie: Enfants-Loups, singes parlants et jumeaux fantôme*』(공저, 2016), 『동물 인지*Animal Cognition*』 (1996)가 있다.

장파트리스 부데Jean-Patrice Boudet

오를레앙대학교 중세역사학 교수로 중세 말기 주술과 점성술을 연구하고 있다. 『과학과 심령술 사이, 서양 중세 사회에서의 점성술, 예언, 그리고 마술*Entre* *science et nigromance: Astrologie, divination et magie dans l'Occident médiaval*』(2006), 『프랑스 문화역사 1권 중세시대*Histoire culturelle de la France: 1. Le Moyen âge*』(공저, 제2판 2005) 등을 썼다. 또한 『소크라테스에서 땡땡까지, 고대에서 현재까지의 수호신과 다이모니온*De Socrate à Tintin: Anges gardiens et démons familiers de l'Antiquité à nos jours*』(2011)을 공동 기획·출간했다.

카트린 비드로비치Catherine Vidrovitch

파리디드로대학교 아프리카 역사 명예교수이며 역사의 공적 활용 감시위원회(CVUH) 위원장을 지냈다. 주요 저작으로 『식민지 역사의 정치적 쟁점*Enjeux politiques de l'histoire coloniale*』(2009), 『노예가 된다는 것: 15~19세기 아프리카와 아메리카 대륙*Etre esclave: Afrique-Amériques, XVe-XIXe siècle*』(공저, 2013), 『짤막한 아프리카 역사*Petite histoire de l'Afrique*』(제2판 2016), 『노예제의 여정: 아프리카 노예무역의 역사*Les Routes de l'esclavage: Histoire des traites africaines, VIe-XXe siècle*』(2018)가 있다.

실비 샤프롱Sylvie Chaperon

툴루즈 제2대학교 근대사 교수. 연구그룹 '프랑스, 미국, 스페인 사회, 권력, 주체*Framespa*' 부원장이다. 여성, 젠더, 성의학의 기원에 관한 역사 전문가로 『시몬 드보부아르의 나날들*Les années Beauvoir*』(2000), 『성의학의 기원*Les origines de la sexologie*』(2012)을 썼다.

로버트 서튼Robert Sutton

하버드대학교 경영과학 교수. 주요 저작으로 『또라이 제로 조직*The No Asshole Rule*』(이실MBA, 2007), 『참아주는 건 그만하겠습니다*The Asshole Survival Guide*』(2017; 한국경제신문사, 2019)가 있다.

• 안 카롤Anne Carol

엑스마르세유대학교 현대사 교수로 프랑스 고등교육연구소 명예회원이다. 의학 분야의 사회·문화 역사, 신체의 역사, 19세기 죽음의 역사에 천착하고 있다. 초기에는 프랑스 우생학을 연구했고 이후 죽음의 의료화에 관한 『의학과 죽음Les médecins et la mort』(2004), 죽음의 제의에 관한 『시신보존처리, 감상적 집착L'embaumement, une passion romantique』(2015), 『현대 무덤의 기원Aux origines des cimetières contemporains』(공저, 2016) 등의 책을 냈다. 또한 사형제도를 의학의 관점에서 연구한 『과부의 생리학: 기요틴의 의학적 역사Physiologie de la Veuve, Une histoire médicale de la guillotine』(2012)와 감정의 관점에서 연구한 『단두대 아래서, 처형의 민감한 역사Au pied de l'échafaud, Une histoire sensible de l'exécution』(2017)를 썼다.

• 뱅상 캅드퓌Vincent Capdepuy

세계사학자이며 프랑스 국립과학연구원CNRS 산하 지리학-도시 연구 그룹 UMR 8504의 객원연구원이다. 레위니옹 생피에르 중고교 교사로 여러 사정으로 학업을 중단한 학생들이 다시 학업을 이어갈 수 있도록 하는 '작은 학교 프로젝트' Ose 974의 총괄 책임자이기도 하다. 대표작으로 『세계화에 관한 50가지 이야기50 histoires de mondialisations』(2018, 알마)가 있다.

• 미리암 코티아스Myriam Cottias

역사학자. 프랑스 국립과학연구원 산하 카리브해 지역 사회 과학 연구원 원장이며 노예제 및 포스트 노예제에 관한 국제 연구소CIRESC 소장이기도 하다. 2013년부터 2016년까지 노예제 기억과 역사 위원회Comité National pour la Mémoire et l'Histoire de l'Esclavage 회장을 지냈다. 『노예무역과 노예제: 역사적 관점과 현대의 관점Les traites et les esclavages: Perspectives historiques et contemporains』(2010)을 썼다.

· 로랑 테스토 Laurent Testot

프리랜서 기자. 20년 전부터 『시앙스 위멘』 객원기자로 활동하고 있다. 종교학 · 역사학 전문가로 세계, 지구, 환경 등 전방위적 주제를 다룬다. 주요 저작으로 아카데미프랑세즈 레옹 드로젠 상을 수상한 『대재앙, 인류 환경의 역사 *Cataclysmes: Une histoire environnementale de l'humanité*』(2017)와 『호모카니스: 개와 인류의 역사*Homocanis: Une histoire des chiens et de l'humanité*』(2018), 『새로운 세계사*La Nouvelle Histoire du Monde*』(2019)가 있다. 웹사이트 www.histoire-mondiale.com과 blogs.histoireglobale.com를 운영하고 있다.

· 마리 트렙스 Marie Treps

언어학자이자 기호학자. 국립프랑스어연구소의 『프랑스어 보전*Trésor de la Langue Française*』 작업에 참여했고 프랑스사회과학고등연구원EHESS 산하 도시인류학 연구소에서 보헤미아어를 연구하기도 했다. 프랑스어에 관련된 12권의 저작을 출간했으며 주요 저작으로 『여행자의 언어: 이국에서 온 프랑스어의 소소한 역사*Les Mots voyageurs: Petite histoire du français venu d'ailleurs*』(2003), 『혐오의 언어: 인종차별적 모욕의 등장*Maudits mots: La fabrique des insultes racistes*』(2017)이 있다.

· 마릴렌 파투마티스 Marylène Patou-Mathis

선사학자. 프랑스국립과학연구원CNRS-국립자연사박물관MNHN 인류 · 환경부 책임연구원. 선사시대 인류, 특히 네안데르탈인과 유럽 현생인류의 행동양식 전문가로 국내외 학술지에 실린 250편 이상의 논문을 썼다. 일반 대중을 대상으로 한 저작으로 『네안데르탈인, 또 다른 인류*Néanderthal, Une autre Humanité*』(2008), 『폭력과 전쟁의 선사시대*Préhistoire de la violence et de la guerre*』(2013), 『네안데르탈인, A부터 Z까지*Néanderthal de A à Z*』(2018)가 있다.

• **질 페라귀**Gilles Ferragu

파리 낭테르대학교 역사학 연구교수 겸 정치사회과학연구소ISP 연구원이다. 주요 저작으로 『식민제국 건설자, 리요테*Lyautey, la fabrique du héros colonial*』(2014), 『테러리즘의 역사*Histoire du terrorisme*』(2019), 『인질의 역사*Otages, une histoire*』(2020)가 있다.

• **마르크 페로**Marc Ferro

역사 잡지 『레자날*Les Annales*』 공동 경영자였으며 현재 프랑스 사회과학고등연구원EHESS 연구팀장 겸 연구협회장, 소비에트연방 및 중유럽 연구소 소장이다. 주요 저작으로 『영화와 역사*Cinéma et histoire*』 (1977), 『역사의 회한*Le Ressentiment dans l'histoire*』(2007), 『맹목, 세계의 또 다른 역사*L'aveuglement-Une autre histoire de notre monde*』(2015), 『프랑스 역사*Histoire de France*』(2018)가 있다.

• **앙토니 퐁소 고로**Anthony Ponceaud Goreau

보르도대학교 연구교수이며 프랑스국립과학연구원CNRS 대표로 인도 퐁디셰리 프랑스연구소에서 진행하는 연구에 참여 중이다. 통섭적 관점에서 연구를 실행하며 이주의 지리적 분포에 관한 연구에 천착하고 있다. 에밀리 퐁소 고로와 2002년부터 인도를 무대로 연구 활동을 이어가고 있으며 『놀라운 남인도 사전*Dictionnaire insolite de l'Inde du Sud*』(공저, 2019)을 냈다.

• **에밀리 퐁소 고로**Émilie Ponceaud Goreau

보르도몽테뉴대학교에서 인문지리학 박사학위를 취득했고 인문사회과학 연구그룹 PASSAGE 및 인도·남아시아 연구소에서 연구원으로 일했다. 현재는 교사로 재직 중이다. 남인도의 미취학 아동 교육과 학교교육 연구에 매진하고 있다.

스테판 푀야Stéphane Feuillas

파리고등사범학교에서 수학했다. 파리디드로대학교에서 동아시아 언어·문명 교육·연구 학부의 고대 중국 문학·철학 교수로 재직 중이며 동아시아 문명 연구소 연구원이기도 하다. '레벨레트르 총서'의『중국 도서관Bibliothèque chinoise』을 공동 기획·출간했다. 주요 저작으로『술과 함께 한 은둔자 소동파의 또 다른 서사시Un Ermite reclus dans l'alcool et autres rhapsodies de Su Dongpo』(2003),『소동파의 추모시 역주Les Commémorations de Su Shi』(2010),『육가 신어Nouveaux propos de Lu Jia』(공저, 2012)가 있다. 또한『중국 시 선집Anthologie de la poésie chinoise』(2015)에서 송시선을 담당했다.

마르틴 푸르니에Martine Fournier

인문사회과학 잡지『시앙스 위멘』에서 20년간 활동했으며 편집장을 지냈다. 현재는 편집위원을 맡고 있다.

스티븐 핑커Steven Pinker

언어학자, 하버드대학교 심리학 교수. 주요 저작으로『언어본능The Language Instinct』(1994; 동녘사이언스, 2008),『단어와 규칙Words and Rules: The Ingredients of Language』(1999; 사이언스북스, 2009),『마음은 어떻게 작동하는가How The Mind Works』(1997; 동녘사이언스, 2007),『빈 서판: 인간은 본성을 타고나는가The Blank Slate』(사이언스북스, 2004),『우리 본성의 선한 천사The Better Angels of Our Nature: Why Violence Has Declined』(2011; 사이언스북스, 2014) 등이 있다.

옮긴이 박효은

대학에서 불문학과 미술사학을 공부했으며 이화여자대학교 통역번역대학원에서 한불번역학으로 석사학위를 받았다. 이후 다수의 프랑스어권 해외 프로젝트에 참여해 통번역사로 활동했다. 현재는 바른번역에 소속되어 번역 작업을 이어가고 있다. 옮긴 책으로『거대한 후퇴』,『행복한 사람들은 무엇이 다른가』,『별』,『어린 왕자』,『좁은 문』,『내가 자라는 소리를 들어 보세요』등이 있다.

바보의 세계
한 권으로 읽는 인류의 오류사

펴낸날 초판 1쇄 2021년 5월 8일
　　　　초판 7쇄 2024년 10월 30일
지은이 장프랑수아 마르미옹
옮긴이 박효은
펴낸이 이주애, 홍영완
편집 최혜리, 박효주, 장종철, 오경은, 양혜영, 백은영, 문주영, 김애리
디자인 김주연, 기조숙, 박아형
마케팅 김태윤, 김슬기, 김소연, 박진희
경영지원 박소현
펴낸곳 (주)윌북 **출판등록** 제2006-000017호
주소 10881 경기도 파주시 광인사길 217
홈페이지 willbookspub.com
전화 031-955-3777 **팩스** 031-955-3778
블로그 blog.naver.com/willbooks **포스트** post.naver.com/willbooks
트위터 @onwillbooks **인스타그램** @willbooks_pub
ISBN 979-11-5581-365-2 (03900)